DSM-5-TR 개정판

정신장애 쉽게 이해하기

The American Psychiatric Association 저 | **박용천 · 오대영** 공역

Understanding Mental Disorders

Your Guide to DSM-5-TR™

학지사

역자 서문

『DSM-5-TR 정신장애 쉽게 이해하기』 개정판을 독자 여러분께 다시 선보이게 되어 기쁩니다. DSM-5-TR은 2013년 DSM-5 출간 이후 9년 만에 이루어진 전면 개정으로, 70개 이상의 질환 진단 기준이 수정·보완되고, 자살 및 비자살적 자해 행동, 지속적 비탄장애 등 새로운 진단이 추가되었습니다. 또한 유병률, 위험 및 예후 인자, 문화적 쟁점, 성 및 젠더 관련 진단, 자살 사고와의 연관성 등 임상적으로 중요한 내용이 대폭 업데이트되었습니다.

이번 개정판은 정신장애를 보다 명확하고 쉽게 이해할 수 있도록, 기존의 전문적 내용을 일상 언어로 풀어내는 데 중점을 두었습니다. 정신질환은 누구에게나 일어날 수 있는 치료 가능한 질환이며, 조기 진단과 적절한 치료가 매우 중요합니다. 이 책이 환자와 가족, 그리고 현장 전문가 모두에게 정신장애에 대한 올바른 이해와 편견 해소, 그리고 실질적인 도움을 제공하는 길잡이가 되기를 바랍니다.

마지막으로, 개인적인 몇 가지 고마움과 아쉬움을 전하고 싶습니다. 공동 역자였다는 명분으로 제주도에서 열심히 진료하느라 바쁘고 지친 상황을 뻔히 알면서도 다시 오대영 박사를 끌어들였습니다. 이번 책은 오롯이 오대영 박사의 작품이라 해도 과언이 아닐 정도로 훌륭하게 수고를 하였습니다. 또한 개정판이 나왔으니 당연히 전임자가 책임을 져야 한다는 학지사의 압력도 저에게는 고마운 일이었습니다.

세계적으로 선두를 달리는 미국의 정신의학을 올바르게 전달하는 일이 중요하다고 생각을 하면서도 증상을 기준으로 하는 진단과 통계에 목적을 둔 DSM 자체의 한계점을 다시 한번 지켜보게 됩니다. 증상만으로는 진단이 정확할 수 없고, 더구나 미국과 다른 문화를 가진 지역에서는 그대로 적용하기 어려운 점이 분명히 있습니다. 하지만 세계 공용어가 영어이듯이 세계적으로 소통을 하기 위해서는 DSM이 고육지책인 것은 분명합니다.

한국문화에 맞는 진단체계가 나와야 한다는 말은 책임을 다른 사람에게 떠넘기는 미사여구였다는 사실을 밝히며 미안함과 아쉬운 마음을 표합니다.

2025년 12월

오금동 서재에서

박용천

추천사(이전판)

현대의 우리 사회 곳곳에서 정신건강 문제로 많은 아픔을 겪는 이들이 있습니다. 또한 이들을 돕기 위해 가족들과 정신보건관련 전문가들이 혼신의 힘을 다해 노력을 하고 있습니다. 조현병, 우울증, 자살이나 아동폭력 및 성폭력과 같은 정신건강 문제들이 국가적으로 해결해야 할 큰 문제로 대두되면서 정신건강에 대한 국민의 사회적 관심도 날로 커져 가고 있습니다.

정신건강 문제란 적절한 때에 알맞은 치료를 받게 되면 더욱 빨리 고통에서 벗어날 수가 있기 때문에, 지금 앓고 있는 정신건강 문제를 가능한 한 빨리 이해하는 것이 치료의 지름길이 될 수 있습니다.

최근 정신질환을 진단하는 데 기준이 되는 『정신질환의 진단 및 통계편람 제5판(DSM-5)』이 개정되어 발표되었습니다. 이 책에는 모든 정신질환에 대한 자세한 진단 기준이 기술되어 있습니다. 정신질환을 치료하는 정신과 의사뿐만 아니라, 심리학자, 간호사, 사회복지사, 국가정책담당공무원, 정신질환을 앓고 있는 사람과 그 가족 모두에게 똑같이 필요한 내용이지만 양이 방대하여 보편적으로 이해하며 접근하는 것이 쉽지 않은 것은 사실입니다.

이 안내서는 그러한 모든 사람에게 꼭 필요한 책입니다.

이 책은 단순한 정신질환의 소개에서 그치지 않고 정신질환의 진단 기준을 전문가와 일반인 모두 쉽게 이해할 수 있도록 서술하고 있습니다. 게다가 치료를 어떻게 해야 하는지, 가족들에게 큰 도움이 될 수 있는 다양한 조언들도 함께 싣고 있습니다.

정신건강 문제와 관련하여 이처럼 종합적이고 체계적으로 읽기 쉽게 쓴 책은 어디서도 찾아보기 힘들기에 적극적으로 추천합니다.

미국정신의학회에서 발간한 이 책을 신속히 번역하여 우리에게 소개해 준 박용천 교수와 오대영 선생에게 감사의 말을 전합니다. 다시 한번 이 안내서의 중요성을 강조하며, 이 책이 많은 사람에게 정신건강 문제를 극복하고 이겨 내는 디딤돌 역할을 하게 되기를 기대합니다.

대한신경정신의학회 이사장

정한용

머리말(개정판)

정신건강의학과 의사로서 누군가를 대한다는 것은 그들이 겪고 있을 정신적 고통에서 벗어나도록 전문적인 치료를 제공한다는 뜻이다. 그렇게 내 자신을 소개하고 난 후 할 일은 그들이 이야기하는 경험들을 듣는 것이다. 귀 기울여 듣는 것이 그들을 의학적으로 돌보기 위해 내가 하는 첫 번째 일이다.

자기 자신이나 사랑하는 이의 정신건강 문제를 맞닥뜨릴 때 종종 두려움과 수치심을 느끼고 치료를 받아야 하는 것에 의구심을 품게 된다. 『DSM-5-TR 정신장애 쉽게 이해하기(Understanding Mental Disorders: Your Guide to DSM-5-TR)』는 정신질환과 그 치료에서 오는 두려움과 수치심을 타파하기 위해 쓰였다. 정신질환으로 고통받고 있는 사람들과 그들을 사랑하고 돌보고 있는 사람들에게 지식과 희망을 전해 주기 위해 정신장애의 증상들뿐만 아니라 치료를 통해 무엇을 기대할 수 있을지 설명해 준다.

정신건강의학과는 다른 의학 분야에서 다룰 수 없는 방식으로 행동, 감정, 생각의 문제를 경험하는 사람들을 이해하고 도울 수 있는 의학적 방법이다. 정신과적 치료는 모든 의학 분야 가운데 가장 효과적인 치료법 중 하나다. 나는 조증 시기에 몸과 마음이 치닫고 있는 환자가 리튬을 며칠 동안 복용한 이후 정상적인 생활로 돌아오는 것을 많이 봐 왔다. 또한 긴장증으로 관절이 경직된 환자들이 일주일간의 전기경련치료를 받고 이완되어 움직일 수 있게 된 것을 경험했다. 나는 지리멸렬하고 망상적인 생각에 빠진 환자들이 클로자핀 약물 치료를 수주간 받고 난 후 논리적이고 질서 정연한 사고로 돌아왔다는 경험담을 들어 왔다. 효과를 경험하는 환자들에게 있어 치료는 삶을 변화시키는 것이다.

나는 환자를 만날 때면, 이들이 정신건강 치료를 통해 어떠한 유익을 얻게 되는지 알게 되길 바란다. 그들의 정신건강의학과 의사가 되어 주겠다는 말로 시작한 후 잠시 말을 멈춘다. 이때 보이는 여러 반응에 대해 어떻게 대처해야 할지 경험을 통해 알게 되었다. 나는 환자들의 이야기를 듣고 난 후 내가 무엇을 할 수 있을지 설명해 준다. 때로 그들이 하게 되는 염려들에 대해서 다음과 같이 말하기도 한다.

"정신건강의학과 의사는 마음을 읽는 대신 귀 기울여 듣습니다."
"정신건강의학과 의사는 사람들이 스스로는 할 수 없는 변화들을 할 수 있도록 돕습니다."
"정신건강의학과 의사는 정신건강을 추구하는 사람을 도울 수 있는 사람들입니다."

나는 이전에는 알 수 없을 것처럼 보였던 것들을 우리가 함께 깨닫고 설명할 수 있게 되리라는 희망을 나눈다.

정신건강의학과 의사나 정신건강관리 전문가가 정신적 고통을 겪고 있는 사람들에게 해 줄 수 있는 중요한 세 가지가 있다. 이것들은 순서가 뒤바뀔 수도 있고 서로 중복될 수도 있다. 그것은 환자의 증상에 대해 이름 붙이기, 증상이 의미하는 것에 대한 이해, 환자의 경험에 대한 공감 어린 반응으로써 증상을 치료하는 보살핌이다.

정신건강의학과 의사나 정신건강관리 전문가는 정신적 고통을 겪고 있는 사람에게 그 증상들에 대해 이름을 붙여 줄 수 있다.

이렇게 이름을 붙임으로써, 나는 환자들이 경험하는 것을 이해할 수 있도록 분류하게 해 준다. 때때로 이름을 찾는 데 시간이 걸리기도 한다. 또 어떤 경우에 환자들은 이러한 명명을 꼬리표 단다고 받아들인다. 나는 환자들에게 '조현병 환자' 혹은 '우울증 환자'가 아니라 조현병 혹은 주요우울장애 치료를 받고 있는 '사람'임을 상기시킨다. 그 사람이 정신장애인 것은 아니다. 진단은 그 사람의 신분이 아니라 이름을 붙임으로써 혼란스러운 경험을 제어하는 수단인 것이다.

도움을 구하는 사람들과 그들을 사랑하는 이들에게 고독한 경험 속에서 혼자가 아니라는 안도감을 심어 줄 수 있다. 『DSM-5-TR 정신장애 쉽게 이해하기』는 나와 같은 정신건강의학과 의사가 어떻게 진단을 내리게 되는지에 대해 잘 설명해 준다. 우리가 사용하고 있는 정신질환의 진단 및 통계 편람 제5판(DSM-5-TR) 진단체계에 대해서 이 책이 잘 설명해 줄 것이다. 이를 통해 당신은 당신이나 당신이 돌보고 있는 누군가가 받게 되는 진단을 더 잘 이해할 수 있을 것이다. 이제 진단을 통해서 알게 되는 것은 당신이 같은 진단을 받은 사람들과 경험을 공유한다는 것이고, 이러한 경험을 이해할 수 있는 정신건강관리 전문가와 함께한다는 것이다.

> 정신건강의학과 의사나 정신건강관리 전문가는 정신적 고통의 경험에 대해 이해할 수 있도록 돕는다.

우리 모두는 감각을 통해 세상을 접한다. 우리는 어떤 냄새가 우리를 유혹하는지 알고, 어떤 장면을 외면할 수 없는지, 어떤 맛에 입술이 오므라지는지, 어떤 촉각을 거칠게 느끼는지 알고 있다. 정신적 고통의 경험은 더욱 느끼기 어렵다.

저의 걱정들은 정상입니까 아니면 포괄적인 불안의 증상입니까?

저의 슬픔은 삶의 사건에 대해 예상된 반응입니까 아니면 황폐화된 우울증의 신호인가요?

저는 평소보다 아주 약간 천천히 생각하는 중인가요 아니면 생각하는 능력이 무능에 가까워진 걸까요?

아무도 당신만큼 당신 자신에 대해 알 수 없다. 하지만 우리 중 몇몇 사람은 다른 사람의 도움 없이 문제 되는 행동, 감정, 생각 등이 진행하는 것을 알 수 있다. 우리의 내부 감각은 우리의 외부 감각보다 구별하기 어려울 뿐이다.

정신경강의학과 의사나 다른 정신건강관리 전문가는 불안에서 걱정을, 우울에서 슬픔을, 치매에서 나이에 걸맞은 기억력 감퇴를 구분하는 것을 돕도록 훈련되었다.

『DSM-5-TR 정신장애 쉽게 이해하기』는 정신건강관리 전문가들이 어떻게 이러한 구분을 하는지 설명해 줄 것이다. 나와 같은 정신건강의학과 의사가 이름을 붙이고 누군가의 정신적 고통을 알 때 우리는 전문가적인 관리와 치료로 가는 문을 열어 놓을 것이다. 정신건강의학과 의사나 다른 정신건강관리 전문가는 숙련된 관리를 제공할 수 있다.

정신건강의학과 의사나 정신건강관리 전문가는 당신의 경험에 대해서 공감 어린 경청을 하고 당신의 경험과 관점을 더 잘 이해하기 위한 질문을 던짐으로써 관리를 제안한다. 뿐만 아니라 증상에 대한 치료를 통해서도 관리를 제안할 수 있다. 정신건강의학과 의사와 정신건강관리 전문가가 제공할 수 있는 치료 중 하나가 바로 정신치료(혹은 '면담 치료')다. 정신치료는 사람들이 스스로 해결하기에 벅찬 문제들을 해결할 수 있도록 도울 수 있는 가장 가치 있는 치료 중 하나다.

필요하다면, 약물치료가 정신질환을 가진 사람이 원하는 목표를 이룰 수 있도록 돕는다. 정신건강의학과 의사는 약물을 처방하여 정신건강관리 문제나 질환을 가진 환자들을 치료하는 전문가다. 정신건강의학과 의사는 정신장애를 치료하는 다양한 약물에 대해서 오랜 기간 수련을 받는다. 환자 스스로가 바꿀 수 없는 행동이나 감정, 생각들을 약물치료를 통해 변화시킬 수 있다.

『DSM-5-TR 정신장애 쉽게 이해하기』는 제20장 '치료요점'에서 풍부한 치료 정보를 제공한다. 치료에 대한 정보와 이해, 건강 유지에 대해 꼭 읽어야 할 지침을 제공하고 있다. 또한 각 장마다 특정 질환에 대한 치료 정보도 제공하고 있다.

나는 자기 자신이든 아니면 사랑하는 사람을 위해서든 정신건강관리 문제를 가진 모든 사람에게 도움을 구하도록 권유한다. 당신은 이름도 없을 것 같은 경험에 대해 이름을 붙일 수 있고, 이해할 수 없을 것 같은 고통을 이해할 수 있으며, 혼자서 감당하는 것 이상으로 관리를 제공해 줄 수 있는 숙련된 정신건강관리 전문가를 찾을 수 있다. 또한 부록 B '유용한 자원들'에서 여러 자원과 정보를 제공해 주는 지지 모임이나 기관들을 찾아볼 수 있다. 바로 오늘이 시작하기에 좋은 날이고 『DSM-5-TR 정신장애 쉽게 이해하기』는 정신장애를 이해하고 정신건강을 되찾는 여행을 함께 시작할 수 있는 좋은 동반자다.

Abraham M. Nussbaum, M.D.
콜로라도 의대
정신건강의학과 교수

머리말(이전판)

누구나 정신질환을 앓을 수가 있다. 절반 가까이 되는 미국인은 살면서 한 번은 정신장애에 걸리게 되는 위험을 안고 살아간다. 우리는 부모, 배우자, 자식, 친구, 동료, 이웃 등 주위에 정신과적 어려움으로 인해 고통을 받았거나, 지금도 고통을 겪고 있는 사람들을 알고 있다. 미국뿐만 아니라 전 세계적으로 정신질환으로 인해 매년 수조 달러에 이르는 비용이 발생한다. 그러나 경제적인 비용 이상으로 치명적인 것은 정신질환이 생명을 앗아 가거나 심각한 장해로 인해 손실이 막대하게 크다는 것이다.

전 세계에 걸쳐 다른 어떤 질병보다 우울증으로 인해 많은 사람이 긴 세월 동안 고통을 받는다. 자살은 미국의 10~24세의 젊은 사람들 사이에서 세 번째로 높은 사망 원인이다. 특히 나라를 위해 헌신했던 참전용사들이 자살에 가장 취약하다. 매일 22명의 미국인 참전용사들이 스스로 목숨을 끊는다. 진단받거나 치료받지 못한 채 고통 가운데 살아가는 많은 미국인의 이야기는 비극이 아닐 수 없다. 너무나 흔하게도 수백만 명의 미국인이 그들의 질환 때문에 무시당하고, 방치되고, 비방당하고, 또는 감금된 채로 있는데도 정신장애에 대한 우리 사회의 반응은 그저 비난 일색이다.

정신질환은 성격의 문제가 아니다. 이는 치료될 수 있는 질환이다. 그리고 대부분의 질환처럼 정신질환도 시기적절하고 효과적인 치료를 하면 매우 반응이 좋다. 아직도 종종 우리는 치료가 가장 잘될 수 있는 초기 단계에 이 질환들을 무시하거나 망각해 버리고, 결국 악화되어 생명이 위태롭게 될 정도의 상태가 되어야만 반응한다. 간단히 말하자면, 우리들 중 정신질환에서 나타나는 증상이나 징후를 아는 사람이 별로 없기 때문에 결과적으로 수많은 사람이 고통을 겪는다.

이것이 바로 『DSM-5 정신장애 쉽게 이해하기(Understanding Mental Disorders: Your Guide to DSM-5)』가 탁월하게 이바지하는 이유이다. 가장 최근에 개정된 『정신질환의 진단 및 통계 편람(Diagnostic and Statistical Manual of Mental Disorders: DSM)』은 정신과적 전문 지식을 명료하고 쉽게 풀어 옮김으로써 가족과 친구들이 정신장애의 위험이 있거나 이미 고통을 겪고 있는 환자들을 발견하고 치료를 받을 수 있도록 돕게 해 준다. 이 책은 이런 상태에 있는 우리들에게 우리 자신의 상황에 대해서 더 잘 이해할 수 있는 열쇠를 제공한다.

또한 이 책은 낙인이라는 큰 도전을 다룰 수 있도록 우리를 돕는다. 정신장애를 가진 사람들은 자신의 상태를 의논할 수 없기 때문에 자주 두려움이나 수치심, 혼자라는 끔찍한 느낌을 경험할 수밖에 없다. 이 귀중한 책은 환자와 그 가족이 낙인을 극복하고, 전문적인 진단을 구하고, 꾸준히 치료를 해 나가는 데 필요한 도구를 갖추게 할 것이다. 정신건강은 모든 시민의 권리이기 때문에 이 책은 우리가 어떻게 권리를 주장할 수 있는지를 더욱 잘 이해하게 도울 것이다.

내가 국회에 있었을 때, 많은 미국인이 치료를 통해 더 행복하고 더 생산적인 삶을 살 수 있는데도 불구하고 치료권으로 들어오지 못하고 있었기 때문에 나는 「정신건강 및 중독 평등법」을 입법하기 위해 나의 아버지인 상원의원 Edward M. Kennedy와 양측 진영에 있는 많은 사람과 수년간 함께 일했었다. 이 법은 정신질환과 물질 사용장애를 가진 사람들이 동등하게 치료를 받을 수 있도록 보장하는 최초의 법으로, 보험 회사들이 다른 내과적 질환에 대한 치료를 보장해 주었던 것처럼 정신건강치료를 보장하도록 요구하였다. 이 법은 매우 중대한 이정표가 되겠지만, 그것의 진정한 가치는 우리 모두가 충분한 정보를 가지고 어떤 서비스를 찾고 기대해야 하는지 알게 될 때에야 비로소 실현될 수가 있다. 연구자들은 반드시 새롭고 효과적인 치료법에 대해서 끊임없이 연구해 나가야 하고, 환자들과 비용을 지불하는 사람들은 의사에게 그러한 치료를 제공하는 책임이 있다는 것을 인지한 뒤에 보험회사가 이에 대해 지불할 것을 확실히 해야 한다. 우리는 반드시 법에 순응해야 하고, 집행을 요구해야 한다.

우리가 정신질환에 대한 '평등'에 관하여 이야기할 때, 보험 보장뿐만 아니라 이처럼 흔히 발생하는 장애에 대해 우리 사회가 어떻게 접근할 것인지 생각해야 한다. 만약 암이 말기에 이르거나 당뇨가 환자의 시력이나 사지를 못 쓰게 만들어 버릴 때까지 치료를 미루는 것이 받아들일 수 없는 일이라면, 마찬가지로 정신질환이 생명을 위협할 정도로 악화될 때까지 적절한 치료를 받지 않고 미루는 것은 잘못된 일임에 분명하다. 조기 개입은 모든 다른 상태만큼 정신질환에서 적절한 치료이기에 혈압이나 콜레스테롤 수치를 측정하는 것만큼 우리 모두는 우리의 정신건강관리 제공자들이 우리의 정신건강을 세심하게 모니터링해 줄 것을 기대해야 한다.

모든 건강검진에는 '정신건강 상태 체크'가 포함되어야만 한다. 이 책은 우리가 만나는 모든 의료 전문가와 정신건강에 대해 중요한 의논을 할 때 사용하는 전문 용어들을 알려준다.

1963년으로 거슬러 올라가 나의 큰 아버지인 John F. Kennedy 대통령은 암살당하기 수개월 전에 국가가 정신건강에 대해 제대로 관심을 갖지 못하는 것에 대해 '너무 오래 묵인되어 온 상황'이라고 표현하였는데, 이는 대다수의 미국인이 정신질환을 '해결은 포기한 채로… 말하기 거북한, 그저 문제로만' 바라보기 때문이었다. 나는 오늘날 미국인들이 정신건강 문제에 대해서 그 어느 때보다도 한 단계 더 발전하여 다룰 준비가 되었다고 믿는다. 이 책이 보여 주듯이, 우리는 정신질환으로 인해 발생하는 문제들에 대한 해결책을 갖고 있다. 그렇다면 우리가 이 해결책들을 효과적으로 사용하고, 또 가장 필요로 하는 사람들에게 줄 수 있을까? 아직까지는 아니었지만 이제는 이 책이 그 길을 제시해 줄 것이다.

지금까지의 편견을 깨뜨리려는 노력이 점차 힘을 얻고 있지만, 우리는 정신건강에 대한 인식 개선을 위한 캠페인에 더욱 박차를 가할 필요가 있다. 이 책은 우리에게 한 개인으로서, 궁극적으로는 우리 사회가 정신질환에 대한 이해를 변화시킬 수 있도록 회복과 건강을 위한 자기-관리 전략, 가족 교육, 환자를 위한 정신건강 응급치료와 같은 여러 노력과 더불어 인식 개선 방식의 목록에 귀중한 보탬이 될 것이다. 우리 모두는 각자 맡은 역할을 할 수가 있다. 이제는 정신장애를 갖고 있는 사람들을 무관심에 내버려 두지 말고 더 큰 관심과 사랑을 보여 줘야 할 때이다. 당신은 그저 법을 통과시키는 것만으로 심한 편견을 근절할 수 없고, 신체질환을 갖고 있는 사람들과 마찬가지로 정신질환을 갖고 있는 사람들도 똑같은 식으로 치료를 받을 필요가 있다는 것을 깨닫도록 새로운 문화를 창조해 나가는 것을 도울 수 있다. 기억하자. 만약 당신이 단 한 사람만을 돕더라도 당신은 세상을 돕는 것이다.

이제 『DSM-5 정신장애 쉽게 이해하기』는 정신장애를 가진 사람들과 그들을 사랑하는 이들에게 너무나 오랫동안 받지 못했던 것들을 제공해 줄 것이다.

그것은 바로 지식과 이해에서 오는 힘이다.

미국 하원의원

Patrick J. Kennedy

서론

전 연령대의 사람들이 정신질환에 걸릴 수 있다. 누구에게나 주변에 정신질환을 가지고 있는 친구, 직장 동료, 사랑하는 사람이 있다. 대략 성인의 1/4이 인생의 어느 시점에 정신질환을 앓을 수 있고, 아동의 1/5이 정신질환을 앓게 된다.

과거에 정신질환 환자들은 비밀, 수치심, 두려움에 사로잡혔다. 오늘날 우리는 정신질환의 이해와 치료에 관해 많은 발전을 이루었다. 이 책은 사람들이 정신장애를 더 잘 이해하고 어떻게 다룰 수 있는지에 관하여 쓰였다.

『DSM-5-TR 정신장애 쉽게 이해하기』는 정신건강관리를 찾고 있는 사람들과 그들을 사랑하는 사람들을 위해 정신장애, 진단, 치료에 관하여 기초적인 용어를 써서 설명하고 있다. 이 책은 정신질환의 진단 및 통계 편람(DSM) 진단체계에 대해 기술하고 있는 실용적인 안내서다. 정신질환의 진단 및 통계 편람 제5판(DSM-5-TR) 진단체계가 가장 최신 개정판이다.

현재 전 세계에서 사용되고 있는 DSM 진단체계는 미국에서 알려져 있는 모든 정신장애를 기술하고 있다. 정신질환을 진단하는 건강관리 제공자들에게 공통 언어로서 사용되기도 한다. 미국정신의학회(American Psychiatric Association)는 38,000명 이상의 정신건강의학과 의사(정신장애를 치료하는 의사)를 대표하는 공식기관으로 고품질의 정신건강관리를 제공할 수 있도록 지원해 주고 있다. 미국정신의학회는 DSM 진단체계를 출판하고 정신질환으로 고통받고 있는 사람들을 돕기 위해 『DSM-5-TR 정신장애 쉽게 이해하기』를 출간하였다.

『DSM-5 정신장애 쉽게 이해하기』는 DSM-5 출판 직후 제1판이 쓰였다. 『DSM-5 정신장애 쉽게 이해하기』의 개정판은 DSM-5-TR의 변화점을 반영하여 완전하게 갱신되었다.

정신질환에 대하여

정신질환은 개인과 그 가족 모두의 삶의 질에 지대한 영향을 끼치지만, 치료가 가능한 건강 문제다. 정신질환에서 흔히 나타나는 위험 징후에는 수면의 변화(필요보다 더 많이 혹은 더 적어진), 체중의 변화(증가 혹은 감소), 기분이나 집중의 변화, '정상적이지 않은' 느낌이 있다. 사랑하는 사람의 죽음과 같은 스트레스나 상실의 원인에 대해 예상할 수 있는 반응은 정신장애가 아님을 유의해야 한다. 마찬가지로 때때로 느끼는 우울이나 불안, 두려움, 분노와 같은 감정은 정상적이다.

정신장애란 개인의 생각, 감정, 행동에 나타나는 주요 장애를 의미하는 것으로 정신기능에 문제가 있음을 의미한다. 정신장애는 직장 혹은 학업뿐만 아니라 사회적 관계, 가족관계에서 고통이나 기능저하를 초래한다.

누군가 정신질환에 대한 관리를 찾을 필요가 있는지 인식하는 데는 어려움이 있을 수 있다.

- 아이들은 너무 어려서 무엇이 잘못됐는지 말로 분명하게 전달하지 못할 수 있다.
- 치매를 가진 노인은 혼란스러워서 무슨 일이 일어나고 있는지 이해하지 못할 수 있다.
- 사람들은 자신의 문화나 배경에 따라 서로 다른 방식으로 정신장애를 표현하거나 기술하게 된다.
- 일부 정신질환은 마음에 강력한 영향을 끼쳐서 판단력을 흐리게 만들어 알코올이나 약물 남용과 같이 위험한 행동을 하게 만들 수 있다. 그 사람은 명확하게 사고하지 못해 스스로를 도울 수 없기 때문에 다른 사람들이 그들의 행동을 중재하고 좋아지게 해야 한다.

정신질환을 앓는다는 것은 당신이나 사랑하는 사람에게 영향을 끼치기도 하면서 매우 힘든 일이 될 수 있지만 충분히 도움을 받을 수 있다. 사람들은 건강한 마음과 몸을 유지하고, 지지를 위해 다른 사람들과 연결되며, 삶의 질과 전망을 개선시킬 수 있는 긍정적인 변화를 이끌어 내는 방법을 배울 수 있다. 위험 징후에 주의를 기울이면서 언제 도움을 구해야 하는지 아는 것과 치료를 통해 무엇을 기대할 수 있는지 아는 것이 매우 중요하다. 『DSM-5-TR 정신장애 쉽게 이해하기』는 정신질환과 관련된 증상과 징후에 대한 지식과 인식을 함양하는 데 도움을 줄 것이다.

진단

정신질환을 극복하는 열쇠는 증상을 인식하고, 언제 도움을 받아야 하는지 알며, 적절한 치료를 받는 것이다. 이것은 정신질환과 싸우고 있는 사람에게 힘든 일일 수 있다. 『DSM–5–TR 정신장애 쉽게 이해하기』는 이러한 도움을 주는 것이 목적이다.

각 사람과 그 증상은 저마다 특성이 다르다. 정신질환은 복잡하기 때문에 진단하기 위한 단일한 접근법이 통하지 않는다. 같은 진단이라 하더라도 모든 사람에게서 동일하게 보이지 않는다.

정신건강관리 전문가는 이러한 문제들을 다루고 다양한 행동과 증상, 때로는 생물학적인 원인까지도 평가하며 정확한 진단을 내려서 최선의 치료를 제공할 수 있도록 최고의 역량을 갖추고 있다. 어떤 경우에, 정신질환을 갖고 있는 사람을 돌보고 있는 사람들(배우자나 형제자매, 부모 등)이 그 병의 영향에 대한 통찰을 병을 앓은 사람 본인보다 더 많이 갖게 될 수 있다. 종종 보호자들이 스스로는 증상을 인식할 수 없는 사람들의 '눈과 귀'가 되어 준다. 이들은 정신건강관리 전문가가 그 사람의 증상에 관해 질문할 때 대신 답변해 줄 수 있다.

특정 증상들은 정신장애를 정의하고 정확한 진단을 내리는 데 도움이 된다. 『DSM–5–TR 정신장애 쉽게 이해하기』의 각 장마다 이러한 증상들뿐만 아니라 진단을 결정할 수 있는 다른 요소들과 함께 기술하고 있다. 이 증상들은 정신건강관리 전문가에게 생각과 감정을 설명하는 데 도움이 될 수 있다. 나열된 모든 증상들이 진단을 내리는 데 꼭 있어야 할 필요는 없다. 고통의 정도와 일상생활에 미치는 영향 또한 중요한 요소들이다.

이 책에서 기술된 증상들을 기초로 자가 진단한다 하더라도, 정확한 진단과 치료를 위해 정신건강관리 전문가를 찾아야 한다. 같은 증상이더라도 일부는 서로 다른 장애에서 나타난다. 예를 들어, 불안은 우울증, 조현병, 외상후 스트레스 장애를 가진 사람들에게서 나타나는 증상이다. 일부 정신장애는 심장병이나 당뇨병과 같은 의학적 문제와 연관이 될 수도 있다.

증상이 언제 처음 발생하였고 어떤 문제가 생겨났는지에 대해 정신건강관리 전문가와 명확하고 솔직하게 소통해야 가장 적절한 진단과 최상의 보호를 받을 수 있다. 증상과 경과에 대한 정보를 얻기 위해 종종 실험실 검사와 기타 평가들이 활용될 수 있다. 증상을 평가하는 데 사용되는 일부 평가도구들은 다음 사이트에서 확인이 가능하다. www.psychiatry.org/psychiatrists/practice/dsm/educational-resources/assessmentmeasures. 『DSM-5-TR 정신장애 쉽게 이해하기』는 진단이 필요한 사람들뿐만 아니라 그들의 사랑하는 사람을 위해 지어졌다. 이 책은 진단이 내려졌을 때 그들의 정신질환을 더 잘 알 수 있도록 돕고 주요 치료에 대한 정보를 제공해 준다.

치료

좋은 치료는 건강관리 제공자가 사람마다 그들만의 필요와 증상에 맞춰 제공한다. 보통 한 종류 이상의 치료를 필요로 한다. 불행히도 정신질환의 초기 징후는 알아차리기 어렵기 때문에 적절한 때 치료로 도움을 받아야 할 사람들이 그렇지 못하게 된다. 이들은 문제가 있다는 것을 마지못해 인정하거나 정신질환이 있다는 것을 시사하는 증상과 징후를 인식하지 못할 수도 있다. 그렇기 때문에 치료 효과가 가장 좋은 시기인 질병 초기에 치료를 받아야 한다는 것을 알려 주는 『DSM-5-TR 정신장애 쉽게 이해하기』와 같은 지침서가 중요하다.

어느 의학적 질환과 마찬가지로 조기 인지와 조기 치료가 더 나은 치료 결과 가능성을 높여 준다. 『DSM-5-TR 정신장애 쉽게 이해하기』는 보호자에게 주의를 기울일 필요가 있는 질환의 징후들을 알아차릴 수 있도록 도와서 환자가 필요로 하는 치료를 받을 수 있게 해 준다. 특정 장애나 장애 그룹에 대한 치료 방법들과 함께 어떤 효과를 기대할 수 있는지, 또 다른 치료 방법을 언제 찾아야 할지에 대해 각 장마다 짧게 다룰 것이다.

이 책은 정신건강관리 전문가를 통한 개별화된 진단과 관리를 대체할 수 없고 특정 장애에 대한 치료에 대해 심도 있는 정보를 제공하지 않는다. 그보다 이러한 상태에 대한 치료(면담치료와 정신과적 약물치료)의 개요에 대해 설명해 준다. 각 장마다 치료 방법뿐만 아니라, 다음과 같은 유용한 정보를 제공하고 있다.

- 건강한 생활양식이 최적의 정신건강을 증진시킬 수 있다. 충분한 운동과 적당한 수면, 건강한 식단, 친구들이나 믿을 수 있는 가족에게 속내를 털어놓는 법을 배우기 등이 있다. 또한 생활 스트레스를 더 잘 다루는 방법을 배우는 것도 의미한다. 이러한 목적을 향해 작은 걸음을 내딛는 것이 건강과 웰빙을 증진시키는 데 도움이 된다. 좋은 정신건강을 유지하기 위한 여러 방법을 『DSM-5-TR 정신장애 쉽게 이해하기』에서 찾을 수 있다.
- 제20장 '치료요점'에서 정신건강 치료들과 이것들이 어떻게 작동하는지에 대한 개

요를 제공한다. 또한 정신건강관리 전문가들의 유형에 대해서, 첫 치료 시간에서 무엇을 기대할 수 있는지, 치료와 약물의 종류, 전반적인 정신건강을 지지하는 방법 등에 대해 설명한다.

- 정신질환에 대처하는 한 가지 방법은 주변 사람들의 도움을 구하는 것이다. 도움을 줄 수 있는 의사나 정신건강관리 전문가뿐만 아니라, 지지 모임과 여러 기관도 각 개인과 그들의 사랑하는 사람들이 장애를 극복하는 데 필요한 지식을 제공해 줄 수 있다. '부록 B'에서는 이러한 부가적인 자원들에 대해 열거하고 있다.

DSM에 대하여

DSM-5에는 해당 진단에 반드시 나타나는 증상들을 열거하고 이 진단들을 종합하여 하나의 분류 체계로 조직화하였다. 이렇게 분류 체계로 조직화하려는 노력은 제2차 세계대전 동안에 시작되었는데, 당시에 정신건강의학과 의사들이 정신장애를 기술하는 데 서로 간에 명확하게 의사소통하는 것이 필요하다는 것이 분명해졌기 때문이다. 1952년에 첫 출판된 후, DSM은 계속 발전하여 다양한 환경에서 정신장애를 정의 내리는 데 근간으로 활용되고 있다. 정신건강의학과 의사, 심리학자, 그 외 정신건강관리 전문가, 다른 과 의사, 간호사, 변호사, 사회사업가 등이 DSM-5를 임상 안내서와 교과서로 활용하고 있다. 학교와 병원, 법원, 보험업계에서 정신장애가 무엇인지 정의 내리는 데 사용된다.

2013년 출판한 이후, DSM-5는 십수 년 이상의 연구와 수백 명의 정신건강관리 의사들과 전문가들이 그들의 전공 분야인 정신장애에 초점을 맞춘 전문 지식을 반영하였다. 2022년 출판된 DSM-5-TR에서는 DSM-5가 인쇄된 이후 완전히 개정된 본문과 업데이트된 진단 기준을 담고 있다. 본문 업데이트는 현재의 과학적 문헌들에 기초하고 있다. DSM-5-TR에서는 새로운 장애인 지속적 비탄장애가 특징적이다. 또한 이 책에서 다루는 모든 기타 DSM-5-TR상의 장애, 지침, 진단 기준은 DSM-5에 포함되어 있는 것들을 기준으로 하였다.

정신건강의학과, 심리학, 소아과, 간호, 사회사업, 신경과학, 생물학, 유전학, 통계학, 공중보건학 등 의학 분야와 정신건강 분야를 망라한 200명 이상의 관련 주제 전문가들이 DSM-5와 DSM-5-TR을 개발하는 데 도움을 주었다.

이 책에 대한 추가사항

『DSM-5-TR 정신장애 쉽게 이해하기』는 DSM-5의 대중을 위한 버전이기는 하지만 자가 진단에 사용하도록 한 것은 아니다(이는 어느 버전의 DSM이든 자가 진단 목적으로 쓰이지 않는 것과 같음). 오히려 DSM-5-TR에 실려 있는 대부분의 장애들을 기술하고 있다. 이 책은 진단을 받기 전이나 받은 후에 건강관리 제공자와 상담을 할 때 유용한 자료가 될 것이다. 이 책의 내용은 DSM-5-TR의 것을 반영하고 있다. 즉, 증상과 위험 요인, 관련된 장애들을 기술하고 있다. 또한 증상에 기반하여 정신장애를 정의하고 특별히 필요로 하는 것들이나 관심영역들을 탐색한다.

이 책에서는 DSM-5-TR에서와 마찬가지로, 유사한 장애들을 증상에 기초하여 그리고 살면서 언제 처음 증상이 나타나는지에 따라 집단으로 분류하고 있다. 그래서 아동기에 시작하는 장애들은 초반에 실었고, 한편 성인기에 시작되는 장애들은 책의 후반부에 실었다. 편의를 위해 각 장마다 해당 집단 안에서 발생하는 DSM-5-TR 장애들 중에 중요하고 가장 흔한 것들을 설명하였다. 장애명은 두꺼운 글씨로 표기하여 각 장에서 알아보기 쉽게 하였고, 용어는 본문 안에서 정의하였다. DSM-5-TR 장애 전체 목록도 '부록 A'에 수록하였다.

각 장마다 정신질환이 개인과 가족, 친구들에게 어떤 영향을 끼칠 수 있는지를 보여주는 개인 사례들을 소개하고 있다. 각 사례들에서 이름, 나이, 그 외 정보들은 실제 인물을 감추기 위해 바꾸었다. (만약 실제 인물과 사례가 일치한다면, 우연히 일어난 것으로 저자의 의도가 아님을 밝힌다.)

『DSM-5-TR 정신장애 쉽게 이해하기』는 장애와 해당 증상들, 언제 도움을 구해야 하는지, 치료로 무엇을 기대할 수 있는지에 대한 교육을 통하여 정신질환을 이겨 나가는 데 도움을 주도록 기획되었다. 정신질환을 극복하는 데에는 어느 정도의 수고와 노력이 필요하겠지만, 항상 희망은 존재한다. 당연히 도움도 있다.

감사의 말

미국정신의학회는 이 책을 만드는 데 소중한 도움을 준 다음 각 사람들에게 감사의 말을 전한다.

Donald W. Black, M.D.는 책 전반에 걸쳐 유용한 검토와 편집을 맡았다. Holly G.

Prigerson, Ph.D.는 제7장 '외상 및 스트레스 장애'에서 사례뿐만 아니라 지속적 비탄 장애 부분 본문 작성과 검토, 교정을 맡았다. William Byne, M.D., Ph.D.와 Annelou L.C. de Vries, M.D., Ph.D.는 제14장 '성별 불쾌감'에서 세심한 검토와 교정을 맡았다. Abraham M. Nussbaum, M.D.은 제20장 '치료요점'에서 유익한 기여를 해 주었다. Robert B. MacArthur, Pharm.D., M.S.는 부록 B '약물'에서 전반적인 업데이트에 기여했다(한국어판에서 부록 B 약물은 생략되었다).

또한 우리는 부록 C '유용한 자원들'에서 훌륭한 검토와 제안을 아끼지 않은 미국정신의학회 소속 임원들에게 감사의 말을 전한다. 그들은 미국정신의학회 관리 감독자 Amy Porfiri, 기업소통과 공공 문제 감독자인 Ginnie Titterton, 대중교육 부감독자 Deborah Cohen, 다양성 및 보건 형평성 부서 선임 프로그램 관리자, Madonna Delfish, M.P.H., 다양성 및 보건 형평성 부서 선임 프로그램 관리자, Veronica Handunge, M.P.H.이다.

다음 미국정신의학회 출판사 직원들은 이 책에 가치 있고 필수적인 기여를 했다. John McDuffie는 이전 출판자로서 개정판 작업 필요성을 인식하고 출판을 개시했고, Ann M. Eng, DSM은 관리 편집자로서 교정 편집을 하고 탈고까지 안내했다. Tammy J. Cordova는 그래픽 디자인 관리자로서 책 표지와 본문, 그래픽 디자인을 맡아 각 장마다 사진 선택을 담당했고, Erika Parker는 인수 편집자로, Annie Earl-Birge는 인수 코디네이터로 부록 C '유용한 자원들'에서 나열된 기관들에 대해 조사하고 초안을 작성했다.

정신질환을 앓고 있는 사람들을 대신하여 우리 모두는 열정과 헌신으로 일하는 정신건강관리 전문가들에게 감사를 표한다. 이들을 통해 우리는 정신질환을 갖고 있는 사람들과 그들의 사랑하는 사람들이 여정을 함께하며 보고 겪는 모든 숨겨진 이야기, 보이지 않는 노력, 끊임없는 용기에 대해 깨닫고 알게 될 것이다.

차례

◐ 역자 서문 _ 3

◐ 추천사(이전판) _ 5

◐ 머리말(개정판) _ 7

◐ 머리말(이전판) _ 11

◐ 서론 _ 15

제1장
아동기에 시작하는 장애 • 30

자폐스펙트럼장애 _ 32

주의력결핍 과잉행동장애 _ 39

지적장애 _ 45

아동기에 시작하는 기타 장애 _ 49

제2장
조현병과 기타 정신병적 장애 • 58

조현병 _ 61

조현정동장애 _ 68

망상장애 _ 70

기타 정신병적 장애 _ 71

제3장

양극성장애 • 76

제I형 양극성장애 _ 78

제II형 양극성장애 _ 84

순환성장애 _ 88

제4장

우울장애 • 92

주요우울장애 _ 94

지속성 우울장애 _ 101

월경전불쾌감장애 _ 104

파괴적 기분조절부전장애 _ 106

제5장

불안장애 • 110

공황장애 _ 112

광장공포증 _ 115

범불안장애 _ 118

특정공포증 _ 120

사회불안장애 _ 122

분리불안장애 _ 124

제6장

강박장애 • 130

강박장애 _ 132

신체이형장애 _ 136

수집장애 _ 139

기타 강박장애 _ 143

제7장
외상 및 스트레스 장애 • 146

외상후 스트레스 장애 _ 148
급성 스트레스 장애 _ 159
적응장애 _ 163
지속적 비탄장애 _ 165
기타 외상 및 스트레스 장애 _ 169

제8장
해리장애 • 172

해리성 주체성장애 _ 174
해리성 기억상실 _ 175
이인증/비현실감 장애 _ 177

제9장
신체(육체적)증상장애 • 180

신체증상장애 _ 182
기능성 신경학적 증상장애 _ 184
기타 신체증상장애 _ 185

제10장
섭식장애 • 190

신경성 식욕부진증 _ 192
신경성 폭식증 _ 195
폭식장애 _ 197
기타 섭식장애 _ 200

제11장
배설장애 • 204

유뇨증 _ 206
유분증 _ 208

제12장
수면-각성장애 • 212

불면장애 _ 215
기면증 _ 219
호흡관련 수면장애 _ 221
사건수면 _ 226
기타 수면-각성장애 _ 231

제13장
성기능부전 • 236

물질/약물치료로 유발된 성기능부전 _ 239
발기장애 _ 241
조기(이른)사정 _ 243
여성극치감장애 _ 244
기타 성기능부전 _ 246

제14장
성별 불쾌감 • 252

아동의 젠더 불쾌감 _ 255
청소년과 성인의 젠더 불쾌감 _ 256

제 15 장
파괴적 장애 및 품행장애 • 262

적대적 반항장애 _ 264

간헐적 폭발장애 _ 265

품행장애 _ 268

기타 파괴적 장애 및 품행장애 _ 272

제 16 장
중독장애 • 276

물질 사용장애 _ 280

물질 중독과 물질 금단 _ 284

물질/약물치료로 유발된 정신장애 _ 287

도박장애 _ 288

제 17 장
치매와 다른 기억 문제 • 296

섬망 _ 300

알츠하이머병으로 인한 신경인지장애 _ 302

외상성 뇌손상으로 인한 신경인지장애 _ 307

파킨슨병으로 인한 신경인지장애 _ 311

전두측두엽 신경인지장애 _ 312

루이소체 신경인지장애 _ 314

혈관성 신경인지장애 _ 316

기타 치매 및 기억 문제 _ 318

제18장
인격장애 • 322

경계성 인격장애 _ 325
반사회적 인격장애 _ 328
조현형 인격장애 _ 332
기타 인격장애 _ 333

제19장
변태성욕장애 • 342

관음장애 _ 344
노출장애 _ 345
마찰도착장애 _ 345
성적피학장애 _ 346
성적가학장애 _ 346
소아성애장애 _ 347
물품음란장애 _ 347
복장도착장애 _ 349

제20장
치료요점 • 352

누가 도움을 줄 수 있나요 _ 354
다음에는 어떻게 되나요 _ 356
치료의 형태 _ 360
더욱 건강한 삶을 유지하기 _ 374

◐ 용어사전 _ 377

◐ 부록 A) DSM-5-TR 장애 전체 목록 _ 385

B) 유용한 자원들 _ 397

◐ 찾아보기 _ 405

- 자폐스펙트럼장애(Autism Spectrum Disorder)
- 주의력결핍 과잉행동장애(Attention-Deficit/Hyperactivity Disorder: ADHD)
- 지적장애(지적발달장애) (Intellectual Development Disorder, Intellectual Disability)
- 아동기에 시작하는 기타 장애
  - 의사소통장애(Communication Disorders)
  - 특정학습장애(Specific Learning Disorders)
  - 운동장애(Motor Disorders)

제1장 아동기에 시작하는 장애

이번 장에서 다룰 아동기에 시작하는 장애들을 신경발달장애(neurodevelopmental disorders)라고 부른다. 이는 해당 장애들이 뇌의 성장과 발달에 영향을 끼친다는 의미이다. 이 장애들은 종종 아이가 학교에 들어가기 전에 시작하고 개인적 · 사회적 학습이나 작업 능력을 손상시킬 수 있다. 이들 장애 중 일부는 아동기에만 국한되기도 한다. 저절로 좋아지기도 하고, 치료를 받아 좋아지기도 한다. 다른 장애들은 더 오랫동안 지속되거나 10대나 성인이 될 때까지 눈에 띄지 않거나 진단받지 못한 채로 지나칠 수도 있다. 이 모든 장애는 증상이 아무리 경미하더라도 어린 나이에 시작된다.

이 장애들에는 자폐스펙트럼장애, 주의력결핍 과잉행동장애, 지적장애, 의사소통장애(예: 말하기의 문제), 특정학습장애(예: 읽기, 수학, 쓰기의 문제), 운동장애(예: 틱장애)가 해당된다. 한 아이가 한 가지 이상의 장애를 가질 수도 있는데, 예를 들어 자폐스펙트럼장애와 지적장애가 함께 있을 수 있다.

이 장애들은 부모와 아이에게 큰 고통과 걱정거리를 가져다주고, 아이의 증상으로 인한 충격은 가족 전체에게 영향을 미칠 수 있다. 실제로 아이에게 아동기의 정상적인 문제점들과 다른 장애가 있다면 의사나 정신건강관리 전문가에게 도움을 구하여 진단을 받을 수가 있다. 치료를 통해 증상을 관리하는 새로운 기술과 방법, 지지와 대처를 위한 자원들을 알게 되고, 일부 사례에서는 약물치료를 통해 증상이 완화될 수 있다. 또한 희망을 줄 수도 있다. 이러한 장애들을 겪는 많은 아동이 충실하고 가치 있는 삶을 살 수 있다. 병을 진단받지 못하고 치료도 받지 못한 상태로 있게 되면 아이가 커 나가면서 더 심각한 문제와 고난을 겪을 위험이 커진다.

자폐스펙트럼장애는 DSM-5가 출판되기 이전에 분리되어 있었던 여러 장애들을 통합하여 만들어진 단일 진단이다. 자폐스펙트럼장애 안에 자폐성 장애(자폐증), 아스퍼거장애, 아동기 붕괴성장애, 레트장애, 달리 분류되지 않는 전반적 발달장애가 포함된다.

지적장애(혹은 지적발달장애)는 어린 시기에 나타나는 정신적 능력의 문제를 말한다. 이 능력에는 추론, 문제해결, 학습 능력이 포함된다. 또한 단순히 문답지 형태의 검사(때때로 '표준화된 지능검사' 혹은 IQ검사 점수를 말함)를 벗어나는 종류의 사고와 행동도 포함될 수 있다.

자폐스펙트럼장애

자폐스펙트럼장애(autism spectrum disorder)는 두 가지 주요 증상을 특징으로 한다. 아동이 다른 사람들과 관계를 맺는 능력의 문제와 일련의 고정된 관심이나 반복적인 행동을 보이는 것이 그 특징이다. 장애의 이름은 한 범주 혹은 스펙트럼의 증상들이 나이와 개인에 따라 매우 다양하게 나타난다는 것을 반영하고 있다.

이 장애를 가지고 있는 많은 사람은 일상생활에서의 변화를 잘 다루지 못할 수도 있다. 이들은 눈 맞춤을 못하거나, 다른 사람에게 사회적인 반응을 잘 보이지 않거나, 함께 노는 것을 어려워한다. 자폐스펙트럼장애의 징후는 초기 아동기에 시작되고 보통 일생 동안 지속된다. 어떤 사람들은 일상생활에서 많은 도움을 필요로 하지만, 일부에서는 그리 크게 필요로 하지 않을 수 있다. 치료를 받으면 증상이 호전될 수 있다.

미국과 다른 국가의 연구를 보면 일반 인구 가운데 전체 아동과 성인의 약 1~2%가 자폐스펙트럼장애를 가지고 있다는 보고가 있다. 비율은 점차 증가할 수 있는데 이것이 자폐스펙트럼장애에 대한 인식이 증가해서인지, 아니면 연구마다 장애를 진단하는 방식이 달라서인지는 확실하지 않다.

증상은 흔히 2세 이전에 나타나기 시작하는데, 12개월 이전에 나타날 수도 있다. 증상이 경미하다면 24개월 이후에 드러나는 경우도 있다. 좀처럼 잘 웃지 않고 부모와 소통하는 옹알이를 잘 하지 않는 아기들은 자폐스펙트럼장애의 초기 증상을 보이는 것일 수도 있다. 또 걸음마 시기의 아이가 말이 늦고 사회적 접촉에 관심이 적은 것이 첫 증상이기도 하다. 어떤 아동들은 2세 동안에 말이나 사회적 기술이 느리게 발달하거나 소실되는 경우가 있다. 그렇게 기술이 소실되는 경우는 다른 장애에서는 드문 일로 자폐스펙트럼장애의 징후(또는 위험 신호)일 수 있다.

장애를 가진 일부 아동에게서는 일상생활에 변화가 생기기 전까지 증상이 나타나지 않을 수도 있다. 보통 유치원에 가거나 새로운 사회적 기술을 시험해 봐야 하는 새로운 환경일 때가 그렇다. 때때로 아동이 힘겹게 느끼는 사회적 접촉을 피하는 방법을 알게 된다면 증상은 잘 드러나지 않는다. 그러나 아동이 성장하면서 사회적 접촉은 더욱 많아지기 때문에 시간이 흐를수록 증상이 더 분명하게 나타난다. 연구에 따르면, 유색인종의 아동은 진단이 늦어지는 경우가 있어 치료 또한 늦어질 수 있다.

자폐스펙트럼장애 증상은 아동기와 학령기 초기에 더 두드러질 수 있다. 하지만 아동기 후기에 사회적 접촉에 대한 관심이 점차 증가할 수도 있다. 또 성인이 되어서야 비로소 이해하기 어려운 사회적 단서(예: 대화에 언제 어떻게 참여해야 하는지, 아니면 어떤 말을 하지 말아야 할지 등)에 대해 대처하는 방법을 배우게 될 수도 있다. 자폐스펙트럼장애를 가지고 있는 사람들이 이와 같이 변화하는 것은 다른 사람들과 관계를 맺기 위한 것으로 그들에게는 굉장히 큰 노력을 필요로 한다. 자폐스펙트럼장애를 가진 사람들은 다른 사람들이 어떻게 그런 자연스럽고 편한 사회적 접촉을 갖는지 알려고 애쓴다. 하지만 평생에 걸쳐서 대처 방법을 배우고 새로운 기술을 습득하여 기능을 호전시켜야 할 수도 있다. 자폐스펙트럼장애를 가진 사람들은 시간이 흐르면서 계속 배울 수 있기 때문에 보통 새로운 사회적 기술을 배우는 것에 대한 목표의식을 갖고 있다.

언어와 사고 기술이 잘 형성된 경우에도 자폐스펙트럼장애 진단이 내려질 수 있기 때문에 이 장애를 가진 사람들 중에 자신의 특별한 관심과 기술에 걸맞은 일을 찾는 경우도 많다. 더 나은 기술을 갖고 있는 사람들은 관계 형성에서 더 많은 어려움을 겪기도 한다. 자폐스펙트럼장애 치료는 장애가 있는 사람들의 목표와 강점을 염두에 두고 설계되어야 한다. 직업 재활 서비스에 대한 접근성은 장애를 가진 청소년이 안정적인 직업을 가질 수 있는 가능성을 크게 향상시킨다.

또한 자폐스펙트럼장애를 가진 사람들은 지적장애, 언어장애, 주의력결핍 과잉행동장애, 발달성 협응장애, 불안장애, 우울장애를 동반해서 가질 수 있다. 뇌전증이나 수면 문제, 변비와 같은 또 다른 의학적 상태가 동반할 수도 있다. 회피적/제한적 음식섭취장애는 꽤 흔하게 나타나는데, 극도의 편식이 지속될 수 있다.

자폐스펙트럼장애란

자폐스펙트럼장애를 가진 사람들은 매우 다양한 능력과 특성의 차이를 보이고 있기 때문에 어느 한 사람도 똑같은 식으로 증상이 나타나지 않는다. 다만 다음 증상들이 아동의 초기 발달 단계에 반드시 나타나야만 자폐스펙트럼장애로 진단할 수가 있다.

- 많은 상황에서 자주 나타나고 지속적으로 보이는 사회적 의사소통과 상호작용의 문제들
  - 소리 내거나, 표현 혹은 말에서 주고받는 대화의 제한점. 예를 들어, 감정이나 생각, 관심을 공유하는 것이 점차 감소될 수 있다. 아니면 사회적 접촉을 시작하거나 반응하는 것에 실패를 할 수 있다.
  - 눈 맞춤, 가리키기나 손 흔들기와 같은 몸짓, 웃거나 찡그리는 얼굴 표정의 결여와 같이 사회적 접촉에서 사용되는 비언어적인 의사소통의 문제. 예를 들어, 누군가가 가리키는 곳을 쳐다보지 못할 수도 있다.
  - 관계를 이루고 유지하며 이해하는 것에 대한 문제. 예를 들어, 아동이 상황에 맞게 행동을 변화시키거나, 친구를 사귀거나, 가상 놀이를 공유하는 데 어려움이 있을 수 있다. 혹은 또래에 대한 관심이 부족할 수도 있다.
- 행동이나 관심, 활동에서 고정되고 반복적인 패턴이 다음 중 최소 두 가지 이상이 나타남
  - 신체 움직임이나 물체의 사용, 말하기가 반복적임. 예를 들어, 아동이 자주 자기 손을 펄럭거리거나, 소리나 문장을 반복하거나, 동전을 돌리거나, 장난감을 반복해서 일렬로 세우기도 한다.
  - 똑같은 일상적인 것과 행동에 대한 고집. 예를 들어, 작은 변화에도 극도로 고통받거나, 또 다른 활동으로 바꾸는 데 문제가 있거나, 고집스러운 인사법이 있거나, 날마다 같은 음식만 먹고 싶어 할 수 있다.
  - 정상적인 것을 넘어서서 극도로 혹은 강렬하게 집중하면서 확고하게 고정된 관심을 가짐. 예를 들어, 아동이 이상한 물체에 애착을 가질 수 있다(예: 진공청소기나 선풍기와 같이).
  - 특정한 장면과 소리, 냄새, 감촉, 맛에 대해 큰 반응을 보이거나 아무 반응을 보이지 않음. 예를 들어, 통증이나 열감 혹은 냉감에 아무 반응이 없거나 둔할 수 있다. 특정 소리나 감촉을 극도로 혐오하거나, 빛이나 동작을 너무 좋아할 수도 있다.

이러한 증상들은 사회적 · 학업적 · 업무적 기능에 문제를 일으킬 수 있다. 증상은 경미한 단계부터 심각한 단계까지 다양할 수 있고, 시간이 흐르거나 상황에 따라 변할 수 있다(〈표 1-1〉 참조).

표 1-1 자폐스펙트럼장애의 지지가 필요한 수준

심각도 수준	사회적 의사소통	제한적이고 반복적인 행동
3단계 "상당히 많은 지지를 필요로 하는 수준"	사회적 상호작용에 심각한 문제를 유발하는 언어적 · 비언어적 의사소통의 심각한 결핍. 이해할 수 있는 단어를 거의 말하지 않고 좀처럼 사회적 접촉을 시작하지 않음	모든 영역의 기능에 혼란을 초래하는 집착, 고정된 습관, 반복적인 행동. 의례적인 절차나 일상적인 것을 못 하게 할 때 매우 고통받음
2단계 "많은 지지를 필요로 하는 수준"	언어적 · 비언어적 의사소통의 분명한 결핍. 단순한 문장을 말하고 매우 이상한 비언어적 의사소통을 함	제한적이고 반복적인 행동이 나타나 옆에서 쉽게 눈에 띔. 행동이 변화되거나 못 하게 했을 때 고통과 좌절이 두드러짐
1단계 "지지가 필요한 수준"	적절한 지지가 없을 때, 손상된 사회적 의사소통으로 인해 두드러진 문제가 발생함. 완전한 문장으로 말할 수 있고 대화에 참여할 수 있지만 다른 사람들과 주고받는 대화는 못 함	반복적인 행동이 일상 기능에 큰 불편을 초래한다. 임무를 전환하기 어려움. 독립적인 생활이 방해될 정도로 조직화하고 계획하는 데 문제가 있음

아동과 그 가족에게 증상을 경감시키고 삶의 질을 증진시키기 위해서 자폐스펙트럼장애를 조기에 진단하고 치료하는 것은 중요하다. 「연방법」에 따르면, 어떤 아동이든지 발달장애를 가지고 있다고 의심이 된다면 무료로 평가를 받을 수 있다. 미국 질병관리본부(The Centers for Disease Control: CDC)에서는 모든 아동을 대상으로 18개월과 24개월에 소아과 의사에게 정기 방문(well-child visit) 시 자폐스펙트럼장애에 대한 선별검사를 받도록 권고하고 있다.

자폐스펙트럼장애에 대한 의학적 검사는 아직까지는 없다. 흔히 의사들은 아동과 대화하고, 아동이 어떻게 말하고 행동하는지, 같은 연령대의 아동들과 비교해서 관찰하고(아동의 발달 단계를 고려해야 함), 부모와 다른 양육자에게 질문하는 것들을 통해서 진단을 한다. 선별검사지나 선별검사도구를 사용하기도 한다. 이것들은 행동의 종류나, 얼마나 자주 발생하는지, 그리고 얼마나 심한지를 평가한다.

어떤 경우에는 일차의료기관 의사가 모든 증상을 제대로 평가하기 위해 아동과 가족을 전문의에게 의뢰하기도 한다. 전문의에는 발달소아과 의사(아동발달과 특수치료가 필요한 아동에 대해 전문으로 수련을 받은 의사), 소아신경과 의사(뇌, 척수, 신경계에 전문인 의사), 소아 심리학자(Ph.D나 Psy.D 학위를 받은 전문가; 정신치료를 통해 정신 장애를 치료하고 심리학적 검사와 평가에 전문가)나 소아 정신건강의학과 의사(인간의 마음, 감정, 생각, 행동에 대해 잘 아는 의사, 이들은 약을 처방하고 정신치료를 할 수 있음)가 포함된다.

위험 요인

자폐스펙트럼장애의 원인으로 알려져 있는 것은 없다. 위험 요인은 다음과 같다.

- 환경　고령의 부모, 조기 출산, 임신 기간 동안에 산모가 뇌전증과 양극성장애 치료를 위해 밸프로에이트(valproate)를 복용한 경우에 자폐스펙트럼장애가 생길 가능성이 크다.
- 유전　만약 가족 중에 이 장애를 가지고 있다면 자폐스펙트럼장애의 위험도는 훨씬 더 크다. 유전자가 자폐스펙트럼장애에서 큰 영향을 끼치지만 유일한 요인은 아니다. 다양한 유전자와 많은 요인들이 뒤섞여 장애가 발생하는 것에 영향을 끼치는 것으로 생각되고 있다. 자폐스펙트럼장애의 약 15%에서 유전적 근거가 발견된다.

아동기 백신이 자폐스펙트럼장애를 유발시킨다는 의견에 대해서 수많은 논쟁이 있어왔다. 사람들이 자폐스펙트럼장애가 백신과 연관되어 있다고 생각하는 한 가지 이유는 보통 백신이 투여되는 시기의 나이가 되기 전에는 장애의 징후가 나타나지 않기 때문이다. 만약 아동이 백신을 맞은 지 얼마 지나지 않아 진단을 받는다면 백신 때문에 발병한 것처럼 보일 수도 있다. 여러 연구들이 오랜 기간에 걸쳐 수행된 결과, 백신과 자폐스펙트럼장애 간의 연관성을 찾을 수 없었다. 부모들에게는 자녀가 심각한 아동기 질병에 걸리지 않도록 백신을 맞을 것을 강력하게 권고하고 있다.

아담 이야기

12세 남아인 아담은 어머니와 함께 정신과적 평가를 받기 위해 병원을 찾았다. 아이는 심한 분노 발작 때문에 학교에서 말썽을 빚고 있었다. 어머니가 말하길, 아담에겐 학교생활이 항상 스트레스였고 중학교에 들어간 이후로는 더 심해졌다고 한다.

아담의 6학년 담임선생님은 아담이 수업을 잘 따라오기는 하지만 친구를 사귀는 것은 어려워한다고 말했다. 아담에게 진심으로 대해 주는 학급 친구들의 마음을 잘 믿지 못하는 것 같다고 하였다. 오히려 아담은 다른 아이들이 자기를 비웃고, 아담이 학교에 가져온 장난감 자동차와 트럭에 가짜로 관심을 보인다고 믿었다. 선생님이 보기에 아담은 자주 울고 좀처럼 말을 하지 않는다고 하였다.

면담을 할 때, 아담에게 학교와 학급 친구들, 가족에 대해서 물어보자 중얼거리기만 했다. 그러나 장난감 자동차를 좋아하냐고 묻자 아담의 얼굴이 환해졌다. 아담은 자동차, 트럭, 비행기를 가방에서 꺼내 놓기 시작했다. 눈 맞춤은 하지 않고, 트랙터이니 B-52이니 재규어이니 하면서 자동차나 비행기 이름을 정확히 사용하면서 상세히 얘기했다.

아담은 11개월에 처음으로 말을 했고, 3세가 되어서 짧은 문장을 사용하기 시작했다. 아담은 항상 트럭이나 자동차에 집착했다. 아담의 어머니는 아담이 언제나 "너무 수줍어했다."라며 절친한 친구가 한 명도 없었다고 말했다. 말을 곧이곧대로만 받아들이기 때문에 또래들이 하는 농담이나 장난에도 힘들어했다고 하였다. 아담의 어머니는 이런 행동을 '조금 이상한' 정도로만 봐 왔다. 그녀는 이런 행동이 성공한 변호사인 아담의 아버지와도 닮았는데, 그도 같은 것에 집착적인 관심을 갖고 있었다고 덧붙였다. 둘 다 '유머라고는 찾아볼 수가 없는' '규칙 옹고집쟁이'였다고 하였다.

검사를 하는 동안, 아담은 수줍음이 많았고 평균 이하의 눈 맞춤을 보였다. 의사는 아담을 지적 손상을 동반하지 않는 자폐스펙트럼장애로 진단하였다. 아담은 학급 친구들과 상호작용하고 대화를 유지하는 데 어려움이 있었다. 이 두 가지는 사회적 의사소통 문제의 증상이다. 또 아담은 고정된 관심만을 보이는데 자동차와 트럭에만 관심이 있고 그 외에는 관심이 거의 없었다. 아마도 아이의 자폐스펙트럼장애 증상이 아버지의 행동과 비슷했기 때문에 아이 어머니는 아담을 '조금 이상한' 정도로만 보고 검사나 진단을 받을 생각은 못 했을 것이다.

치료

대부분의 사례에서 자폐스펙트럼장애는 평생 지속되는 장애이다. 비록 치료법이 없기는 하지만, 조기에 진단받고 치료를 시작한 아동은 더 좋아질 수가 있다. 단일요법보다는 각 아동에게 맞춰서 다양한 접근법을 시도하는 것이 행동과 의사소통을 증진시킬 수 있다. 이러한 치료법에는 집중적인 기술 개발 및 교육 치료들이 있다. 이러한 치료법들은 아동과 가족에게 구조화, 지침 및 조직화를 제공한다.

이 중 응용행동분석 요법이 흔하게 사용된다. 이 요법은 목표로 하는 행동은 지지하고, 해를 입히거나 학습을 방해하는 행동은 경감시키기 위한 보상의 형태로 구성된다. 이 요법은 듣기와 보기, 읽기, 다른 사람들과 관계 맺기와 같은 기술을 증진시킬 수 있다. 또한 아동은 언어치료, 작업치료(일상생활의 업무들을 도움), 사회 기술훈련을 받을 수도 있다. 치료에서 아동 가족의 역할이 매우 중요하다.

자폐스펙트럼장애의 핵심 증상(사회적 의사소통 문제와 반복적인 행동)을 치료할 수 있는 약물은 아직 없다. 자폐스펙트럼장애를 가진 일부 아동과 성인들은 불안장애나 우울장애, 주의력결핍 과잉행동장애(ADHD)와 같은 다른 장애가 동반될 수도 있다. 이 장애들은 정신치료나 약물치료로 호전될 수 있다. 이 장애들의 증상을 호전시키거나 경감시키는 것이 자폐스펙트럼장애 치료에 도움이 되기도 한다.

자폐스펙트럼장애 치료를 돕기 위해 더 좋은 방법을 찾는 사람들이 다양한 형태의 특별 식이요법에 대해서 논의하고 연구해 왔다. 이 식이요법은 문제가 생기거나 알레르기 반응을 유발할 수 있는 음식이나 재료들을 피하라는 식이다. 여기에는 과도한 설탕, 글루텐, 카세인, 식품첨가물(향미증진제), 식용색소 등이 있다. 항산화제와 플라보노이드(루테올린) 같은 영양보조제가 자폐스펙트럼장애 증상을 호전시키는 데 좋다고 생각하는 부모들 사이에서 유명해졌었다. 그러나 이 영양보조제들이 도움이 되는지 과학적 근거는 별로 없다. 영양보조제를 복용하거나 아동의 식이요법을 변경하기 전에 의사와 상의하는 것이 치료에 도움이 되고, 아동의 건강한 성장을 위한 적절한 비타민과 영양제를 복용할 수 있게 해 준다.

대처방안들

가족 중 자폐스펙트럼장애를 가진 아동이 한 명만 있어도 가족 전체가 영향을 받게 된다. 스트레스가 크고 장애를 관리하는 데 많은 시간을 필요로 한다. 그래서 전체 가족의 신체적 · 정서적 건강에 관심을 갖는 것이 중요하다. 다음 단계들이 도움이 될 것이다.

- **가능한 한 많이 알자.** 미국자폐증협회(Autism Society, www.autism-society.org), 자폐연구재단(the Autism Science Foundation, http://autismsciencefoundation.org)과 같이 공인된 단체로부터 진단에 관한 믿을 만한 정보를 얻자.
- **체계적이고 규칙적인 생활을 하자.** 매일 변함없이 똑같은 생활을 한다면 자폐스펙트럼장애를 가진 많은 사람도 거기에 맞게 더 잘 생활할 수 있다. 식사시간이나 학업, 놀이 등 일상생활에 대한 스케줄을 짜서 거기에 맞춰 생활하자.
- **다른 부모들과 교류하자.** 당신이 겪은 어려움들을 다른 부모들과 공유하면서 대화를 하다 보면 당신도 아이의 문제를 잘 해결해 나갈 수 있게 될 것이다. 미국자폐증협회는 부모와 가족을 위해 온라인 지원 시스템을 구축하여 전국적으로 지원받을 수 있는 자원들을 찾는 데 유용하다.
- **당신 아이의 권리를 알자.** 「장애인교육법」으로 알려진 「연방법」에 따르면, 장애를 가진 아동들은 특수교육 서비스를 받을 권리가 있다. 이 서비스를 통해 생후 2세까지 조기치료와 지원을 받을 수 있고, 3세부터 21세까지는 정부자금으로 운영되는 특수교육을 '제때 무상으로' 제공받을 수 있다. 「장애인교육법」에 관한 더 많은 정보는 http://idea.ed.gov에서 찾을 수 있다.

주의력결핍 과잉행동장애

주의력결핍 과잉행동장애(Attention-Deficit/Hyperactivity Disorder: ADHD)는 아동에게서 가장 흔한 정신장애이다. 아동기에 시작되기는 하지만, 성인이 되어서도 증상이 나타날 수 있다. 특징적인 증상은 부주의(주의를 한곳에 집중할 수 없음), 과잉행동(상황에 어울리지 않게 과도하게 움직임), 충동성(생각 없이 순간적으로 나타나는 조급한 행동)이다. 학교나 사회생활, 직업 활동이나 기능에 어려움을 초래하고 발달에 문제가 생길 수 있다.

아동의 7%, 성인의 2.5%에서 ADHD가 나타난다. 그리고 여아보다 남아에게서 두 배 더 많이 나타난다. 부모가 걸음마기에 증상을 알아보기도 하지만, ADHD는 흔히 초등학생 때 진단을 받게 되는데, 이때 집중력의 문제가 두드러지기 때문이다. 10대가 되면서 과잉행동은 예민하고, 침착하지 못하거나 참을성이 없는 것처럼 보일 수 있다. 성인이 되면 부주의, 계획력 부족, 조바심, 충동성으로 증상이 나타나면서 관계뿐만 아니라 삶의 모든 면에서 문제를 일으키기도 한다.

또한 ADHD를 가진 사람들은 적대적 반항장애(oppositional defiant disorder)나 파괴적 기분조절부전장애(disruptive mood dysregulation disorder)와 같은 질환이 함께 나타날 수가 있다. 특정학습장애(specific learning disorders)도 흔하게 동반된다.

주의력결핍 과잉행동장애란

12세 이전에 증상이 두드러지게 나타나고 적어도 6개월 이상은 지속적으로 나타난다. 아동의 경우에는 반드시 최소 6개 증상이 보여야만 진단을 할 수 있다. 10대 청소년과 성인(17세 이상)에서는 최소 5개 증상이 보여야 한다. 이러한 증상은 단순히 반항적 행동, 적개심 또는 과제나 지시 이해의 실패로 인한 것이 아니다. 증상 때문에 사회적 · 학업적 · 업무적 기능에 두드러지게 손상이 오거나 능력 저하가 나타나게 된다.

ADHD는 지속적이고 반복적인 패턴으로 부주의와 과잉행동 혹은 충동성이 기능이나 발달을 저해할 정도로 나타날 때 진단하는데, 다음과 같은 형태의 증상들로 나타난다.

부주의 다음 증상 가운데 6개(17세나 그 이상에서는 5개)가 종종 나타난다.

- 세부적인 면에 대해 면밀한 주의를 기울이지 못하거나, 학업 또는 직업 업무에서 부주의한 실수를 저지른다.
- 수업 듣기, 대화하기, 긴 글 읽기 등 업무나 놀이를 할 때 지속적으로 주의집중을 할 수 없다.
- 다른 사람이 말을 할 때 경청하지 않는 것처럼 보인다(마음이 다른 곳에 가 있는 것처럼 보인다).
- 지시를 완수하지 못하고 학업, 잡일 또는 직업에서의 임무를 제대로 끝내지 못한다(과제를 시작하지만 빨리 주의가 산만해진다).
- 과제와 일을 질서 있게 하는 데 어려움이 있다(예를 들어, 시간을 잘 관리하지 못하거나 엉망진창이고, 체계적이지 않게 일을 하거나, 마감 시간을 맞추지 못한다).
- 학업이나 숙제와 같이 지속적으로 정신적인 노력이 필요한 업무를 회피하거나 싫

어한다. 10대 후반이나 성인이 되었을 때 과제를 준비하고 서류를 완성하는 일들을 피하기도 한다.

- 학습 과제나 책, 열쇠, 지갑, 휴대 전화, 안경과 같이 업무나 일상생활에 필요한 물건들을 자주 잃어버린다.
- 쉽게 산만해진다.
- 잡일이나 심부름과 같이 일상적인 업무를 잊어버린다. 10대 후반이나 성인이 되었을 때 전화에 회답하기나, 청구서 지불하기, 약속 지키는 것을 잊기도 한다.

과잉행동과 충동성 다음 증상 가운데 6개(17세 이상에서는 5개)가 종종 나타난다.

- 손발을 만지작거리며 가만두지 못하거나 의자에 앉아 몸을 꿈틀거린다.
- 자리에 계속 앉아 있지 못한다(교실이나 사무실에서).
- 부적절한 곳에서 지나치게 뛰어다니거나 기어오른다.
- 조용히 여가를 즐기거나 놀지 못한다.
- 마치 태엽 풀린 자동차처럼 항상 '끊임없이 활동한다'.
- 지나치게 수다스럽다.
- 질문이 끝나기도 전에 대답을 한다(예를 들어, 다른 사람의 말을 가로채거나 대화 시 자신의 차례를 기다리지 못한다).
- 줄 서 있을 때와 같은 경우에 자신의 차례를 기다리지 못한다.
- 다른 사람의 활동을 방해하거나 침해한다(예를 들어, 대화나 게임, 활동에 참견하거나 허락 없이 다른 사람의 물건을 사용한다). 10대 후반이나 성인이 되었을 때 다른 사람이 하는 일을 탈취할 수 있다.

이러한 증상은 학교나 가정, 작업장과 같이 반드시 두 곳 이상의 환경에서 나타나야 하고, 가족과 친구들 사이에서 나타나야 한다. 이 장애는 조현병이나 불안장애, 물질중독과 같은 또 다른 장애 때문에 나타나는 것이 아니어야 한다. 증상에 따라 그리고 사회, 학교, 작업 기능에서 얼마나 문제가 되느냐에 따라 경도, 중등도, 고도로 심각도가 나뉜다.

ADHD는 지난 6개월 동안 나타난 증상의 종류에 따라 진단한다. **복합형**은 부주의와 과잉행동/충동성 이 두 가지 모두에서 증상이 필요한 개수만큼 있을 때 진단한다. **주의력결핍 우세형**은 부주의 증상이 필요한 개수만큼 있지만, 과잉행동/충동성 증상이 충분히 나타나지 않을 때 진단한다. **과잉행동/충동 우세형**은 과잉행동/충동성 증상이 필요한 개수만큼 있지만, 부주의 증상이 충분히 나타나지 않을 때 진단한다.

위험 요인

주의력결핍 과잉행동장애의 위험을 증가시키는 요인들은 다음과 같다.

- 환경　예정일보다 일찍 태어나서 체중이 매우 적게 나가는 경우 위험도가 더 증가한다. 임신 기간 동안 산모가 술을 마신 경우 ADHD의 위험이 증가할 수 있다. 감염이나 납과 같은 신경 독성 물질에 대한 노출 과거력이 있는 경우 또한 영향을 끼칠 수 있다. 극히 일부에서 아동의 식생활 습관과 연관되기도 한다.
- 유전과 생리학　ADHD를 가진 사람들은 ADHD를 가진 일차 친족(부모나 형제)이 있을 가능성이 크다.

치료

행동치료와 약물치료가 ADHD 증상을 호전시킬 수 있고, 두 가지 치료법을 병행하는 것이 가장 효과적일 때가 많다.

- 행동치료는 부모와 아동이 ADHD 증상을 더 잘 관리할 수 있도록 돕는 데 초점을 맞춘다. 바람직한 행동에 대해 긍정적인 피드백을 주고 바람직하지 못한 행동에 대해 부정적인 결과를 주는 방법을 부모에게 가르치는 것으로 구성되어 있다.
- 약물치료는 아동에게 집중력의 평균 지속 시간을 늘리고, 과제를 더 잘 수행하고, 충동적인 행동을 조절할 수 있도록 해 준다. 자극성 약물은 뇌의 특정 화학물질의 활성을 증가시키는 것으로 의사의 처방에 따라 복용 가능하고 수십 년 이상 안전하게 사용되어 왔다. 메틸페니데이트와 암페타민이 여기에 해당한다. 비자극성 약물은 자극성 약물의 대체 약물로 처방되는데, 아토목세틴과 구안파신이 해당한다. 대부분의 아동이 약물치료로 호전될 수 있다.

ADHD를 가진 아동은 정확한 진단과 증상에 맞는 적절한 치료를 받는 것이 매우 중요하다. 치료를 받지 못한 아동은 학습 문제, 학업 실패, 행동 및 훈육 문제, 또래관계 문제에 대한 위험성이 커진다. 성장할수록 알코올 및 약물 오남용, 우울증, 직업 관련 문제들까지 더해질 수 있다. 이 장애를 가진 성인은 정신치료나 인지행동치료, 약물치료, 전자

알림장치와 같은 도구 사용법 학습을 통해서 도움을 받을 수 있다.

찰리 이야기

6세 남자 아동인 찰리는 1학년 학교생활에 어려움이 있어 학교 상담 이후 어머니와 함께 정신건강의학과 의사를 찾았다.

어머니는 찰리가 어렸을 때부터 항상 힘든 아이였다고 말했다. 유아기 때 아이는 화를 잘 내고 신경질적이었다. 7개월째 기는 것을 배우자마자 온 집을 휘젓고 다니면서 쓰레기통이나 선반 물건들을 어지럽혔다. 말하기 시작하자, 찰리는 쉬지 않고 말을 하고 부모가 늘 관심을 둬야만 했다.

찰리는 4세 때부터 유치원 생활을 시작했다. 담임선생님은 아이가 다른 아이들을 배려하지 않는 것처럼 보이면서 난폭하고 충동적이었다고 호소했다. 아이는 다른 아이들처럼 자리에 앉아 있질 않고 늘 일어나서 교실을 뛰어다녔다. 과제를 수행하는데도 5분 이상 집중하지 못했다. 조용히 과제를 수행해야 할 때인데도 옆 친구들에게 말을 거느라고 수업을 방해했다.

정신건강의학과 의사의 진료를 보는 동안에도 찰리는 매우 활발했다. 아이는 성큼성큼 걸으며 진료실로 들어왔다. 의자에 펄쩍 뛰어 앉고, 2~3분도 채 제대로 앉아 있지 못하고 꿈틀거렸다. 그러다가 번쩍 뛰어나가더니 책장에 있는 책들을 뽑아내기 시작했다. 의사 선생님 책이니 제자리에 잘 꼽아 놓으라는 소리를 듣자, 하나둘 바닥에 내던지더니 책상으로 가 펜이며 종이들을 건드렸다. 찰리의 어머니는 당황하고 화가 난 것처럼 보였고 아이가 자리에 앉게 하려고 애썼다.

정신건강의학과 의사는 메틸페니데이트를 처방하기로 했다. 몇 주 뒤 찰리의 어머니는 효과가 "기가 막히다."라고 말했다. 찰리의 행동이 호전되었다. 아이는 주의 집중 능력이 크게 향상되었고, 난폭과 과잉 행동이 줄었다. 담임선생님도 큰 변화가 있다고 했다. 찰리는 사소한 문제가 있긴 했지만 1학년을 잘 마무리할 수 있었고 읽기와 아주 간단한 셈을 할 수 있을 정도로 나이에 맞는 학습 진척에 도달할 수 있었다.

대처방안들

아이가 ADHD를 가지고 있는 것은 부모에게도 힘든 일이다. 정기적인 치료와 함께 다음과 같은 조언들이 도움이 될 것이다.

- **규칙적인 일상생활을 한다.** 구조화는 아동이 지나치게 부주의하고 산만해지지 않게 하는 데 도움이 된다. 숙제나 식사시간, 놀이시간, 취침시간, 기상시간을 일정하게 정해 놓도록 하자.
- **항상 정리해 놓는다.** 학교 가방, 옷, 장난감을 매일 같은 자리에 두어서 아이가 덜 잃어버리게 하자.
- **지시를 이해했는지 확인한다.** 지시는 간결하고 명료하게 하고, 하면 안 되는 것들도 명확히 정해 준다. ADHD를 가진 아동은 다른 사람들이 자기에게서 무엇을 원하고 있는지 정확히 알 필요가 있다.
- **주의산만하게 하는 것들은 피한다.** 아이가 숙제를 하거나 집중을 해야 할 때에는 TV, 라디오, 컴퓨터를 끄도록 한다.
- **선택은 간단히 한다.** 두 가지 중(옷/식사/장난감 등에서 이것 아니면 저것)에서 선택하도록 해서 아이가 너무 어려워하거나 과자극을 받지 않게 한다.
- **훈육 방식에 대한 계획을 세운다.** 좋은 행동에는 보상을 해 주고 잘못된 행동에는 스스로 반성하게 하는 타임아웃이나 특권 제거를 적용하는 것과 같이 다르게 반응한다.
- **아이의 담임선생님과 소통한다.** 아이의 학교생활이 어떤지 아는 것이 아이가 좋아지는 경과를 추적하는 데 중요하다.
- **지원 협회를 찾는다.** ADHD협회(Children and Adults with Attention-Deficit/Hyperactivity Disorder: CHADD)는 미국 내 ADHD 관련 온라인 커뮤니티, 치료 정보를 제공하고 지역 지원 체계 감독을 담당하는 협회이다(www.chadd.org).
- **아이가 재능을 찾도록 돕는다.** 모든 아동은 자신에 대해 좋은 느낌이 들도록 성취감을 얻는 것이 필요하다. 아이가 잘하는 것이 무엇인지 찾아보자. 아이의 노력을 부모가 뒷받침해 줄수록 아이의 사회 기술과 자기존중감이 향상될 것이다.
- **아이의 권리를 알자.** 미국 「장애인교육법」에 따르면, ADHD를 가진 아이들은 적절한 치료를 받을 수 있도록 보장되어야 한다.

지적장애

지적장애(intellectual disability, 혹은 지적발달장애. 과거에는 '정신지체'로 불림)를 가진 아이들은 지적 능력과 일상생활에 필요한 기술의 학습과 실행에 어려움이 있다. 미국 인구 1,000명 가운데 약 11명이 지적장애를 갖고 있다. 2세까지 운동 능력(걷기 등)과 언어 능력(혹은 말하기), 사회성 발달이 지체되는 것은 심각한 지적장애임을 가리킬 수도 있는데, 1,000명의 아동 중 약 6명이 발견된다. 경도의 지적장애는 아이가 학교에 다니기 시작하면서 학습 문제가 두드러지게 나타나기 전까지는 알아보기 힘들 수도 있다. 〈표 1-2〉는 기능의 종류에 따른 지적장애의 심각도 수준을 보여 주고 있다.

지적장애를 가진 사람들은 의사소통에 어려움을 겪을 수 있고 자신을 분명하게 표현하지 못한다. 사람들이 지적장애를 가진 사람들의 말을 잘못 이해하다 보니 이들은 이해시키기 위해 오히려 퍼붓듯이 말을 하게 된다. 이 때문에 소리를 지르거나 의사소통하기 힘들 정도로 지나치게 애쓰기도 한다. 자신이 하는 말이 무엇인지 알아듣지 못하는 사람들에게 점점 강하게 말하게 될 뿐이다. 또 지적장애를 가진 사람들은 자신이 또래들보다 뒤처진다는 생각 때문에 멍청이처럼 느끼거나 수치심을 느끼기도 한다. 그 결과, 행동이

표 1-2 각 기능의 종류에 따른 지적장애의 심각도 수준 (예)

경도		
개념적 영역	사회적 영역	실행적 영역
학령전기 아동에서, 두드러진 문제가 나타나지 않을 수 있다. 학령기 아동과 성인에서, 읽기, 쓰기, 수학 능력이나 시간, 돈 관리에 어려움이 있다. 이 영역들 중 한 가지 이상에서 나이에 맞는 표준을 따르기 위해 도움이 필요하다. 성인에서, 계획, 우선순위 설정, 단기 기억력, 일상에서의 학습 기술 사용(가령, 읽기나 돈 관리)에 장애가 있다.	다른 사람과 대화하고, 단어의 뜻을 알고, 사회적 신호를 인식하는 데 나이 기준보다 뒤처진다. 또래와 비교해서 감정이나 행동을 통제하는 데 어려움이 있다. 이 문제들은 사회적 상황에서 또래들이 알아볼 수가 있다.	자기관리와 위생은 동일한 연령대의 사람들처럼 기능할 수 있다. 성인에서, 장보기, 교통수단 이용, 가사와 아이돌보기, 건강관리, 법률 관련된 결정과 은행업무 및 돈 관리에 도움이 필요할 수 있다. 성인은 직장을 꾸준히 다니면서 일과 관련된 기술들을 익힐 수도 있다.

중등도		
개념적 영역	사회적 영역	실행적 영역
학령전기 아동에서, 언어 기술이 늦게 발달한다. 학령기 아동에서, 읽기와 쓰기, 수학, 시간과 돈에 대한 이해가 또래에 비해 더디게 발달한다. 성인에서, 학업 기술(읽기와 수학 같은)이 초등학생 수준에 머무른다. 작업과 일상생활에서 이러한 기술들을 사용하기 위해 매일 도움이 필요하다.	가족, 친구들과 유대 관계를 형성할 수 있고, 성인이 되어 연애를 할 수도 있다. 인생의 중요한 결정은 보호자가 도와주어야만 한다. 사회적 규범(매너나 인사와 같은)을 배우고 적용하는 데 도움이 필요하다.	성인기가 됐을 때, 가르치고 상기시켜 주는 것으로 자기관리와 가사일을 해낼 수 있다. 성인은 일과 관련하여 보호자뿐만 아니라 다른 사람에게 지속적인 도움을 받아 직장을 꾸준히 다닐 수 있다. 직장 업무, 스케줄, 대중교통 이용, 의료보험, 돈 관리에 도움이 필요하다.
고도		
개념적 영역	사회적 영역	실행적 영역
글이나 숫자, 분량, 시간, 돈과 관련된 개념에 대해 거의 이해하지 못한다. 보호자가 인생 전반에 걸쳐 문제 해결을 하는 데 많은 도움을 주어야한다.	한 단어나 문장 정도로만 말을 할 수 있다. 단순한 말이나 제스처 정도만 이해할 수 있다. 가족 구성원이나 친밀한 사람과의 관계가 즐거움이나 도움의 원천이 된다.	식사나 옷 입기, 목욕하기, 화장실 쓰기와 같은 모든 일상생활에서 도움이 필요하다. 안전과 안녕을 위해 항상 보호를 해 줘야 한다. 성인기에, 가사, 여가생활, 일에 참여하기 위해 지속적인 지원과 도움이 필요하다. 기술 습득을 위해 장기적인 교육과 지속적인 지원이 필요하다.
최고도*		
개념적 영역	사회적 영역	실행적 영역
짝 짓기와 크기, 모양, 색깔에 따라 분류하기와 같은 기술은 습득할 수도 있다.	단순한 지시사항이나 제스처는 이해할 수 있다. 욕구나 감정은 대부분 비언어적 의사소통으로 표현한다. 잘 아는 가족 구성원, 보호자, 친밀한 사람들과의 관계를 즐기고, 제스처나 감정표현을 통해서 사회적 접촉을 시작하고 답한다.	약간은 할 수 있겠지만 일상적인 신체 관리, 건강과 안전의 모든 측면에서 다른 사람에게 도움을 받아야 한다. 심각한 신체적 장애가 없는 경우에는 가정에서 접시 나르기와 같이 일상적인 작업을 조금 도울 수 있다. 전적으로 다른 사람의 도움을 받아 음악 듣기, 영화 보기, 산책하기, 물놀이 등의 여가 활동들을 할 수 있다.

* 운동이나 감각 기능(가령, 청력이나 시력과 같이)에 문제가 있다면 어떤 영역의 기능이든 활동에 제약이 있을 수 있다.

과격해질 수 있고, 걱정을 하거나, 사람들로부터 떨어져 혼자 있으려고 한다. 이렇게 고통스럽다 보니 우울증 증상을 보일 수도 있고 섭식 문제나 수면 문제가 생기기도 한다. 또한 사람들에게 쉽게 속아 넘어갈 수도 있어서 학대와 사기를 당할 위험에 처하거나, 알지도 못하고 제대로 된 동의도 없이 범죄에 연루될 수도 있다.

시간이 흐르면서 증상의 정도가 변하기도 하지만, 장애는 평생 지속되는 경향이 있다. 조기에 지속적인 치료와 도움으로 아동기에서 성인이 될 때까지 일상생활의 기능이 나아질 수 있다. 일부 경우에는 이러한 치료로 지적 기능에 큰 호전을 가져와 지적장애 진단이 더 이상 맞지 않을 때도 있다. 이와 같은 이유에서 의사들은 유아와 어린 아동들을 평가할 때, 보통 충분한 기간 동안 적절한 치료 서비스를 받을 때까지 지적장애 진단을 늦춘다.

지적장애를 가진 사람들은 종종 다른 정신과적 · 신경발달 · 신체적 질환을 같이 갖는다. 예를 들어, 뇌성마비와 뇌전증 같은 장애가 일반 인구에 비해 지적장애를 가진 사람들에게서 3~4배 더 많이 발생할 수 있다. 지적장애를 가진 사람들은 자신의 건강 문제에 대해서 설명하기 힘들어하는 경우가 있다. 신체적 증상에 대해서 어떻게 말해야 할지 몰라 치료를 못 받는 경우도 생긴다. 지적장애와 가장 흔히 동반되는 정신과적 · 신경발달장애는 ADHD, 우울장애, 양극성장애, 불안장애, 자폐스펙트럼장애, 충동조절장애이다.

지적장애란

지적장애는 아동기 발달 시기에 시작되며 사고, 사회, 실생활 기능에서 문제가 생긴다. 다음의 모든 증상이 나타나야 진단을 할 수 있다.

- 손상된 **지적 기능**으로 인해 추론, 문제해결, 계획, 학업, 경험 학습에서 문제를 보인다(예: 기억력, 단어 뜻풀이, 문제 풀이, 수학 개념에서 문제가 생김).
- 손상된 **적응 기능**으로 인해 나이에 따른 표준에 맞게 독립적이고 사회적으로 책임을 다하는 것(예: 실생활에서 해야 할 일들을 잘 감당하는 것)에 어려움이 생긴다. 학교나 일터, 가정, 공동체 중 적어도 한 가지 이상의 환경에서 제대로 기능하기 위해 지속적인 지원이 필요하다.
- 앞의 두 문제 모두가 **발달 시기**(18세 이전)에 시작된다.

지적장애의 평가 중 일부는 임상심리학자가 시행하는 표준화된 지능검사를 통해서 이뤄진다. 검사에서 IQ라고 부르는 지능지수의 평균은 100이다. 지능지수가 65~75(검사에 기초함)이면 지적장애 범주에 들어오게 된다. 지능지수만으로 진단을 해서는 안 되고, 반드시 상응하는 적응 기능 정도를 확인해야 한다. 적응 기능에는 자기관리라든가, 아이가 또래의 다른 아이들과 비교해서 스스로 살아나가는 데 필요한 일상의 기술들에 얼마나 능숙한지가 해당한다. 여기에는 세 종류의 기술이 있는데, 개념적(학습) · 사회적 · 실행적(일상생활 기술) 영역이 있다. 이 영역에 문제가 있을 때 진단이 가능하다. 지적장애는 다양한 수준에서 증상이 나타나는데 심각도 수준에 따라 경도, 중등도, 고도, 최고도로 나뉜다. 〈표 1-2〉는 심각도 수준별로 각 영역에서 어떠한 증상들이 나타나는지 구체적인 예들을 보여 준다.

진단은 의사(소아청소년과나 소아 정신건강의학과 의사)의 검진, 표준화된 지능검사, 행동 평가 및 적응 능력 평가를 기초로 하여 내려진다. 진단을 내리는데 많은 건강관리 제공자들이 관여하기도 한다. 신경과 의사(뇌와 신경계 전문의), 특수 교육, 청각, 언어, 시각 분야 전문가들이 여기에 포함된다.

위험 요인

출생 전 혹은 이후 아기의 정상 뇌 발달에 영향을 주는 모든 것들이 지적장애의 원인이 되거나 위험을 증가시킬 수 있다.

- 유전 다운 증후군과 같은 염색체(유전자) 질환
- 환경 산모가 알코올이나 남용 약물을 섭취하거나 독성 물질, 특정 감염이나 질환에 노출되었을 때
- 분만 합병증 아기가 산소 부족을 겪거나 만삭이 되기 전에 태어났을 때
- 질환 혹은 손상 뇌손상, 감염, 경련장애, 심각한 방임이나 학대, 납과 같은 독성 물질의 노출

치료

지적장애를 진단받고 나면, 부모는 전문가 팀과 함께 치료 계획을 세울 수 있도록 작업을 시작한다. 목표는 아이가 가능한 한 가족 안에 머물면서 충실한 삶을 누릴 수 있도록 돕는 것이다. 여기에는 언어치료, 작업치료, 물리치료, 가족 상담이 포함된다. 대부분의 경우에서처럼 아이의 장애가 경미하다면, 보통 가정 내 부모 양육과 외부의 지원, 특수교육으로 양육이 이루어진다. 더 심각한 장애를 겪는 아이들에게, 건강관리 제공자는 그룹홈이나 더 특수한 보호를 제공해 주는 특수 시설이 제안될 수 있다. 그룹홈과 거주시설 또한 지적장애를 가진 성인이 가능한 독립적인 수준에 도달할 수 있도록 도움이 되어 줄 수 있다.

「장애인교육법(Individuals with Disabilities Education Act: IDEA)」에 따르면, 지적장애를 가진 아동들이 특수교육을 받을 수 있는 자격이 된다. 이러한 서비스를 통해 출생 후 3세까지 조기 치료와 지원을 받을 수 있도록 하고, 3~21세까지 정부에 의해 마련된 기금으로 '무상의 적절한' 특수교육을 받을 수 있도록 보장된다.

지적장애를 가진 아동의 부모들은 이 장애에 대한 것들과 법(가령, IDEA)에서 보호하고 있는 아동의 권리에 대해 아는 것이 도움이 될 수 있다. 지적장애 아동을 자녀로 둔 다른 부모들과 대화하는 것이 새로운 생각들을 심어 주고 힘이 되어 줄 수 있을 뿐만 아니라, 희망을 북돋아 주고, 가정에서 아이의 기술 능력을 함양시킬 수 있으며, 아이와 함께 즐기고 아이를 이해하며 대처 기술을 증진시킬 수 있도록 도와준다.

아동기에 시작하는 기타 장애

이 장애들로 인해 고통을 유발하거나, 아동의 발달이 저해되거나, 자기 관리, 가정, 사회, 학업에서 문제가 생긴다면 진단하게 된다. 여기에는 의사소통장애, 특정학습장애, 운동장애를 포함한다. 이 장애들은 약물이나 뇌질환 혹은 기타 정신장애로 인한 것이 아니기는 하지만, 다른 질환들이나 정신장애가 함께 나타날 수도 있다. 적절한 치료나 관리를 해 주지 않으면 이 장애들로 인해 아이에게 커다란 문제가 생길 수가 있다. 일부 장애는 치료로 완전히 회복될 수 있다. 치료를 해 주면 증상이 완화되어 아이가 현재와 미래를 잘 헤쳐 나갈 수 있도록 이끌어 줄 것이다.

의사소통장애

의사소통장애(communication disorders)는 언어, 말, 의사소통(언어적 혹은 비언어적 행동)에 문제가 생기는 것으로 아동기 초기에 시작한다. 여기에는 언어장애, 말소리장애, 아동기 발병 유창성장애(말더듬), 사회적(실용적) 의사소통장애가 해당된다. 남아와 여아 간에 초기 의사소통 능력의 발달 차이 때문에 여아에 비해서 남아가 더 많은 비율로 장애가 발생할 수 있다.

언어장애

언어장애가 있는 아동들은 학습과 언어 사용에 만성적인 문제를 갖는다. 다른 사람들이 말하는 단어의 의미를 이해(수용성 언어)하는 데 어려움이 있고, 단어나 몸짓을 이용해서 표현(표현성 언어)하는 데 어려움이 있다. 언어 기술이 또래에서 보이는 정상적인 수준에 못 미치게 된다. 대개 첫 단어와 문장이 늦게 나타나는 경우가 많다. 새로운 단어와 문장을 기억해 내는 것이 어렵기 때문에 지시사항을 따르기 어려워한다. 언어장애는 가족력이 흔한 편이다. 이 장애는 보통 평생 지속되지만, 언어치료로 언어 기술을 향상시킬 수는 있다. 정신치료도 장애로 인해 생겨난 감정이나 행동의 문제를 완화시키는 데 도움이 된다. 핵심 증상은 다음과 같다.

- 어휘 감소(예: 새로운 단어 학습이 어렵거나 종종 같은 단어와 문장만 사용함)
- 제한적인 문장 구조(예: 문장을 구성할 때 단어와 어미를 부정확하게 사용함)
- 누군가와 대화하거나 주제를 설명할 때 어휘 사용의 문제

말소리장애

말소리장애가 있는 아동들은 음성에 대한 학습이 제대로 되지 않거나 턱관절, 혀, 입술을 이용해서 정확한 말소리를 낼 수가 없다. 이런 문제들 때문에 다른 사람들이 이해하기 어려운 말을 하거나 언어적 의사 전달에 문제가 생긴다. 이 장애는 아동의 언어가 정상적인 또래 수준에 맞지 않을 때 진단한다. 예를 들어, 4세가 되면 대부분의 아이들은 이해할 수 있게 말을 한다. 그리고 7세 혹은 8세가 되면, 대부분의 아이들이 분명하게 말을 한다. 아이들이 가장 늦게 배우게 되는 발음은 'ㄹ(l, r), ㅅ(s), ㅈ(z), ㅆ(th), ㅊ(ch)'이

다. 말소리 혹은 언어장애에는 가족력이 흔하다. 이 장애를 가진 대부분의 아동들은 언어치료에 잘 반응하고, 언어 문제도 시간이 흐르면서 좋아질 수 있다. 핵심 증상은 다음과 같다.

- 말소리를 내는 데 잦은 문제가 있어 언어가 불분명하거나 언어적 의사소통을 방해한다.
- 장애로 인하여 자신을 제대로 표현하는 능력에 한계가 있어 사회적 · 학업적 · 업무적 기능에 방해가 된다.

말더듬

말더듬이 있는 사람들은 흔히 말의 유창성과 적절한 시점 포착에 문제가 생긴다. 증상이 빨리 사라지지는 않지만, 아동기에 저절로 회복되기도 한다. 아동기에 시작되는 말더듬은 흔히 6세 때 두드러진다. 증상이 천천히 시작할 수도 있고, 갑작스럽게 나타날 수도 있다. 일단 증상이 나타나면 점점 심해진다. 스트레스나 불안(학교숙제나 면접시험 등) 때문에 증상이 악화되기도 한다. 일차 친족(부모, 형제) 중에서 말더듬이 생길 위험도는 일반 인구에 비해서 세 배나 더 높다. 치료는 언어치료나 인지행동치료를 통해서 말하기와 관련된 생각을 다루게 된다. 아이에게 충분한 시간을 갖고 말하는 것을 상기시키도록 부모가 인내를 가지고 지지해 주는 것이 크게 도움이 된다. 이 장애는 다음 증상들 중 한 가지 이상이 나타날 때 진단할 수 있다.

- 음과 음절의 반복("어-어-어-어디 갔었어?")
- 자음과 모음을 길게 소리 내기("자리 좀 므므므맡아 줘.")
- 단어의 깨어짐(한 단어 내에서 멎음)
- 소리를 내지 않거나 소리로 채워지는 말의 막힘
- 문제가 있는 단어를 피하기 위한 단어 대치("음 음.")
- 과도하게 힘주어 단어 말하기
- 단음절 단어의 반복("나-나-나-나 그 사람 봤어.")

사회적(실용적) 의사소통장애

사회적(실용적) 의사소통장애는 언어적 · 비언어적 의사소통의 사회적인 사용에서 문제가 생기는 것을 말한다. 증상은 4세 또는 5세가 됐을 때 눈에 띄게 된다. 이 장애가 경미할 때에는 10대 초기 이후의 사회적 의사소통이 더 복잡해지기 전에는 눈치 챌 수 없다. 일부 아동들은 가족과 특수교육교사, 정신건강관리 전문가가 함께 언어치료와 행동치료를 할 때 훨씬 좋아질 수 있다. 일부에서는 사회적 관계에서 겪는 어려움이 성인이 되어서까지 지속되기도 한다.

사회적 의사소통에 문제가 생기기 때문에 마치 자폐스펙트럼장애처럼 보일 수도 있지만, 이 장애에서는 고정된 관심이나 반복적인 행동이 나타나지 않는다. 이전에 아스퍼거장애나 달리 분류되지 않는 전반적 발달장애와 같이 사회적 의사소통에 주된 문제가 나타났던 진단들이 지금은 이 사회적 의사소통장애에 더 잘 들어맞을 수 있다. 자폐스펙트럼장애나 다른 의사소통장애, 특정학습장애의 가족력이 있을 때 이 장애가 발생할 위험이 증가한다. 다음 증상들이 모두 나타나야만 진단이 가능하다.

- 방금 만난 사람과 인사를 나누거나 잡담하는 것과 같이 사회적 분별력을 가지고 의사소통을 하는 것이 어려움
- 상황(놀이터나 교실)이나 듣는 사람(아동이나 성인)의 요구에 맞춰 의사소통 방식을 바꾸는 것이 어려움
- 자기 순서에 맞게 말하거나 듣기, 관계를 이끌어 가기 위해 언어적 · 비언어적 신호를 사용하는 방법을 아는 것과 같이 대화나 이야기를 할 때 규칙을 지키는 것이 어려움
- 유머, 비유, 은유, 상황에 따라 다중적 의미가 있는 단어들을 이해하는 데 문제가 있음

특정학습장애

특정학습장애(specific learning disorders)를 가진 아동들은 흔히 한 가지 이상의 핵심적인 학습 기술을 배우는 데 어려움이 있다. 진단에는 읽기, 쓰기 혹은 수학에서 해당 학년 수준에 훨씬 못 미치는 정도의 어려움이 포함되어 있다. 이러한 어려움들은 학교나 직업 기능, 성공에 손상을 끼칠 수 있다. 만약 장애를 진단받지 않고 치료도 받지 않은 상태로 지내다 보면 아이가 학업을 싫어하거나 힘들어하기 시작해서, 결국 낮은 자기존중감, 우울증, 다른 문제로까지 이어질 수 있다. 학습 문제는 지적장애나 시력, 청력 문제, 어려운 가정 형편, 불우한 가정환경, 장기적인 학교 결석, 불충분한 교육, 뇌 혹은 정신장애, 모

국어에 대한 지식 부족 때문에 생기는 것이 아니다.

진단은 임상 심리학자와 특수교육 전문가, 언어치료 전문가가 팀을 구성하여 시행하는 표준화된 검사와 평가를 통해 내려진다. 조산, 저체중 출산, 태아기나 초기 아동기 때 대기 오염 혹은 니코틴 노출(담배연기 등)이 학습장애의 위험을 증가시킨다. 일차 친족(부모나 형제) 중에 학습장애가 있는 경우에도 위험도가 4~8배 증가한다. 남자아이에게서 더 흔한데, 여자아이보다 최소한 2배 이상 위험도가 증가한다. 장애는 아이에게 요구되는 기술을 배우는 데 얼마나 어려움이 있는가에 따라 경도, 중등도, 고도로 심각도가 나뉜다. 치료는 개념을 파악하고 아이의 강점을 구축할 새로운 전략과 도구를 배우는 것이다. 성인의 약 4%가 특정학습장애를 가지고 있을 수 있다.

특정학습장애는 다음 증상들 중 한 가지 이상이 최소한 6개월 이상 지속될 때 진단할 수 있다.

- 많은 노력이 요구될 때 부정확하거나 느리게 읽기(예를 들어, 단어를 부정확하게 큰 소리로 읽고, 자주 추측하며 읽고, 단어를 소리 내어 읽는 데 어려움이 있음)
- 읽은 것의 의미를 이해하기 어려움
- 철자법의 어려움(글자를 추가하거나 생략해 버림)
- 쓰기의 어려움(예를 들어, 생각을 정리하는 것이 어려움, 문법과 구두점의 잦은 실수)
- 숫자에 대한 이해력 부족(손가락을 사용해 계산함, 수학 문제를 헷갈려 함)
- 수학적 추론의 어려움(수학 공식이나 개념 적용의 어려움)

운동장애

운동장애(motor disorders)는 발달 시기 초기에 시작하고 움직임의 문제를 수반한다. 여기에는 발달성 협응장애, 상동증적 운동장애, 틱장애가 포함되어 있다.

발달성 협응장애

발달성 협응장애를 가진 아동들은 앉기, 기어다니기, 걷기, 계단 오르기, 단추 잠그기, 지퍼 사용하기, 자전거 타기 등이 또래의 아이들보다 느리다. 기술을 익히더라도 움직임이 또래에 비해 어색하거나 느리거나 덜 정교하다. 청소년과 성인이 되었을 때 개인위생이나 공놀이, 쓰기, 타자 치기, 운전과 같은 작업에서 속도가 느리거나 실수를 보일 수도 있다.

이 장애는 5세 이전에는 진단하지 않고, 여자아이보다 남자아이에게서 2배 정도 더 많이 발생한다. 5~11세 아동들 중 5~8%가 이 장애를 갖고 있는 것으로 알려져 있다. 저체중 출산, 조산, 임신 중 음주가 위험을 증가시킬 수 있다. 장애를 겪는 아동들 중 50~70%에서는 10대가 되어서도 문제가 지속된다. 낮은 자기존중감, 허약 체질, 신체 활동 감소, 행동 문제가 동반되기도 한다. 이 장애는 평생 지속되기는 하지만 체육 교육(운동), 지각 운동 훈련(뇌와 신체를 훈련시켜 협응 상태를 향상시키는 데 도움), 작업치료(일상생활 기술과 자기 관리에 적응하도록 도움) 등이 치료에 포함된다. 이 장애의 핵심 증상은 다음과 같다.

- 운동 기술의 학습과 수행이 또래나 표준 연령에 비해 크게 뒤처진다. 서툴러 보이거나, 물건을 잘 떨어뜨리거나, 물건에 잘 부딪히고, 자전거를 타거나 손으로 글을 쓸 때 느려 보이거나 실수를 한다.
- 이러한 증상으로 인해 가정과 학교, 놀이 등 정상적인 일상 활동에 방해를 받거나 손상을 입는다. 예를 들어, 옷 입기, 식사하기, 수업 중 가위나 필기구 · 자 등을 사용하기가 힘들다.
- 이러한 증상은 지적장애, 시력장애, 운동에 영향을 끼치는 뇌장애(예: 뇌성마비)로 인한 것이 아니다.

상동증적 운동장애

상동증적 운동장애는 대개 생후 첫 3년 내에 시작된다. 손을 흔들거나 퍼덕거리는 것처럼 움직임을 반복한다. 자신을 물어뜯거나 머리를 심하게 흔드는 행동들 때문에 다칠 수도 있다. 3세 이전에 이러한 증상들이 보이기 시작하면 또 다른 신경발달 문제가 있을 가능성이 있다. 정상적인 발달을 보이는 아동들(즉, 성장과 기술 능력이 표준 연령에 맞을 때)은 시간이 흐를수록 움직임이 사라지거나, 관심을 보일 때, 하지 말라고 했을 때 혹은 다른 일로 주의를 돌릴 때 멈출 수가 있다. 오랜 시간 동안 혼자 있거나 아이에게 다른 스트레스가 있을 때 행동을 유발할 위험이 증가할 수 있다. 지적장애가 있는 아동들 중 4~16%는 상동증적 운동 증상이 나타날 수 있다. 이 아동들의 경우 행동이 수년 동안 지속되기도 한다.

치료는 원인과 증상, 아이의 나이에 초점을 맞추어야 한다. 주변 환경은 아이가 다치지 않도록 안전하게 만들어 주어야 한다. 보통 행동치료와 정신치료가 도움이 된다. 항우울제나 날트렉손과 같은 약물치료가 증상을 줄이는 데 효과를 보일 수 있다.

이 장애는 심각도에 따라 경도, 중등도, 고도로 나뉜다. 장애가 경도일 경우, 아이는 행동을 멈출 수 있다. 장애가 중등도일 경우에는, 아이를 보호하고 행동을 바꿀 수 있는 대비책이 필요하다. 장애가 고도일 경우에는, 큰 부상을 예방하기 위해 지속적인 관찰과 안전 대비책이 필요하다. 핵심 증상은 다음과 같다.

- 손 흔들기나 퍼덕거리기, 몸 흔들기, 머리를 심하게 흔들기, 자신을 물어뜯기, 눈 찌르기, 뺨 때리기, 자기 몸 때리기와 같이 계속해서 반복하는 움직임이 자주 나타남
- 사회적, 학업적 및 다른 활동을 방해하고 자해의 원인이 되는 움직임(타박상, 좌상, 손가락 절단 등)이 나타남

틱장애

틱은 빠르고 갑작스런 움직임이나 음성 발작을 계속해서 반복하는 것을 말한다. 이것들은 특별한 목적이 있어 하는 행동이 아니다. 보통 이 행동들을 통제할 수는 없지만 틱이 나타나기 전에 잠깐 동안 멈출 수는 있다. 틱은 걱정이 많거나 흥분, 피로하거나 스트레스 상황(가령, 시험 시간)일 때 악화된다. 편안하거나 느슨한 상태에 있을 때, 근육 조절을 필요로 하는 집중된 작업을 할 때는 멈추거나 덜하기도 한다.

틱장애는 여자아이보다 남자아이에게서 2~4배 더 많이 발생한다. 보통 4~6세 사이에 시작하여 10~12세 때 절정에 이른다. 증상은 10대 기간 중 줄어들지만, 소수의 사람들은 증상이 악화되거나 성인이 되어서도 지속될 수 있다. 치료에는 행동치료와 부모 교육, 그리고 필요하면 약물치료가 포함된다.

틱장애는 틱 증상이 심하든 약하든, 틱이 최소 1년 이상 지속될 때 진단하게 된다. 각 종류의 틱장애는 모두 18세 이전에 시작된다(만일 뚜렛장애가 있다면 다른 어떤 틱장애도 진단을 내리지 않는다).

- 뚜렛장애　여러 개의 운동 틱(눈 깜박임, 머리 돌리기, 어깨 움츠리기 등)과 최소한 한 개 이상의 음성 틱(킁킁거리기, 헛기침하기, 단어 반복하기, 의도치 않게 공격적으로 불쑥 말하기 등)이 나타난다.
- 지속적(만성) 운동 또는 음성 틱장애　한 가지 이상의 운동 틱이나 한 가지 이상의 음

성 틱이 나타난다. 다만 두 종류가 함께 나타나지는 않는다.

• 잠정적 틱장애 운동 틱이나 음성 틱이 1년 미만 동안 나타났었다.

요점 정리

• **신경발달장애**는 성장과 두뇌 발달에 영향을 미치고 아동기 동안 시작한다. 일단 진단되면 치료될 수 있고, 다양한 종류의 지원 서비스를 제공받을 수 있다. 치료와 지원을 통해 장애를 가진 많은 아동이 풍요롭고 만족스러운 삶을 영위해 나갈 수 있다. 치료받지 않으면 아동이 성장하면서 더 심각한 문제들과 고난을 겪을 위험이 커진다.

• 신경발달장애(**자폐스펙트럼장애, 주의력결핍 과잉행동장애, 지적장애, 특정학습장애**)가 있는 아동은 특수 서비스를 받게 된다. 「장애인교육법(Individuals with Disabilities Education Act: IDEA)」으로 알려진 미 「연방법」에는 장애를 가진 아동들이 특수 서비스를 제공받을 수 있어야 한다고 명시하고 있다. 이들 서비스를 통해 출생부터 3세가 될 때까지 조기 치료와 지원 서비스를 받을 수가 있고, 3~21세까지 정부에서는 '무상' 특수교육을 제공해 주고 있다. IDEA에 대해서는 http://idea.ed.gov를 통해 자세한 정보를 얻을 수 있다.

• 치료 목표는 아동이 자신의 삶을 영위해 나갈 수 있도록 돕는 데 초점을 맞춰야만 한다. 치료는 아동의 강점을 발굴해 구축하고, 또래 친구들이나 표준 연령에 비해 뒤처진 기술 능력을 향상시켜 주어야 한다. 대부분의 경우 아동은 가족과 함께 지내면서 이 목표에 도달할 수 있다.

• 일부 장애는 아동기 동안에만 증상이 있을 수 있지만, 어떤 경우에는 평생 지속될 수도 있다. 대처방안들을 배우고 새로운 기술을 구축하는 것은 평생 동안 해야 지속될 수 있고, 지속적으로 삶에 유익이 될 것이다.

장애에 대한 치료 계획에는 부모와 가족이 아동의 장애에 적응할 수 있도록 새로운 기술을 배울 수 있게 돕는 것이 포함되어야 한다. 이는 전 가족의 신체적 · 정서적 건강이 중요하기 때문이다. 장애에 대해서 가능한 한 많이 알고 이런 장애를 가진 다른 아이들의 부모와도 소통을 해야 한다. 부록 B의 '유용한 자원들'을 통해서 지원 단체와 기관에 대한 정보를 얻을 수 있다.

- 조현병(Schizophrenia)
- 조현정동장애(Schizoaffective Disorder)
- 망상장애(Delusional Disorder)
- 기타 정신병적 장애
  - 단기 정신병적 장애(Brief Psychotic Disorder)
  - 조현양상장애(Schizophreniform Disorder)
  - 긴장증(Catatonia)

제 2장 조현병과 기타 정신병적 장애

조현병과 기타 정신병적 장애는 현실 감각을 와해시키고, 보고 듣고 경험한 것을 이해할 수 있는 능력에 영향을 미친다. 이 장애들이 있으면 현실을 파악하고, 명료하게 생각하고, 다른 사람과 의사소통하거나 관계를 맺는 것이 매우 어렵거나 불가능한 증상들이 나타난다. 이들의 감정이나 타인에 대한 반응은 크게 위축된 것처럼 보일 수 있고, 업무적 혹은 사회적 활동에 관심이 거의 없어질 수 있다. 이러한 증상이 발생하면 그 사람을 이해시키는 것도 어렵고, 그 사람이 무슨 말을 하려는지 이해하는 것도 어렵다. 치료를 하면 이 장애를 가진 많은 사람이 더 좋아지기도 하고, 일도 하면서 삶을 영위해 나갈 수 있다.

조현병은 가장 흔한 정신병적 장애이다. 조현정동장애, 망상장애, 단기 정신병적 장애, 조현양상장애, 긴장증은 조현병보다는 덜 흔히 발생한다.

이러한 장애의 정신병적 증상들은 사람마다 다르게 나타나지만, 다음 다섯 가지 핵심 특징 중에서 반드시 한 가지 이상은 있어야 한다.

1. 망상은 다른 사람들이 어떤 말을 하든지 간에 그 믿음이 사실이 아니라는 증거가 있음에도 불구하고 변하지 않는 잘못된 믿음을 말한다. 망상은 도저히 믿기지 않거나, 현실에서 일어날 수 없거나, 그 사람의 문화적 배경과 맞지 않는 믿음일 때 이를 괴이하다고 부른다. 다음과 같이 여러 형태의 망상이 있다.

- 피해망상은 가장 흔히 보이는 망상이다. 이 경우에는 자신이 다른 사람이나 집단(정부와 같이)으로부터 피해를 당하거나 괴롭힘을 당한다고 믿는다. 이들은 다른 사람들이 자신의 것을 몰래 도둑질하거나 어떤 식으로든 자신을 놀리고 있다고 믿는다. 피해망상이 있는 경우 친구들과 가족은 그 사람을 '편집증적(즉, 다른 사람을 의심함)'이라고 표현하기도 한다.
- 관계망상 또한 흔히 나타난다. 이들은 다른 사람들이 보이는 어떤 몸짓이나 말들이 자신을 가리켜 하는 것이라고 생각한다. 텔레비전에 나오는 사람들이 자신에게 특별한 메시지를 전하고 있다고 믿는 것이 흔히 보이는 관계망상 중 하나이다.
- 과대망상은 자신이 특출한 능력과 부, 명예를 가지고 있다고 믿는 것을 말한다.
- 색정망상은 다른 사람이 자신과 사랑에 빠졌다고 믿는 것에 몰두하는 것이다.
- 허무망상은 자신에게 큰 시련이 닥치거나, 불운하거나, 죽어 가고 있거나 혹은 이미 죽었다는 믿음에 이르게 한다.
- 신체망상은 자신의 신체 장기가 썩어가고 있다고 믿는 것과 같이 자신의 건강이나 신체 기능에 대한 믿음을 말한다.

2. 환각은 실제로는 없는데 무언가를 보거나, 냄새를 맡거나, 느끼거나, 듣는 것을 말한다. 이것들은 그 사람에게는 현실처럼 보인다. 가장 흔한 형태의 환각은 '목소리를 듣는 것'이다. 한 사람 혹은 그 이상의 목소리가 그 사람에게 말을 하거나 그 사람에 대해서 말하는 내용이 들릴 수 있다. 이렇게 환청이 들려서 자신이 듣는 것에 실제로 대답을 하다 보니 스스로에게 말하고 있는 것처럼 보일 수 있다. 이 목소리들은 "자살해라."처럼 나쁜 내용을 말하거나, "존이 칫솔질을 하고 있다… 존이 지금 바깥에 나가고 있다."처럼 끊임없이 그 사람이 하고 있는 행동에 대해 중계하듯이 말하기도 한다.
3. 와해된 사고와 언어는 산만하거나 혼란스러운 생각과 언어를 말한다. 이러한 사람은 명료하게 생각하지 못하고, 말할 때 논리적으로 얘기하지 못한다('이해가 되지' 않음). 와해된 언어를 쓰는 사람들은 멀쩡히 대화에 참여하고 있는 것처럼 보이지만, 사용하는 단어와 문장들이 듣는 사람이 이해할 수 없을 정도로 연결이 끊어져 버린다.
4. 와해되거나 비정상적인 운동 행동은 긴장하거나, 안절부절못하거나, 흥분해 날뛰는 듯하거나, 분명한 목적 없이 반복하는 움직임을 말한다. 때때로 그러한 사람을 보고 긴장증(혼돈 상태로 몇 시간 동안 움직이거나 말을 전혀 하지 않음. 질문을 해도 반응이 없음)이 있다고도 한다. 조현병을 가진 사람에게 극도로 와해되었다는 말은 와해된

(산만하거나, 비효율적이거나, 특수한) 움직임을 넘어서서 일상생활 활동을 수행하거나 정상적으로 행동하는 데 심각한 문제가 생긴 것을 의미한다.

5. 음성 증상은 에너지가 거의 없고, 평상시보다 훨씬 말을 안 하고, 이전에 즐겨 하던 일들에 관심이 거의 없어지고, 매일의 목표를 달성하거나 사회적 접촉을 하거나 감정을 표현하려는 의욕이 전혀 없어 보인다. 이러한 사람은 마치 바깥 세상에 전혀 관심이 없어 보이고, 이렇게 의욕이 결핍된 것에 대해 전혀 괴로움도 없는 것처럼 보일 수 있다.

조현병과 기타 정신병적 장애는 거의 대부분 10대 후반이나 20대 초반에 발병하지만, 더 나중에 발병할 수도 있다. 드물지만 아동이나 노인에게서도 발병할 수 있다. 이 장애로 인한 주요 증상들이 보이기 시작할 때 빨리 도움을 받는 것이 중요하다.

조현병과 기타 정신병적 장애를 진단할 때 정신건강관리 전문가는 그 사람의 문화, 종교, 인종 배경, 사회경제적 상태와 같은 요인들을 잘 살펴봐야 한다. 이들 요인들이 망상이냐 환청이냐를 판단할 때 중요한 역할을 하게 된다. 예를 들어, 마녀에 대한 믿음이 망상으로 나타날 수가 있지만, 어떤 문화에서는 마녀의 존재를 믿기 때문에 그 문화에 속한 사람이 이와 관련된 믿음을 가지고 있을 때에는 정신병적 장애의 징후라고 보지 않는다. '신의 목소리를 듣는 것' 또한 어떤 종교에서는 정상적인 부분이기 때문에 그 집단에 속한 사람들에게서는 정신병적 증상이라고 보지 않는다.

이 장애들에 대한 완치는 아직 존재하지 않지만, 치료를 통해 증상을 호전시킬 수는 있다. 치료를 받는 대부분의 사람들이 온전하고 의미 있는 삶을 살아 나가고 있다.

조현병

조현병(schizophrenia)은 정상적인 생각과 말, 행동이 손상되는 뇌의 장애이다. 한번 시작한 뒤로는 평생 지속되는 경향이 있고, 일상생활에 어려움이 생기기도 한다. 조현병은 약 0.3~0.7%의 사람들에게서 발생하고, 발병률은 나라마다 차이가 있다. 남자와 여자에게서 같은 비율로 발생한다.

조현병은 갑자기 시작할 수도 있고 천천히 시작할 수도 있다. 이 장애를 가진 대부분의 사람은 천천히 발병한다. 정상적인 아동기 시절을 보내고 기능도 아주 잘하다가 증상이 나타날 수도 있다. 여자보다 남자에게서 더 일찍 증상이 나타나는 경향이 있다. 대부분의 남자에게서 첫 정신병적 삽화(즉, 망상이나 환각)가 20대 초반과 중반에 나타난다. 대부분의 여성에게서는 첫 삽화가 20대 후반에 나타난다.

조현병을 가진 사람들은 알코올이나 다른 약물을 남용할 위험이 크다. 이들 중 약 절반 이상이 상습 흡연자이다. 조현병을 가진 사람들은 알코올, 마리화나 혹은 다른 약물들을 사용해서 조현병 증상을 가라앉히려고 한다. 하지만 이것은 병을 더 악화시킬 뿐만 아니라 치료 또한 더 어렵게 만든다. 강박장애와 공황장애 발병률도 조현병 환자에게서 높다.

자살은 조현병을 가진 사람들에게 또 다른 큰 위험 요인이다. 스스로 목숨을 끊으라는 목소리가 들리기도 하고, 약물 사용과 우울 증상 또한 위험을 증가시킨다. 이 장애를 가진 사람들 중 약 5~6%가 자살을 하고, 20%가 자살 기도를 한 경험이 있다. 자살 위험은 치료와 세심한 도움, 지도감독을 통해 낮출 수 있다. 이러한 이유로 가능한 한 빨리 치료를 받기 위해 숙련된 정신건강관리 전문가를 찾는 것이 중요하다.

조현병은 평생 약물을 복용해야 할 수도 있지만, 대부분의 경우 회복 모델을 기반으로 한 정신건강관리가 함께 제공되는 치료를 통해 증상이 완화되는 것을 경험한다. 회복-기반 접근법은 자신의 강점과 능력, 관심 등을 조절하는 것과 희망을 지속시키는 것에 초점을 맞춘다(제20장 '치료요점'을 참고하시오). 정신병적 증상은 나이가 들면서 줄어들기도 한다.

조현병이란

조현병은 다음 증상들 중 최소한 두 가지 이상이 1개월 동안 나타날 때 진단한다.

- 망상
- 환각
- 와해된 언어
- 극도로 와해된 또는 긴장성 행동
- 음성 증상

앞의 증상들 중 처음 세 가지 증상 가운데 적어도 한 가지는 반드시 나타나야만 한다. 증상이 시작된 이후로 대부분의 시간 동안 그 사람의 일상 기능이 업무, 대인관계,

개인위생과 같이 한 가지 이상의 주요 영역에서 악화된다. 또한 문제행동의 징후가 최소한 6개월 이상 지속된다. 이 증상들은 일시적이지 않다. 정신건강관리 전문가는 **조현정동장애**, **우울장애**, **양극성장애**와 같은 다른 장애들을 배제해야만 한다. 만약 증상이 약물, 약물치료 혹은 또 다른 의학적 상태에 의해 나타났다면 조현병으로 진단해서는 안 된다. 아동기에 시작하는 **자폐스펙트럼장애**나 **의사소통장애**의 과거력이 있는 경우에는 망상이나 환각, 기타 증상들이 적어도 1개월 이상 지속될 때에만 진단할 수 있다.

위험 요인

유전자가 조현병의 위험 요인으로 크게 작용한다. 그러나 이 장애를 가진 많은 사람은 가족력을 가지고 있지 않다.

마일스 이야기

대학자치경찰관이 수개월 전 대학에서 정학을 당한 마일스라는 20세 남자 청년을 응급실로 데리고 왔다. 마일스가 강의실로 걸어 들어와서는 교수에게 자신의 등록금을 가져갔다고 비난하면서 강의실을 떠나려 하지 않아 교수가 신고하였다는 것이다.

마일스는 10대에 꽤 좋은 성적을 거두기도 했지만, 지난 일 년 동안 점차 이상한 행동이 늘어만 갔다. 친구를 만나지도 않고, 더 이상 외모에도 신경을 쓰지도 않고 사회생활도 하지 않는 것처럼 보였다. 그는 매일 같은 옷을 입기 시작했고 거의 씻지도 않았다. 여러 명의 가족과 함께 사는데도 거의 대화를 하지 않았다. 그가 가족에게 하는 말이라곤 그의 대학이 범죄 조직의 앞잡이였다는 단서를 찾았다는 것뿐이었다. 그는 수업에 수없이 빠지다 보니 결국 대학에서 정학을 당하였다. 그의 누이는 그가 혼잣말로 중얼거리는 것을 자주 보았고, 가끔은 아무도 없는데도 누군가와 대화하는 것처럼 보였다고 말했다. 가족이 아무런 소리를 내지 않았는데 갑자기 방에서 뛰쳐나와 가족에게 조용히 하라고 요구하기도 했다.

마일스가 조직화된 범죄에 대해 자주 이야기하기 시작하자 그의 아버지와 누이는 그를 응급실로 데리고 갔다. 당시 검사상, 마일스는 제대로 차려입지도 못하고 엉망인 상태로, 산만하고 무언가에 집착하는 것으로 관찰되었다. 마일스의 가족은 그가 약물이나 알코올을 남용하는지는 전혀 모르겠다 했고, 약물선별 검사상 음성으로 나왔다. 그는 병원에서 제공하는 식사를 전혀 먹으려 하지 않았는데, 병원 사람들이 음식에 약을 타려 하는 것 같다고 걱정스레 말했다.

그의 아버지와 누이는 의사에게 마일스의 외증조모가 심각한 질환이 있어서 주립 병원에서 30년 이상 살았다고 말했다. 마일스의 어머니는 마일스가 아주 어릴 때 가족 곁을 떠났다. 그녀와 전혀 연락이 닿질 않아서 가족은 그녀가 정신건강 문제로 치료를 받아 왔을 것이라고 생각했다.

마일스는 치료를 위해 정신병동에 입원하기로 동의하였다. 마일스의 이야기는 전형적인 사례를 보여 주는 것으로, 높은 기능의 젊은 성인이 일상생활 기술에서 큰 악화를 겪는 것이다. 비록 가족과 친구들이 그동안 알아왔던 이를 상실한 것처럼 느끼기도 하겠지만, 이 질환은 치료될 수 있고 좋은 치료 결과도 가능하다. 마일스의 사례에서 그는 피해망상과 환청, 음성 증상을 지난 1년 이상 지속적으로 겪어 왔다. 이 모든 증상은 조현병의 진단에 합당하다. 치료하는 의사로서는, 특히 물질 사용이나 두부 손상, 의학적 질환과 같이 다른 원인을 빨리 배제하는 것이 핵심이다. 이러한 상태에 대한 치료는 조현병과는 다르고 생명을 구하는 것일 수도 있다.

치료

치료를 통해 조현병 증상을 효과적으로 완화시킬 수 있다. 약물치료와 정신치료가 조현병을 가지고 있는 사람들이 생산적이고 의미 있는 삶을 살 수 있도록 도와줄 수 있다. 이 질환을 가진 사람들 중 일부는 치료를 받고 있고 가족의 지원이 있는데도 불구하고 일상생활에서 문제가 더 지속되기도 한다. 조현병을 가진 대부분의 사람들에게 회복은 일부 증상이 여전히 남아 있더라도 더 이상 큰 장애를 겪지 않는다는 것을 의미하기도 한다.

치료는 약물치료로 망상과 환각을 감소시키는 것으로 시작한다. 일단 증상이 어느 정도 조절이 되면 다른 형태의 치료나 서비스를 받으면서 조현병을 가진 사람을 도와줄 수 있다(다음에 소개되는 '주요 보조 치료'를 참고하시오). 통합적으로 건강과 웰니스(예: 건강한 식단 챙기기, 금연, 운동 등)를 돌보는 것이 이 질환을 돌보는 데 핵심적인 요소이다.

가족과 사랑하는 이가 조현병을 갖고 있는 사람을 더 나은 상태로 이끌어 가는 데 매우 중요한 역할을 할 수 있다. 조현병을 가진 사람과 함께 살아가기 위해서는 장애와 관련하여 가능한 한 많이 배워야 한다. 정신건강관리 전문가의 도움으로 가족은 대처 전략과 문제해결 능력을 배울 수 있다. 가족은 환자가 치료를 꾸준히 받고 약물 복용을 충실히 할 수 있도록 도울 수도 있다.

정신건강관리 전문가는 치료가 시작된 이후 나타날 수 있는 경고 신호(예: 만약 약물 복용을 중단했을 경우 식사를 하려 하지 않거나 잠을 안 잘 수 있고, 혹은 나아지는 것 같아 보이지 않는다.)를 가족이 알도록 도울 수 있고, 가족이 조현병을 갖고 있는 가족 구성원을 잘 이해하고 어울릴 수 있도록 도울 수 있다.

치료를 시작하기 전

치료를 시작하기 전 의사는 반드시 철저한 의학적 검사를 시행하여 정신병적 증상을 유발할 수 있는 물질 남용이나 다른 의학적 질환을 배제하여야 한다. 조현병을 가진 많은 사람이 약물 사용의 문제가 있을 수 있기 때문에 진단이 명확해지기 전까지는 시간이 걸릴 수 있다. 조현병 진단을 할 때 그 사람이 물질의 영향을 받지 않는 상태이며, 한 달 혹은 그 이상으로 오랫동안 물질을 사용한 적이 없는데도 불구하고 증상이 분명하게 나타나야 한다. 게다가 처음에는 조현병처럼 보이는 증상이라도 나중에는 조증 삽화(일정 기간 동안 극도의 에너지 증가, 위험한 행동, 잠을 거의 안 잠)나 우울(희망이 없거나 슬픈 느낌, 에너지가 거의 없음) 증상으로 밝혀지기도 한다. 이 증상들은 양극성장애나 주요우울장애에서 기인할 수 있다(제3장 '양극성장애'와 제4장 '우울장애'에서 자세히 설명하고 있음).

만약 중독의 징후가 보인다면 물질 남용에 대한 치료가 조현병 치료와 함께 병행되어야 한다. 알코올이나 약물 오남용은 조현병 증상을 더 악화시켜서 조현병의 약물치료에 어려움이 발생할 수 있다. 알코올이나 약물 문제의 치료가 도움이 되기 때문에 조현병을 치료하면서 같이해 나갈 수 있다.

약물치료

조현병 치료에는 항정신병 약물이 쓰인다. 이들 약물은 혈압이나 콜레스테롤을 조절하기 위해 매일 약물을 복용하는 것과 같이 증상을 조절하기 위해 약물을 복용해야 한다. 약물을 처방받은 대로 복용하는 것이 망상과 환각을 줄이고 재발하는 것을 막을 수 있다.

항정신병 약물에는 두 가지 종류가 있다. 한 가지는 1세대 혹은 정형 항정신병 약물(이 중 일부는 1950년대 중반부터 사용되고 있다.)이라고 불린다. 가장 흔하게 사용되는 정형 항정신병 약물로는 할로페리돌, 플루페나진, 페르페나진이 있다. 두 번째 종류는 2세대 혹은 비정형 항정신병 약물(1990년대에 들어서 사용되기 시작했다.)이라고 불린다. 흔히 사용되는 비정형 항정신병 약물에는 리스페리돈, 올란자핀, 쿠에티아핀이 있다.

때때로 조현병 증상을 가진 사람들은 자신이 질환을 갖고 있다는 것을 이해하지 못할 수도 있다. 이러한 증상을 '병식 부족'이라고 한다. 그들은 자신이 가진 믿음이나 환각이 실제라고 지각하기 때문에 약물치료의 필요성을 이해하지 못한다. 이로 인해 적절한 약물치료를 받게 하려는 가족이나 정신건강관리 전문가에게는 어려운 일이 되기도 한다. 가족이 환자에게 약물치료에 대한 필요성을 상기시켜 주고 약을 잘 복용했는지 확인하는 것도 도움이 될 수 있다. 일부에서는 한 달에 한 번 혹은 두 번에 걸쳐 주사제 형태로 항정신병 약물을 투여하는 것이 치료를 제대로 받을 수 있도록 해 준다. 여러 종류의 약물과 그 효과에 대해서 이해하는 것도 도움이 될 것이다(다음 '약물치료에 대한 조언'을 참고하시오).

주요 보조 치료

일단 조현병 증상이 조절된 후에는 질환으로 인해 감퇴되거나 전혀 습득하지 못했던 기술 능력을 개선하는 데 보조 치료가 도움이 될 것이다. 보조 치료를 통해서 일상생활에서의 스트레스 대처 훈련, 사회 기술 능력 습득, 재발 경고 신호를 조기에 발견, 악화되기 전에 미리 증상을 관리하는 방법 등을 배우는 것을 훈련시킬 수 있다.

조현병은 초기 성인기에 흔히 발생하기 때문에 장애를 가진 사람들은 일상생활 기술을 습득하고, 학교나 훈련을 마치고 직업을 찾는 데 지지와 지도를 필요로 할 수 있다. 예를 들어, 직업 지원 프로그램을 통해 조현병을 가진 사람들이 실생활에서 직업 준비를 하고 직장을 찾아 계속 일을 할 수 있도록 도와준다.

약물치료에 대한 조언

조현병 치료에 사용되는 약물들은 부작용이 매우 다양하다. 만약 약제 중 하나에서 문제가 생긴다면 의사에게 다른 약물을 선택해야 하는지 물어봐야 한다. 여기 몇 가지 유용한 조언들이 있다.

- 의사가 처방한 대로 약을 복용한다.

- 어떤 부작용들(체중 증가나 피로감이 일부 약제에서 나타날 수 있는 흔한 부작용임.)이 있는지 알고 있자. 부작용에 대해 어떻게 대처하는 것이 좋은지 물어본다.
- 약물을 매일 복용할 수 있도록 습관을 들인다.
- 의사와 상의 없이 약물을 갑자기 끊거나 용량을 줄이지 않도록 한다. 일부 약물의 경우 갑자기 중단하거나 용량을 줄이게 되면 건강치 못하고 불편한 증상이 나타나거나 또는 증상들을 악화시킬 수 있다.
- 시간이 지나면서 효과가 잘 나타나는지, 아니면 효과가 없는지 유심히 살펴본다.
- 어느 정도 시간이 지나면 몸이 약물에 적응하게 되거나, 증상이 호전 혹은 악화될 수 있기 때문에 의사는 용량을 조절하거나 약물을 교체할 필요가 생기기도 한다.
- 증상이 호전되거나, 아니면 부작용으로 인해 불편을 겪을 때라도 약물치료가 증상 호전에 도움이 된다는 것을 알아야 한다.
- 항상 주치의와 정기적인 상담을 지속해 나간다. 약물치료를 꾸준히 받다 보면 신체 건강에도 변화가 올 수 있다(예: 콜레스테롤 수치나 혈압, 혈당). 이러한 문제들이 생기더라도 의사에게 정기적으로 진료를 받다 보면 안전하게 해결할 수 있다.

재활과 지역사회 지원 프로그램에는 심리 상담, 직업 상담과 훈련, 재정 관리 기술, 대중교통 이용 교육, 의사소통 훈련 기회 등이 있다. 재활 프로그램은 사고 기술 향상을 위해 고안된 직업훈련과 치료가 함께 접목될 때 효과적이다. 이러한 프로그램들은 조현병을 가진 사람들이 직업을 잘 유지해 나가고, 중요한 업무를 잘 기억하며, 기능을 향상시키는 데 도움이 된다.

조현병을 갖고 살아가는 많은 사람이 가족으로부터 감정적·물질적 지원을 받는다. 그래서 가족들은 사랑하는 이의 질환을 어떻게 최선으로 관리해야 할지에 대해 교육과 도움을 반드시 받아야 한다. 이런 유형의 도움은 재발을 방지하고 환자의 질환뿐만 아니라 전반적인 가족의 정신건강을 증진시킨다는 것이 밝혀졌다.

인지행동치료(CBT)는 생각과 행동에 초점을 맞춘 정신치료의 일종이다. 인지행동치료는 조현병을 가진 사람들이 생각과 지각에서 환청에 '귀 기울이지 않는' 방법과 전반적인 증상을 관리할 수 있는 방법을 현실적으로 검증할 수 있도록 돕는다. 인지행동치료는 약물치료와 병행될 때 증상의 심각도를 줄이고 재발 위험도 낮출 수 있다.

조현병을 갖고 있는 사람들은 그들이 살고 있는 지역에서 질환의 치료와 관련된 적절한 보호를 받을 수 있다. 만약 증상이 심각해지면 병원 입원이 필요할 수도 있다. 혼자

사는 것이나 가족과 함께 사는 것이 여의치 않은 상태라면 공동거주시설(사회재활주택, 그룹홈, 보호시설)도 또 다른 방법이다.

조현병을 가진 사람의 보호자 또한 자신을 위해서 적절한 지원을 받고 병을 가진 친구나 가족을 어떻게 해야 최선으로 도울 수 있는지를 이해하는 것이 중요하다. 보호자는 정신건강관리 전문가와 이야기를 나누는 것이 환자를 돌보는 데 유익할 뿐 아니라 위안이 된다. 부록 B '유용한 자원들'에 정신건강관리 관련 정보를 중점으로 한 기관과 공공자원에 대한 목록이 수록되어 있다. 일부 기관에서는 정신장애를 갖고 있는 사람의 친구와 가족을 위한 지지 그룹을 지원해 주고 있다.

조현정동장애

조현정동장애(schizoaffective disorder)를 가진 사람들에는 정신병적 증상과 기분장애 증상이 혼합되어 나타난다. 조현정동장애는 조현병과 같이 망상과 환각 증상으로 시작할 수 있다. 또한 우울증이나 조증 삽화(극도로 들뜨거나 유쾌한 기분 상태)가 자주 나타난다. 이 장애를 가진 대부분의 사람은 일상생활 기술의 감퇴가 나타나고 장애가 없는 사람들에 비해 성취 능력이 떨어진다. 직업이나 학업, 대인 관계에서 얼마나 잘 기능할 수 있는지는 사람마다 다를 수 있다.

조현정동장애는 조현병보다는 덜 흔하다. 일반인이 평생에 걸쳐 이 병을 가질 확률은 0.3%이고, 남성보다 여성에게서 더 흔하게 발병한다. 증상은 십대나 초기 성인기 혹은 노년기에 처음 나타날 수 있다.

조현정동장애를 가진 사람들의 약 5%에서 자살 위험이 있다. 이 위험은 우울 증상이 있는 사람들에게서 더 높아진다. 질환을 돌봐 주고 적절한 치료를 받으면 위험이 관리될 수 있다.

조현정동장애를 가진 많은 사람은, 특히 물질 사용장애나 불안장애와 같은 또 다른 정신장애들을 함께 진단받는다.

조현정동장애란

다음과 같은 증상이 있을 때 조현정동장애를 진단한다.

- **조현병**에 해당하는 증상들(망상, 환각, 와해된 언어, 극도로 와해되거나 긴장성 행동 혹은 음성 증상) 중 한 개 이상이 있는 동안에 주요우울 기분이나 조증 기분이 나타남
- 망상이나 환각이 주요우울 혹은 조증 기분이 아닐 때에도 최소 2주 이상 나타남

기분 증상은 반드시 병을 앓는 전체 기간 중 절반 이상의 기간 동안 있어야 한다. 조현정동장애의 증상은 남용 약물이나 치료 약물, 또 다른 의학적 상태와는 상관이 없다.

위험 요인

조현정동장애의 원인은 밝혀지지 않았지만, 유전인자가 역할을 할 가능성이 높다. 일차 친족(부모나 형제) 중에서 조현병, 양극성장애, 조현정동장애를 가진 사람이 있는 경우에 조현정동장애가 발생할 위험이 더 높다.

치료

조현정동장애 치료는 조현병 치료와 매우 유사하다. 항정신병 약물뿐만 아니라 이 장애와 함께 발생하기도 하는 우울 기분을 호전시키기 위해 항우울제가 치료제로 쓰이기도 한다. 종종 조현정동장애를 가진 사람들은 조증 증상의 문제도 갖기 때문에 기분을 안정시키고 극도로 기분이 '들뜨는' 것을 막기 위한 약물이 필요하다. 이 약물들에는 탄산리튬이나 밸프로에이트가 있다. 약물뿐만 아니라 조현병 치료에 사용되는 정신치료와 재활치료 같은 치료를 통해서도 조현정동장애를 가진 사람들과 그 가족이 상태를 잘 관리할 수 있다.

망상장애

망상장애(delusional disorder)는 조현병을 가진 사람처럼 사실이 아닌 무언가에 대한 잘못된 믿음(망상)을 포함한다. 이 장애는 조현병의 증상들인 환각이나 와해된 생각, 말, 움직임 혹은 음성 증상들이 없기 때문에 조현병과는 다르다. 조현병을 가진 사람들처럼 망상장애를 가진 사람들은 기이하지 않거나 혹은 기이한 망상을 가질 수 있다. 기이하지 않은 망상이란 가능성은 희박하지만 현실 세계에서 일어날 수 있을 만한 일에 대한 잘못된 믿음을 말한다. 누군가에게 미행을 당한다든지, 독살하려 한다든지, 속임수에 넘어가고 있다든지, 음모에 말려들고 있다고 생각하는 것, 아니면 낯설거나 유명한 사람과 사랑에 빠졌다는 믿음이 여기에 속한다. 기이한 망상이란 실제로 일어날 수 없는 일(예를 들어, 낯선 사람이 상처나 흉터도 남기지 않고 자신의 장기를 제거하여 다른 사람의 장기로 대체했다는 것)에 대한 잘못된 믿음을 말한다.

망상이 있음에도 망상장애를 가진 사람들은 실제 생활에서 정상에 가깝게 기능하는 것처럼 보일 수 있다. 이들은 망상에 관해 이야기하거나 그에 따라 행동하지만 않는다면 다른 사람들이 보기에 아파 보이거나 어떤 식으로든 비정상적으로 보이지 않을 수도 있다.

망상장애는 다른 정신병적 장애보다 덜 흔하게 발생한다. 평생 동안 성인의 약 0.2%에서 이 병에 걸릴 수 있다. 흔히 이 장애를 가진 사람들은 잘못된 믿음에 대한 증상만 제외한다면 다른 심각한 조현병 증상은 가지고 있지 않기 때문에, 이들은 직업 생활을 더 잘 영위해 나가고 이 문제로 치료를 받으려고 하지 않는다. 망상장애는 젊은 사람들에게서 발생할 수도 있지만 중년에서부터 노년기에 훨씬 많이 생겨나는 경향이 있고, 남자와 여자에게서 동일한 비율로 발생한다. 정신건강관리 전문가는 믿음이 실제 신앙이나 문화의 일부분인지, 아니면 망상인지 평가하기 위해 신앙과 문화에 대해 물어봐야만 한다.

망상장애란

다음과 같은 증상이 있을 때 망상장애를 진단한다.

- 적어도 1개월 이상 지속되는 망상을 한 가지 이상 가지고 있다.
- 환각이나 와해된 언어, 와해된 행동, 음성 증상이 없다.

누군가가 망상을 가지고 있고 그 잘못된 믿음 때문에 다른 사람들과 문제가 생긴다 하더라도 보통은 일상생활을 잘하고 기이하거나 이상한 행동을 보이지 않을 수 있다. 우울증이나 조증 증상 같은 다른 증상들은 망상장애와 함께 나타나지 않는 경향이 있다. 만약 함께 나타난다 하더라도 망상이 주된 문제이기 때문에 이런 증상들은 질환의 일시적인 증상이 될 것이다. 이 장애도 남용 약물이나 치료 약물, 또 다른 의학적 상태나 강박장애와 같은 다른 정신장애 때문에 나타나는 것은 아니다.

위험 요인

망상장애의 원인은 알려져 있지 않지만, 조현병이나 조현형 인격장애가 있는 가족이 있을 때 위험이 증가할 수 있다.

치료

망상장애를 가진 사람에게 치료를 받도록 하는 것은 무척이나 힘든 일이다. 이 장애를 가진 사람들은 흔히 자신이 문제가 있다는 것을 부정하고 다른 사람들과 그들의 동기를 믿지 못한다. 만약 치료를 받겠다고 한다면 일대일 정신치료가 잘못된 믿음을 깨닫고 변화시키는 데 도움이 되고 힘든 감정들을 다룰 수 있도록 해 준다. 약물치료는 종종 이들이 가진 믿음에 유용한 효과가 없고, 그 믿음은 종종 견고한 상태로 남으며, 완전히 없어지는 일은 없다. 스스로 복용할 의지가 있다면 항정신병 약물을 처방하지만 보통 망상을 줄이지는 못한다. 대부분 망상이 지속적이고 완전히 사라지지 못한다.

기타 정신병적 장애

여기에서는 종종 나타나는(그래도 조현병보다는 덜 흔히 보임) 단기 정신병적 장애, 조현양상장애, 긴장증에 대해 간단히 살펴보고자 한다. 이 장애들은 증상 양상이 각각 다르게 나타난다. 긴장증은 의학적 응급 상황이며, 또 다른 의학적 상태나 정신장애와 함께 나타날 수 있다.

단기 정신병적 장애

단기 정신병적 장애(brief psychotic disorder)를 가진 사람들은 갑작스러우면서도 짧은 기간에 정신병적 행동을 최소 1일 이상, 1개월 이내에 보인다. 이들은 종종 빠르게 회복이 되고, 증상이 완전히 사라지기도 한다. 증상은 보통 조현병처럼 나타난다. 단기 정신병적 장애를 가진 사람들은 심하게 혼돈되고 흥분하며 빠르게 변하는 극단적인 기분 상태를 보인다. 이들은 자기 관리 및 가정이나 학교, 직장, 일상생활 전반에서 심각한 문제를 보인다. 망상이나 환각 때문에 자살의 위험이 높아질 수 있고 판단력이 흐려진다.

항정신병 약물이 사용될 수도 있고, 삽화가 지나갈 때까지 단기간 사용한다. 일단 짧은 삽화가 끝나고 나면 보통 수일 이내에 예전처럼 돌아오고, 더 이상 어떤 문제의 징후도 보이지 않는다. 다음 증상들 가운데 최소한 처음 세 가지 중 한 가지가 최소 1일 이상 1개월 이내에 나타나야만 한다.

- 망상
- 환각
- 와해된 언어
- 극도로 와해된 행동 혹은 긴장성 행동

이 장애는 남용 약물이나 치료 약물, 또 다른 의학적 상태 혹은 주요우울장애, 양극성장애, 기타 정신병적 장애 때문에 생기는 것이 아니다.

조현양상장애

조현양상장애(schizophreniform disorder)는 동일한 핵심 증상이 조현병처럼 나타나지만 증상이 나타나는 기간이 더 짧아 최소 1개월 이상, 6개월 이내이다. 일단 증상이 6개월 이상 지속된다면 진단은 조현양상장애에서 조현병으로 바뀌어야 한다. 조현양상장애가 있는 경우 일상생활 능력을 상실하고 종종 학교나 일에서 어려움을 자주 겪기 시작한다. 이들은 일상적으로 하던 일들을 그만두고 자신을 돌보지 않을 수도 있으며 다른 사람들과 어울리는 데 문제가 생긴다. 대부분의 경우 조현양상장애는 조현병을 가진 사람이 아직 6개월이 지나지 않아 조현병 진단 기준을 충족시키지 못할 때 진단 내려진다. 핵심 증상은 다음의 항목들 중 최소한 두 가지가 있어야 한다. 이 증상들 중 적어도 한 가지는 반드시 망상이나 환각, 와해된 언어이어야 한다.

- 망상
- 환각
- 와해된 언어
- 극도로 와해된 행동 혹은 긴장성 행동
- 음성 증상

이 장애는 남용 약물이나 치료 약물, 또 다른 의학적 상태 혹은 주요우울장애, 양극성장애, 기타 정신병적 장애 때문에 생기는 것이 아니다.

긴장증

긴장증(catatonia)은 또 다른 의학적 상태(두부 외상과 뇌질환 등)와 신경발달장애, 정신병적 장애, 양극성장애, 우울장애와 같은 여러 정신장애의 한 증상으로 나타날 수 있다. 이 증상은 어느 연령대에서나 나타날 수가 있다. 대부분의 경우에 갑작스럽게 발생하여 수일 혹은 수주간 지속된다. 문제는 종종 매우 심각해서 입원치료를 필요로 한다. 주요 양상은 타인에 대한 반응이 줄어들고, 감소되거나, 극단적이거나, 이상한 움직임이다. 증상은 감소된 움직임과 극단적인 움직임 사이에서 왔다 갔다 할 수 있다. 심한 단계에서는 자신이나 타인에게 해를 입히지 않도록 안전장치와 보호 관찰을 요한다. 긴장증을 가진 사람은 다음 증상들 중 최소한 3개 이상이 나타날 때 진단한다.

- 혼미(움직일 수가 없고, 주변 환경에 반응하지 않음)
- 굳어진 근육 혹은 고정된 자세
- 납굴증(다른 사람이 취하게 한 자세를 그대로 한 채 사지를 움직이지 않음)
- 다른 사람에 대해 언어적 반응이 전혀 없거나 거의 없음
- 극도의 저항(지시에 반응하지 않음)
- 중력에 반한 자세를 갑작스럽게 취한 채 장시간 움직이지 않음
- 이상한 움직임 혹은 매너리즘

- 목적이 없는 반복적이고 빈번한 움직임
- 좌불안석(안절부절못함, 흥분한 것처럼 움직임)
- 찡그림(얼굴에 고통, 혐오감, 불쾌감이 나타남)
- 다른 사람의 말을 반복함
- 다른 사람의 움직임을 따라 함

긴장증을 가진 사람들은 주변 환경에 반응할 수가 없고 음식이나 물을 먹지 않을 수도 있다. 긴장증 치료는 기저에 있는 다른 질환에 따라 맞춰야 한다. 때때로 최선의 치료 방법을 찾기 전까지 건강 상태를 유지하기 위해 입원하여 수액과 영양 공급을 받아야 한다. 전기경련치료(ECT)와 같은 치료법이 때로 증상을 빠르게 호전시키기도 한다. 치료 직후에 '깨어나기' 시작하여 주변 사람들에게 반응하고, 주위에 무슨 일이 일어나는지를 인식할 수 있게 된다(제20장 '치료요점'에서 전기경련치료에 관해 더 자세히 알 수 있음).

요점 정리

- **정신병적 장애**를 앓는 사람들은 현실 감각을 상실하고, 무엇이 현실인지를 구분하고 명료하게 사고하는 데 문제가 생긴다. 치료를 통해 이들은 더 나아질 수가 있고, 많은 사람이 일을 하며 자신의 삶을 영위해 나간다.
- 많은 경우에 조현병과 기타 정신병적 장애 증상을 보이는 사람들은 자신이 질환을 가졌다는 것을 이해하지 못할 수 있다. 이들은 자신의 망상과 환각을 현실로 지각하므로 치료받을 필요가 없다고 여긴다.
- 가족 구성원과 사랑하는 이들이 조현병이나 기타 정신병적 장애를 가진 사람을 도와 더 나은 상태가 되는 데 중요한 역할을 한다. 장애를 가진 사람들과 함께 이들도 질병에 대해 가능한 한 많이 배워야만 한다. 정신건강관리 전문가의 도움으로 가족 구성원과 사랑하는 이들이 대처 전략, 문제해결 능력을 기를 수 있다. 필요하다면 그들이 적절한 치료를 받을 수 있도록 도움을 줄 수 있다.
- 의사와는 약물 복용이나 부작용에 관한 문제들이 있을 때 언제든지 연락할 수 있어야 한다. 만약 약물 복용을 갑자기 멈추거나 양을 줄인다면 건강하지 못하고 불편한 증상들이 생겨날 수가 있고 증상이 더 악화될 수도 있다. 알코올이나 남용 약물로 인해 증상이 악화되고 치료 약물의 효과가 저해될 수 있다.

- 정신건강관리 전문가는 이런 장애를 가진 사람들이 자신의 감정을 잘 다룰 수 있도록 도울 수 있다. 그 사람들은 생각과 지각에 대한 현실 검증을 하는 방법을 가르칠 수 있고, 환청을 '무시하는' 방법, 그리고 인생 전반에 걸쳐 증상을 어떻게 관리해 나가야 하는지를 가르칠 수 있다. 정신치료가 재발의 위험을 낮추는 데 도움이 된다.

- … 제I형 양극성장애(Bipolar I Disorder)
- … 제II형 양극성장애(Bipolar II Disorder)
- … 순환성장애(Cyclothymic Disorder)

제3장 양극성장애

양극성장애는 한 사람의 기분, 에너지, 기능에 두드러진 변화를 일으킨다. 이 장애를 가진 사람들은 기분 삽화라고 불리는 극단적이고 강렬한 감정 상태를 특정 기간 동안에 갖게 된다. 이것들은 일상생활 속에서 일어나는 정상적인 기분의 변화와는 다르다.

양극성장애의 증상들은 대인관계에 어려움을 초래하고, 작업이나 학업에 문제를 일으키며, 자살에까지 이를 수 있다. 이 장애를 가진 사람들은 감정이 걷잡을 수 없거나 이런 극단적인 기분 상태와 행동에 압도당한다고 느끼기도 한다. 비록 정상적인 기분 상태인 기간도 있지만, 치료를 받지 않는다면 양극성장애를 가진 사람들은 기분 삽화를 지속적으로 갖는 경우가 잦다.

매년 9백만 명 이상의 미국인들이 양극성장애로 고통을 받고 있다. 양극성장애는 상태에 따라 나뉜다. 제I형 양극성장애, 제II형 양극성장애, 순환성장애로 이 장애들은 여러 동일한 증상을 공유하지만, 증상의 심각도와 정도가 각각 다르기 때문에 어느 정도 다른 치료가 필요하다.

이 장애들은 일단 발병하면 평생 지속될 수 있으나, 치료로 증상을 경감시키고 희망을 가져올 수 있다. 이 장애를 가진 사람들은 약물치료와 정신치료('면담치료'), 그리고 건강한 생활 습관 등을 병합하여 큰 도움을 받게 된다. 적절한 치료는 양극성장애를 가진 사람들이 만족스럽고 생산적인 삶을 살 수 있도록 이끌어 줄 것이다.

제I형 양극성장애

제I형 양극성장애(biopolar I diosorder)는 극적이고 격정적인 기분 변화를 가져온다. 정상적인 기분 상태 사이사이에 마치 세상의 최고가 된 것처럼 심하게 기분이 좋은 상태에서부터 순식간에 짜증이 나거나 화가 나는 기분, 슬프고 절망적인 기분에 이르기까지 크게 변한다. 이와 같이 기분이 고조되는 기간을 조증 삽화라고 하고, 기분이 저하되는 기간을 우울증 삽화라고 한다. 경조증 삽화 또한 나타날 수가 있다. 이것은 조증 삽화와 유사하지만 단지 며칠 동안만 나타나고 조증 삽화만큼 증상이 심하지도 않다.

양극성장애의 과거 이름은 '조울증'이다. 대부분의 사람들에게서 어떤 때에는 기분이 무척 좋았다가 또 어떤 때에는 우울한 기분이 드는 것은 정상적이다. 양극성장애를 가진 사람들에게 있어서 심한 기분 변화는 일상생활에 큰 문제를 유발한다. 이러한 기분 증상은 이들의 관계는 물론 직장이나 학교생활에 영향을 미친다.

한 번 조증 삽화를 경험한 사람들의 90% 이상이 여러 번의 삽화를 겪게 된다. 때때로 조증 삽화는 주요우울 삽화 직후에 나타나기도 하지만, 그 역으로도 나타날 수도 있다. 1년 동안 네 번 이상 주요우울 삽화, 조증 삽화 혹은 경조증 삽화를 경험하는 것은 급속 순환성이라고 알려진 제I형 양극성장애의 한 형태이다.

제I형 양극성장애는 매년 미국인의 약 1.5%에서 발병한다. 첫 조증이나 우울증 삽화를 겪는 사람의 평균 나이가 22세지만 이 질환은 초기 아동기에 시작할 수도 있고, 60대 혹은 70대의 늦은 나이에 처음 나타날 수도 있다. 남자와 여자가 거의 비슷한 정도로 제I형 양극성장애를 갖는다. 여성이 남성보다 급속 순환성과 우울 증상을 더 많이 갖는다. 출산 직후에 제I형 양극성장애를 가진 여성에게서 조증 혹은 우울증 삽화 위험성이 더 증가한다.

제I형 양극성장애는 불안장애(공황장애, 사회불안장애)나 주의력결핍 과잉행동장애(ADHD), 물질 사용장애(중독장애)와 같은 정신장애가 흔하게 동반된다. 실제로 제I형 양극성장애를 가진 사람의 절반 이상이 알코올이나 물질 사용장애를 갖는다(증상을 줄이려는 목적으로 알코올이나 약물 사용하는 것이 반대로 정신장애를 더욱 악화시킬 수 있음. 제20장 '치료요점'을 참고하시오). 심장질환, 수면, 편두통 문제 등과 같이 치료되지 않은 심각한 의학적 상태 또한 흔히 나타나서 삶의 질에 악영향을 주고 수명을 단축시킨다.

제I형 양극성장애를 가진 사람들의 자살 위험도가 일반 인구에 비해 약 20~30배 더 높다고 조사되었다. 알코올 사용장애와 양극성장애를 함께 갖고 있는 경우 자살 기도의 위험성이 훨씬 더 증가한다. 양극성장애에 대해 적절한 치료를 받는 것은 사람들이 감정을 확장할 뿐만 아니라 감정을 통제하고 삶을 영위해 나가는 데 더 나은 기분이 들게 도울 수 있다. 또한 장애를 가졌다는 수치심으로 인해 기능이 악화되는 것으로부터 도움을 줄 수 있다.

제I형 양극성장애란

제I형 양극성장애는 한 번의 조증 삽화를 가진 적이 있을 때 진단을 내린다. 조증 삽화는 경조증 삽화나 주요우울 삽화 전이나 후로 나타날 수 있다. 이러한 증상은 조현정동장애, 조현병, 조현양상장애, 망상장애와 같은 정신병적 장애로 인한 것이 아니다.

조증 삽화

조증 삽화는 최소 일주일 이상 지속되는 기간 동안(만약 증상으로 인해 입원치료를 받아야 할 정도라면 짧아도 됨) 거의 매일 하루 중 대부분이 이상하리만큼 아주 행복하거나 흥분되고, 기분이 매우 들뜨거나 극단적으로 예민해지고, 평소보다 훨씬 더 혹은 극단적으로 활동적이거나 에너지가 넘치고, 다음의 명백한 행동의 변화가 나타나는 증상들 중 적어도 3개 이상이 나타난다.

- 과장된 자기존중감이나 과대감(자신이 다른 사람보다 더 낫고 특별한 대우를 받을 만하다고 생각함. 실제로는 존재하지 않는데도 자신에게 특별한 재능이 있다고 생각함)
- 수면에 대한 욕구 감소(예를 들어, 잠을 3시간만 잤는데도 충분히 쉬었다거나 에너지가 넘친다고 느낌)
- 평소보다 말이 많아짐(예를 들어, 큰 소리로 빠르게 이야기하고, 멈추지 않거나 다른 사람을 배려하지 않고 말함)
- 생각이 질주하듯 빠르거나 생각이나 주제가 너무 빨리 변해서 서로 연결이 되지 않음
- 쉽게 주의 산만해짐(예를 들어, 다른 사람의 옷이나 주위 소음과 같이 사소한 것들을 지나치지 못해서 다른 사람들과 이야기를 할 수 없거나 지시를 따르지 못함)
- 한 번에 너무 많은 활동을 하려고 함(예를 들어, 그날 할 수 있는 것보다 더 많은 일들을 계획하고, 한꺼번에 여러 개의 과제를 맡음. 종종 해당 주제를 잘 모르는데도 하려 하고, 하루 중 엉뚱한 시간에 하려고 함)

- 위험한 행동이 증가함(부주의한 운전을 함. 흥청망청 돈을 씀. 격에 맞지 않거나 조심성 없는 성관계를 함)

이러한 증상은 아주 심각해서 사회적 · 업무적 기능에 문제를 유발시킨다. 이러한 증상들을 가진 사람은 자신이나 타인에게 해를 입히지 않도록 병원의 보호가 필요할 수 있다. 친구들과 가족이 보기에 그러한 변화가 눈에 띄게 두드러진다(예를 들어, 그 사람을 잘 아는 사람이 이런 모습은 평상시와 같은 행동이 아니라고 말한다). 이것은 남용 약물이나 치료 약물, 또 다른 의학적 상태로 인한 것이 아니다.

경조증 삽화

경조증 삽화는 조증 삽화와 유사하지만, 증상은 연속해서 4일 정도만 지속된다(조증의 경우 최소 일주일 이상이다). 조증과 경조증의 핵심적인 차이는 기분 변화가 다른 사람들의 눈에 띌 정도이기는 하지만 경조증은 과속으로 체포되거나, 싸움에 휘말리거나, 부주의한 언행으로 소중한 관계를 잃을 정도로 심각해지지 않는다. 그리고 병원의 보호가 필요할 만큼 증상이 심각하지도 않다. 이러한 증상은 남용 약물이나 치료 약물 때문이 아니다.

주요우울 삽화

주요우울 삽화를 가진 사람은 다음 증상들 중 최소한 다섯 가지 이상이 2주 동안 지속되고, 정상적인 사회적 · 업무적 기능이 감퇴하게 되며, 다음 항목에서 처음 두 가지 증상 중 한 가지는 반드시 있어야 한다.

- 우울한 기분 혹은 슬픔이 하루 중 거의 대부분 나타남(슬프거나, 공허하거나, 절망적이라고 느낌)
- 이전에 즐겨 하던 모든 활동에 흥미나 즐거움을 크게 상실함
- 갑작스런 식욕의 변화로 체중의 증가나 감소가 동반함
- 불면 혹은 과다수면(잠을 너무 못 자거나 너무 많이 잠)
- 안절부절못하거나, 초조하게 느끼거나(왔다 갔다 하는 듯이 보이거나 손을 부들부들 떪), 말과 동작이 느려짐(행동이 다른 사람들의 눈에 띔)
- 피로감 혹은 에너지 상실
- 무가치감 혹은 죄책감
- 집중하거나 결정하는 데 어려움

• 죽음이나 자살, 자살 계획 혹은 자살 기도에 대해 자주 생각함

이러한 우울 증상들로 인해 극심한 고통을 느끼거나 사회적 · 업무적 기능에 손상이 초래된다. 이러한 증상들은 남용 약물, 치료 약물 혹은 또 다른 의학적 상태로 인한 것이 아니다.

위험 요인

제I형 양극성장애의 가족력은 강력한 위험 요인이다. 일차 친족(부모, 형제)에게서 제I형 혹은 제II형 양극성장애가 있는 경우에는 일반 인구보다 위험이 10배 더 높다.

초기 아동기 트라우마(가령, 학대나 폭력)가 이 장애의 위험 요인이라는 것이 밝혀졌다. 마리화나나 다른 약물 남용이 조증 증상의 발생과 연관이 있을 뿐만 아니라 증상을 악화시키기도 한다.

앤소니 이야기

앤소니는 30대 남성으로 경찰이 응급실로 데려오게 되었다. 그는 말을 빠르게 하고 자신을 '새로운 예수'라고 생각하고 있었다. 그는 자신의 이름을 말하지 않으려 했다.

그는 검사실에 있어야 하는데도 가만있지 못하고 간호사 스테이션 안으로 자꾸 걸어 들어갔다. 그를 검사실로 돌아가게 하면 응급실 직원에게 언성을 높이며 화를 내고, 말을 빠르게 했다.

그에게 언제 마지막으로 잠을 잤는지 묻자 더 이상 잘 필요가 없다며, 자신은 "천국에 다녀왔다."라고 말했다. 의사는 그에게서 혈액 채취를 하고 약물 검사를 했다. 이때 발바닥에 물집이 잡혀 있는 것을 확인할 수 있었다. 그의 전자의무기록을 살펴보자 2년 전에도 이런 식으로 행동했던 것을 알게 되었다. 그 당시, 약물 검사상 음성으로 나왔다.

곧 앤소니의 누나가 도착했고, 그가 일주일 전부터 이상했다고 말했다. 그는 명절에 모인 친척들과 밤새도록 종교 문제로 다투었는데, 전에는 없었던 모습이었다. 누나는 아버지도 양극성장애를 앓았다고 알고는 있었지만, 어렸을 때부터 아버지를 볼 수 없었다. 그녀는 앤소니가 약물을

사용하지는 않았다고 말했다. 그녀는 응급실 의료진에게 앤소니가 중학교 수학 교사로 일하고 있고, 이제 막 한 학기를 마친 상태라고 말했다.

24시간이 지난 후, 앤소니는 조금 차분해지기는 했지만 여전히 빠르고 큰 소리로 말했다. 그의 사고는 이 생각에서 저 생각으로 건너뛰었다. 혈액 검사와 약물 검사 결과, 그는 약물이나 알코올을 사용하지 않은 것으로 나타났다.

앤소니는 현재, 고도 조증 삽화를 동반한 제I형 양극성장애로 진단되었다. 그는 전형적인 조증 증상으로 응급실에 왔다. 과민한 기분, 과대감, 수면에 대한 욕구 감소, 질주하듯 빠른 속도의 사고, 부산한 움직임이 그것이다. 발에 잡힌 물집으로 보아 그는 아마도 응급실에 오기 전에 쉬지 않고 걸었을 것이다. 그의 증상은 DSM-5-TR 진단 기준의 조증 삽화에 완전히 들어맞았다.

치료

제I형 양극성장애는 치료가 매우 잘된다. 거의 대부분의 경우 재발을 막기 위해서 평생에 걸쳐 약을 복용해야만 한다. 시간이 지나면서 증상이 호전되고 변화할 수도 있기 때문에 정신건강관리 제공자에게 지속적으로 치료받으면서 인생 전반에 걸쳐 필요에 맞게 조절해 가야 한다.

약물치료

기분안정제라고 불리는 치료 약물이 양극성장애 통제에 자주 처방된다. 리튬(lithium)은 가장 오래 사용되어 왔고 널리 알려져 있는 기분안정제로, 아직까지도 흔히 사용되고 있다. 항전간제(간질 발작 치료제로 종종 처방됨) 또한 기분안정제로 사용되는데, 여기에는 밸프로에이트(valproate), 라모트리진(lamotrigine), 카르바마제핀(carbamazepine)이 있다. 양극성장애를 가진 대부분의 사람들도 높은 혈압을 낮추기 위해 날마다 약물을 복용하는 사람들처럼 매일 약물을 복용해야 한다.

만약 양극성장애를 가진 사람들이 처방받은 약물을 복용하지 않는다면 조증이나 우울증 삽화가 재발할 위험이 높아진다. 약물의 효과가 높기 때문에 어떤 사람들의 경우 더 이상 약을 복용하지 않아도 괜찮다고 여긴다. 이런 사람들은 과거에 자신이 심한 증상을 겪었다는 것을 알고 있음에도 불구하고 약물 복용을 중단해 버린다. 얼마 동안은 직장이나 학교에서 문제없이 잘 지낼 수 있어도 어느 시점에서는 다시 고통스런 재발을 겪을 수 있다.

양극성장애가 있는 사람들은 약물을 변경하거나 중단하기 전에 의사나 정신건강관리 제공자와 상의해야 한다. 약물치료와 전반적인 치료에 관한 정보는 제20장 '치료요점'에서 찾아볼 수 있다.

정신치료

모든 질환에서처럼 양극성장애는 대인관계, 특히 배우자와 가족 간의 관계에서 삶을 파괴해 버릴 수 있다. 양극성장애로 약물치료를 받는 사람들이 정신치료를 받으면 꽤 이득을 얻을 수 있다. 이를 통해 병에 대해 더 많이 이해하게 되고, 병으로 인해 생겨난 문제들을 다룰 수가 있으며, 병을 앓으면서 상처받은 가까운 관계를 회복할 수가 있다.

몇몇 형태의 정신치료가 양극성장애에 초점을 맞추었다. 가족중심치료(family-focused therapy), 대인관계와 사회리듬치료(interpersonal and social rhythm therapy), 인생 목적 프로그램, 인지행동치료 등이 적용되어 왔다. 이 형태의 치료들은 여러 요소에서 공통점을 가지고 있는데, 질환 자체에 대한 교육, 수면과 다른 일상생활의 설정, 현재와 미래에 초점을 맞추는 것이다. 이 치료들은 양극성 우울장애에 도움이 되고 증상이 재발하는 것을 막는 데 효과가 있다는 것을 보여 주었다.

전기경련치료

증상이 매우 심한 제I형 양극성장애의 경우, 약물치료와 정신치료로 호전이 되지 않을 때 전기경련치료(ElectroConvulsive Therapy: ECT)라고 알려져 있는 치료를 시행하게 된다. 현대적 치료 기법으로서 ECT는 질환의 심각한 삽화들을 완화시키는 데 널리 사용되고 있다. ECT와 관련된 더 자세한 정보는 제20장 '치료요점'을 참고한다.

가족치료와 지원 단체

양극성장애 때문에 가정생활이 힘들어지고 환자뿐만 아니라 사랑하는 사람들까지 심각한 어려움에 빠질 수 있다. 정기적인 가족치료나 정신건강 관련 지원 단체의 도움을 통해서 전체 가족이 정신건강관리 서비스의 도움을 받을 수 있다. 가족은 질환과 그 영향에 대해 어떻게 대처하는 것이 가장 좋은지 배울 수 있다. 가족도 그들이 사랑하는 사람의 치료에 적극적으로 참여할 수 있다. 제I형 양극성장애를 가진 사람이 결혼했을 경우에 결혼상담이 질환으로 인한 상처를 치유하는 데 도움이 될 것이다.

건강한 마음과 건강한 신체

치료를 받으면서 건강한 생활 습관을 유지하는 것이 제I형 양극성장애 증상을 완화시키는 데 도움이 될 수 있다.

- **규칙적인 생활을 한다.** 일주일 내내 날마다 같은 시간에 잠자리에서 일어나 식사를 하고, 잠자리에 드는 것이 양극성장애를 가진 사람들에게 건강을 유지시키는 데 도움이 된다는 것이 밝혀졌다.
- **건강한 선택을 한다.** 균형 잡힌 식사를 하고, 운동을 꾸준히 하며, 충분한 숙면을 취하는 것이 기분을 개선시킬 수 있다.
- **동료들과 연결한다.** 비슷한 문제를 겪고 있는 사람들로부터 도움을 받는 것이 기분을 더 좋게 유지하는 데 핵심적인 부분이다. 치료 센터나 정신건강관리 제공자가 지역 모임을 소개시켜 줄 수 있고, 우울증과 양극성장애 지원 연합 웹사이트(www.dbsalliance.org)를 통해 알아볼 수 있다.
- **자신만의 위험 신호를 배운다.** 조증이나 우울증 삽화가 시작할 때 나타나는 증상들이 무엇인지 알고 있다가 이러한 증상들이 보이기 시작하면 당신의 정신건강관리 제공자에게 보고한다.

제II형 양극성장애

제II형 양극성장애(bipolar II disorder)를 가진 사람들은 최소한 한 번 이상의 주요우울 삽화와 경조증 삽화를 경험한다('제I형 양극성장애'의 정의를 보시오). 제I형 양극성장애와 제II형 양극성장애의 주요 차이점은 제II형 양극성장애에서는 조증의 기간이 없다는 것이다.

경조증 삽화는 조증 삽화에서만큼 많은 문제가 생기지는 않는다. 예를 들어, 병원 입원까지는 하지 않아도 될 정도이다(만약 그렇다면, 진단은 경조증 삽화에서 조증 삽화로 변경된다). 제II형 양극성장애를 가진 대부분의 사람은 발병하는 삽화 기간을 벗어나면 그 다음 삽화가 생길 때까지 완전히 정상적인 모습으로 돌아온다. 경조증 증상은 불규칙적인 기분 변화, 사회적 혹은 업무적 기능의 와해, 다른 사람들이 알아볼 정도로 정상적인 행동의 변화가 있다. 그러나 조증에서만큼 심각하게 사람을 손상시키지 않는다. 정신건강관리 제공자들은 경조증 삽화가 현재 나타났는지, 아니면 이전에 있었는지 판단할 수 있는 유용한 정보를 가까운 친구들이나 가족으로부터 얻을 수 있다.

흔히 제II형 양극성장애가 20대 중반에 시작되기는 하나 10대 후반이나 성인기 혹은 늦은 나이에 처음 생겨날 수도 있다. 첫 발병은 제I형 양극성장애보다는 조금 늦게 나타난다.

제II형 양극성장애는 한 해에 미국 인구 중 약 0.8%에게 고통을 준다. 이 장애는 주로 주요우울 삽화로 시작하는 경향이 있다. 경조증 증상이 처음으로 나타날 때까지는 그 사람이 제II형 양극성장애를 가지고 있는지 확실히 알 수 없다. 주요우울장애를 가진 사람들 중 12%가 나중에 경조증 증상이 나타나는데, 그래서 진단은 비로소 제II형 양극성장애가 된다.

제II형 양극성장애를 가진 사람들은 처음에는 흔히 우울 증상(기분이 처지고, 무가치하게 느껴지거나 죄책감을 느낌)이 꽤 심해진 다음에야 정신건강관리 제공자에게 치료를 받으러 온다. 경조증 증상은 환자들을 괴롭히지 않을 수도 있지만, 우울 증상은 보다 더 많은 문제를 일으키는 경향이 있다. 제II형 양극성장애를 가진 사람들은 제I형 양극성장애를 가진 사람들보다 우울증 삽화를 더 길게 갖는 경향이 있다. 우울 증상은 대인 관계와 업무적 기능에 문제를 유발할 수 있다.

제II형 양극성장애와 함께 다른 장애가 동반되어 나타나기도 한다. 여기에는 불안장애(사회불안장애, 특정공포증, 범불안장애 등), 물질 사용장애(알코올 혹은 마리화나 남용 등), 섭식장애(폭식장애 등), 기타 의학적 상태(심장질환 혹은 편두통 등)이 있다. 제II형 양극성장애를 가지고 있는 여성에게서 월경전증후군과 월경전불쾌감장애가 흔하고, 이 시기에 기분 증상이 더 심해질 수 있다. 제II형 양극성장애를 가진 사람의 60%는 세 가지 이상의 다른 정신장애를 갖고 있다.

제II형 양극성장애를 가진 사람들과 관련된 또 다른 문제는 자살의 위험이다. 이들은 충동적으로 행동하는 경향이 있기 때문에 이것이 위험을 증가시킨다. 이 질환을 가진 사람들 중 약 1/3이 적어도 한 번 이상의 자살을 기도한 적이 있다. 제II형 양극성장애로 인한 어떤 증상이라도 치료를 받는 것이 삶의 문제나 자살의 위험을 낮추는 데 매우 중요하다.

제II형 양극성장애란

제II형 양극성장애에서 최소한 한 번 이상의 경조증과 한 번 이상의 우울증 삽화가 나타난다(제I형 양극성장애에서 기술됨). 경조증 증상은 조증에서 보이는 것만큼 심각한 문제(예: 범죄, 대인관계 파괴, 실직)를 초래하지는 않는다. 이 진단에서는 조증 삽화가 결코 나타나지 않는다. 제II형 양극성장애를 가진 사람들에게서는 다음과 같은 증상들이 나타난다.

- 경조증 삽화가 최소한 4일 이상 연속으로 지속된다.
- 주요우울 삽화가 최소한 2주 이상 지속된다.

이러한 증상들은 남용 약물이나 약물치료, 또 다른 의학적 상태 혹은 **조현정동장애, 조현병, 조현양상장애, 망상장애**와 같은 기타 정신병적 장애로 인한 것이 아니다.

위험 요인

친족 중에 제II형 양극성장애가 있는 경우 발병할 위험이 가장 높다. 여성 10~20%에서 출산이 경조증 삽화의 방아쇠 역할을 할 수 있다. 산후 초기(특히 출산 직후)에 나타날 수도 있고, 우울증 삽화가 먼저 나타날 수도 있다. 이러한 위험 요인에 주의하고 우울증 치료를 받는 것이 증상을 경감시킬 수 있다.

첼시 이야기

도서관에서 일을 하고 있는 첼시는 43세의 기혼 여성으로, 오랜 기간의 우울증 병력 때문에 정신건강의학과 외래를 방문하였다. 그녀는 새로운 직장에 들어간 이후 한 달 동안 우울했다고 말했다. 그녀는 새 상사와 동료들이 그녀가 일을 제대로 못하고 굼뜨며 사교적이지도 못하다고 생각할 거라며 걱정했다. 그녀는 기력도 없고 의욕이 사라졌다. 자녀들과 함께 놀거나 남편과 대화하는 대신 그녀는 몇 시간이고 TV만 보거나, 과식을 하거나, 잠을 너무 많이 잤다. 3주 동안 몸무게가 3kg이 늘었고, 자신이 비참하게 느껴졌다. 지난주 동안은 자주 울었는데, 그녀는 이것이 '우울증이 재발했다.'라는 신호라고 이야기했다. 또한 그녀는 죽음에 대해 자주 생각하게 되었는데, 하지만 자살을 기도한 적은 한 번도 없었다.

첼시는 이전부터 겪어 왔던 우울증에 대해 기억이 희미하다며 남편을 데리고 왔는데, 그는 그녀를 대학생 때부터 알아 왔다. 그들은 그녀가 10대일 때 처음 우울했다고 이야기했고, 성인이 될 때까지 적어도 다섯 번은 각기 다른 우울증의 기간이 있었다고 했다. 매번 삽화 때마다 우울한 기분, 기력 저하, 깊은 죄책감, 성관계에 대한 흥미 상실, 살아갈 이유를 모르겠다는 생각들이 있었다. 첼시는 때때로 '너무 과한' 에너지, 과민성, 질주하듯 빠르게 떠오르는 생각들이 나타나는 시기도 있었다. 이렇게 과도한 에너지가 있었던 삽화는 수시간 혹은 수일에서 수주까지도 지속되었다.

첼시의 남편은 첼시가 흥이 넘치고 행복하며 자신감에 가득 찼던 것처럼 보이던 시간들에 대해서도 묘사했다. "마치 다른 사람 같았어요." 그녀는 말도 빨랐고, 에너지가 넘치며 기쁨에 사로잡힌 듯 보였으며, 하루 종일 집안일을 하면서도 새로운 일을 시작하려고 했다(종종 마무리지을 수도 있었다). 그녀는 수면의 필요도 덜 느꼈고 여전히 다음날을 준비하였다.

우울한 기분과 죽음에 대한 생각 때문에 그녀는 10대 중반 이후부터 정신건강관리 제공자를 만나 왔다. 정신치료는 어느 정도 도움이 되었다. 첼시는 또 다른 우울증 삽화가 생기기 전까지는 정신치료가 '효과가 있었다.'라고 말했다. 우울증이 생기면 치료를 받으러 올 수도 없었고 그만두려고도 했다. 그녀는 세 가지 종류의 항우울제를 처방받았다. 매번 단기간 동안 우울 증상이 좋아지기는 했지만 곧 재발했다. 이모와 할아버지가 조증으로 병원에 입원했었는데, 첼시는 "전 그분들하고는 달라요."라며 둘러댔다.

첼시는 **제II형 양극성장애**로 진단받고 **현재 우울증 삽화** 상태로 판단되었다. 그녀의 남편이 그녀에게 경조증 증상이 있었던 시기에 대해서 이야기해 준 것이 진단에 도움이 되었다.

치료

제II형 양극성장애는 제I형 양극성장애에서 쓰이는 많은 동일한 치료에 자주 반응한다 (이 장애에 대한 '치료' 부분을 참고하시오). 제I형 양극성장애 약물치료는 흔히 기분을 안정적으로 유지시키는 데 사용되고, 경조증 삽화를 예방하는 데에도 도움이 된다. 여기에는 기분안정제와 항우울제 약물이 해당된다. 현재 겪고 있는 경조증 혹은 우울증 삽화에서 가장 심각한 증상이 무엇이냐에 따라서 치료 약물을 선택하게 된다.

얼마나 오랫동안 약물을 복용해야 하는지 의사와 상의하는 것이 중요하다. 더 이상의 삽화들을 미리 예방하기 위해 장기간 매일 약물을 복용하는 것이 가장 안전한 방법일 수 있다. 사람마다 다르기 때문에 의사와 환자는 증상에 대해 충분히 이야기하고 가장 적합한 치료 과정을 찾는 것이 필요하다. 먼저, 의사와 상의 없이 약물복용을 임의로 중단하거나 복용량을 조절하게 되면 문제가 생기고 증상이 악화될 수 있다.

제II형 양극성장애를 가진 사람들은 심한 우울증 삽화를 갖기도 한다. 이렇게 심한 우울증을 치료하기 위해서 때로 병원 입원이 필요할 수도 있다. 만약 약물치료로 우울증이 호전되지 않는다면 필요에 따라 ECT를 선택할 수 있다.

제I형 양극성장애 증상을 호전시킬 수 있는 것과 같은 유형의 정신치료와 건강한 생활 습관 양식이 제II형 양극성장애를 가진 사람에게 도움이 된다. 목표는 결국 충만하고 의미 있는 삶을 영위하고, 재발을 방지하고, 증상이 있을 때 대처하는 방식을 증진시키는 것이다.

순환성장애

순환성장애(cyclothymic disorder)는 양극성장애보다는 드물고 더 경미한 형태로, 경조증과 우울 증상을 동반한 기분 변동이 자주 그리고 상당히 지속적인 바탕을 기반으로 하여 나타난다. 경조증과 주요우울 삽화에 해당하는 증상들이 있는 것은 아니다('제I형 양극성장애란'을 참고하시오). 이 장애를 가진 사람은 다른 사람들에게는 기분파처럼 보일 수도 있다. 비록 증상이 병원에 입원해야 할 정도는 아니더라도 이 장애는 큰 고통을 초래하고 사회적, 업무적, 다른 기능적 측면에서 손상을 초래할 수 있다. 주로 10대 혹은 성인기 초기에 발병한다. 이 장애를 가진 사람들은 지속적인 기분 변동을 줄이고 싶어 치료를 하기도 한다.

순환성장애란

다음과 같은 증상이 있을 때 순환성장애를 진단한다.

- 최소한 2년(아동과 10대에서는 1년) 동안 경조증 증상과 우울증 증상이 수많은 기

간 동안 있었다. 이 증상들은 결코 경조증과 주요우울 삽화를 정의하는 지침에 해당할 정도는 아니다(**제I형 양극성장애**에 설명되어 있음).

- 같은 2년의 기간(아동과 10대에서는 1년) 동안 경조증적이고 우울한 기분 변동이 적어도 절반 이상의 기간 동안 지속되어야 한다(성인에서는 1년, 아동과 10대에서는 6개월). 증상이 없는 기간이 2개월 이상 지속되어서는 안 된다.
- 조증 삽화는 존재하지 않는다(**제I형 양극성장애**에서 정의됨).

이러한 증상으로 인해 극심한 고통을 겪게 되고 사회적, 업무적, 다른 기능적 측면에서 문제가 생겨난다. 이러한 증상들은 남용 약물이나 약물치료, 또 다른 의학적 상태(갑상선 기능 이상 등) 혹은 **조현정동장애**, **조현병**, **조현양상장애**, **망상장애**와 같은 정신병적 장애로 인한 것이 아니다.

치료

제I형 양극성장애에 도움이 되는 치료가 순환성장애에서도 도움이 된다. 정신치료, 가족과 지지 그룹, 약물 및 생활습관의 교정. 규칙적인 일상 유지하기, 규칙적인 수면 습관, 매일하는 운동과 조심스러운 햇빛 노출, 건강한 식단, 남용 약물과 알코올사용을 피하기와 같은 생활습관이 해당한다.

요점 정리

- **양극성장애**를 가진 사람들은 극단적이고 강렬한 기분을 갖고 있다(예를 들어, 매우 행복하고 활동적이 되거나 혹은 매우 우울하고 기력이 없는 기분 사이의 두드러진 변화). 이것들은 일상생활 중에 일어나는 정상적인 기분의 기복과는 다르다.
- 이 장애를 가진 사람들은 통제 불능 상태를 느끼거나 극도의 기분 상태와 행동에 지배당할 수 있다. 이 장애는 대인관계를 손상시키고, 직장과 학교에서 문제를 일으킬 수 있으며, 자살에까지 이르게 할 수 있다.

- 양극성장애는 제I형 양극성장애, 제II형 양극성장애, 순환성장애로 분류된다. 이 장애는 여러 증상이 공통적으로 나타나지만 심각도와 정도가 다르고, 거기에 맞게 약간씩 다른 치료가 필요하다.
- 일단 이 장애가 발생하면 평생 지속되기는 하나 치료는 매우 잘된다. 이 장애를 가진 사람들이 약물치료와 정신치료('면담치료'), 건강한 생활 습관 교정을 복합해서 치료받을 때 가장 효과적이다. 적절한 치료를 통해 양극성장애를 가진 사람들은 온전하고 생산적인 삶을 살아 나갈 수 있다.
- 시간이 흐르면 증상이 호전되고 변할 수 있기 때문에 정신건강관리 제공자와 지속적으로 접촉하면 그 사람과 그 사람의 인생, 그리고 필요한 것들에 가장 적합한 치료를 분명히 받을 수 있다.

- ··· 주요우울장애(Major Dispressive Disorder)
- ··· 지속성 우울장애(Persistent Depressive Disorder)
- ··· 월경전불쾌감장애(Premenstrual Dysphoric Disorder)
- ··· 파괴적 기분조절부전장애(Disruptive Mood Dysregulation Disorder)

제 4장 우울장애

일상생활에서 '우울증'과 '우울하다'라는 단어는 누군가가 한동안 불행하거나 슬픈 감정에 빠졌을 때를 표현하는 데 종종 쓰인다. 예를 들어, 사람들은 응원하던 스포츠 팀이 진 것 때문에 기분이 처질 때 "난 우울하다."라고 말한다. 이와 반대로 실제 우울증은 한 사람의 안전과 행복에 크고 심각한 영향을 끼칠 수 있는 주요 의학적 질환이다. 우울장애는 사람이 슬프거나, 공허하거나, 짜증 난다고(쉽게 화가 나거나 기분이 나쁜) 느끼게 한다는 측면에서 서로 공통된 양상을 가지고 있다. 우울증이 있는 사람들은 잠을 자거나, 생각하는 것 혹은 일상생활에서 어려움을 겪게 된다. 이러한 집단 안에 있는 장애들은 증상이 얼마나 지속되는지, 언제 발생하는지, 원인이 무엇인지에 차이가 있다.

우울장애에는 주요우울장애, 지속성 우울장애, 월경전불쾌감장애, 파괴적 기분조절부전장애가 있다. 우울장애는 때때로 치료 약물이나 알코올, 남용 약물, 갑상선 질병과 같은 어떤 의학적 상태에 의해서도 나타날 수 있다.

우울증은 정상적인 슬픔 및 애도 반응과는 같지 않다. 사랑하는 사람의 사망, 실직, 관계의 종료 등이 견디기 고통스럽기는 하지만 많은 사람에게 주요우울증을 유발하는 것은 아니다. 우울증은 수주나 수개월, 심지어 수년에 걸쳐 절망감, 무가치감, 죄책감을 느끼게 한다. 희망적인 소식은 우울증이 치료로 호전이 된다는 것이다. 우울증이 있는 사람 중 약 80~90%가 치료로 증상이 어느 정도 호전된다. 치료에는 약물치료, 정신치료

('면담치료'), 둘 다 함께 시행하는 복합치료가 있다. 많은 사람에게 있어서 각각을 따로 하는 것보다 복합치료가 더 효과가 있다고 밝혀졌다. 어떤 사람들은 자신에게 가장 잘 맞는 치료 약물을 찾기까지 몇 가지 다른 종류의 약제들을 시도해야 할 필요가 있다.

주요우울장애

주요우울장애(major depressive disorder)는 최소한 2주 동안, 거의 날마다, 하루의 대부분 동안 매우 슬픈 감정(혹은 감정이 완전히 메말라 버림)을 느끼게 되는 심각한 질환이다. 이 장애는 단지 며칠 동안 지속되는 '울적함(the blues)'과는 다르다. 많은 사람이 이따금 울적하다고(약간 슬프거나 가라앉는다고) 느낀다. 주요우울장애를 가진 사람들은 흔히 이전에 즐겨 하던 것들에 대한 흥미를 잃어버린다. 그들은 수면에 변화가 오고, 생각하거나 집중하는 데 어려움을 겪으며, 모든 것이 무가치하다고 느낀다. 주요우울장애가 있는 사람들은 '축 처진다.'라고 표현하기도 하고 쉽게 떨쳐 버릴 수 없다.

미국에서는 어느 해이든 매년 일반인의 약 7%가 주요우울장애를 갖고 있다. 18~29세 사이의 젊은 성인의 경우에 60세 이상의 노인보다 이 장애를 가질 가능성이 3배 더 높다.

남성보다 여성이 주요우울장애를 더 많이 갖는다. 10대 초반부터 시작해서 여성에서 이 장애를 가질 확률이 남성에 비해 1.5~3배 더 높지만 증상이나 치료 방법에서는 남성과 여성 모두 동일하다.

주요우울장애 증상을 갖고 있는 사람은 누구라도 반드시 도움을 찾아야만 한다. 우울증과 함께 동반되는 정신적인 고통과 절망감은 자살을 생각하게 만들고, 심지어 자살 기도에까지 이를 수도 있다. 이 장애를 가지고 있으면 자살 위험성이 더 커진다. 미국에서는 자살 생각이 있거나 그런 사람을 보호하고 있는 사람이라면 누구나 988 전화나 문자를 이용할 수 있다. 이 전화는 어떠한 정신건강 문제라도 24시간 연결 가능하다.

주요우울장애는 흔히 다른 장애들과 함께 동반된다. 물질 사용장애(때로는 '중독장애'라고 불린다.), 공황장애, 강박장애, 신경성 식욕부진증, 신경성 폭식증 등이 포함된다.

주요우울장애란

주요우울장애는 다음에 기술된 증상들 중 다섯 가지 이상이 최소한 2주 동안 거의 날마다 나타난다.

- 우울한 기분 혹은 슬픔
- 이전에 즐겨 하던 활동들에 대한 흥미나 즐거움을 상실함
- 최근에 갑작스러운 체중 증가나 감소 혹은 식욕에 변화가 생김
- 불면(잠자기 어려움) 혹은 과다수면(너무 많이 잠)
- 안절부절못하거나 초조함(좌불안석처럼 왔다 갔다 하거나 손을 떪), 또는 말과 행동이 느려짐
- 피로나 활력의 상실
- 무가치감 또는 죄책감
- 집중해 있거나 결정을 내리기 어려움
- 반복적으로 죽음이나 자살을 생각, 자살 계획 혹은 자살 기도

앞에서 처음 두 가지 증상 중 한 가지는 반드시 있어야 하고, 행동 변화로 인해 극심한 고통이나 사회적, 업무적, 다른 기능적 측면에서 손상이 초래된다. 아동과 10대에서는 슬픔보다는 짜증으로 나타날 수 있다. 이러한 증상은 남용 약물이나 치료 약물, 정신병적 장애, 또 다른 의학적 질환 때문에 생기는 것이 아니다. 조증이나 경조증 삽화(더 자세한 설명을 위해 제3장 '양극성장애'를 참고하시오)는 결코 발생한 적이 없다. 이 장애는 경도, 중등도, 고도로 증상의 개수와 기능 손상의 정도에 따라 분류가 된다. 주요 상실이 우울증과 같은 기분을 느끼게 할 수 있지만, 정상적인 애도 과정과 우울증은 다른 것이다(다음의 '주요우울장애 vs. 애도'를 참고하시오).

위험 요인

주요우울장애는 누구에게나 생길 수 있지만 여러 요인이 역할을 할 수 있다.

- 기질　잦은 두려움, 슬픔, 죄책감, 수치심, 고통, 낮은 자기존중감, 일상적인 스트레스 대처의 어려움을 겪는 사람들에게서 이 장애의 위험이 더 커진다.

- 환경　폭력이나 방임, 학대, 빈곤과 같이 고통스러운 아동기 혹은 생활 사건들이 주요우울장애로 이르게 할 수 있다.
- 유전　일차 친족(부모나 형제, 자녀) 중 주요우울장애가 있는 사람의 경우 장애를 가질 위험이 2~4배 정도 증가한다.

주요우울장애 vs. 애도

사랑하는 사람을 떠나보내며 애도한다는 것은 파도가 밀려오듯 공허감과 상실감을 느끼게 하는데, 이는 시간이 흐를수록 줄어들면서 약해진다. 이렇게 밀려오는 감정을 '상심'이라고 하는데, 떠나보낸 이에 대한 생각에 집중된다. 때로는 좋은 생각들과 행복한 기억들이 찾아오는 순간들도 있다.

이와 반대로 주요우울장애를 가진 사람들은 더 오랫동안 슬픔과 절망감에 사로잡히고, 즐겁거나 유쾌한 생각을 거의 하지 못한다.

- 애도는 주요우울장애에서 나타나는 낮은 자기존중감이나 죄책감을 불러일으키지는 않는다.
- 만약 이러한 감정들이 비탄과 함께 존재한다면 고인을 자주 방문하지 못했거나 아니면 얼마나 많이 사랑했었는지를 제대로 표현하지 못했던 것처럼 자신이 고인에게 생전에 많이 사랑받았다는 것을 표현하지 못했다는 것에 초점을 맞추게 된다. 이런 경우에 죄책감은 우울증에서 보이는 전반적인 자기존중감의 저하 때문이 아니라 무언가 했어야 하는 일을 하지 못한 특정 행동에 대한 것이다.
- 주요우울장애에서는 자신에 대해 무가치한 느낌이나 절망감 때문에 죽음이나 자살에 대해서 생각하게 되는데, 애도 기간 동안에는 자주 보이지 않는다.

어떤 사람들에게는 이미 우울증을 겪었던 경우라면 애도가 우울증 삽화를 유발하거나 악화시킬 수 있다. 만약 애도하는 사람이 주요우울장애 증상들 중에서 네 가지 혹은 다섯 가지 이상의 증상이 2주 이상 있을 때에는 반드시 의사를 찾아갈 것을 생각해야 한다.

주요우울장애에서는 나타나지 않는 또 다른 문제들이 애도가 있을 때 나타날 수 있다. 제7장 "외상 및 스트레스 장애"에서 지속적 비탄장애에 대한 더 자세한 정보를 찾을 수 있다.

트리시 이야기

42세 전업주부인 트리시는 지난 8~10개월 동안 점차 심해지고 있는 절망적인 기분에 대해 '누군가와 대화하기 위해' 클리닉에 방문했다. 그녀는 잦은 부부 싸움과 남편이 '항상' '몰아세우고 윽박지르는 것' 때문에 화가 났다.

트리시는 새벽이 되기도 전에 잠에서 깨자마자 우울하고 슬픈 기분이 든다고 말했다. 그녀는 침대에서 일어나 평소에 하던 집안일을 하거나, 아직 사춘기도 안 된 두 자녀들을 돌보는 활동조차도 힘에 겨웠다. 때때로 그녀는 '평소의 자신'이 아닌 것 때문에 죄책감에 사로잡혔다. 그녀는 예전이라면 그다지 신경 쓰지 않던 사소한 일로도 남편에게 쉽게 짜증을 냈다.

트리시는 남편에게 짐이 되는 것 같아 걱정한다. 그녀가 에너지가 소진되어 일상적인 집안일이나 양육하는 일을 해내지 못하자 남편이 대신 해 주었다. 지난 몇 달 동안 그녀는 다이어트를 하지 않았는데도 체중이 6kg이나 빠졌다. 평소라면 사람들을 좋아했을 텐데, 그녀는 이제 어머니와 자매들에게조차 말을 거의 하지 않고, 친구들에게는 더욱 대화가 없었다. 그녀는 "그런 짓은 절대 하지 않을 거예요."라며 자살 사고에 대해 부인했지만, "포기하고만 싶다." "차라리 죽는 게 나을 것 같다."라는 생각이 든다고 했다. 그녀는 친한 친구의 결혼식에 참석했을 때 그 어느 것도 즐겁지가 않다는 것을 알게 되자 진료를 받으러 와야겠다고 결심했다.

8~10개월 동안 트리시는 우울한 기분, 흥미나 즐거움 상실, 식욕 저하로 인한 체중 감소, 불면, 활력 상실을 겪어 왔다. 그녀는 주요우울장애 진단을 받았다.

치료

주요우울장애는 정신장애 가운데 가장 치료가 잘 되는 것 중 하나이다. 대부분의 사람들이 치료에 반응을 잘하고 거의 모두가 증상이 호전된다.

의사는 어떠한 치료를 권고하기 전에 그 사람이 가진 문제와 증상에 대해 완전하게 평가해야 한다. 여기에는 문제나 증상에 대한 질문도 해당된다. 그 사람의 일차 진료 주치의와 상의하거나 신체 검진을 하게 될 수도 있다. 정신치료와 약물치료가 중등도, 고도의 주요우울장애 치료에 효과적이다. 경도의 주요우울장애일 때에는 종종 정신치료만으로도 치료가 될 수 있다.

다음에 소개되는 여러 유형의 치료에 관해 더 자세히 알기 위해서는 제20장 '치료요점'

을 참고하면 된다. 다른 어떤 형태의 치료에도 적용될 수 있는 회복-초점 치료에 대한 정보가 담겨 있다.

정신치료 혹은 면담치료라고 하는 것은 정신건강관리 제공자나 그에 해당하는 사람들과 일대일로 하는 치료이다. 특정 유형의 정신치료가 주요우울장애 치료에 효과적이라고 알려져 있고, 여기에는 다음과 같은 것들이 있다.

- 대인관계 정신치료(interpersonal psychotherapy)는 대인관계와 대인관계 기술을 증진시키는 것을 목표로 한다.
- 지지적 정신치료(supportive psychotherapy)는 문제해결, 충고, 다른 여러 방법을 동원하여 가능한 한 그 사람의 최고 수준의 기능까지 회복하거나 유지하는 것을 목표로 한다.
- 인지행동치료(cognitive-behavior therapy)는 도움이 되지 않는 생각과 행동 패턴을 찾아 교정하고자 한다.
- 가족 혹은 부부치료(family, couples therapy)는 가족이나 부부 사이에 발생하는 문제들을 다루는 데 도움이 된다.
- 집단치료는 유사한 질환을 가진 사람들이 참여한다.

약물치료는 주요우울장애의 증상을 경감시키는 데 도움이 될 수 있다. 항우울제는 기분과 우울증에 영향을 미치는 뇌 안의 생화학 물질을 조절하는 데 사용된다. 가장 많이 사용되고 있는 항우울제의 유형에는 다음과 같은 것들이 있다.

- 선택적 세로토닌 재흡수 억제제(Selective Serotonin Reuptake Inhibitors: SSRIs)
- 세로토닌-노르에피네프린 재흡수 억제제(Serotonin-Norepinephrine Reuptake Inhibitors: SNRIs)
- 도파민-노르에피네프린 재흡수 억제제(Dopamine-Norepinephrine Reuptake Inhibitors)

과거에 쓰이던 두 종류의 항우울제는 현재 거의 사용되지 않지만, 새로운 약물을 대체해야 할 때 여전히 효과적인 선택 사항이 된다. 부작용이 훨씬 많고 과량 복용 시 위험하거나 생명에 지장을 줄 수도 있다.

• 삼환계 항우울제(tricyclics)
• 모노아민 산화효소 억제제(Monoamine Oxidase Inhibitors: MAOIs)

이들 항우울제 종류마다 작용기전이 조금씩 다르다. 가장 잘 효과를 발휘할 것으로 기대되는 약제를 선택할 때 의사는 그 사람의 증상, 다른 건강 문제, 고려 사항들(체중 증가 등), 부작용, 비용 등의 요인을 살펴볼 것이다.

항우울제는 약간의 부작용이 나타날 수 있는데, 오심, 체중 증가, 피곤함, 성욕 상실 등이 있다. 부작용은 신체가 약물에 적응해 가면서 점차 사라지거나 약해질 수 있다. 의사는 이러한 부작용들이 문제가 될 경우에는 약물 용량이나 유형을 바꿀 수 있다. 의사는 가장 효과가 좋은 약을 찾을 때까지 몇 가지 다른 약물들을 처방하게 될 수도 있고, 약제로부터 얻는 이득이나 위험에 대해서 조언한다. 항우울제를 중단하거나 용량을 감소할 때 반드시 의사나 다른 정신건강관리 제공자와 상의해야 한다. 어떤 항우울제의 경우는 갑작스럽게 중단하면 다시 우울증이 악화될 수 있기 때문에 용량을 천천히 줄여 나가야만 한다.

대부분의 사람은 치료를 시작한 후 2~4주경이 지나면 점차 기분이 나아지기 시작한다. 2~3개월 동안 충분한 효과가 나타나지 않을 수도 있는데, 그 이상이 걸릴 수도 있다. 만약 수주가 지났는데도 호전이 거의 보이지 않는다면 의사는 약물의 용량을 조절하거나 다른 항우울제를 추가 또는 교체할 수 있다.

재발을 방지하기 위해 증상이 호전되기 시작했더라도 약효가 충분히 나타날 수 있도록 처방받은 대로 약을 꾸준히 복용하는 것이 중요하다. 의사들은 보통 증상이 호전된 뒤부터 6개월 혹은 그 이상 약을 복용하도록 권고한다.

한 차례 우울증을 겪고 나면 다시 재발할 위험이 크게 증가하지만, 치료로 이 위험성을 낮출 수 있다. 정신치료는 우울증이 재발할 가능성을 낮출 수도 있고 만약 재발하더라도 그 정도를 약화시킬 수 있다. 최소한 두 차례 이상 우울증 삽화를 겪은 사람은 두 번째 삽화 이후로 지속적으로 약물 복용을 하는 것이 우울증이 재발하는 위험성을 낮출 수 있다. 두 번째나 세 번째 주요우울증 삽화 이후로는 장기적인 유지치료를 하는 것이 좋다.

증상이 호전되는 것을 목표로 하는 치료의 첫 단계와는 달리 유지치료의 목표는 좋아진 상태를 유지하는 것이다. 약물치료나 정신치료 혹은 이 둘 모두를 이용한 치료가 유지치료에 쓰인다. 어떤 치료를 하든지 간에 유지치료 기간 동안 환자는 자신의 정신건강관리 제공자를 덜 자주 보기 때문에 자신은 물론 가족과 친구들도 중간 중간에 재발 가능성이 있는 신호들에 대해 경각심을 유지해야 한다.

건강한 마음과 건강한 신체

- **가족과 친구들의 지지**는 우울증을 예방하고 극복하는 데 도움이 된다. 이들은 우울증에 걸린 사랑하는 사람이 치료를 꾸준히 받도록 하고, 치료를 통해 배우는 대처기법들과 문제해결 기술들을 실천에 옮길 수 있도록 격려할 수 있다.
- **건강한 생활 습관** 또한 주요 우울장애로 인해 고통을 받는 사람들을 편해지도록 하는 데 도움이 된다.
  - **운동** 주요우울증이 있는 사람들이 운동을 하고 싶은 동기를 갖기란 매우 힘들다. 하지만 규칙적인 운동이 우울증을 대처하는 데 도움이 될 수 있다. 모든 연령대의 사람들에게 걷기나 조깅, 댄스, 요가와 같은 대부분의 운동은 통증을 이겨 내는 신체능력을 향상시키고, 스트레스를 경감시키며, 자기존중감을 높이고, 수면의 질을 향상시킨다.
  - **건강한 식단** 균형 잡힌 식사를 하는 것이 치료하는 동안에 건강을 유지하는 비결이다. 야채, 과일, 저지방 단백질로 구성된 식사는 훌륭한 영양을 공급해주고, 치료의 부작용을 어느 정도 경감시키는 데 도움을 준다. 음주는 우울증을 악화시킬 수 있다. 처음에는 술이 우울증으로 인해 나타나는 불안을 일시적으로 줄여 줄 수는 있지만, 결국 불안을 더 심하게 만든다. 또한 우울증 회복에 꼭 필요한 한밤중의 깊은 수면을 방해한다.
  - **어울림** 혼자 있는 것이 훨씬 편하다고 할지라도 고립되고 외로운 것은 우울증을 더 악화시킨다. 가족과 친구들과 가깝게 지내는 것이 위안이 되고, 사회 활동에 참여하다 보면 어느 정도 즐거움이나 재미를 찾을 수 있는 방도를 얻을 수 있다.
- **지지 집단 참여** 우울증을 극복하고자 하는 사람들과 함께하는 것은 '혼자'라는 느낌을 줄이는 데 효과적이다. 지지 집단의 구성원들은 서로를 격려하고, 어떻게 극복해 나갈지 조언을 들으며 비슷한 경험들을 공유할 수 있다. 치료 센터나 의사에게서 지역 그룹을 소개받을 수 있거나, 우울증과 양극성장애 지원 연합(the Depression and Bipolar Support Alliance, www.dbsalliance.org) 웹사이트를 통해 찾아볼 수 있다.

- **온라인 도움 받기** 지지 집단 모임에 직접 참석하는 것이 모두에게 가능한 것은 아니다. 어떤 기관들에서는 온라인상에서 다른 사람들을 만나기 원하는 환자들과 가족들을 위해 도움을 마련해 놓고 있다. 국립정신질환협회(the National Alliance on Mental Illness, www.nami.org)와 우울증과 양극성장애 지원 연합에서는 가상현실 공동체 집단을 제공하고 우울증 극복을 위한 교육을 실시한다.

지속성 우울장애

지속성 우울장애(persistent depressive disorder)는 오랜 기간 동안 자주 우울한 기분이 나타나는 만성 혹은 지속적 형태의 우울증을 말한다. 증상은 최소한 2년 동안 지속되는데, 이보다 더 길 수도 있다. 지속성 우울장애는 아동기 초기나 10대 혹은 성인기 초기에 시작한다. 만약 이런 증상들이 그 사람의 일상생활에서 한 부분이 되어 버리면 인생은 원래 그런 것이라 생각하면서 사랑하는 사람이나 정신건강관리 제공자에게 감정에 대해 말하지 못할 수도 있다.

미국에서는 한 해에 성인의 약 1.5%가 지속성 우울장애를 갖고 있다. 이 장애를 가진 사람은 인격장애나 물질 사용장애가 동반되기도 한다. 이런 경우 지속성 우울장애와 함께 치료받을 수 있다.

지속성 우울장애란

지속성 우울장애는 **주요우울장애**에 해당하는 증상이 2년 동안 자주 나타날 때 발생한다. 이 장애를 가진 사람은 다음과 같을 수 있다.

- 최소한 2년 동안 대부분의 날에 우울한 기분을 갖고 있다.
- 우울한 기간 동안 다음 증상들 중 두 가지 이상을 갖고 있다.
  - –식습관의 어려움: 너무 많이 먹거나 너무 적게 먹음
  - –잠자기 어렵거나 너무 많이 잠
  - –기력의 저하
  - –자기존중감 저하

–집중해 있거나 결정을 내리기 어려움

–절망감

• 한 번에 2개월 이상 증상이 없었던 적이 없다.

이러한 증상으로 인해 큰 고통을 겪거나 사회적, 업무적 혹은 다른 중요한 기능적 측면에 손상을 초래한다. 아동들과 10대에서는 우울하기보다는 짜증을 잘 낼 수도 있고, 증상이 최소한 1년 이상 지속된다. 증상은 남용 약물, 치료 약물, 정신병적 장애 혹은 또 다른 의학적 상태로 인한 것이 아니다. 조증 혹은 경조증 삽화나 순환성장애가 한 번도 나타난 적이 없다(제3장 '양극성장애'에 자세히 기술되었음). 이 장애는 증상의 개수와 손상된 기능의 수준에 따라 경도, 중등도, 혹은 고도로 나뉜다.

위험 요인

지속성 우울장애의 위험을 증가시키는 요인들은 다음과 같다.

- 기질 잦은 두려움, 슬픔, 죄책감, 수치심, 괴로움, 낮은 자기존중감, 사회적 · 업무적 생활에 문제(친구가 거의 없거나, 일을 못 하거나, 직업을 꾸준히 갖지 못하거나, 다른 사람들과 지내는 데 문제가 있을 때)가 있는 사람들이 장기적 우울증에 대한 위험이 높다.
- 환경 학대, 방임, 부모와의 사별과 같은 아동기 스트레스가 이 장애의 위험 요인이 된다.
- 유전 가까운 친족(예를 들어, 부모나 형제, 자녀) 중 지속성 우울장애가 있으면 더 쉽게 이 장애를 갖게 된다.

헤서 이야기

35세인 헤서는 전체적으로 긍정적인 연간 실적 평가를 받는 동안에 약간의 비판을 받게 되자 눈물이 터져 버려 그녀의 사장과 함께 정신과적 치료를 받으러 내원했다. 그녀는 정신과 의사에게 "지난 몇 년 동안 기분이 우울했다."라고 말했다. 그녀가 느꼈던 것을 들어 보면 그녀의 일들이 '너무나 벅찼다.'라는 부정적인 말들이었다. 헤서는 화학 전공으로, 박사 학위 과정에 들어가기 전에 대학원을 나와 연구원으로 일하기 시작했다. 그녀는 자기 일에 좌절을 느끼고, '막다른 길'에 갇혔다고 생각하면서, 한편으로는 더 만족스러운 일을 찾기에는 능력이 부족하다고 두려워했다. 결국 그녀는 자기 인생을 '제대로 살지 못했다'며 죄책감에 사로잡혔다. 헤서는 자주 잠들기 힘들어했다. 연애 관계가 '오래 지속되지 못하기는 해도' 그녀는 자신의 성적인 욕구가 정상적이라고 느꼈다. 그녀는 그와 같은 증상이 심해졌다 약해졌다 했지만 지난 3년 동안 변함이 없었다고 하였다. 어린 시절부터 헤서는 아버지와 가깝게 지냈는데, 고등학생 때 아버지가 백혈병으로 치료를 받으면서 병원에 자주 다니자 처음으로 우울해졌다. 그때 그녀는 정신치료를 받으면서 호전되었다.

헤서는 지속성 우울장애로 진단받았다. 증상은 2년 이상 지속되었고, 이 때문에 사회생활과 직장에서 힘들어졌다. 치료를 수개월 동안 받은 뒤에야 그녀는 아동기 시절에 가족의 친구로부터 성적으로 학대를 당했다는 사실을 꺼내 놓았다. 게다가 여자 친구는 거의 없으면서 남자들과는 건전하지 못하고 자주 학대적인 관계를 반복하였다.

치료

주요우울장애와 같이 지속성 우울장애는 약물치료와 정신치료, 이렇게 두 가지가 주요 치료법이다.

대부분의 사람은 약물치료를 시작하고 2~4주 정도가 지나면 기분이 나아지는 것을 느끼기 시작한다. 그러나 노인에게서는 2~3개월 혹은 그 이상 동안 충분한 효과가 나타나지 않을 수도 있다. 만약 수주 동안의 치료에도 진전이 없다면 의사는 약물 용량을 조절하거나 다른 항우울제를 추가 또는 교체할 것이다. 증상이 호전되기 시작한 이후라도 반드시 약물을 꾸준히 복용해야 한다.

정신치료 또한 호전되는 데 중요한 치료 방법이다. 특정 유형의 인지행동치료가 지속성 우울장애에 탁월한 효과가 있다고 알려져 있다. 그 외에 다른 종류의 정신치료들도 효과가 있다(제20장 '치료요점'을 참고하시오).

지속성 우울장애의 본질은 수년 동안 지속된다는 것이다. 많은 사람이 완전히 회복되기는 하지만, 일부는 치료를 하는 동안에도 약간의 증상이 남아 있을 수 있다. 이 장애를 극복하는 최선의 방법은 정신건강관리 제공자가 세운 치료 계획을 잘 따르는 것이다. 이와 동시에 지속성 우울장애를 가진 사람들은 주요우울증을 가진 사람들에게 도움이 되는 생활 습관 수칙을 통해 정신적·신체적 건강을 증진시키는 것을 연습해 볼 수 있다.

월경전불쾌감장애

PMDD를 가진 여성은 심한 우울감, 짜증, 긴장 등 몇 가지 증상들이 월경(출혈) 시작 1주일 전부터 나타난다. 이러한 증상은 월경이 시작하면 며칠 이내에 줄어들고, 월경이 끝나고 1주일 뒤에 사라진다. 주된 증상으로는 기분과 불안, 수면에서 문제가 생긴다. 이 장애를 가진 여성은 유방의 압통이나 복부 팽만과 같은 신체증상들도 나타날 수 있다.

PMDD는 월경을 하는 나이의 십대 혹은 성인 어느 시점에서도 생겨날 수 있다. 1.3%의 여성이 이 장애를 가지고 있고, 어떤 사람들은 폐경기가 가까워 오면서 증상이 악화된다고 말한다. 이러한 증상은 폐경기에 월경 주기가 끝나면서 같이 멈춘다.

일부 여성에게서는 '월경전증후군(Premenstrual Syndrome: PMS)'이 생길 수 있다. 이것은 월경 전에 다양한 감정적·신체적 증상이 나타나지만 일상생활을 망칠 만큼 심하지는 않다. 이와 대조적으로 PMDD로 진단하려면 몇몇 특정 증상들이 대인관계와 업무적·학업적·사회적 기능에 문제를 일으킬 만큼 심각해야 한다.

월경전불쾌감장애란

PMDD를 가진 여성은 다음 증상들 중 다섯 가지가 나타난다(최소한 처음 네 가지 증상들 중 한 가지는 반드시 있어야 한다).

- 갑작스런 기분 변동
- 짜증, 분노, 다른 사람들과 잦은 갈등
- 우울한 기분 혹은 절망감
- 불안 혹은 긴장
- 일상 활동에서의 흥미 감소
- 집중해 있거나 생각하는 데 어려움

- 피로감
- 식욕의 변화 혹은 음식 탐닉
- 잠을 자기 어렵거나 평소보다 많이 잠
- 압도되거나 자제력을 잃을 것 같은 느낌
- 유방 압통, 관절통 혹은 근육통, 체중 증가, 복부 팽만과 같은 신체증상

이와 같은 진단을 위해서는 지난 한 해 동안 대부분의 월경 주기 동안에 증상이 나타났어야 한다. 증상은 월경 시작(출혈이 시작되는 날) 일주일 전에 시작하고 월경이 시작하면서 며칠 안에 좋아지기 시작한다. 월경이 멈춘 후 일주일이면 증상이 사라져야만 한다. 이러한 증상은 큰 고통을 유발하거나 직장과 학교, 일상 활동, 대인관계를 크게 힘들게 만들고, **주요우울장애**와 같은 다른 질환이 악화되어 생기는 것이 아니어야 한다. 진단은 우울한 기분, 불안 혹은 긴장, 감정 조절이 안 되거나 짜증, 기력 저하, 수면 변화와 같은 증상의 자가-평가를 최소 두 번의 월경 주기 동안 날마다 작성한 후에 확정될 수 있다.

위험 요인

PMDD의 위험을 증가시키는 요인들은 다음과 같다.

- 환경　스트레스, 외상의 과거력, 계절적 변화, 구별되는 여성 역할에 대한 문화적 신념이 있다.
- 유전　월경 전 증상을 가지고 있는 사람들 가운데 약 30~80%에서 가까운 친척 중에 같은 증상을 가지고 있다.

치료

항우울제가 기분 증상을 완화시키기 위해서 사용될 수 있다. 많은 경우에 여성은 이 장애로 인하여 유발된 스트레스나 불안에 대처하는 방법을 배울 수 있는 정신치료를 통해 편해진다. 경구 피임약이나 호르몬 치료가 도움이 되기도 한다.

건강한 마음과 건강한 신체

치료하는 동안 생활 습관을 교정하는 것을 통해서 증상 완화에 도움이 될 수도 있다.

- **건강한 식단** 카페인, 소금, 설탕 섭취를 줄이면 증상이 호전되는 데 도움이 된다.
- **일반의약품 복용** 아스피린이나 이부프로펜 같은 일반의약품이 유방 압통과 요통, 복통을 완화시키는 데 효과가 있다. 이뇨제는 복부 팽만을 줄이는 데 도움이 된다.
- **운동** 운동이 매우 심한 PMDD 증상을 완화시킬 수 있는지는 불분명하지만(게다가 증상이 심할 때에는 운동하기가 쉬운 일은 아니다.) 규칙적인 유산소 운동 , 걷기나 자전거 타기 등은 피로감을 줄이고 기분을 고양시키며 수면을 개선하는 데 도움이 된다.
- **일기를 계속 쓰기** 증상의 유형, 얼마나 심한지, 얼마나 오래 지속되는지를 적는 것은 정신건강관리 제공자가 질환을 진단하고 가장 바람직한 치료를 선택하는 데 도움이 된다.

파괴적 기분조절부전장애

파괴적 기분조절부전장애(disruptive mood dysregulation disorder)는 심하게 짜증 내거나 화를 내고 자주 분노 폭발을 보이는 아동에게 진단된다. 이 장애는 흔히 주요우울장애, 주의력결핍 과잉행동장애, 품행장애, 물질 사용장애 등 다른 장애와 함께 발생한다.

파괴적 기분조절부전장애를 보이는 아동들은 보통의 분노 발작(temper tantrum)과는 달리 독특한 분노 폭발(temper outburst)을 보인다. 이러한 폭발은 그것을 유발시키는 상황의 유형보다 더 강력하고 길게 나타난다. 파괴적 기분조절부전장애에서 이러한 폭발은 1년 동안 일주일에 세 번 이상 나타난다. 아동과 가까이 지내는 사람들이 이 행동을 관찰할 수 있다. 증상은 종종 아동이 가족과 또래 사이에서 어떻게 관계를 맺는지뿐만 아니라 학교 생활에서도 문제가 발생하는 원인이 된다. 이 장애를 가진 아동들은 폭발이 없는 동안에도 거의 날마다 짜증과 화를 잘 낸다.

이 장애의 증상들은 반드시 10세 이전에 시작되어야 한다. 최소한 6세 이상은 되어야 진단을 할 수 있지만 18세를 넘으면 안 된다. 이 장애는 여자아이보다는 남자아이에게서, 십대보다는 더 어린 나이에 흔하다.

파괴적 기분조절부전장애란

파괴적 기분조절부전장애는 아동이 다음과 같은 증상들을 최소한 12개월 동안 갖고 있을 때 진단된다.

- 사람이나 사물에 대해서 언어적 분노 표현과 신체적 공격성 같은 분노 폭발이 심하고 자주 나타남
- 아동의 발달 단계에 부적절한 폭발
- 일주일에 세 번 이상 나타나는 폭발
- 거의 하루 종일 짜증 나거나 화난 기분
- 분노 폭발과 화난 기분이 집이나 학교, 친구 사이같이 서로 다른 두 환경에서 나타남

분노 폭발과 화난 기분이 나타나는 1년 동안 증상이 없는 기간이 연속해서 3개월 이상 있으면 안 된다. 증상은 남용 약물이나 치료 약물, 또 다른 의학적 상태에 의한 것이 아니다. 부모는 파괴적 기분조절부전장애에서 보이는 증상들 중 일부는 **우울증**이나 **양극성장애**, **적대적 반항장애**와 같은 다른 장애에서 나타나는 증상들과 비슷해 보일 수 있다는 것을 알아야 한다. 또 파괴적 기분조절부전장애가 있는 일부 아동들은 집중이나 불안의 문제 같은 2차 장애도 갖고 있다.

치료

만약 아동이 파괴적 기분조절부전장애를 가지고 있다면 부모는 가능한 한 빨리 정신건강관리 제공자를 찾아가 도움을 구해야 한다. 진단을 받고 치료를 시작하는 것이 아동의 정상적인 발달을 위해 매우 중요하다. 올바른 가족 관계 또한 치료를 지원하는 데 도움을 준다.

파괴적 기분조절부전장애는 보통 정신치료와 약물치료를 함께 시행한다. 첫 단계로써 정신치료를 할 때 아동 혼자 하거나 가족이 함께 할 수 있다. 약물치료는 때때로 주요우울장애나 주의력결핍 과잉행동장애의 증상과 같은 특정 증상을 치료할 때 도움이 된

다. 부모는 약물치료와 관련하여 정신건강관리 제공자의 도움을 받아야 한다. 부모와 다른 가족 구성원의 지지가 증상을 완화하고 행동 문제 대처를 배우는 데 필수적이다.

대처방안들

파괴적 기분조절부전장애를 가진 아동을 키우는 것은 매우 어려운 일이다. 아이가 가진 문제를 대처하는 최선의 방법은 정신건강관리 제공자가 세운 치료 계획을 잘 따르는 것이다. 또한 다음과 같은 방법들이 도움이 될 것이다.

- **가능한 한 많이 배우기** 치료자에게 더 많은 정보를 얻을 수 있는 출처에 대해서뿐만 아니라 문제에 대해 도움이 될 만한 어떠한 정보라도 자세히 물어보도록 한다. 만약 특정 치료가 최선이라고 결정하기 전에 이것에 대한 위험성과 이점에 대한 걱정들이 있다면 지체 없이 질문해야 한다.
- **다른 부모들과 대화하기** 다른 부모와 함께하는 지지 집단에 참석하면 혼자가 아니라고 느끼는 도움을 받을 수 있다. 경험을 공유하고 서로에게 조언을 구하면 집에서 받는 스트레스와 좌절을 줄일 수 있다. 만약 지지 집단이 그 지역에 없다면 온라인을 연결하는 가상 집단에서 찾아보도록 하자. 미국 국립정신질환협회(www.nami.org)에서는 정신질환이 있는 아동의 부모와 가족을 위한 지원을 제공하고 있다.

요점 정리

- 우울증은 모든 사람이 가끔씩 느끼는 '단순 우울(the blues)' 그 이상이다. 우울증은 절망감이나 무가치감, 죄책감을 수주나 수개월, 심지어 수년에 걸쳐 느끼게 할 수 있다.
  이는 주요 의학적 문제이기는 하지만 가장 치료가 잘되는 정신장애 중 하나이다.
- 가능한 한 빨리 발견하고 도움을 받는 것이 장애가 악화되거나 더 장기화되는 것을 막는다. 치료에는 정신치료나 약물치료, 혹은 둘을 동시에 치료받는 것이 있는데 모두 도움이 된다고 밝혀졌다.
- **우울장애**의 흔한 증상에는 이전에 즐겨 하던 것에 대한 즐거움 상실, 수면 문제(너무 많거나 부족함), 너무 많이 먹거나 적게 먹음, 기력 상실 혹은 피곤함, 집중해 있기 어려움, 잦은 무가치감, 슬픔, 죄책감이 있다.

- 우울증이 있는 사람들 중 일부는 슬퍼 보이거나 절망적으로 보이지 않는다. 아동이나 10대, 노인에게서는 많은 시간 동안 걱정이 많거나 화를 내거나 짜증 나 보일 수 있다.
- 사람들과 어울리고, 친구들과 가족과 깊은 유대 관계를 맺고, 건강한 음식을 섭취하며, 운동을 하는 것 모두가 우울증을 개선하는 데 도움이 된다. 비록 우울증이 있는 어떤 사람이 이처럼 건강한 생활 습관을 갖는다는 것은 매우 힘든 일이기는 하지만, 작은 노력이라도 건강에 도움이 될 수 있다. 음주는 우울증을 악화시킬 수 있다.

- ··· 공황장애(Panic Disorder)
- ··· 광장공포증(Agoraphobia)
- ··· 범불안장애(Generalized Anxiety Disorder)
- ··· 특정공포증(Specific Phobia)
- ··· 사회불안장애(Social Anxiety Disorder)
- ··· 분리불안장애(Separation Anxiety Disorder)

제 5장 불안장애

누구나 스트레스를 받을 때 잠깐은 걱정이 생긴다. 아니면 파티에 참석하거나 새로운 문제에 직면했을 때 처음에는 불안하거나 긴장할 수도 있다. 아이들은 부모에게서 떨어지는 것에 대해 정상적인 두려움을 가지고 있는데, 이는 흔히 금세 사라진다. 불안장애는 이렇게 일시적으로 걱정이 많아지거나, 불안하거나, 두려움에 빠지는 정상적인 느낌들과는 다르다. 이 장애가 있는 사람들은 일상 기능이 망가질 정도로 극도의 두려움이나 걱정을 느끼고, 그들의 연령이나 상황에서 볼 때 정상적인 범위를 뛰어넘는다.

이번 장에서는 가장 흔한 불안장애들에 대해서 다룰 것이다. 공황장애, 광장공포증, 범불안장애, 특정공포증, 사회불안장애, 분리불안장애가 그것이다. 불안장애는 극심한 두려움이나, 불안을 유발시키는 대상이나, 상황의 유형에 따라 서로 다르게 구분이 된다. 짧은 시간 동안 겪는 스트레스나 걱정과는 달리 불안장애의 증상은 흔히 6개월 이상 지속된다. 사람들은 그들이 가지고 있는 공포 때문에 직업 선택, 승진에 대한 기대, 일상의 규칙적인 생활, 사회생활, 어디서 살아야 할지 등 많은 부분에서 제한적이 된다.

모든 불안장애는 극도의 공포와 불안이라는 증상을 공통적으로 가지고 있다. 증상은 실제적인 위협이나 위험이 심각하지 않더라도 아주 강력하게 느껴질 수 있다. 때때로 실제적인 위험이 전혀 없을 수도 있다. 공포와 불안 상태는 동시에 나타날 수도 있지만 이들은 다음과 같이 구분될 수 있다.

- 불안은 앞으로 닥칠 위험에 대해 예측할 때 느껴진다. 근육 긴장, 두려운 느낌, 경계를 하거나 앞으로 닥칠 위험에 대피해야 할 것 같은 감이 드는 증상들이 나타난다. 때때로 불안을 느끼는 사람들은, 예를 들면, 공공장소에 혼자 있는 것과 같이 이러한 증상을 유발시키거나 악화시키는 상황을 피하려는 경향이 있다.
- 공포는 위험이 있을 때 느껴진다. 공포는 종종 탈출에 초점이 맞춰지고 '싸움-도망 반응(fight-or-flight response)'을 포함한 급격하게 나타나는 신체증상과 연계되어 있다. 이러한 반응은 생명이나 안전에 대한 실제 혹은 지각된 위협과 함께 나타난다. 이때에는 심박수가 빨라지고, 호흡이 가빠지며, 땀이 난다. 공포에 대한 신체증상이 급격하게 나타난다는 점에서 더 지속적으로 나타나는 불안증상과는 다르다.
- 공황발작은 공포 반응의 한 형태이다. 수분 이내 고조에 다다르는 극도의 공포가 엄습하는 것을 말한다. 이는 불안과 다른 정신장애에서 나타나거나 단독으로 나타날 수도 있다.

공황장애

공황장애(panic disorder)의 핵심 증상은 경고 없이 반복적으로 나타나는 공황발작이다. 공황발작은 극심한 공포와 가슴 통증, 호흡 곤란과 같은 고통이 갑작스럽게 발생하는 발작이다. 이것은 편안한 때이든 불안한 때이든 어느 때나 생기고, 처음에는 꼭 심장마비처럼 보인다. 처음 공황발작을 겪을 때 굉장히 놀라서 흔히 응급실로 달려가게 된다. 그러나 검사 결과는 모두 정상으로 나온다. 공황발작은 때때로 잠을 자다가 발생하여 잠에서 깨기도 한다. 보통 발작이 시작되고 수분 이내에 최고조에 이른다.

사람들은 종종 공황발작을 겪고 나서 신체증상으로 여기고 치료를 받으러 오는데, 이는 마치 심장마비처럼 생명에 치명적인 것처럼 느껴지기 때문이다. 공황발작이 재발할 경우에는 여러 유형의 고통을 일으킨다. 증상이 나타났을 때 당황할 것이라는 사회적인 걱정, 정신 기능에 대한 걱정('미쳐 가는 것 같다.'라는 공포), 직장에서 기능을 제대로 할 수 있을지 걱정, 발작이 나타날까 봐 공공장소에 가는 것을 피하는 등 일상적으로 하는 일에 변화가 생기는 것이 여기에 해당한다.

공황발작이 발생하는 빈도는 매우 다양하다. 종종 수개월 동안 일주일에 한 번씩 나타날 수도 있고, 수주 동안 매일 나타나다가 몇 개월은 증상이 전혀 없이 지나갈 수도 있다.

공황장애는 미국 성인과 청소년의 약 2~3%에서 발생하고 남성보다 여성에서 2배 더 흔히 나타난다. 공황발작은 종종 20~24세경 처음 시작한다. 14세 이전이나 55세 이후에는 드물게 나타난다. 비록 공황발작이 이 장애의 주요 증상이기는 하지만 공황발작을 경험한 모든 사람이 공황장애에까지 이어지는 것은 아니다. 많은 사람이 단 한 번의 공황발작을 경험하고 이후에 한 번도 경험하지 않는다. 공황장애는 예고 없이 나타나는 공황발작이 한 번 이상 나타날 때 진단된다.

공황장애가 있는 사람들은 다른 정신장애도 생기기 쉬운데, 불안장애, 주요우울장애, 양극성장애가 있다.

공황장애란

다음과 같은 증상들이 있을 때 공황장애를 진단할 수 있다.

- 한 번 이상의 공황발작이 경고 없이 재발한다. 공황발작은 극심한 공포나 고통이 갑작스럽게 발생하는 것이다. 발작이 있는 동안, 다음의 증상들 중 최소한 네 가지 이상이 나타난다.
  - 가슴이 두근거림
  - 발한
  - 몸이 떨리거나 후들거림
  - 호흡 곤란
  - 질식할 것 같은 느낌
  - 가슴 통증
  - 오심 혹은 복통
  - 어지럽거나 멍한 느낌
  - 춥거나 화끈거림
  - 감각이 둔해짐
  - 비현실적이거나 단절된 느낌
  - 통제할 수 없거나 '미칠 것 같은' 공포
  - 죽을 것 같은 공포
- 갑작스런 공황발작 이후 최소한 1개월 이상 다음 중 한 가지 혹은 두 가지 모두 나타난다.

–또 다른 공황발작이 생기는 것과 발작이 생겼을 때 어떻게 될지 지속적으로 걱정함(통제력을 잃고 '미칠지 모른다.'라는 걱정)

–또 다른 공황발작을 피하기 위해 정상적인 행동에 주요한 변화가 생김(더 이상 운동을 하지 않거나 모르는 장소에는 가려 하지 않음)

공황발작은 또 다른 의학적 상태, 남용 약물, 알코올, 치료 약물, 강박장애, 외상후 스트레스 장애, 기타 불안장애와 같은 정신장애에 의한 것이 아니다.

위험 요인

공황장애의 원인은 아직 밝혀지지 않았다. 다음 요인들이 위험도를 증가시킬 수 있다.

- 기질 낯선 사람이나 환경에서 공포나 불안을 경험하고 그러한 상황을 회피하거나 빠져나오려는 경향이 있는 사람들, 자주 걱정하거나 최악의 경우만 예상하는 사람들, 불안증상이 해로운 것이라고 인지하는 사람들, 혹은 슬픔, 죄책감, 수치심, 고통, 낮은 자기존중감을 가진 사람들에게서 공황발작의 위험도가 매우 높다.
- 환경 공황장애를 가진 사람들은 대개 아동기에 신체적 · 성적 학대를 당한 경험이 있다. 담배는 공황발작과 공황장애 위험을 증가시키고 경제적 어려움 또한 그러하다. 신체 건강과 안녕에 연계된 스트레스가 많은 인생 사건은(예를 들어, 질환이나 사랑하는 사람의 죽음) 공황발작의 위험을 증가시킬 수도 있다.
- 유전 부모에게 불안장애, 우울장애, 양극성장애가 있을 때 그 자녀들은 위험도가 증가한다.

로라 이야기

로라는 23세 미혼 여성으로, 심장내과 의사에게서 정신과적 평가를 위해 의뢰되었다. 지난 2개월 동안 그녀는 가슴 두근거림, 호흡 곤란, 발한, 곧 죽을지 모른다는 공포 때문에 응급실에 네 차례나 방문했다. 매번 증상은 갑작스럽게 시작하였다. 수분 이내에 증상이 최고조에 이르고, 로라는 이 때문에 겁에 질리고 지쳐서 정말 심장마비가 온 것이라고 확신했다. 하지만 응급실에서 시행한 모든 검사에서 정상으로 나왔다.

로라는 지난 3개월 동안 다섯 번의 발작이 있었고, 직장에서, 집에서 그리고 운전 중에 나타났다고 했다. 발작이 있는 동안 그녀는 심장마비 같은 증상으로 느꼈기 때문에 위독한 상태라고 생각했다. 증상이 사라지고 정상적인 검사 결과들을 보고 나자 그녀는 자신이 위험한 상태가 아니라는 것을 알게 되었고, 응급실로 달려온 것이 부끄러웠다. 발작이 너무 무서웠기 때문에 그녀는 또 다른 발작이 나타나지 않을까 걱정이 되기 시작했고, 직장도 쉬게 되었으며, 운동이나 운전하기, 커피 마시는 것까지 피하게 되었다. 밤에 자는 동안에 발작이 나타난 뒤에야 정신과 의사를 만나는 것에 동의하였다.

로라는 아동기 시절에 '학교 공포증'으로 진단받았던 당시 불안의 과거력 이외에는 특별한 정신과적 장애는 없었다. 또한 그녀의 어머니는 로라가 아이였을 때 주요우울증으로 병원에 입원하였다. 수년 동안 약물 복용을 하였고, 정기적으로 정신건강관리 전문가를 만났다. 로라는 우울했다는 것은 부인했지만 공황발작 때문에 직장 경력이나 업무적 기능에 영향을 받을까 봐 걱정하였다.

로라는 공황장애로 진단받았다. 공황발작을 경험했고, 열세 가지의 공황발작 증상 중 가슴 두근거림, 발한, 떨림, 가슴 통증, 죽을 것 같은 공포증상이 있었다. 공황장애 진단을 위해서는 공황장애가 없는 동안에도 그 사람에게 영향을 주는 것이 필요하다. 로라는 또 공황발작이 올까 봐 자주 걱정을 했고, 발작을 일으킬 만한 상황이나 일들을 피했다. 그녀는 아동기 시절 불안과 '학교 공포증'의 과거력도 갖고 있다. 그녀의 어머니가 오랫동안 앓았던 우울증도 로라에게 영향을 주었을 것이다.

광장공포증

광장공포증(agoraphobia)이 있는 사람들은 집을 벗어난 다양한 장소에서 일어날 수 있는 실제적이거나 예상되는 문제들에 대해 강렬한 공포 또는 불안을 느낀다. 무슨 일이 있을 때 탈출하기 어렵거나, 도움을 받을 수 없을지도 모른다는 두려움을 느끼는 장소 혹은 당황스럽게 만드는 신체증상 혹은 공황발작 증상(자세한 증상은 '공황장애'를 참고하시오.)이 나타날 수 있는 장소가 여기에 해당한다. 이 때문에 대중교통이나 열린 공간(주차장이나 다리), 사람들이 밀집된 장소와 같이 두려움을 유발시키는 상황을 피하기 위하여 종종 일상생활을 바꾼다.

치료를 받지 않으면 광장공포증이 있는 사람들은 증상이 극심해져 집 밖에 나가는 것도 꺼려질 수 있다. 그러면서 슈퍼마켓에 가는 것처럼 기본적인 일조차도 다른 사람들에게 점차 의존하게 된다. 믿는 친구나 정신건강관리 제공자와 동행했을 때에는 종종 공포스러운 상황이라도 과감하게 시도해 보기도 한다.

만약 염증성 장질환이나 파킨슨병처럼 또 다른 의학적 상태를 갖고 있을 때 공포나 회피 행동은 매우 극단적이다. 장질환의 경우 필요할 때 공중화장실에 갈 수 없을까 봐, 그리고 사람들이 있는 곳에서 실수를 하게 될지도 모른다는 극도의 공포 때문에 집을 떠나지 않으려 할 수도 있다. 만약 파킨슨병을 갖고 있다면 이들은 질병으로 인하여 '굳어 버리는' 현상 때문에 약을 한시라도 떼 놓고 다닐 수가 없다. 또는 버스나 기차에서 제대로 내리지 못할 정도로 움직임이 둔할지도 모른다는 공포를 가질 수 있다.

미국에서는 매년 10대와 성인의 약 1~1.7%가 광장공포증으로 진단받는다. 여성이 남성보다 2배 더 많이 이 질병을 가질 수 있다. 광장공포증은 대부분의 경우 35세 이전에 시작하는데, 10대 후반과 성인기 초기에 증상이 처음 발생할 가능성이 높다. 광장공포증은 아동기에는 거의 나타나지 않는다.

광장공포증이 있는 대부분의 사람들은 불안장애, 우울장애, 외상후 스트레스 장애, 알코올사용장애와 같은 정신장애들을 함께 갖고 있다.

광장공포증이란

다음과 같은 증상들이 있을 때 광장공포증을 진단할 수 있다.

- 최소한 다음 중 두 가지 이상에서 강렬한 공포나 불안이 나타난다.
  - 대중교통을 이용하는 것(자동차, 기차, 배, 비행기)
  - 개방된 공간(주차장, 다리)에 있는 것
  - 닫힌 공간(가게, 극장)에 있는 것
  - 줄을 서 있거나 사람이 많은 곳에 있는 것
  - 집을 벗어나 혼자 있는 것

- 당황스럽게 만드는 신체증상(구토, 요실금)이나 공황증상(발한, 떨림)이 나타났을 때 탈출하기 어렵거나 도움을 받을 수 없을 것이라는 걱정 때문에 이러한 상황을 피하거나 두려워한다.
- 이러한 상황에서는 믿을 수 있는 동반자가 있어야 하거나, 강렬한 공포나 불안을 견뎌야 한다.
- 공포나 불안은 그 상황에 걸맞은 위험 수준을 넘어선다.

공포, 불안 혹은 회피 반응은 지속적으로 나타나고, 진단받기 전에 보통 최소한 6개월 이상 지속된다. 공포, 불안 혹은 회피 반응 증상은 큰 고통을 유발하고, 사회적, 업무적, 다른 기능적 측면에서 손상이 초래된다. 만약 의학적 상태가 있는 상황이라면 공포나 불안, 회피 반응이 정상적인 수준의 걱정을 명백하게 넘어선다. 이러한 증상은 **불안장애**나 **강박장애**와 같은 정신장애에 의한 것이 아니다.

위험 요인

광장공포증의 위험을 증가시키는 요인들은 다음과 같다.

- 기질 익숙하지 않은 상황에서 자주 물러서거나 회피하는 사람, 걱정을 많이 하는 사람, 불안 증상이 있을 때 이를 해롭다고 지각하는 사람; 공포, 슬픔, 죄책감, 수치심, 고통, 낮은 자기존중감, 스트레스 대처에 문제가 있는 사람은 이 장애가 생길 위험이 증가한다.
- 환경 동기의 부정적인 사건(부모의 죽음)이나 다른 부정적인 생활사(폭행을 당하거나 강도를 당함), 따뜻하지 못하고 부모의 통제가 심한 아동기의 가정환경이 위험도를 증가시킨다.
- 유전 광장공포증은 강한 유전적 경향을 가지고 있다. 광장공포증을 가지고 있는 사람들 중 약 61%의 부모가 이 장애를 가지고 있다.

범불안장애

무언가 특정한 것에 대해 때때로 생겨났다가 곧바로 사라지는 사소한 걱정과 달리, 범불안장애(generalized anxiety disorder)는 수많은 주제와 사건, 일에 대해서 심한 불안 혹은 걱정을 나타낸다. 이렇게 빈번하고 강렬한 걱정들은 실제 예상되는 사건의 영향을 넘어선다. 끊임없는 걱정은 일상생활을 망쳐서 일에 집중하기 어렵게 만든다. 이 장애가 있는 사람들은 이러한 걱정을 통제할 수 없다고 느낀다. 걱정은 한 가지 문제에서 또 다른 문제로 옮겨 가거나 뒤섞이는데, 직장이나 가족, 건강, 돈 문제 등이 있다. 이 장애는 흔히 수면장애, 근육의 통증과 긴장, 두통을 동반한다.

미국에서는 매년 사춘기 청소년의 약 0.9%와 성인의 약 2.9%가 범불안장애 증상을 갖고 있다. 여성이 남성보다 2배 더 잘 발생한다. 증상을 일찍 경험하는 경우도 있긴 하지만, 30대 중반 이전에는 좀처럼 진단받지 않게 된다. 10대 이전에는 거의 생기지 않는다. 만약 나타난다면 걱정은 주로 학업과 운동을 잘 해내야 한다는 것에 초점을 맞추는 경향이 있다.

범불안장애의 증상은 천천히 시작할 수 있다. 평생에 걸쳐 심해졌다 약해졌다 하기도 한다. 걱정을 하는 핵심 증상은 문화에 따라 표현되는 방식이 다르다. 예를 들어, 처음 진단할 때 어떤 사람들은 걱정스런 생각과 공포와 관련된 증상들을 더 많이 표현하기도 하고, 또 어떤 사람들은 수면 부족이나 근육 긴장과 같이 신체증상을 더 많이 표현하기도 한다. 범불안장애가 있는 사람들은 다른 불안장애나 주요우울장애를 가질 가능성이 높다. 또한 이 장애는 숙면을 취하지 못하는 것과 같이 중년이나 노년기에 흔히 나타나는 신체증상들과 겹쳐져 나타나기도 한다.

범불안장애란

다음과 같은 증상들이 있을 때 범불안장애를 진단할 수 있다.

- 수많은 주제와 사건, 일(예: 건강, 가족, 직장 문제)에 대한 심한 불안 혹은 걱정이 최소한 6개월 이상 대부분의 날들에 나타난다.
- 걱정을 통제하기가 어렵다고 느낀다.

- 불안 혹은 걱정은 지난 6개월 동안 대부분의 날들에 다음과 같은 증상들 중 최소 한 세 가지 이상이 함께 나타난다(아동의 경우 한 가지 증상만으로도 충분).
  - –안절부절못함
  - –피로
  - –집중하기 어려움
  - –짜증
  - –근육 긴장
  - –수면 문제

불안, 걱정, 신체증상은 큰 고통을 유발시키거나 사회적, 업무적, 다른 기능적 측면에 손상을 초래한다. 이러한 증상은 또 다른 의학적 상태, 남용 약물, 알코올, 치료약물의 사용, 기타 불안장애, 강박장애, 외상후 스트레스 장애, 신경성 식욕부진증, 망상장애와 같은 다른 정신장애에 의한 것이 아니다.

위험 요인

다음과 같은 요인들이 범불안장애의 위험도를 증가시킬 수 있다.

- 기질　익숙하지 않은 상황에서 자주 물러서거나 회피하고 공포, 슬픔, 죄책감, 수치심, 고통, 낮은 자기존중감, 일상생활에서 스트레스 대처에 문제가 있는 사람은 이 장애가 생길 위험이 증가한다.
- 환경　아동기의 부정적인 사건과 부모의 과잉보호가 범불안장애를 가진 사람들에게서 있었을 수 있다.
- 유전　일차 친족(부모, 형제)에게서 불안 혹은 우울장애가 있는 경우 범불안장애 위험이 증가한다.

특정공포증

특정공포증(specific phobia)을 가진 사람들은 실제로 그들이 지각하는 것만큼 해로운 것이 아닌데도 불구하고 특정 사물이나 장소, 환경에 대한 극도의 공포를 가지고 있다. 이들은 자신의 공포가 실제 위험보다도 지나치다는 것을 알지만 이를 가라앉히는 데 어려움을 겪는다.

특정공포증은 동물, 곤충, 높은 곳, 천둥, 바늘(혹은 주사 맞는 것), 비행기, 엘리베이터에 대한 공포에 초점이 맞추어질 수도 있다. 많은 사람이 비행기가 이륙하는 동안에 어느 정도의 불안을 느낄 수 있지만, 특정공포증을 가진 사람들은 비행기 타는 것 자체를 거부하기도 한다. 강렬한 공포는 이 장애를 가진 사람들이 그 환경에 놓이거나 그 대상 근처에 가는 것을 피하려 하기 때문에 결국 삶을 변화시키고 일상을 바뀌게 한다. 예를 들어, 비행에 대한 공포증을 가진 사람이 만약 비행이 필요한 일을 해야 한다면 직장을 포기할 수도 있다. 또 공포의 대상을 피하기 위해 멀리 이사를 가거나 먼 거리를 통근할 수도 있다.

특정한 공포증은 외상적 사건(질식사나 익사할 뻔함)을 겪은 뒤에 나타날 수 있는 반면, 이 장애가 있는 많은 사람은 공포증이 왜 시작되었는지 회상해 낼 수가 없다. 대부분의 경우에 특정공포증은 10세 이전에 시작한다. 잠깐 동안의 공포는 자라나는 아동기 시절에 나타나는 당연한 반응이겠지만, 공포증에서 나타나는 극도의 공포는 지속적으로 나타난다.

미국 성인의 8~12%가 특정공포증을 가지고 있다. 여성이 남성보다 2배 더 잘 걸린다. 아동의 약 5%에서, 청소년의 16%에서 특정공포증이 나타난다. 특정공포증은 미국의 경우 노인의 3~5%에서도 나타난다. 이들에게서는 공포증이 자연재해(태풍, 홍수, 화재 등), 낙상, 호흡 부전이나 질식과 같은 의학적 문제에 집중될 수 있다. 의학적 질환과 결합된 극도의 공포는 삶의 질을 크게 떨어뜨릴 수 있다. 노인의 경우 이러한 공포증 때문에 식사를 피할 뿐만 아니라, 바깥 활동이나 신체 활동, 일 등을 멈추기도 한다.

특정공포증을 가진 사람들 중 약 75%가 한 가지 이상의 공포 대상이나 상황(심한 뇌우와 비행에 대한 두려움)을 갖고 있다. 4가지 이상의 특정공포증을 가지고 있는 사람은 삶의 질이 떨어질 위험성이 있다. 복합적인 공포증으로 인해 직장이나 사회적 관계에서 기능이 떨어질 수가 있다.

또한 우울장애와 물질 사용장애, 기타 불안장애와 같이 다른 장애들을 가질 가능성도 높다. 이러한 다른 장애들은 특정공포증을 가진 사람들에게서 자살 및 자살 기도가 높은 이유가 되기도 한다. 이러한 사실들은 정신건강관리자를 찾는 타당한 이유이다.

특정공포증이란

다음과 같은 증상들이 있을 때 특정공포증을 진단할 수 있다.

- 특정 대상(바늘, 동물)이나 상황(비행, 높은 곳)에 대한 극도의 공포 혹은 불안이 찾아온다. 아동의 경우 울거나, 발작할 수도 있고, 얼어붙거나, 어른에게서 떨어지지 않으려 할 수 있다.
- 공포 대상이나 상황에 놓일 때 거의 항상 즉각적인 공포 혹은 불안이 찾아온다.
- 공포 대상이나 상황을 어떻게 해서든 피하려 하거나, 강렬한 두려움이나 불안을 느끼며 참아 낸다.
- 공포나 불안은 그 상황에 걸맞은 위험 정도를 넘어선다.

진단을 내리기 전에 공포, 불안, 회피 반응이 지속적으로 나타나고, 보통 최소한 6개월 이상 나타난다. 공포, 불안 혹은 회피 반응 증상으로 인해 큰 고통을 겪게 되고, 학업적, 업무적, 다른 기능적 측면에서 손상을 초래한다. 이러한 증상은 **광장공포증, 분리불안장애, 사회불안장애, 강박장애, 외상후 스트레스 장애** 같은 또 다른 정신장애로 인한 것이 아니다.

위험 요인

다음의 요인들이 이 장애의 위험을 증가시킬 수 있다.

- 기질 　익숙하지 않은 상황에서 자주 물러서거나 회피하고 공포, 슬픔, 죄책감, 수치심, 고통, 낮은 자기존중감, 일상생활에서 스트레스 대처에 문제가 있는 사람은 특정공포증이 생길 위험이 증가한다.
- 환경 　과잉보호하는 부모 밑에서 자라거나, 사별 혹은 이혼으로 부모를 잃거나, 신체적 · 성적 학대의 경험이 이 장애의 위험을 증가시킨다. 공포 대상이나 환경과 관

련된 외상적 사건 또한 특정공포증을 유발시킬 수 있다.

- 유전 일차 친족에게 특정공포증이 있으면 위험이 증가한다.

사회불안장애

사회불안장애(social anxiety disorder)가 있는 사람들은 다른 사람들이 자신을 쳐다보거나, 주의 깊게 지켜보거나, 판단하는 사회적인 상황에 대해서 강렬한 공포를 가지고 있다. 대중 앞에서 말하거나, 새로운 사람을 만나거나, 다른 사람과 식사를 하거나 혹은 공중 화장실을 이용하기에서 그럴 수가 있다. 이들은 자신이 다른 사람들을 공격할지도 모르거나, 당황스러운 상황이거나, 놀림받는 것을 두려워한다. 그들은 다른 사람들이 자신을 거절하거나 좋아하지 않을지도 모른다는 강렬한 걱정을 가지고 있다. 이러한 공포에는 자신이 신경질적이거나, 약하거나, 미친 사람 같거나, 멍청하거나, 지루하거나, 더럽다는 것을 다른 사람들이 알게 될 것이라는 생각도 있다. 공포의 정도는 실제적인 위험이나 어떠한 부정적인 판단의 결과라도 그것을 넘어선다.

이렇게 강렬한 공포 때문에 이 장애가 있는 사람들은 흔히 그런 판단을 두려워할 만한 사회적 상황을 피해 버린다. 이러한 행동은 그들이 할 수 있는 활동의 선택이 적어지고(파티나 다른 사교 모임에 가지 않음) 친구 관계의 범위도 줄어들다 보니 풍성한 삶을 제한시킬 수 있다. 이들은 사람들을 만나거나 이야기를 건네야 하는 직업을 피하거나, 아니면 일을 하면서도 큰 두려움과 불안을 견뎌 내야만 한다. 그들은 가까운 친구도 거의 없고, 연애도 거의 하지 않는다.

미국 성인 약 7%가 사회불안장애를 가지고 있다. 처음 증상이 나타나는 평균 연령은 13세로, 75%의 사람들이 8~15세 사이에 첫 증상이 나타난다. 여성의 경우 남성보다 이 장애를 가질 가능성이 2배 더 높다. 65세 이상의 성인에서 이 장애의 발생률이 2~5%에 달하고 난시나 난청, 진전이나 사람들의 이름을 까먹는 것에 대한 두려움이 관련되어 있다.

사회불안장애는 때때로 수줍음이 많거나, 따돌림을 당하거나, 발표 중에 토할 것처럼 스트레스가 많거나, 당황스런 사건을 견뎠던 사람들에게서 나타난다. 또 이 장애는 시간이 지나면서 증상이 쌓여 아주 천천히 발생할 수도 있다. 성인에게서는 좀처럼 흔하게 나타나지 않는다. 이는 주로 더 높은 수준의 직장에 취직하거나 더 높은 사회적 지위의 사람과 결혼하게 되는 것과 같이 중요한 역할의 변동과 연관되어 있다. 이 장애를 가진 사람들은 다른 불안장애와 물질 사용장애를 가질 가능성도 높다(예를 들어, 파티에 가기 전에 마음을 가라앉히려고 술을 마시는 것은 사회적 공포를 감소시키기 위해 과도하게 술을 마시는 것을 잦게 만들 수 있다). 사회불안장애가 있을 때 자주 혼자 있거나 지지가 없다면 주요우울장애가 될 수도 있다.

사회불안장애란

다음과 같은 증상들이 있을 때 사회불안장애를 진단할 수 있다.

- 다른 사람들이 자신을 쳐다보거나, 주의 깊게 지켜보거나, 판단하는 한 가지 이상의 사회적 상황에 대해 극도의 공포 혹은 불안이 있다. 여기에는 다른 사람과 대화하기, 새로운 사람을 만나기, 다른 사람과 식사하기, 발표하기와 같은 상황이 해당될 수 있다. 아동은 친구들과 있을 때 증상을 보일 것이고, 어른들과 함께 있을 때에는 증상이 나타나지 않는다. 이때 아동은 주로 울거나, 발작하거나, 얼어붙거나, 어른에게 매달리기도 한다.
- 수치스럽거나, 다른 사람에 의해 거절당하거나, 불안 증상(식은땀이 나거나 떨림)을 보이는 식으로 행동하는 것에 대한 두려움이 있다.
- 사회적 상황은 거의 항상 공포나 불안을 유발한다.
- 사회적 상황을 피하려 하거나, 강렬한 공포나 불안을 느끼며 견딘다.
- 공포나 불안은 사회적 상황에 의해 주어진 실제 위험을 넘어선다.

공포, 불안, 회피 반응은 반드시 지속적으로 나타나고, 진단받기 전에 최소한 6개월 이상 지속된다. 공포, 불안, 회피 반응 증상은 큰 고통을 유발하고, 사회적, 업무적, 다른 기능적 측면에서 손상을 가져온다. 증상은 또 다른 의학적 상태, 남용 약물, 알코올, 치료 약물, 공황장애, 신체이형장애, 자폐스펙트럼장애와 같은 또 다른 정신장애에 의한 것이 아니다.

위험 요인

사회불안장애의 위험을 증가시키는 요인들은 다음과 같다.

- 기질 익숙하지 않은 상황에서 자주 물러서거나 회피하고 공포, 슬픔, 죄책감, 수치심, 고통, 낮은 자기존중감, 일상생활에서 스트레스 대처에 문제가 있는 사람에게서 위험이 증가한다.
- 환경 아동기 시절의 학대, 방임, 따돌림, 인종차별 혹은 다른 부정적 인생사가 이 장애의 위험성과 연관되어 있다.
- 유전 일차 친족에게서 사회불안장애가 있으면 이 장애를 2~6배 더 갖기 쉽다.

분리불안장애

분리불안이란 아이가 부모나 다른 양육자처럼 사랑하는 사람과 떨어지게 되거나 혹은 떨어질지도 모른다고 예상할 때 갖게 되는 불편한 느낌을 말한다. 이러한 불안은 10~15개월 된 어린 유아에게는 자연스런 발달 과정이라 할 수 있다. 공포가 극도로 심하고, 큰 아이나 10대 혹은 성인이 되어서까지 나타나고, 정상적인 생활과 가족 기능에 악영향을 미치게 될 때, 그것은 더 심한 분리불안장애(separation anxiety disorder)가 될 수 있다.

분리불안장애가 있는 아이는 부모에게 매달리기도 하고, 혼자서 어디에 가거나 자기들만 방에 남겨지는 것을 견디지 못한다. 잠들 때에도 힘들어할 수 있고, 잠들 때까지 부모가 같이 있어 주기를 바란다. 부모와 떨어지는 것이 두려워 학교에 가는 것조차 거부할 수 있다.

이 장애가 있는 10대 청소년과 성인은 가족이나 자신이 서로에게서 떨어지게 되면 강도를 당한다든지, 납치를 당한다든지, 아니면 자동차나 비행기 사고가 난다든지처럼 위험한 일이 생길 것이라는 공포를 가질 수 있다. 만약 혼자 여행을 가야 한다면 큰 불편을 느낄 수 있다. 분리불안이 있는 사람들은 집에서 멀리 떨어졌을 때 향수병에 걸리거나 슬픔에 잠길 수도 있다. 일부 젊은 성인들은 불안 때문에 대학에 진학하지 않으려 할 수도 있다. 이 장애가 있는 성인들은 끊임없이 자녀가 잘 있는지 걱정하면서 하루 종일 확인하려고 한다. 이 때문에 일도 제대로 못하고 자녀의 일상생활까지도 망쳐 버리게 된다.

미국에서 12세 이하의 소년소녀 중 약 4%에서 분리불안이 발견된다. 10대에서는 덜 흔해서 약 1.6% 정도만 나타난다. 또 성인의 약 1~2% 정도가 이 장애를 가지고 있다.

분리불안장애가 있는 아동은 범불안장애와 특정공포증을 가질 가능성도 높다. 장애를 가진 성인들은 기타 불안장애, 강박장애, 외상후 스트레스 장애, 우울장애, 양극성장애, 인격장애 같은 다른 장애도 가질 수 있다.

분리불안장애란

다음 증상들 중 최소한 세 가지 이상이 나이에 비해 정상적인 수준을 넘어서서 나타날 때 분리불안장애를 진단할 수 있다.

- 집이나 사랑하는 사람(부모 혹은 다른 양육자)과 떨어지거나, 떨어지는 것이 예상될 때 겪는 반복적이고 극심한 고통
- 사랑하는 사람을 잃거나 질병이나 죽음과 같이 사랑하는 사람에게 생길 수도 있는 위험에 대해 반복적이고 극심한 걱정
- 길을 잃는다든지, 납치를 당한다든지처럼 사랑하는 사람과 떨어지게 될 만한 위험스럽거나 충격적인 사건에 대해 반복적이고 극심한 걱정
- 떨어지게 된다는 공포 때문에 학교나 직장에 가는 일처럼 집에서 벗어나는 것을 지속적으로 거절하거나, 하려 하지 않음
- 사랑하는 사람 없이 혼자서 집이나 다른 장소에 남겨지는 것에 대한 반복적이고 극심한 공포
- 집에서 벗어나 잠을 자거나, 사랑하는 사람을 곁에 두지 않고 잠자리에 들려는 것을 지속적으로 거절하거나, 하지 않으려고 함
- 떨어지게 되는 것에 대한 반복적인 악몽
- 떨어지는 것에 대한 두려움 때문에 두통이나 복통과 같은 신체적 증상들을 자주 호소함

공포, 불안, 회피 반응은 진단받기 전에 아동과 10대에게서 최소한 4주 이상 지속적으로 나타나야 하고, 성인에게서는 최소한 6개월 이상 지속적으로 나타나야 한다. 이러한 증상으로 인해 극심한 고통을 겪게 되고, 사회적, 학업적, 업무적, 또는 다른 기능적 측면에서 손상을 가져온다. 증상은 **자폐스펙트럼장애, 정신병적 장애, 범불안장애, 질병불안장애, 광장공포증**과 같은 또 다른 정신장애에 의한 것이 아니다.

위험 요인

다음 요인들이 이 장애에 대한 위험을 증가시킬 수 있다.

- 환경 분리불안장애는 종종 사랑하는 사람과 떨어지는 것처럼 스트레스가 많은 생활사 이후에 발생한다. 여기에는 친족이나 애완동물의 죽음, 전학, 부모의 이혼, 아동기 시절 따돌림, 자연재해, 이사나 이민 같은 것들이 해당한다. 젊은 성인에게 인생의 스트레스는 부모로부터 독립하게 되거나 부모가 되는 것이다. 과잉보호하거나 간섭적인 양육 방식이 이 장애의 위험을 증가시킬 수도 있다.
- 유전 이 장애는 가족력에 따라 나타날 수 있다. 불안장애를 가진 친족이 있으면 위험이 더 높아지기도 한다.

조이 이야기

조이는 부모를 잃을지도 모른다는 지속적인 불안 때문에 정신건강관리센터에 의뢰된 12세 소년이다. 어렸을 때 불안이 시작됐는데, 유치원에 들어가면서 문제는 더 커졌다. 아이는 집을 나와 유치원에 가는 것을 무서워했다. 3학년 때에는 잠시 따돌림도 당했고, 이때 불안이 더 악화되었다.

조이의 부모는 아이에게 "항상 새로운 걱정거리들이 있는 것처럼 보였다."라고 했다. 아이가 끊임없이 두려워하는 것은 부모의 안전에 대한 것들이었다. 종종 부모가 일을 하고 있거나 집에 있을 때에는 괜찮기도 했는데, 어디로 이동하고 있을 때에는 사고로 부모가 죽을까 봐 걱정을 했다. 부모가 일이 늦게 끝나거나 함께 어디론가 나갈 때면 조이는 혼이 나간 듯이 끊임없이 전화하고 문자를 보냈다. 조이는 대부분 어머니의 안전에 대해서 걱정을 했기 때문에 그녀는 점점 혼자 하는 활동을 최소한으로 줄여 나갔다. 그녀는 "아이는 내가 화장실에 갈 때에도 따라가고 싶어 한다."라고 말했다. 조이는 아버지에게는 덜 매달렸고, 아버지는 "우리가 아이를 항상 달래만 준다거나 항상 집에 함께 있어 준다면 아이는 결코 독립적이 되지 못할 겁니다."라고 말했다. 그는 아내가 너무 물렁하고 과잉보호하고 있다고 믿었다.

조이의 성적은 좋았다. 선생님들은 아이가 조용하지만 친구가 많고 다른 아이들과도 잘 어울렸다고 했다. 아이가 혼난다는 낌새에는 민감한 것처럼 보인다고 했다.

조이는 분리불안장애 진단을 받았다. 아이는 여덟 가지 증상 중에 최소한 네 가지 증상을 갖고 있었다. 예상되는 분리, 부모에게 생길 수 있는 위험, 떨어지게 될 수도 있는 사건들, 혼자 남겨지는 것에 대한 지속적이고 극심한 공포가 있었다. 아이의 어머니는 공황장애, 광장공포증, 사회불안장애를 가지고 있었고, 부모 모두 어머니가 가진 걱정들이 양육 방식에 영향을 미쳤다는 데 수긍했다. 조이의 할머니는 어머니만큼이나 불안한 사람이었다고 한다. 조이의 공포는 다음과 같은 것들로 보상받는 것처럼 보였다. 그것은 부모가 집에만 있고, 자신을 혼자 내버려두지 않으며, 자신이 전화하거나 문자 메시지를 보내면 곧바로 응답하는 것이었다.

치료

대부분의 불안장애는 치료에 잘 반응한다. 흔히 불안장애 치료에는 정신치료('면담치료')와 약물치료를 혼합하여 쓴다. 치료를 통해 증상을 크게 호전시키고 건강한 대처 기술을 가르치지만 항상 완전하게 완치에 이르는 것은 아니다. 불안장애가 있는 사람들은 건강한 생활 습관을 갖는 것으로도 도움을 받을 수 있다. 다음에 나오는 '건강한 마음과 건강한 신체'에서 더 살펴보도록 하자.

인지행동치료

이 형태의 정신치료는(CBT라고 불리기도 함) 건강하지 못한 생각과 행동 양상을 변화하는 데 도움을 준다. 정신건강관리 전문가는 이 장애를 갖고 있는 사람과 함께 작업을 하면서 공포를 줄이고 생각하는 습관을 향상시키기 위한 행동 계획을 개발할 수 있다. CBT에는 이완요법, 호흡훈련, 근심과 공포를 분산시키거나 관심을 돌리기 위한 방법들이 포함되어 있다. 많은 불안 증상이 CBT로 크게 호전될 수 있다. 사람들은 정신건강관리 제공자의 인도하에 그들을 무섭게 했던 상황에 들어가는 것을 통해 두려운 상황을 회피하던 것을 멈추는 방법을 배울 수 있다. 만약 거미를 보거나 높은 장소에 있는 것과 같은 특정한 공포를 가지고 있다면(이 장의 '특정공포증'에 기술되어 있음) CBT에서는 공포스러운 대상에 가까이 있도록 연습하는 기법을 포함한다. 이 방법은 실제 위급한 위험이 없을 때 생겨나는 공포 반응을 관리할 수 있도록 돕는다.

약물치료

약물치료는 증상으로부터 호전이 시작되기까지 종종 수주 이상 시간이 걸린다. 의사는 환자의 진전을 주의 깊게 추적하고 필요에 따라 약물을 조정할 필요가 있다.

주요우울장애 치료에 사용되는 항우울제가 불안장애에서도 도움이 될 수 있다. 몇 가지 다른 유형의 항우울제가 처방될 수 있는데, 여기에는 플루옥세틴과 파록세틴과 같은 선택적 세로토닌 재흡수 억제제(SSRIs), 벤라팍신과 같은 세로토닌-노르에피네프린 재흡수 억제제(SNRIs)가 있다.

강력한 '안정' 효과를 통해 공포, 공황, 불안, 긴장, 스트레스 증상을 줄여 주는 데 쓰이는 또 다른 유형의 약제들이 있다. 이것들은 벤조디아제핀(benzodiazepines)으로, 알프라졸람, 디아제팜, 로라제팜이 해당된다. 이것들은 습관이 생길 수도 있기 때문에 의사는 단기간 사용 목적으로 처방하기도 한다. (제20장 '치료요점'에서 기술된 바와 같이, 이들 약물로 치료받을 때에는 갑자기 중단이 되어서는 안 된다. 갑자기 중단될 경우 해롭고 불쾌한 부작용이 나타나고 증상이 악화될 수도 있기 때문이다. 이들 약물 복용과 관련하여 변화가 필요할 때는 의사의 지침을 따라야 한다.)

건강한 마음과 건강한 신체

건강한 생활 습관을 선택하는 것은 불안장애로 인한 괴로움을 어느 정도 줄일 수 있다.

- **기초적인 이완기법 습득** 이완은 공포증과 공황장애 치료에 도움이 될 수 있다. 명상, 시각화, 마사지와 같은 다양한 유형의 기법이 스트레스에 대처하는 데 도움을 준다. 이러한 기법들은 CBT 프로그램에 포함되어 있기도 한다.
- **운동** 규칙적인 유산소 운동(걷기, 자전거, 춤)은 불안과 스트레스의 증상을 줄이는 가장 좋은 방법 중 하나이다. 신체적으로 활동적인 사람은 덜 활동적인 사람들보다 불안과 우울이 적다. 요가는 대중적인 심신 운동으로, 이완과 스트레스 관리에 도움이 될 수 있다.
- **카페인을 줄이거나 피하기** 커피와 차, 콜라, 심지어 일반 감기약에도 카페인이 함유되어 있다. 이런 것들은 불안 증상을 악화시킬 수 있다.
- **지지 집단 참여** 불안장애를 가지고 있는 다른 사람들과 함께 있는 것이 큰 도움이 될 수 있다. 지지 집단 구성원들을 통해 서로를 격려하고, 어떻게 대처해 나가야 할지 조언을 얻고, 비슷한 경험을 공유할 수 있다.

요점 정리

- **불안장애**는 이따금씩 짧게 걱정을 하거나, 불안하거나, 두려움에 빠지는 정상적인 느낌과는 다르다. 불안장애가 있는 사람들은 삶의 기능을 손상시키고 나이나 상황에 맞지 않게 정상적인 반응을 뛰어넘는 극심한 공포나 걱정을 갖고 있다. 잠시 동안의 스트레스와 걱정과 달리 불안장애의 증상은 흔히 6개월이나 그 이상 지속된다.
- 대부분의 불안장애는 치료에 잘 반응한다. 불안장애 치료는 보통 정신치료('면담치료')와 약물치료를 병용한다. 치료를 통해 증상이 크게 완화되고 건강한 대처 기술을 가르치지만, 항상 완치를 보장하는 것은 아닐 수 있다.
- 인지행동치료(CBT)는 건강하지 않은 생각과 행동 패턴을 바꾸도록 도와준다. 정신건강관리 제공자는 공포를 줄이고 사고 습관을 개선하는 데 도움이 될 수 있도록 행동 계획을 개발하는 작업을 함께할 수 있다.
- 우울증에 쓰이는 치료 약물이 불안장애에서도 도움이 될 수 있다. 이들 약물에는 선택적 세로토닌 재흡수 억제제(SSRIs)와 세로토닌-노르에피네프린 재흡수 억제제(SNRIs) 같은 항우울제가 있다. 벤조디아제핀 계열 약물은 공포와 공황, 불안을 안정시킬 수 있다. 벤조디아제핀 계열 약물은 단기간에 걸쳐 사용할 수 있다.
- 불안장애를 가진 사람들에게는 바람직한 생활 습관이 유익할 수가 있다. 이완기법 습득, 운동, 카페인 줄이기, 지지 집단에 참여하기는 증상을 대처하고 줄이는 노력에 힘을 보태어 준다.

- 강박장애(Obsessive-Compulsive Disorder)
- 신체이형장애(Body Dysmorphic Disorder)
- 수집장애(Hoarding Disorder)
- 기타 강박장애
  - 털뽑기장애(Hair-Pulling Disorder)
  - 피부뜯기장애(Skin-Picking Disorder)

제6장 강박장애

강박장애(obsessive-compulsive disorder)는 잦은 공포, 걱정, 충동, 생각(강박사고)으로 인해 그것을 가진 사람들로 하여금 불편함과 고통을 겪게 한다. 원하지 않게 떠오르는 강박사고를 다루기 위해 강렬한 노력을 반복하는 관습적인 행동(강박행동)이 강박사고로 이어진다. 이 집단에 있는 기타 관련장애에는 덜하거나 멈추려는 노력에도 불구하고 자기 신체에 집중된 반복되는 행동들(예: 털 뽑기나 피부 뜯기)이 있다.

여기에는 강박장애(OCD), 신체이형장애, 수집장애, 털뽑기장애, 피부뜯기장애가 있다. 불안은 이러한 장애에서 흔한 증상이지만, 강박사고와 강박행동이 이 장애를 독자적인 장으로 집단화하는 독특한 양상이다.

때때로 사람들은 문이 잘 잠겼는지 재확인하거나, 새로 생겨난 주름살을 싫어하기도 하고, 특별한 물건을 수집하기도 하고, 새치를 뽑아내거나 얼굴의 잡티를 떼어 내려고 한다. 이런 정상적인 행동은 살면서 이따금 나타날 수 있고, 확인하거나 모으는 행위가 일상생활에 지장을 주진 않는다. 이와 반대로, 강박장애와 관련된 장애를 가진 사람들은 흔히 강박사고와 강박행동에 사로잡혀 버린다. 반복적인 행동과 극심한 걱정은 일상생활을 차지해 버리고, 건강 문제를 유발시키며, 일을 하거나, 학교에 다니거나 혹은 다른 사람들과 어울리는 능력을 손상시킨다.

치료를 통해 강박사고와 강박행동을 통제할 수 있도록 하고 악화되는 것을 막을 수 있다. 치료에는 보통 약물치료와 정신치료('면담치료')가 함께 적용된다. 이 장애가 있는 대부분의 사람들은 치료를 받음으로써 만족스럽고 풍성한 삶을 영위할 수 있다.

건강한 마음과 건강한 신체

올바른 생활 습관을 유지하는 것은 강박장애와 관련된 장애를 대처해 나가는 데 있어 중요하다. 정신건강관리 제공자와 함께 세운 치료 계획을 잘 따르는 것뿐만 아니라 다음과 같은 조언들이 도움이 될 수 있다.

- **기초적인 이완기법 배우기** 이완은 이러한 장애로 인해 발생하는 스트레스와 불안을 경감시키는 데 도움이 된다. 여러 종류의 이완기법이 스트레스와 걱정을 줄여 줄 수 있다. 여기에는 명상, 심상이완, 요가, 마사지가 있다.
- **위험 신호에 주의하기** 강박 증상을 유발시키는 것이 무엇인지, 그리고 증상이 재발했을 때 어떻게 해야 하는지에 대해 아는 것이 중요하다.
- **남용 약물과 알코올을 피하기** 이러한 물질들을 사용하는 것은 강박사고 증상을 악화시키고 성공적인 치료를 방해한다.

강박장애

강박장애가 있는 대부분의 사람들은 하루 종일 강박사고와 강박행동을 갖고 있다. 이 때문에 일상생활이 망가지고, 학교나 직장에 가거나 정상적인 사회생활을 하는 것이 어려워진다. 강박장애가 있는 많은 사람은 강박사고가 현실적이지 않다는 것이라고 알거나 그렇게 생각하기도 한다. 이러한 지식을 병식이라고 한다. 강박장애가 있는 또 다른 사람들은 자신이 가진 믿음이 사실일 수도 있다고 생각하거나(병식 부족) 실제로 사실이라고 강하게 확신하는 경우도 있다(병식 결여). 병식의 수준과 상관없이 강박장애가 있는 사람들은 강한 강박사고를 떨쳐 내고 강박행동을 멈추는 것을 매우 어려워한다.

강박사고(고통을 유발하는 생각, 충동, 이미지)로 인한 걱정이나 스트레스는 또 다른 생각이나 행동(즉, 강박행동을 하는 것)으로 무시하거나 억누르려고 노력한다. 흔한 강박사고에는 자신이나 타인에게 피해를 끼칠 것 같은 걱정, 먼지나 세균 때문에 병에 걸리는 것에 대한 공포, 성이나 종교와 관련된 주제에 대해 금지되거나 금기시하는 생각을 하는 것이 있다. 강박행동에는 지속적으로 확인하는 것(문이 잠겼는지), 피부가 벗겨질 정도로 자주 손을 씻는 것, 숫자 세기, 기도하기, 계속해서 속으로 단어를 말하기가 있다.

또한 강박행동은 두려워하는 사건을 방지하려는 목적으로 행해질 수 있다(강박장애가 있는 아동은 강박행동을 하는 이유를 설명하지 못할 수 있다). 현실 생활에서는 그 행동이 두려워하는 사건을 방지할 수 없다(부모가 자동차 사고를 당하지 않게 하려고 선반 위에 사물들을 특정 순서대로 놓는 것). 때때로 그 행동이 명백하게 극단적일 수 있다(예를 들어, 출근하기 전에 문이 잠겼는지 30번 확인함). 이러한 행동은 이렇게 하는 것이 생각이나 충동, 공포에 대항하거나 해를 입지 않게 할 것이라는 믿음을 가지고 행한다. 비록 강박행동이 잠시 동안이나마 강박사고로 인한 걱정과 스트레스를 줄여 줄 수 있다 하더라도 강박사고는 또다시 나타나고, 결국 강박사고와 강박행동의 순환은 계속 반복된다. 강박장애가 있는 사람들은 강박행동을 할 수밖에 없다고 느낀다.

하지만 성인기에는 남자보다 여자에게서 더 많이 발생한다. 증상이 처음 나타나는 평균 연령은 19세이다. 35세 이후에 이 장애가 처음 생기는 것은 매우 드물다. 아동기나 10대에 발병할 경우 강박증상이 평생 지속될 수 있는데, 치료를 하면 관리가 가능하다. 이 장애가 아동기나 10대에 발병한 사람의 40%가 초기 성인기가 되면 증상이 없어질 수도 있다. 35세 이후에 증상이 처음으로 나타나는 경우는 드물다.

또한 강박장애를 가진 사람들은 틱장애, 불안장애, 주요우울장애를 가질 수 있다. 치료를 계획할 때에는 강박장애와 같이 나타나는 기타 정신장애에 대해서도 고려할 필요가 있다.

강박장애란

다음과 같은 증상들이 있을 때 강박장애를 진단할 수 있다.

- 강박사고, 강박행동 혹은 둘 다 있음
- 강박사고나 강박행동으로 인해 시간을 허비하며(하루에 1시간 이상), 큰 고통을 유발하고, 사회적, 업무적 또는 다른 기능적 측면에서 손상을 초래함

증상은 또 다른 의학적 상태, 남용 약물이나 치료 약물, **불안장애**, **기타 강박장애**, **섭식장애**, **주요우울장애**와 같은 또 다른 정신장애에 의한 것이 아니다.

위험 요인

강박장애의 위험을 증가시키는 요인들은 다음과 같다.

- 기질　어렸을 때 익숙하지 않은 상황에서 자주 물러서는 경향이 있거나 공포, 걱정, 슬픔, 죄책감, 수치심, 고통, 낮은 자기존중감, 일상생활에서 스트레스 대처에 문제가 있는 사람은 이 장애가 생길 위험이 증가한다.
- 환경　저체중 출생아, 조기 분만, 흡연자였던 산모에게서 태어났을 때, 아동기 시절 신체적 혹은 성적 학대나 다른 스트레스 사건에 노출되었을 때 강박장애 위험이 증가한다. 일부 아이들은 연쇄상 구균 인두염이나 성홍열과 같은 연쇄상 구균 감염 직후 갑작스럽게 강박장애가 발병하기도 한다.
- 유전　일차 친족(부모, 형제)에게서 강박증이 있는 경우에 강박장애가 없는 사람들보다 2배까지 위험이 크게 증가한다. 위험은 친족들 중 강박장애가 아동기 혹은 10대에 발생했던 경우에 10배 높게 증가한다.

알렌 이야기

알렌은 22세 남성 동성애자로, 불안을 치료하기 위해 정신건강클리닉에 찾아왔다. 그는 경비원 정직원으로 일하면서 외부 활동은 거의 하지 않았다. 불안에 대해서 물으니, 알렌은 에이즈와 같은 병에 걸릴까 봐 걱정한다고 말했다.

강한 소독약 냄새가 나기에 정신건강관리 제공자는 알렌에게 에이즈에 걸리는 것에 대한 걱정과 관련해서 특별히 하는 행동이 있는지 물어보았다. 알렌은 집 밖에서는 어떤 것이든 거의 만지지 않으려 한다고 했다. 그는 바이러스와 접촉됐을 것이라고 생각되는 것의 근처라도 가게 된다면 손을 표백제로 여러 차례 씻어야만 했다. 그는 보통 하루에 30번까지 손을 씻느라 이런 습관에 많은 시간을 허비했다. 신체 접촉은 특히 어려운 일이었다. 잡화점에서 쇼핑하고 지하철을 타는 것도 큰 문제여서 사교 모임에 가거나 데이트하는 것조차 거의 대부분 포기해 버렸다.

다른 걱정은 없는지 묻자 알렌은 누군가를 때리는 장면이 갑작스레 떠올라 괴롭고, 무언가 공격적인 말이나 말을 잘못 하게 될까 봐 공포스러웠고, 이웃을 화나게 할까 봐 걱정이 된다고 말했다. 이런 생각들로 생겨나는 불안을 없애기 위해 그는 종종 이미 나눈 대화들을 곱씹어 보고,

자기가 한 말들을 기록하기 위해 일기를 쓰며, 자기가 한 말이 공격적으로 들렸을까 하는 공포 때문에 사과를 했다. 그는 샤워할 때면 욕조 안에 물이 어느 선까지만 차도록 하게 했다. 조심스럽게 하지 않아 이웃집에까지 물이 넘쳐날까 봐 걱정을 했다.

알렌은 직장에서 장갑을 사용하니 별 문제는 없었다. 근무하지 않을 때에는 대부분 집에서 시간을 보냈다. 사람들과 어울리는 것을 좋아하기는 하지만, 식사자리나 다른 사람 집에 초대받았을 때 무언가를 만지게 된다는 두려움은 감당하기 어려웠다. 그는 자신의 공포와 충동이 '어느 정도 비정상적'이라는 것을 알고 있지만, 어떻게 통제할 수가 없다고 느꼈다.

알렌은 강박장애로 진단받았다. 그는 오염에 관한 강박사고(에이즈에 걸릴지 모른다는 공포), 공격성에 관한 강박사고(누군가를 때리는 장면이 침습적으로 떠오름), 대칭에 관한 강박사고(물 높이를 정확하게 맞춤)와 같은 여러 가지 강박사고가 있었다. 이것들로 인하여 알렌은 강박장애 습관들에 시간을 허비해야 됐고, 아파트를 떠나거나, 사교 모임에 나가거나, 간단한 심부름을 하기도 꺼려 했다.

또한 그는 여러 가지 강박행동도 갖고 있었다. 과도한 손 세척, 확인(일기 쓰기), 반복(자주 자신이 말한 것을 재확인함), 정신적 강박행동(전에 나눈 대화를 마음속으로 곱씹음)이 그것이다.

이와 같은 증상들 때문에 알렌의 정상적인 하루의 일과도 방해를 받았다. 비록 일을 할 수는 있었지만, 직업을 선택하는 데 있어 증상들이 좌지우지됐다(항상 장갑을 끼고 표백제를 사용할 수 있는 직업은 한정적이었다). 이러한 증상들 때문에 시간을 많이 허비할 뿐 아니라 그의 삶의 질이 강박장애로 인해 크게 악영향을 받아 온 외롭고 고립된 사람처럼 보였다.

치료

강박장애 치료를 위해 보통 약물치료와 정신치료를 함께 받는다. 강박장애 치료에 흔히 처방되는 약물에는 선택적 세로토닌 재흡수 억제제(SSRIs)와 클로미프라민이 있다. 이 항우울 약물은 우울증과 불안, 다른 상태들에도 널리 사용되고 있고, 강박장애 치료에도 효과적이다. 비록 모든 약물이 다 효과가 있겠지만, 어떤 사람에게는 다른 약은 그렇지 않지만 한 가지 약에 더 높은 효과가 있을 수 있다. 만약 한 가지 약물이 듣지 않는다면 증상을 호전시킬 수 있는 다른 약물을 찾기 위하여 의사와 상의하는 것이 중요하다. 클로미프라민은 부작용이 많기 때문에 거의 사용되지 않는다. 보통 약물에 대한 반응에는 주요

우울장애 치료를 할 때 기대되는 반응 기간보다 더 길게 소요되는데, 적어도 6~12주가 소요된다. 약물치료를 받음으로써 강박장애가 있는 사람들은 강박사고가 그렇게 괴로운 것이 아니라는 것을 알게 되고, 강박행동에 시간을 덜 허비하게 되어 병을 더 잘 관리할 수 있게 되지만, 어떤 증상들은 종종 남아 있을 수 있다.

흔히 약물치료와 함께 인지행동치료(Cognitive-Behavior Therapy: CBT)를 함께 받는다. 인지행동치료를 통해 정신건강관리 제공자는 환자에게 강박사고에 대해 더 효과적으로 싸우고, 습관적인 행동에 도전하도록 가르쳐 줄 것이다. 치료 시간 동안에 사람들은 불안을 만들어 내고 강박행동을 유발시키는 강박사고에 노출될 수 있다. 이러한 사람들에게는 강박사고에 대해 구체적으로 '작성'하고 나서 작성한 글을 반복해서 읽게끔 한다. 이러한 기법은 강박행동이 큰 문제를 일으키는 사람에게 효과적이다. 예를 들어, 극단적으로 손 세척을 하는 사람에게 정신건강관리 전문가가 문 손잡이와 같이 '더러운' 사물을 만지게 한 후 그 사람에게 손을 씻지 못하게 하는 것이다. 이와 같은 노출 및 반응 방지 기법은 효과가 있는 것으로 공인받았다. 그 사람이 두려워하는 대상에 짧게 노출시킨 뒤 긴 시간에 걸쳐서 그 두려움에 대한 반응으로 나오는 강박행동에 대한 충동을 늦추거나 하지 못하게 하는 것이다. 심하게 불안한 사람들에게는 문 손잡이를 만지는 상상과 같이 더 단순한 작업부터 시작한 후, 손을 씻지 못하도록 한다. 노출 및 반응 방지 기법은 강박장애를 가진 사람들이 삶을 고달프게 하는 행동습관을 줄여 나가 멈출 수 있도록 가르쳐 준다.

적절한 치료를 받는 강박장애가 있는 사람들은 더 나은 기능을 하고 그들의 삶의 질을 개선시킨다. 치료는 단순히 증상을 완화시키는 것 이상이다. 효과적인 치료를 통해 사람들은 학교에 잘 다니고, 직장에서 잘 적응하며, 대인관계를 통해 즐기고, 여가 활동을 누릴 수 있는 능력을 향상시킨다.

신체이형장애

신체이형장애(body dysmorphic disorder)가 있는 사람들은 자신의 외모에 결점이나 흠이 있다는 생각에 사로잡혀 있다. 이들은 결점 때문에 흉해 보이고, 매력이 없으며, 기형처럼 보인다고 생각한다. 그러나 다른 사람들에게는 이러한 결점이 보이지 않거나 아주 사소한 것으로 보인다.

이 장애가 있는 사람들은 부정적인 생각을 멈추거나 통제하는 것이 어렵다는 것을 안다. 이들은 자신의 외모가 괜찮아 보인다고 하는 사람들의 말을 믿지 못한다. 극단적인 걱정은 신체 일부분 혹은 여러 부위에 집중될 수 있고 피부나 체모, 코가 흔하다. 신체의 어떤 부분이든 그 대상이 될 수 있다. 눈, 눈썹, 치아, 체중, 얼굴 크기, 얼굴 모양 등이 그것이다. 만약 성형 수술을 받을 수만 있다면 결점이라고 생각되는 곳을 고치기 위해 수술을 반복해서 받기도 하지만, 그 결과에 거의 만족하지 못한다. 이 장애를 가진 사람들 중 일부, 특히 성인 남성 혹은 사춘기 소년들 중에는 정상처럼 보이거나 꽤 건강하고 근육질 몸매인데도 불구하고, 몸이 너무 작거나 마르거나 근육이 부족하다고 믿는다. 이렇게 생각하다 보니 과도할 정도로 다이어트와 운동을 하거나, 무리한 중량 운동을 해서 다치거나 신체에 손상을 주게 된다.

외모에 대한 강박사고 때문에 신체이형장애를 가진 사람들은 몇 시간 동안 혹은 거의 하루 종일 극심한 고통에 시달린다. 이들은 결점을 숨기려 하거나 고치기 위해 특정 행동을 반복하고 싶은 충동을 느낀다. 이러한 행동은 스트레스와 불안만 안겨 줄 뿐이다. 반복적인 행동에는 다음과 같은 사례들이 있다.

- 끊임없이 거울을 보며 확인함
- 끊임없이 옷매무새를 고침
- 특정 신체 부위나 결점처럼 느껴지는 부위를 숨기거나 가림(화장을 자주 하거나 특정한 종류의 옷, 헤어스타일, 모자 등을 고름)
- 자신의 신체 부위를 다른 사람들과 비교함

신체이형장애는 미국 성인의 약 2.4%에서 발생하고, 남성과 여성에서 동일한 비율로 발생한다. 이 장애가 있는 대부분의 사람들에게서 첫 증상이 18세 이전에 시작한다. 12~13세에 가장 흔하게 발병한다.

이 장애로 인해 자기존중감이 낮아질 수가 있다. 이 장애가 있는 사람들은 사회적 상황을 피하기도 한다. 어떤 경우에는 걱정이 너무 심한 나머지 학교를 그만두기도 한다. 외모로 인해 받는 고통이 심할 때에는 자살에 대한 생각이나 자살 기도가 높게 나타난다.

신체이형장애는 오랫동안 지속될 수 있기도 하지만 치료를 통해서 증상을 완화시킬 수 있다('치료' 부분을 참고하시오). 신체이형장애를 가진 사람들은 주요우울장애, 사회불안장애, 강박장애, 중독장애를 가질 수 있다.

신체이형장애란

다음과 같은 증상이 있을 때 신체이형장애를 진단할 수 있다.

- 외모상 다른 사람에게는 보이지 않거나 사소해 보이는 한 가지 이상의 지각되거나 혹은 경미한 흠에 반복적이고 강렬하게 집중함
- '결점'을 숨기거나 개선하기 위한 반복적인 행동 또는 강렬한 걱정에 대한 반응으로 정신적 활동(예를 들어, 자신을 다른 사람과 비교함)을 행함

이러한 증상들은 큰 고통을 유발하거나 사회적, 업무적 또는 다른 기능적 측면에서 손상을 가져온다. 이것들은 섭식장애에서 오는 체중이나 체지방에 관한 걱정 때문이 아니다.

위험 요인

다음 요인들이 이 장애의 위험을 증가시킬 수 있다.

- 환경　아동기 방임, 학대 혹은 트라우마가 이 장애와 연관되어 있다.
- 유전　일차 친족(부모나 형제자매)에게 강박장애가 있는 경우 신체이형장애의 위험이 더 높다.

치료

강박장애와 마찬가지로 신체이형장애의 치료에는 인지행동치료, 선택적 세로토닌 재흡수 억제제(SSRI) 계열 항우울제 혹은 이 둘을 모두 혼합한 치료를 필요로 한다. 치료를 통해 시간이 흐르면서 증상이 감소하고 생활에 영향을 덜 미치게 된다. 이 장애를 가진 사람들에게도 이 장의 초반에 소개된 '건강한 마음과 건강한 신체'에 나온 생활 습관과 관련된 조언들이 도움이 될 수 있다.

수집장애

수집장애(hoarding disorder)는 어떤 물건이 가진 가치와는 상관없이 그것을 버리거나 소유를 포기하는 데 지속적인 문제가 나타난다('수집'). 수집을 하는 사람들은 보통 그 물건이 나중에 필요할지 모른다거나 나중에 그만한 가치를 발휘할 것이라고 믿기 때문에 물건을 모아 둔다. 이들은 또한 그 물건에 강한 애착을 갖고 있을 수도 있다. 병적인 수집을 하는 사람들은 물건을 치우거나, 재활용하거나, 팔거나, 버리게 되면 큰 고통(가령, 후회, 슬픔, 공포, 죄책감, 걱정)을 겪는다.

사람들이 모아 두는 가장 흔한 물건은 신문, 잡지, 옷, 가방, 책, 잡다한 우편물, 서류들이다. 어떤 물건이라도 수집 대상이 될 수 있다. 가치 있는 물건이 별로 가치가 없는 것들과 함께 뒤섞일 수도 있다.

병적인 수집은 취미로서의 수집과는 다르다. 수집가들은 우표나 동전과 같이 그 가치가 알려져 있는 특정한 물건을 찾는다. 이 물건들을 정연하게 정리해 놓고 때로는 진열하기도 한다. 하지만 병적 수집가들은 보통 닥치는 대로 물건을 모으고 정리하지도 않은 채 보관할 뿐이다.

수집장애를 가진 사람들은 잡동사니들 때문에 집 안 부엌 선반이나 책상, 테이블, 복도, 계단, 바닥 대부분을 쓸 수가 없을 정도이다. 잡동사니는 다른 데 사용되어야 할 물건들로 공간을 가득 채워 뒤섞인 더미를 말한다. 잡동사니가 너무 큰 공간을 차지해 버려 집 안 생활공간을 쓸 수 없을 정도가 되기도 한다. 예를 들어, 사람이 부엌에서 요리를 할 수가 없다든지, 침대에서 잠을 잘 수가 없다든지, 아니면 의자에 앉을 수조차 없다. 잡동사니가 늘어날수록 스트레스도 커지고 일상 기능도 손상된다. 이 장애를 가진 사람들은 불편을 보고하지 않을 수 있지만, 이들을 알거나 생활공간을 본 사람들에게는 명백하다.

심할 때에는 장애로 인해 집 안에서 생활하는 사람의 안전까지 위협할 수가 있다. 화재, 낙상, 비위생적인 공간들, 썩어 버린 음식들 때문에 건강에 해로울 수 있다. 그로 인해 가족 관계를 망쳐 버리기도 하고, 이웃이나 지역 사람들과도 마찰을 빚기도 한다.

수집장애는 미국 인구의 약 2~6%에서 발생하고, 남성과 여성 모두에게서 발병한다. 수집하는 습관은 생애 초기에 시작하여 15~19세 경 처음 발견되기도 한다. 20대 중반이 될 때 일상 기능을 망쳐 버리기 시작해서 30대 중반에 기능이 손상되어 버린다. 종종 나이가 들어가면서 증상이 더 악화된다. 이 장애는 65세 이상의 성인에게서 3배 더 흔하게 발생한다.

수집장애를 가진 사람들의 약 75%가 우울장애 혹은 불안장애가 동반된다. 가장 흔한 질환은 주요우울장애, 사회불안장애, 범불안장애이다. 수집장애의 약 20%에서 강박장애도 함께 나타난다.

수집장애란

다음과 같은 증상들이 있을 때 수집장애를 진단할 수 있다.

- 소유물이 실제로 어떤 가치를 가지고 있는지와 상관없이 버리거나 포기하는 것을 지속적으로 어려워한다.
- 이러한 어려움은 물건을 모아 둬야 하는 지각된 필요나 이를 버리는 데 연관된 고통 때문에 생긴다.
- 물건들이 실제 생활공간을 차지해 버리고, 공간을 막아 버리며, 어지럽게 되어 사용을 할 수가 없게 되거나, 너무 많아져 버린 물건들 때문에 사용이 어려워진다(만약 생활공간이 깨끗하게 유지가 되어 있다면 다른 사람, 가령 가족이나 청소부의 도움으로 그렇게 된 것이다).

이러한 증상들은 큰 고통을 유발하거나 사회적, 업무적, 다른 기능적 측면에서 손상을 가져온다. 이것들은 또 다른 의학적 상태(예: 뇌손상)나 기타 정신장애(강박장애, 주요우울장애, 조현병, 자폐스펙트럼장애) 때문이 아니다.

위험 요인

다음 요인들이 이 장애의 위험을 증가시킨다.

- 기질　결정을 내리는 데 어려움을 가진 사람들이 쉽게 수집을 하게 된다.
- 환경　사랑하는 사람의 죽음이나 이혼, 해고와 같이 스트레스가 되거나 외상적인 생활 사건이 수집을 유발시킨다.
- 유전　수집을 하는 사람들의 약 절반 이상에서 가족력을 갖고 있다.

동물 수집

물건을 수집하는 사람들 중 일부는 동물도 수집한다. 동물 수집은 수많은 동물을 수집하고 소유하지만 제대로 기르지는 못한다. 동물을 수집하는 사람들의 생활공간과 마당은 동물 쓰레기들로 엉망진창이 된다. 너무 많은 동물로 가득차거나, 방임되거나 굶거나, 아프거나, 병에 걸리거나, 죽기도 한다. 동물을 수집하는 사람들은 좀처럼 스스로 치료를 받으러 오지 않고 가족과 친구들이 관여하는 것도 원하지 않으며, 기관에 알리려 하지도 않는다.

래니 이야기

래니는 47세 미혼 여성으로, 우울과 불안을 치료하기 위해 지역 정신건강센터에 의뢰되었다. 그녀는 정신과적 약물치료는 한 번도 받은 적이 없지만 5년 전 우울증 때문에 인지행동치료를 받은 적은 있다.

래니는 대학을 졸업하고 기부 중고품 할인 매장에서 시간제 판매 보조원 일을 해 오고 있었다. 그녀는 대학생 시절에 연애도 했지만 최근 몇 년 동안에는 "어쩌다 보니… 너무 바빴다."라고 말했다. 그녀는 명백히 우울한 기분이었다. 집중이 잘되지 않고 정리하는 데 어려움이 있다고 호소했다. 그녀는 어떤 남용 약물도 사용한 적이 없다고 말했다.

정신건강관리 전문가는 래니의 지갑이 영수증과 기타 종이들로 가득 차 있는 것을 발견했다. 이에 대해 묻자, 처음에는 대수롭지 않은 듯 "직장에서는 이렇게 들고 다닌다."라고 말했다. 그러나 다시 물어보자, 그녀는 아주 오래전부터 서류나 신문, 잡지들을 버리기 힘들어한다고 했다. 그녀는 12세 때 그녀의 어머니가 오래된 장난감을 버렸을 때 이 모든 것이 시작됐다고 생각했다. 오랜 시간이 지난 지금, 래니의 아파트는 책과 필기도구, 공예품, 플라스틱 상자, 종이 박스 등 온갖 종류의 물건들로 가득 차 있다. 그녀는 터무니없다는 것을 알기는 했지만 이 물건들이 언젠가는 유용하게 쓰일지도 모른다고 말했다. 또한 그녀는 소유한 물건들 중 많은 것이 아름답고 유일하며 다른 것들과는 바꿀 수가 없는 것들이거나, 아니면 아주 강한 애착을 갖고 있는 것들이라고 표현했다. 이 물건들 중 하나라도 버리려는 생각만으로도 큰 고통을 느꼈다.

여러 차례에 걸친 면담 끝에 정신건강관리 전문가는 래니의 방이 그녀가 30대 초반이었을 때부터 채워지기 시작했고, 면담을 하는 지금은 생활할 만한 더 이상의 공간이 없다는 것을 알게 되었다. 주방은 물건들로 가득 차 버려서 복도의 종이 더미 사이에 겨우 소형 냉장고와 토스터기가 자리 잡고 있었다. 식사는 유일하게 있는 의자 하나에 겨우 앉아 할 수 있었다. 밤이 되면 종이 더미를 침대에서 의자로 옮겨 놓고 자야만 했다. 래니는 그녀가 일하고 있는 기부 중고품 할인 매장에서 계속 물건을 샀고, 나중에 읽을 생각으로 매일 무료 신문을 집에 들고 왔다.

그녀는 자신의 아파트 상태를 부끄러워했기 때문에 그녀의 행동에 대해 아무에게도 말하지 않았고, 적어도 15년 이상 아파트에 아무도 초대하지 않았다. 게다가 사람들과 사이도 좋고 외로움을 느낌에도 불구하고 사회생활이나 연애하는 것을 회피했는데, 그녀는 집에 아무도 초대할 수가 없다는 것을 알고 있었다. 그녀는 정신건강관리 제공자가 집에 방문하는 것을 원하지 않고 휴대 전화에 저장되어 있는 사진 몇 장을 보여 줄 뿐이었다. 사진 속에는 가구, 종이, 상자, 옷더미들이 바닥에서 천장까지 가득 차 있었다.

래니는 수집장애로 진단받았다. 그녀는 기억이 안 날 정도로 오랫동안 소유물을 버리는 데 문제가 있어 왔는데, 이 때문에 일상생활이 거의 불가능한 생활공간이 되어 버렸다.

치료

수집장애를 가진 사람들은 치료를 통해 물건을 수집하는 것을 줄일 수 있고, 그로 인해 더 안전하게 살아갈 수 있으며, 삶을 더 여유롭게 영유해 나갈 수 있다. 심한 수집 증상은 스스로 완전히 멈추는 것이 매우 어렵고 치료를 하더라도 지속되기도 한다. 이러한 증상은 정기적인 치료를 통해 줄어들 수 있다. 장애를 가진 사람들에게는 이 장 앞부분에 소개된 '건강한 마음과 건강한 신체' 생활 습관 조언이 도움이 될 수도 있다. 보통 수집 행동을 줄이기 위해 정신치료와 SSRI 계열 항우울제를 병용한다.

어떤 사람들은 집 안에 있는 잡동사니들을 '정리정돈'할 수 있도록 전문 도우미를 고용하여 도움을 받을 수도 있다. 수집하는 사람들은 모아 둔 물건들과 떨어지는 것을 굉장히 어려워하기 때문에 도우미를 신뢰해야만 한다. 수집은 정리를 끝낸 뒤에도 지속될 수가 있기 때문에 도우미는 이따금씩 집에 들러 집 안을 정돈해 주어야 한다.

기타 강박장애

털뽑기장애나 피부뜯기장애를 가진 사람들은 흔히 털을 뽑거나 피부를 뜯는 극단적인 행동에 대한 수치심을 느끼고 통제가 되지 않는다고 생각한다. 이들은 다른 사람들이 자신의 행동을 알아차릴까 봐 사교 모임이나 공공장소에 가는 것을 꺼려 하기도 한다. 또한 털을 뽑아 버려 더 이상 자라지 않거나 피부를 뜯어 상처 난 신체 부위를 가린다. 보통 털뽑기나 피부뜯기는 가족 이외에 다른 사람들 앞에서는 하려 하지 않는다. 이러한 행동은 심한 심리적 고통을 유발하거나 사회적, 업무적, 다른 기능적 측면들을 손상시킨다. 이러한 증상들이 또 다른 의학적 상태나 기타 정신장애에 의한 것이라면 이 장애들로 진단하지 않는다. 이 장애들은 치료받지 않는다면 수주, 수개월 혹은 수년까지도 나타났다 사라졌다를 반복할 수 있다. 여성에게서 더 흔하게 나타나는데, 털뽑기는 남성보다 여성에게서 10배 이상 더 많이 나타나고, 피부뜯기의 75%는 여성이다. 두 장애 모두 동시에 나타나기도 하고, 주요우울장애와 함께 나타나기도 한다.

털뽑기장애

털뽑기장애(hair-pulling disorder)를 가진 사람들은 주로 두피, 속눈썹, 눈썹 또는 다른 신체 부위에서 털을 뽑는데, 털이 자라나는 부위라면 어디든 뽑을 수 있다. 털이 뽑힌 자리는 시간이 지나면서 변화가 일어날 수 있다. 털뽑기장애를 가진 대부분의 사람들은 부분 탈모가 될 정도로 두피에서 털을 뽑고, 그 자리를 헤어스타일이나 스카프, 가발, 화장 등으로 가리려고 한다.

종종 이 행동은 목적이나 생각 없이 반사적으로 행해진다. 어떤 때에는 목적이 있거나 계획적일 수도 있다. 다음과 같은 증상들이 있을 때 털뽑기장애를 진단할 수 있다.

- 털이 없어질 정도로 자신의 털을 자주 뽑음
- 털 뽑기를 줄이거나 멈추기 위해 반복적으로 노력함

털 뽑기는 털의 성장이나 상태에 영구적인 손상을 줄 수도 있다. 털을 먹어서 삼킨 경우에는 위에 축적되어 빈혈(철분 저하), 복통, 오심, 구토, 위장관 폐쇄를 유발시키고, 극도로 심한 경우에는 위장관 파열까지도 가져올 수 있다.

치료는 약물과 인지행동치료를 병행할 수 있다. SSRI 계열 항우울제가 많이 쓰이는데, 털을 뽑으려는 충동을 완화시키는 데 도움을 준다. 정신치료를 통해 사람들은 자신이 털을 뽑고 있다는 것을 더 많이 인식할 수 있도록 배운다. 또한 습관 재교정 기법이 도움이 되기도 한다. 이것을 통해 털 뽑기를 대신해 공을 움켜쥐는 것과 같이 덜 해로운 행동으로 대체하는 것을 배운다. 어떤 사람들은 장갑을 끼거나 모자를 써서 털 뽑기를 막는 것이 도움이 될 수 있다.

피부뜯기장애

피부뜯기장애(skin-picking disorder)를 가진 사람들은 보통 피부를 뜯고, 문지르고, 긁는다. 이들은 건강한 피부, 뾰루지, 굳은살, 상처딱지를 뜯어내기도 한다. 이 장애를 가진 많은 사람이 피부를 뜯거나, 이것에 대해 생각하거나, 충동을 억지로 참아 내려고 하는 데에 하루에 적어도 1시간 이상을 소비한다.

얼굴, 팔, 손이 가장 흔히 뜯게 되는 부위지만, 신체 어느 부위라도 피부 뜯기를 하기도 하고, 한 부위 이상에서 나타나기도 한다. 그 과정에서 손톱, 칼, 핀셋, 머리핀을 쓰기도 한다. 피부를 뜯어내다 보니 상처가 나고, 주요 조직의 손상까지 입으며, 피부나 혈액 감염과 같은 의학적 문제까지 발생한다.

피부 뜯기는 10대 동안에 가장 흔하게 시작하고 여드름이 증상의 방아쇠가 될 수 있다. 피부 뜯기는 불안하거나 지루할 때 나타난다. 피부를 뜯을 때 안도감을 느끼고 즐거움도 생긴다. 하루에 수시간 동안 지속될 수 있다. 다음과 같은 증상들이 있을 때 피부뜯기장애를 진단할 수 있다.

- 잦은 피부 뜯기로 인해 피부에 상처나 염증이 생김
- 피부 뜯기를 줄이거나 멈추기 위해 반복적으로 노력함

피부를 뜯는 데 많은 시간을 허비하다 보니 이 장애를 가진 사람들은 직장이나 학교, 사회생활을 하는 데 시간을 놓치거나 지각하는 경우가 많다고 보고한다. 증상으로 인해 직업이나 학업에 집중을 못하게 된다.

피부뜯기장애 치료는 털뽑기장애와 비슷하다. SSRI 계열 항우울제가 충동을 줄이고

뜯기를 통제하는 힘을 길러 준다. 치료를 통해 사람들은 자신의 뜯는 행동을 더 잘 인식하고 어떻게 멈춰야 하는지를 배우게 된다.

요점 정리

- **강박장애**를 가진 사람들은 고통스러운 공포, 걱정, 충동, 생각(강박사고)으로 가득 차 있다. 이렇게 원하지 않는 강박사고를 다루기 위한 강렬한 시도로써 반복적인 행동(강박행동)이 흔하게 동반된다.
- 이 장애를 가진 사람들은 보통 강박사고와 강박행동에 지배당하게 된다. 반복 행동들과 극심한 걱정들은 삶을 앗아 가 버리고 사회적인 관계와 학업 혹은 업무적 기능에 손상을 가져온다.
- 이 장애를 가진 사람들은 보통 비슷한 치료를 받게 된다. 여기에는 항우울제와 **인지행동정신치료**('면담치료')가 있다. 대부분의 사람이 치료를 통해 만족스러운 삶을 온전히 누릴 수 있게 된다.
- 인지행동치료는 이 장애를 가진 사람들이 스스로 증상을 완화시킬 수 있는 방법을 터득하게 돕는다. 이 장애를 치료하기 위해 처방되는 대부분의 약물이 선택적 세로토닌 재흡수 억제제(SSRIs)라고 알려져 있는 항우울제이다.
- 올바른 생활 습관을 유지하는 것이 병을 극복하는 데 중요하다. 스트레스와 불안을 경감시키기 위한 기초적인 이완기법을 배우기, 위험 신호에 주의를 기울이기, 증상을 악화시킬 수 있는 남용 약물이나 알코올 피하기가 도움이 될 것이다.

- 외상후 스트레스 장애(Posttraumatic Stress Disorder)
- 급성 스트레스 장애(Acute Stress Disorder)
- 적응장애(Adjustment Disorder)
- 지속적 비탄장애(Prolonged Grief Disorder)
- 기타 외상 및 스트레스 장애
    - 반응성 애착장애(Reactive Attachment Disorder)
    - 탈억제성 사회적 유대감 장애(Disinhibited Social Engagement Disorder)

제7장 외상 및 스트레스 장애

정신적 외상 사건이란 사람들이 직접 경험하거나 목격하게 되는 매우 고통스러운 것들을 말한다. 그 사건에서 살아남거나 사랑하는 사람이 겪었다는 사실을 알게 된 친구나 가족들은 분노하고 두렵고 고통을 겪게 된다. 스트레스는 우리가 일상적으로 경험하는 것이며 긴장감이나 압박감이 동반된다. 어떤 사람들의 경우에는 심한 스트레스에 압도당해서 대처할 수가 없다는 느낌을 겪게 된다.

남성의 약 60%, 여성의 약 50%가 평생에 한 번 이상 사고, 신체적 폭행, 성적 학대, 자연재해, 전쟁과 같은 외상 사건을 경험한다. 모든 연령의 사람이 외상에 대해서 다양한 형식으로 반응한다. 보통 깊은 슬픔에 빠지거나 놀라거나 죄책감, 수치심 혹은 분노와 같이 강한 감정들을 경험한다. 어떤 사람들은 감정이나 에너지조차 상실하게 된다. 그러한 느낌들은 시간이 지나면서 약화될 수 있지만, 어떤 사람들에게는 수주, 수개월 혹은 수년에 걸쳐 문제들이 더욱 지속적으로 발생하기도 한다. 천재지변을 겪은 사람들 중 약 30%가 정신적 혹은 정서적 증상을 보이고, 강간, 성적 학대를 경험한 여성의 약 30%가 그러한 증상을 보인다.

외상 및 스트레스 장애는 그 사람을 압도시키는 사건이나 상황 때문에 유발된다. 외상 후 스트레스 장애와 급성 스트레스 장애는 악몽, 플래시백, 생생하게 고통스러운 기억들과 같이 괴로운 증상들을 유발시키는 외상 사건으로 인해 발생한다. 적응장애는 이혼이나 파산, 배우자의 외도와 같이 생명을 위협할 정도는 아니지만 스트레스 생활 사건들에 대한 반응이다.

지속적 비탄장애는 DSM-5-TR에서 새로 추가된 진단이다. 사랑하는 사람이나 중요한 사람의 죽음 이후 극심하고 고통스럽게 비탄이 지속(1년 이상)되면 비탄에 빠진 사람의 기능에 지속적인 문제가 발생할 수 있다.

이 장에 소개되는 다음 두 가지 장애는 아동에게서만 진단할 수 있다. 반응성 애착장애와 탈억제성 사회적 유대감 장애는 학대나 방임을 경험했던 아동들에게서 나타날 수 있고, 두 장애 모두 평생에 걸쳐 영향을 주게 된다.

외상후 스트레스 장애

외상후 스트레스 장애(Posttraumatic Stress Disorder: PTSD)를 가진 사람들은 외상으로 인한 결과로 여러 형태의 증상을 보인다. PTSD 증상은 사람마다 다양하게 나타난다. 어떤 사람은 슬프거나 두려움에 빠진 것처럼 보이지는 않지만 분노, 부주의함, 감정 조절의 어려움, 사회적 철수, 신경과민, 건망증, 사람들과 대화하고 어울리기 어려워하는 증상이 나타나기도 한다. PTSD는 1개월 이상 증상들이 지속적으로 나타날 때 진단할 수 있다.

PTSD 진단을 하기 위해서는 외상을 실제적이거나 혹은 위협적인 죽음, 심각한 부상, 성폭력(강간 등)과 같은 사건들이어야 한다. 그러한 외상이 가족이나 가까운 친구에게 일어났다는 사실을 알게 됐을 때에도 진단을 할 수 있다. 가족이 자연사했다는 사실(가령, 심장마비)을 알게 된 것으로는 PTSD 진단 기준에 부합되지 않지만, 폭력이나 사고로 인한 가족의 죽음을 알게 됐을 때에는 진단을 할 수 있다. 뉴스에 나오는 테러 공격을 시청하는 것은 진단 기준에 부합하지 않는다. 전쟁에서 돌아온 군인들뿐만 아니라 다른 외상 사건을 경험한 남성, 여성, 아동 모두가 발병할 수 있다.

보통 PTSD를 가진 사람들은 마치 그 사건이 다시 일어나고 있는 것처럼 보거나 느끼거나 듣거나 냄새 맡는 것들이 반복적으로 떠오르는 갑작스럽고 고통스러운 기억들로 인하여 경험을 다시 되살리기도 한다. 고통스러운 꿈, 극심한 두려움, 무력감, 공포, 악몽, 수면 문제, 멀어지거나 소원해지는 느낌들을 경험하기도 한다. 장면, 소리, 다른 상황들이 증상을 유발시키고, 종종 이러한 유발 인자들을 회피하려고 한다. 외상을 겪은 피해자의 약 30~50%까지 PTSD가 발병한다.

이 장애를 가진 어떤 사람들은 생각과 기분에 변화가 생긴다. 이들은 "내게는 항상 나쁜 일만 일어날 거야." "내 인생은 망가졌어." "나는 다시는 아무도 믿지 못할 거야."라며 자기 자신이나 다른 사람들 혹은 미래에 대해서 부정적인 표현을 하기도 한다. 이들은 외상에 대해 자책하거나 타인을 비난한다. PTSD는 삶의 질 감소, 건강 문제, 사회적 관계와 가족 관계의 빈곤, 학업과 직장에서의 낮은 성공 수준과 연관된다.

PTSD는 어느 연령대에서든지 발병할 수 있다. 증상은 보통 외상 이후 3개월 이내에 나타나기 시작하지만, 그 이후에 나타날 수도 있다. 흔히 PTSD를 가진 사람들은 처음에는 1개월 이상 증상이 지속되지 않는 급성 스트레스 장애 진단 기준에 해당하는 외상에 대한 반응을 보이기 시작한다. PTSD를 가진 성인의 약 절반이 3개월 이내에 완전히 회복되는 반면, 일부는 증상이 1년 이상 지속되고 가끔씩 50년 이상 지속되는 경우도 있다.

아동들 또한 PTSD가 발병할 수 있고, 외상 사건 이후 처음에는 안절부절못하거나 혼돈된 모습을 보인다. 또한 강렬한 두려움과 슬픔을 나타내기도 한다. 종종 놀이를 하면서 아동들이 겪었거나 목격했던 외상을 반영하여 나타내기도 한다. DSM-5-TR에서는 이 장애를 가진 6세 이하의 아동들에게서 보이는 특이 증상들을 찾을 수 있도록 가이드라인을 제시하고 있다.

외상후 스트레스 장애란

다음과 같은 증상들이 성인, 청소년, 6세 이상의 아동들에게 있을 때 PTSD를 진단할 수 있다(6세 이하의 아동에 대한 증상은 뒤이어 소개됨).

- 위협적이거나 실제 죽음, 심각한 부상, 성폭력에 다음과 같은 방식 가운데 한 가지 이상으로 노출됨
  - 외상 사건을 직접 경험함
  - 그 사건이 다른 사람들에게 일어난 것을 직접 목격함
  - 가족이나 가까운 친구에게 외상 사건이 일어난 것을 알게 됨. 가족이나 친구에게 위협적이거나 실제 죽음이 있었을 때 그 사건은 폭력적이거나 사고로 발생한 것이어야 한다.
  - 외상의 끔찍한 세부 사항에 반복해서 노출됨(변사체를 처리하는 의료인 혹은 아동 학대 사례의 세부 사항에 노출되는 경찰관). 일과 관계된 것이 아닌 한 컴퓨터, TV, 영화, 사진을 통해 사건을 보는 것은 적용되지 않는다.

- 외상 사건 이후 1개월 이상 동안 다음의 침습 증상들 중 한 가지 이상이 나타남
  - 외상 기억이 예고 없이 회상되어 고통을 겪는다(일상생활 속으로 '침습한다'). 6세 이상의 아동에게서는 외상 사건의 주제 또는 양상이 반복적인 놀이로 나타날 수 있다.
  - 외상과 관련된 느낌이나 세부 사항들을 의미하는 악몽(아동에게서는 무서운 꿈이 외상과 분명하게 연관된 내용이 아닐 수도 있다.)
  - 마치 외상이 다시 일어나고 있는 것처럼 느끼거나 행동하게 만드는 플래시백(아동에게서는 놀이를 통해 표현될 수도 있다.)
  - 물건이나 소리, 장면과 같이 외상의 일부 측면을 반영하여 나타내는 생각, 기억 혹은 단서에 노출되었을 때 겪게 되는 극심하거나 지속적인 고통
  - 물건이나 소리, 장면과 같이 외상의 일부 측면을 반영하여 나타내는 생각, 기억 혹은 단서에 대한 신체적 반응(예: 빠른 심장박동, 어지러움, 발한)
- 사건을 떠올리게 하는 어떤 것이든 이에 대한 회피가 1개월 이상 다음과 같은 증상들로 한 가지 혹은 두 가지 모두 나타남
  - 사건에 대한 기억, 생각, 느낌을 피하거나 피하려고 노력함
  - 사건을 떠올리게 하는 환경이나 일들(예: 사람, 장소, 사물, 대화)을 피하거나 피하려고 노력함
- 외상 이후 다음과 같은 믿음과 감정의 부정적인 변화가 최소한 두 가지에서 1개월 이상 나타나기 시작하거나 악화됨
  - 사건의 중요한 부분을 회상할 수가 없음(두부 외상이나 알코올, 남용 약물 때문이 아님)
  - 자신과 타인, 세상에 대해 반복적이고 극단적이며 부정적으로 믿음("나는 나쁜 사람이다." "아무도 믿을 수 없다.")
  - 외상의 원인이나 결과에 대해 왜곡된 생각이 지속적으로 나타나 자신이나 타인을 비난하게 됨
  - 반복적이고 지속적인 두려움, 공포, 분노, 죄책감, 수치심
  - 이전에 즐겨 하던 활동에 대해 흥미가 크게 감소하거나 참여하지 않음
  - 다른 사람들과 동떨어지거나 소원해지는 느낌
  - 종종 긍정적이거나 행복한, 만족스럽거나 사랑하는 감정을 느낄 수 없음

• 외상 이후 각성(긴장하는 것)과 반응에서 최소한 두 가지 이상의 주요한 변화가 1개월 이상 나타나거나 악화됨
  – 종종 짜증이나 분노 폭발(자극하지 않았을 때에도)이 사람이나 사물에 대하여 언어적 혹은 신체적 분노로 나타남
  – 부주의하거나 자기–파괴적인 행동
  – 과잉경계(위협이나 위험에 대해 크게 경계함, 지속적으로 주변 환경을 살핌)
  – 큰 소리나 갑작스러운 일에 깜짝 놀람
  – 생각에 집중을 하거나 주의를 유지하는 데 문제가 있음
  – 수면에 문제가 생김(잠들기 어렵거나, 거의 잠을 못 잠, 깊은 잠을 못 잠)

이러한 증상들은 큰 고통을 유발하고 사회적, 업무적 혹은 다른 기능적 측면에 손상을 가져온다. 이러한 증상들은 남용 약물이나 알코올, 치료 약물, 또 다른 의학적 상태에 의한 것이 아니다. PTSD를 가진 사람들 중 일부에서는 **해리 증상**을 보인다. 마치 꿈에서 그러는 것처럼 자신의 몸 바깥에서 외부 관찰자가 되어 자신의 생각이나 몸을 보는 것처럼 느낀다. 또한 자신을 둘러싼 세상이 비현실적이고, 몽환적이고, 동떨어져 있는 듯이 느낀다. 해리 증상은 플래시백을 동반하기도 하고, 외상 사건의 중요한 측면들을 회상하기 어려울 수 있다(앞의 진단 기준에 명시된 바와 같음).

6세 이하 아동의 외상후 스트레스 장애란

다음과 같은 증상이 있을 때 6세 이하 아동의 PTSD를 진단한다.

• 위협적이거나 실제 죽음, 심각한 부상, 성폭력에 다음과 같은 방식 가운데 한 가지 이상으로 노출됨
  – 외상 사건을 직접 경험함
  – 그 사건이 부모나 중요한 양육자와 같은 사람들에게 일어난 것을 직접 목격함 (컴퓨터, TV, 영화, 사진을 통해 보는 것은 해당되지 않음)
  – 부모나 양육자에게 외상 사건이 일어난 것을 알게 됨
• 외상 사건 이후 1개월 이상 다음의 침습 증상들 중 한 가지 이상이 나타남
  – 외상 기억이 예고 없이 회상되어 고통을 겪음(일상생활 속으로 '침습함', 갑작스

렵게 떠오르는 기억이 어떤 아동들에게는 고통이 되지 않을 수도 있고, 어떤 아이들에게는 놀이를 통해 표현될 수도 있다.)

–외상과 관련된 느낌이나 세부 사항들을 나타내는 악몽(아동에게서는 무서운 꿈이 외상과 명백하게 연관된 내용이 아닐 수도 있다.)

–마치 외상이 다시 일어나고 있는 것처럼 아동이 느끼거나 행동하게 만드는 플래시백(아동에게서는 놀이를 할 때 표현될 수도 있다.)

–물건이나 소리, 장면과 같이 외상의 일부를 나타내는 생각, 기억 혹은 단서에 노출되었을 때 겪게 되는 극심하거나 지속적인 고통

–물건이나 소리, 장면과 같이 외상의 일부를 나타내는 생각, 기억 혹은 단서에 대한 신체적 반응(예: 빠른 심장박동, 어지러움, 발한)

• 다음 증상들 중 최소한 한 가지 이상이 나타나고, 여기에는 외상을 떠올리게 하는 것들을 반복적으로 피하려고 하거나 생각과 기분에 있어서 부정적인 변화를 나타내는 증상들이 있다. 이러한 증상들은 외상 이후에 시작되거나 악화되고 1개월 이상 지속된다.

–사건에 대한 기억을 다시 떠올리게 하는 활동이나 장소, 사물을 피하거나 피하려고 노력함

–사건을 떠올리게 하는 사람들이나 대화, 상황을 피하거나 피하려고 노력함

–공포, 죄책감, 슬픔, 수치심, 혼란스러운 감정들이 더 자주 나타남

–이전에 좋아하던 활동에 대한 관심이 크게 줄거나 참여하지 않음. 예를 들면, 놀이를 덜 함

–다른 사람들로부터 철수하려고 함

–좀처럼 행복하거나, 긍정적이거나, 사랑의 감정을 보이지 않음

• 외상 이후 각성(긴장하는 것)과 반응에서 최소한 두 가지 이상의 주요한 변화가 1개월 이상 나타나거나 악화됨

–종종 짜증이나 분노 폭발(자극하지 않았을 때에도)이 사람이나 사물에 대하여 언어적 혹은 신체적 분노로 나타남(극심한 분노 발작처럼)

–과잉경계(위협이나 위험에 대해 크게 경계함, 지속적으로 주변 환경을 살핌)

–큰 소리나 갑작스러운 일에 깜짝 놀람

–생각에 집중을 하거나 주의를 유지하는 데 문제가 있음

–수면에 문제가 생김(잠들기 어렵거나, 거의 잠을 못 잠, 깊은 잠을 못 잠)

이러한 증상들은 큰 고통을 유발시킨다. 부모와 형제자매, 친구 혹은 양육자와의 관계에 문제가 생기고, 학교생활에 악영향을 미친다. 이러한 증상들은 남용 약물이나 알코올, 치료 약물 혹은 또 다른 의학적 상태에 의한 것이 아니다. PTSD를 가진 일부 아동들은 해리 증상을 경험할 수 있다. 마치 꿈에서 그러는 것처럼 자신의 몸 바깥에서 외부 관찰자가 되어 자신의 생각이나 몸을 보는 것처럼 느낀다. 또한 자신을 둘러싼 세상이 비현실적이고 몽환적이며 동떨어져 있는 듯이 느낀다. 아동에게서 나타나는 해리 증상은 플래시백으로 나타나기도 한다(앞의 진단 기준에서 기술됨).

위험 요인

PTSD의 위험 요인은 세 가지 범주로 나눌 수 있다. 외상전(외상을 겪기 전), 외상중(외상을 겪고 있는 시기), 외상후(외상을 겪은 이후)가 그것이다. 아동에게는 사회적 지지와 안정적인 가족이 이 장애의 위험을 경감시키고 예방하는 데 도움이 된다.

외상전 요인

- 기질 6세 이전 아동기 시절 정서적 문제, 잦은 불안이나 우울, 공황장애나 주요우울장애, 물질 사용장애, 강박장애와 같은 정신장애의 과거력이 이 장애의 위험을 증가시킨다.
- 환경 낮은 경제적 수입과 교육 수준, 과거 외상이나 이혼, 가족의 사별과 같은 배경, 정신건강 문제나 물질 사용과 같은 가족력이 위험을 증가시킨다.
- 유전 PTSD를 겪은 적이 있는 가까운 친족(부모나 형제 등)을 가진 사람은 외상성 사건 이후 이 장애에 대한 위험이 증가한다.

외상중 요인

- 기질 외상중 혹은 외상 이후에 해리 증상, 공포 혹은 공황발작을 경험한 사람들은 위험이 증가한다.
- 환경 그 사건이 생명에 위협을 가한 정도에 따라, 자신에게 가해진 위해의 정도에 따라, 사람들 사이의 폭력 여부에 따라 그 정도의 심각성에 기반하여 PTSD가 발생

할 확률이 높아진다. 예를 들어, 부모에게 학대를 받은 아동, 전우의 죽음을 목격한 군인의 위험이 증가한다.

외상후 요인

- 기질　건강한 대처 기술이 없거나 급성 스트레스 장애가 발생한 사람의 위험이 크다.
- 환경　주위에 지속적으로 사건을 상기시키는 요인이 있거나, 일상적인 스트레스가 많거나, 삶의 위기가 닥치거나, 외상으로 인해 재정적 혹은 다른 손실이 있는 경우 PTSD의 위험이 증가한다. 성인에서 인종차별은 증상의 지속성과 연관된다.

자레드 이야기

35세 기혼 남성인 자레드는 장교로 복무하던 아프가니스탄에서 귀향한 군인이다. 그는 '쉽게 화를 내고 흥분을 잘한다.'라는 것 때문에 재향군인 정신건강의학과 외래 클리닉을 방문하였다.

자레드의 증상은 깜짝 놀랐을 때 분노 조절이 되지 않고, 죽음과 연관된 사건에 대한 지속적인 생각과 기억, 매주 전쟁 악몽을 생생하게 꾸면서 불면증, 불안에 시달리고, 이전에 친구들과 즐기곤 했던 취미에도 흥미가 사라져 버린 것이다.

비록 이 모든 증상이 매우 고통스럽기는 했지만, 자레드는 극도의 분노에 대해서 걱정을 많이 했다. '쉽게 폭발해 버리는 성질' 때문에 운전 중 끼어드는 차만 보면 싸우게 되고, 호텔에서 체크아웃하러 줄 서 있다가 낯선 사람이 너무 가까이 서 있게 되면 욕을 하고, 어쩌다가 동료가 그를 놀래키면 곧바로 '공격 모드'로 돌변했다. 최근에 의사에게 진료를 받으면서 검진 침대 위에서 잠들어 버리기도 했다. 간호사가 발을 스치며 지나가자 그는 놀라 자빠지면서 그녀에게 욕을 하며 험악하게 굴었다. 이 때문에 간호사와 자레드 모두 겁을 먹기도 했다.

그는 남을 해칠 생각이 아니라 자신을 보호한다며 차에 권총을 두고 있었다. 그는 험악해지는 상황 뒤에는 깊은 후회에 빠졌고, 실수로 누군가를 해칠지도 모른다는 걱정을 했다.

이러한 순간들은 그가 경계 초소에서 근무를 서던 군복무 시절을 떠올리게 했다. 그가 졸고 있을 때, 적군의 박격포탄이 떨어져 기절초풍했었다.

자레드는 중서부 지역의 농가 가정에서 태어나 겨우 먹고 살 정도이기는 하였지만 화목한 가족 가운데에서 자라났다. 20세가 되자 그는 미 육군에 입대하였고, 아프가니스탄에 파병되었다.

그는 자신이 군복무 전에는 낙천적이고 행복한 사람이었다고 말했다. 기초 훈련을 받으며 아프가니스탄에서 보낸 첫 몇 주는 즐거운 시간들이었다. 그의 전우 중 한 명이 죽기 전까지는 그랬다. 그 당시 그가 온통 신경 썼던 것은 누군가를 죽이게 될지라도 절친한 친구와 함께 집에 살아 돌아가는 것이었다. 그가 말하기를 천하태평이었던 농장 소년에서, 겁 많고 과잉보호를 하는 군인으로 성격이 변했다고 했다.

시민으로 돌아온 후, 대학을 졸업하고 경영학 대학원 학위를 받았다. 그는 혼자서 일을 하고 싶었기 때문에 배관공 자영업을 선택했다. 결혼한 지 7년이 되었고, 두 딸의 아버지가 되었다. 은퇴한다면 목공이나 독서를 하면서 '평화롭고 조용한' 생활을 하기를 바랐다.

자레드는 외상후 스트레스 장애로 진단받았다. 그는 주로 공포심과 누군가 때문에 깜짝 놀랄 때 터져 나오는 공격성을 걱정했다. 자레드는 초조하고 항상 위험이 있지는 않은지 경계했다. 게다가 침습적인 기억들, 악몽, 플래시백을 경험하고 있었다.

자레드는 갈등이 생길 만한 상황을 만들지 않으려고 사회생활이나 업무적인 기회들을 축소시켜 버렸다. 예를 들어, 경영학 석사를 딴 것을 활용하기보다 배관공이 되기로 결정한 것은 대부분 그가 사적인 공간을 관리하고 싶은 노력 때문인 것처럼 보였다.

치료

PTSD를 가진 사람들은 단계별로 다른 형태의 도움을 필요로 한다. 어떤 사람들은 가족이나 친구, 목회자의 도움으로 회복한다. 그러나 실제로 많은 사람이 정신건강치료를 필요로 한다. 정신건강의학과 의사나 다른 정신건강관리 제공자가 PTSD로 인한 고통을 성공적으로 치료한다. 여러 치료 방법이 외상과 고통을 헤쳐 나가며 이러한 장애를 가진 사람들을 돕는 데 사용된다(자세한 사항은 제20장 '치료요점'을 참고하시오). 약물치료와 정신치료를 단독으로 하는 것보다 함께 하는 것이 더 효과적이다.

- 약물치료　파록세틴이나 설트랄린과 같이 선택적 세로토닌 재흡수 억제제(SSRI) 항우울제가 악몽, 플래시백과 같은 PTSD 증상들을 치료하는 데 도움이 된다.
- 인지행동치료(CBT)　이러한 형식의 정신치료는 이완기법을 통해 고통스런 행동패턴과 침습적인 생각들을 교정하는 데 초점을 맞춘다. 인지행동치료는 문제를 일으

키는 생각들을 정확히 집어내어 살펴본 뒤에 도전할 수 있도록 한다.

- 인지처리치료(Cognitive Processing Therapy: CPT)　이러한 형식의 치료는 트라우마로 인해 생겨난 괴로운 생각들, 가령 죄책감이나 일어난 일에 대한 비난과 같은 것들을 어떻게 생각하고 바꿔야 할지 가르쳐 준다. CPT는 이렇게 괴로운 생각들을 다루는 새로운 방식을 가르쳐 준다. CPT를 통해 PTSD를 가진 사람들은 외상에 대해 더 유익한 방식으로 생각할 수 있도록 판단하는 데 도움을 주는 기술을 배운다.
- 지속적 노출치료　이러한 형식의 인지행동치료는 신중하게 반복하는 구체적인 외상의 재현(노출)을 통해 안전하고 통제된 환경에서 증상을 '유발'한다. 이를 통해 생존자가 외상으로 인한 극도의 두려움과 고통을 직면하고 통제할 수 있도록 돕는다. 어떤 경우에 외상 기억을 한꺼번에 직면시킬 수도 있다('홍수기법'이라고 함). 또 어떤 경우에는 가장 심한 외상은 천천히 작업해 나가는 것이 더 나을 수도 있고, 아니면 외상을 한 번에 하나씩 해결해 나갈 수도 있다('탈감작'이라고 함).
- 안구운동 민감소실 및 재처리요법(Eye Movement Desensitization and Reprocessing: EMDR) EMDR은 외상과 관련된 괴로운 기억과 생각, 감정을 처리하는 데 도움을 주는 정신치료의 일종이다. 마음속에 괴로운 기억을 떠올리면서 왔다 갔다 하는 움직임이나 소리에 집중하게 된다. 이 접근 방식은 이러한 경험을 처리하는 데 변화를 일으켜 PTSD를 가진 사람의 증상 완화에 도움이 될 수 있다.

서비스 제공자와 가족을 위한 조언: PTSD에 대처하기

그것에 대해 이야기하기

- 가족 구성원으로부터 도움을 구한다.
- 비슷한 상황을 경험한 적이 있는 다른 서비스 제공자에게 말한다.
- 정신건강관리 제공자(일대일이든 가족과 함께이든)에게 말한다. 부록 B의 '유용한 자원들'을 참고하여 'Give an Hour(무료전문상담서비스)'와 같은 지원 서비스를 찾아본다.
- 당신이 신뢰하거나 존경하고 있는 사람들에게 조언을 구한다.

균형을 찾기

- 과음을 하는 것과 같은 극단적인 행동들은 피한다.
- 지지적이고 긍정적인 사람들을 찾는다.

자신을 돌보기

- 운동, 적당한 휴식, 균형 잡힌 식단과 같은 올바른 생활 습관을 들인다.
- 음주와 남용 약물을 피한다. 이것들은 증상에 도움이 되지 않을 뿐더러, 단기간 동안 그저 증상을 감추어 줄 뿐이다.

사랑하는 사람을 돌보기

- 사랑하는 사람, 자녀, 가족과 더 많은 시간을 보낸다.
- 가족은 자신의 문제를 극복해 낼 수 있도록 더욱 힘을 보태어 준다.

자신에게 휴식 시간을 주기

- 고통스러운 뉴스나 폭력적인 영화, 게임 등에 덜 노출되도록 한다.
- 당신이 즐겨 하는 것에 더 많은 시간을 투자한다.

다른 사람들을 돕기

- 외상을 이겨 나가고 있는 다른 서비스 제공자들이나 가족에게 도움을 제공한다.
- 다른 사람을 돕는 것 또한 PTSD를 대처해 나가는 데 도움이 될 것이다. 당신이 기꺼이 할 수 있는 자원봉사를 찾아서 참여한다.

추가적인 도움

다음 자료들에 대해 국가PTSD센터 웹사이트(www.ptsd.va.gov)를 찾아보시오.

- PTSD와 효과적인 치료에 대한 충분한 이해
- PTSD 앱과 동영상과 같은 자조 도구
  - 슬픔, 불안, 기타 증상들을 대체하기 위한 자원 제공
  - 스트레스를 받을 때 이완시키는 데 도움을 주고, 기분을 개선시키며, 어려운 문제를 해결하는 방법을 배울 뿐만 아니라 생각하는 방식을 변화시키는 데 도움을 줌

외상을 극복하는 아동을 위한 조언

아동이 외상이나 스트레스 사건을 경험했을 때, 보통 다시 또 일어날까 두려움에 빠진다. 부모는 자녀들이 지지받고 안정감을 느끼도록 다음과 같은 방식으로 도울 수 있다.

- 나쁘거나 무서운 사건 이후 혼란스러운 느낌은 정상이라고 알려 준다.
- 어떻게 느끼고 있는지를 표현하도록 해 준다. 이들의 감정을 무시하거나 가볍게 여기면 안 된다.
- 식사 시간과 등교와 같이 가능한 한 정상적인 일상으로 돌아오도록 해 준다.

이런 경우 일찍 치료를 시작하고 도움을 받는 것이 필수적이다. 일대일로 혹은 가족과 함께 정신치료를 받음으로써 아동이 사건에 대해서 말하고, 놀고 그리고 쓸 수 있도록 해 주고, 공포심을 극복할 수 있도록 해 준다.

부모가 옆에서 귀 기울여 주고, 관심을 갖고, 사랑하고, 함께 시간을 보내 준다는 것을 아는 것만으로도 아동에게는 도움이 된다. 미국 아동청소년정신과협회(The American Academy of Child and Adolescent Psychiatry; www.aacap.org)에서는 인생의 위기를 극복하고자 하는 가족을 위해 여러 자원을 제공해 줄 뿐만 아니라, 가까운 소아청소년 정신건강의학과 의사를 찾을 수 있도록 돕는다. 웹사이트에는 폭력적이거나 자극적인 TV 영상물을 피한다든지, 아동이 안전하다고 느낄 수 있도록 계획적인 일상을 지낸다든지와 같이 유용한 정보들을 담고 있다.

건강한 마음과 건강한 신체

몸과 마음의 건강을 챙기는 것은 외상 사건으로 인한 스트레스와 불안을 줄이는 데 많은 도움이 된다. 다음과 같은 몇 가지 생활 습관의 변화를 통해 도움을 받을 수 있다.

- **가족, 친구들과 지속적으로 연락하며 지낸다.** 당신이 PTSD를 극복해 나갈 때 정서적 지지를 줄 수 있는 사랑하는 사람과 대화하고 만날 수 있도록 연락하며 지내도록 노력한다.
- **외상 생존자들의 지지 모임에 참여한다.** 그룹 치료나 토론 그룹을 통해서 비슷한 사건을 경험한 생존자들이 외상에 대한 서로의 경험과 반응을 공유하는 것을 통해 힘을 얻을 수가 있다. 그룹 구성원들은 많은 사람이 같은 일을 겪었을 것이고, 같은 감정을 느낀다는 것을 깨달을 수 있도록 서로에게 도움을 준다(부록 B '유용한 자원들'을 참고하시오).
- **운동을 한다.** 걷기나 조깅, 자전거 타기, 근력 운동과 같은 대부분의 신체 활동이 기분을 끌어 올리고, 긴장을 완화시키며, 자기존중감을 향상시킬 수 있다.
- **남용 약물과 알코올을 피한다.** PTSD 증상으로 고통받는 많은 사람이 증상을 줄이기 위해 알코올과 남용 약물에 의지한다. 하지만 이는 증상을 악화시킬 뿐만 아니라 성공적인 치료도 방해하게 된다.

급성 스트레스 장애

급성 스트레스 장애(acute stress disorder)는 외상 사건을 겪은 이후에 일부 사람들에게서 발생한다. 급성 스트레스 장애를 일으키게 되는 외상 사건이란 PTSD를 일으키는 외상 사건과 동일하다. 여기에는 위협적이거나 실제 죽음, 심각한 사고, 난폭한 사람의 공격, 성폭력 혹은 성추행, 자연재해, 전쟁이 포함된다. 급성 스트레스장애 증상은 PTSD보다는 짧은 기간 동안 지속된다.

외상 사건은 불안과 두려움, 무력감 또는 무서움 같은 강렬한 느낌을 유발시킨다. 급성 스트레스 장애를 가진 사람들은 종종 외상이 되풀이되는 것처럼 경험한다. 이들은 자신의 반응에 극도의 죄책감을 느끼거나, 외상을 빨리 극복하지 못하는 것에 수치심을 느끼거나, 앞으로 있을 것 같은 피해에만 초점을 맞추기도 한다. 어떤 사람들은 해리 증상을 겪기도 한다. 멍해지거나 혼란스럽거나 자신으로부터 동떨어지는 듯이 느낀다. 그들은 일이 느린 동작으로 이루어지고 있는 것처럼 느끼기도 한다.

이 장애는 외상 사건을 경험한 지 3일에서 1개월 동안 지속된다. 증상이 1개월 이상 지속된다면 PTSD로 발전하기도 한다. 연구에 따르면, 급성 스트레스 장애를 가진 사람들 중 약 50%가 PTSD로 갈 수 있다. 나머지 사람들에게 스트레스 반응은 1개월 뒤면 사라지게 된다.

급성 스트레스 장애를 겪는 사람들의 비율은 외상의 종류에 따라 다양하다. 신체적 피해(가령, 자동차 사고나 심한 화상)를 동반하지 않은 외상의 생존자들은 20% 미만에서 발생한다. 폭력이나 강간, 무차별 총격 사건의 생존자들 중에서는 19~50%로 더 높은 비율로 발병한다.

여성이 남성보다 더 많은 비율로 급성 스트레스 장애를 진단받는다. 이렇게 여성에게서 더 높은 비율로 나타나는 것은 여성에게 가해지는 폭력이 더 자주 발생하기 때문이기도 하다.

급성 스트레스 장애란

다음과 같은 증상들이 있을 때 급성 스트레스 장애를 진단할 수 있다.

- 위협적이거나 실제 죽음, 심각한 부상, 성폭력에 다음과 같은 방식 가운데 한 가지 이상으로 노출됨
  - 외상 사건을 직접 경험함
  - 그 사건이 다른 사람들에게 일어난 것을 직접 목격함
  - 가족이나 가까운 친구에게 외상 사건이 일어난 것을 알게 됨. 가족이나 친구에게 위협적이거나 실제로 죽음이 있었을 때, 그 사건은 폭력적이거나 사고로 발생한 것이어야 한다.
  - 외상의 끔찍한 세부 사항에 반복해서 노출됨(변사체를 처리하는 의료인 혹은 아동 학대 사례의 세부 사항에 노출되는 경찰관). 일과 관계된 것이 아닌 한 컴퓨터, TV, 영화, 사진을 통해 사건을 보는 것은 적용되지 않는다.
- 다음에 기술된 다섯 가지 증상군들 중 최소한 아홉 가지 이상의 증상들이 나타남. 증상들은 외상 사건 이후에 시작되거나 악화된다. 외상 이후 최소한 3일 이상, 1개월 이내로 증상들이 지속된다.

침습 증상

- 외상 기억이 예고 없이 회상되어 고통을 겪는다. 아동에게서는 외상과 관련된 주제 또는 양상이 놀이를 통해 반복적으로 나타날 수 있다.
- 외상과 관련된 느낌이나 세부 사항들을 의미하는 악몽(아동에게서는 무서운 꿈이 외상과 분명하게 연관된 내용이 아닐 수도 있다.)
- 마치 외상이 다시 일어나고 있는 것처럼 느끼거나 행동하게 만드는 플래시백(아동에게서는 놀이를 할 때 표현될 수도 있다.)
- 물건이나 소리, 장면과 같이 외상의 일부를 나타내는 생각, 기억 혹은 단서에 노출되었을 때 겪게 되는 극심하거나 지속적인 고통

부정적인 기분

- 종종 긍정적이거나, 행복하거나, 기쁘거나, 애정 어린 느낌을 가질 수가 없다.

해리 증상

- 주변 환경이나 자신에 대해 현실적으로 인지하는 감각이 변화함(마치 자기 자신을

방의 다른 쪽에서 지켜보고 있는 것처럼 보임, 혼미해짐)

– 외상의 중요한 측면을 기억할 수가 없음(두부 외상, 알코올 혹은 약물에 의한 것이 아님)

회피 증상

– 사건에 대한 기억, 생각, 느낌을 피하려고 노력함

– 사건에 대한 기억, 생각, 느낌을 떠올리게 하는 것들(예를 들어, 사람, 장소, 사물, 대화)을 피하려고 노력함

각성 증상

– 수면에 문제가 생김(잠들기 어렵거나 수면을 유지하는 데 문제가 있음, 깊은 잠을 못 잠)

– 과민성이나 분노 폭발(자극하지 않았을 때에도)이 사람이나 사물에 대하여 언어적 혹은 신체적 분노로 나타남

– 과잉경계(위협이나 위험에 대해 크게 경계함, 지속적으로 주변 환경을 살핌)

– 생각에 집중을 하거나 주의를 유지하는 데 문제가 있음

– 큰 소리나 갑작스러운 일에 크게 놀람

이러한 증상들은 큰 고통을 유발하거나 사회적, 업무적 혹은 다른 기능적 측면에서 손상을 초래한다. 남용 약물이나 알코올, 치료 약물, 또 다른 의학적 상태 혹은 단기 정신병적 장애에 의한 것이 아니다.

위험 요인

다음 요인들이 급성 스트레스 장애가 발생할 위험도를 증가시킬 수 있다.

- 기질　또 다른 정신장애를 갖고 있거나, 생각과 느낌을 회피하는 경향이 있는 대체 양식들을 갖는 사람들, 공포나 슬픔, 죄책감, 불안, 수치심, 고통을 자주 느끼는 사람들에게서 이 장애의 위험이 증가한다. 외상을 겪은 이후 최악의 경우를 두려워하는 사람들도 이 장애에 걸릴 위험이 훨씬 크다.
- 환경　다른 외상에 노출됨

마리와 로버트 이야기

외상 사건

마리는 개봉 영화를 보러 극장에 갔다. 좌석에 앉자 스크린 앞으로 스키 마스크를 쓴 젊은 남자가 나타났다. 그는 공격용 소총을 들고 관중을 향해 난사를 했다. 그녀는 바로 옆에 앉아 있던 여성을 포함한 많은 사람이 총에 맞는 것을 봤다. 주변에 있는 사람들이 소리를 지르고, 놀란 사람들은 비상구로 몰려들었다. 그녀는 겁에 질린 채 겨우 빠져나올 수 있었다. 무사히 주차장까지 빠져나오자 곧바로 경찰차가 도착했다.

로버트는 같은 시간, 같은 극장에 있었다. 그도 생명의 위협을 느껴 두려움에 빠졌다. 좌석 뒤에 숨은 채 복도까지 기어서 출구로 재빨리 뛰어 탈출할 수가 있었다. 피로 뒤범벅이 되기는 했지만, 신체적 손상 없이 탈출하였다.

이틀 후, 마리와 로버트는 스스로 '신경쇠약'에 빠졌다고 생각했다. 다치지 않고 살았다는 사실에 감사하기는 했지만 계속 불안하고, 긴장하고, 예민해져 있었다. 그들은 작은 소리에도 깜짝 놀랐다. TV를 통해 계속 총격과 관련된 최신 뉴스를 보기만 했다. 매번 실제 사건 당시의 비디오가 방영되었는데, 그들은 그럴 때마다 공황발작을 경험하고, 땀을 심하게 흘렸으며, 외상과 관련된 생각들을 멈출 수가 없었다. 밤에는 악몽 때문에 잠을 잘 수가 없었고, 낮 동안에는 총격이라든가 비명 소리, 그 사건 당시 경험했던 끔찍한 공포심들이 원하지도 않았는데 침습적으로 계속해서 기억이 났다.

마리-2주 후

마리는 2주도 채 지나지 않아 정상적인 때처럼 느끼고 행동하고 있었다. 때때로 총격 사건을 떠올리게 하는 것들 때문에 짧은 공황이나 신체적 반응이 나타나기는 했지만, 일상생활을 지배하지는 않았다. 더 이상 악몽도 꾸지 않았다. 그녀는 극장에서 있었던 일들을 결코 잊지 못한다는 것을 알았지만, 생활의 거의 모든 면에서 정상적인 삶으로 돌아올 수 있었다.

로버트-2주 후

로버트는 2주가 지난 뒤에도 회복하지 못했다. 그는 감정을 표현할 수가 없었고, 즐겁거나 긍정적인 느낌을 갖기도 어려웠다. 그는 아주 작은 소리에도 깜짝 놀라고, 일에 집중을 할 수 없었으며, 악몽도 꾸었다. 그는 총격 사건을 떠올리게 하는 것들을 피하려고만 했고, 당시 의자 뒤에 숨었을 때의 총격 소리, 비명 소리, 옆 사람의 가슴에서 터져 나온 피가 자신에게 튀어 느껴지던

끈적함을 아직까지도 기억하고 있었다. 그는 주변 환경과 자기 자신에게서도 단절되어 있는 듯이 느꼈다. 그는 자신의 삶이 이 외상으로 인해 바뀌었다고 보았다.

진단

총격 사건이 일어난 지 2주가 지나자 마리는 외상 진단 기준에 부합하는 증상을 보이지 않았다. 외상 사건 직후에는 거의 모든 사람이 혼란을 겪는다. 보통 2~3일 안에는 기분이 나아지고 정상적인 회복을 기대하게 된다. 총격 사건 이후 마리의 반응은 외상에 대한 정상적인 반응이었다. 충격, 공포, 애도, 혼란, 집중의 어려움, 피로, 수면 문제, 쉽게 놀람, 빈맥, 오심, 식욕 상실이 그것이다. 이러한 증상들은 약 2주가 지나자 사라졌다.

로버트는 급성 스트레스 장애 진단을 받았다. 총격 사건 이후 1개월 동안 더 강렬한 증상들이 나타났다. 그는 악몽, 플래시백, 수면 문제, 과잉경계와 같이 14개의 증상군들 중 최소한 9개 이상을 가지고 있었다.

치료

PTSD에서와 같은 방식의 치료가 급성 스트레스 장애를 가진 사람들에게 도움이 된다. 인지행동치료는 급성 스트레스 장애를 가진 사람들을 치료하는데 가장 효과적이다. 사람들이 자신의 증상을 통제하는 방법을 배울 수 있게 해 주고 증상이 악화되는 것을 막는다. PTSD에서 기술된 다른 치료들도 사용될 수 있다.

약물치료는 단기간 동안 불안과 스트레스 증상을 완화시킬 수 있다. 여기에는 SSRI 계열 항우울제와 벤조디아제핀 계열 신경안정제가 있다. 일부 환자들은 밤에 수면을 취하는데 약물치료의 도움을 받을 수 있다.

적응장애

종종 삶의 변화가 스트레스를 유발시킨다. 새로운 직장에 나가거나 학교에 가는 것과 같이 단일 사건일 수도 있고, 부부 문제나 경제적 문제와 같은 일련의 사건들이 있다. 스트레스가 되는 변화는 심각한 질병을 진단받거나 이혼한 부모 사이에서 살게 된 아동과 같이 지속적인 문제일 수도 있다.

어떤 사람들은 그러한 변화에 적응하지만, 또 다른 사람들은 적응장애 증상이 생길 수 있다. 적응장애를 가진 사람들은 우울한 기분, 자살 사고, 불안, 업무적 혹은 학업 기능의 손상과 같은 다양한 증상을 경험한다. 이렇게 '정신적 상처를 입은 사람들'은 증상이 너무 심해서 치료나 보호를 필요로 하기도 한다. 적응장애는 자살 기도와 자살의 위험 증가와 연관된다.

스트레스 사건이나 환경이 발생한 뒤 보통 3개월 이내에 적응장애 징후가 나타나고, 그 사건이 해결된 후 6개월이 지나면 사라진다. 미국에서는 정신건강치료를 받으러 오는 사람들 중 5~20%가 이 장애로 인한 증상을 가지고 있다.

때때로 그 사람의 증상이 주요우울장애와 같이 더 특정한 장애에 들어맞는 경우가 있다.

적응장애란

이 장애는 스트레스 사건이 시작된 이후 3개월 이내에 다음의 증상들 중 한 가지 혹은 모두가 나타날 때 진단된다.

- 스트레스 요인의 형태를 넘어서는 극렬하고 지속적인 고통이 있다. 여기에는 우울한 기분, 불안 혹은 우울한 기분이 혼합된 불안이 해당한다.
- 사회적 · 업무적 또는 다른 기능적 측면에서 주된 문제가 발생한다.

이러한 증상들은 또 다른 정신장애로 인한 것이 아니다. 사랑하는 사람과의 사별을 겪으면서 경험하는 정상적인 애도는 반영하지 않는다. 스트레스 사건이 끝난 이후 증상은 6개월 이상 지속되지 않는다.

위험 요인

사회적으로 혜택을 받지 못한 환경(예를 들어, 가난하거나, 고아로 자라거나 교육을 제대로 받지 못함)에서 자란 사람들이 적응장애에 더 높은 위험을 보일 수 있다. 이들은 위험을 증가시킬 만한 많은 스트레스 생활 사건에 직면하게 된다.

치료

적응장애를 가진 대부분의 사람은 치료를 통해 호전되고, 짧은 기간의 치료만 필요로 한다. 적응장애에는 두 가지 유형의 주요 치료가 있다. 정신치료(상담 혹은 '면담치료')와 약물치료가 그것이다.

개인 혹은 집단으로 하는 단기 정신치료는 스트레스 사건이 그들에게 왜 그렇게 큰 영향을 미치게 되었는지에 대해 이해할 수 있도록 돕는다. 고통스러운 느낌과 두려움을 말로 표현하는 것은 스트레스 요인으로 인한 중압감을 경감시키고, 이 장애를 가진 사람들이 더 잘 대처해 나갈 수 있도록 돕는다. 또한 이들이 이 연결 고리를 이해하게 되면 미래에 겪게 될 스트레스 사건들을 이겨 나가는 데 도움이 되는 대처 기술들을 배우게 된다.

집단치료는 유사한 문제들을 겪는 사람들이 참여한다. 그룹 안에서 그들의 문제에 대해 더 잘 이해할 수 있고, 새로운 관점을 배우게 되며, 정서적인 문제들을 직면하고, 억압된 느낌을 해소하고, 덜 외롭다고 느끼게 된다.

약물치료 또한 단기간 사용하여 증상을 줄일 수 있다. 보통 항우울제와 항불안제를 처방한다. 수면에 문제가 있는 사람들도 약물치료를 받을 수 있다.

지속적 비탄장애

보통 사랑하는 이 혹은 중요했던 누군가의 죽음은 이를 애도하는 사람들에게 사별 이후 수주 혹은 수개월 동안 극심하고 고통스러운 비탄의 감정을 남긴다. 이것은 정상적이고 자연스러운 애도와 회복의 과정 중 일부이다. 비탄은 다양한 방식으로 표현되고 느껴지지만, 지속적 비탄장애의 증상은 모든 사회 문화적 집단에서 누구에게나 발생할 수 있다.

지속적 비탄장애에서는 최소 1년(혹은 아동과 청소년에서는 6개월) 이후 애도하는 사람의 문화와 종교적 배경에서 예상되는 것을 넘어서는 심한 비탄이 지속적으로 나타난다. 지속적 비탄장애를 가진 사람들은 거의 매일 사별한 사람을 너무나도 심하게 갈망하고, 그 사람에 대한 생각을 멈출 수가 없으며, 때때로 깊은 슬픔과 함께 북받쳐 오르는 눈물이 올라온다. 하루 종일 그 죽음이 어떻게 일어났는지 생각에 빠지기도 한다. 지속적 비탄장애를 가진 사람들은 그 사람이 죽었다는 것 사실을 믿지 못하거나, 그 사람이 실제로 죽었다는 것을 상기시키는 것들을 피하거나, 종종 감정적으로 무감각해지거나 사람들로부터 소외감을 느끼고, 사랑하는 이 혹은 중요했던 누군가의 죽음에 대해 분노, 비통을 느끼거나 슬픔에 잠기기도 한다. 이들은 가족이나 친구들과 함께하는 사회 활동을 하기가 힘들고, 사별 이전에 즐기던 활동들에서 더 이상 즐거움이나 편안함을 느끼지 못한다. 그들은 더 이상 삶에 의미가 없다고 느끼고 몹시 외로워한다.

지속적 비탄장애를 가진 아동과 청소년들은, 사별한 사람 없이 더 이상 삶에 의미가 없다고 느끼고 삶의 목표를 포기해 버리거나("그들이 여기에 없다면 해야 할 가치가 없어."), 위험천만한 행동을 신경 쓰지 않고("그래서 내가 다치든 죽든 어쩔 건데……."), 미래가 '황폐'해졌다고 느낀다.

고인과 매우 가까웠고 많이 의지했던 사람들은 지속적 비탄장애가 생길 위험이 높다. 지속적 비탄장애 증상을 가진 사람들은 특히 그들이 수치심이나 고통을 느낄 때 자살 사고에 대한 위험도 크게 높다. 만약 죽음의 원인이 자살이었거나, 애도하는 사람이 다른 사람들과 단절됐다고 느끼거나, 친구, 가족, 지역 공동체의 지지가 부족하거나 이를 피해 버리는 경우에는 이 장애와 자살 사고의 위험이 함께 높아진다.

지속적 비탄장애는 종종 주요우울장애, 외상후 스트레스 장애, 물질 사용장애와 같은 다른 정신장애가 함께 발생한다.

지속적 비탄장애란

지속적 비탄장애 진단이 내려지려면, 사랑하는 이 혹은 중요했던 다른 사람과의 사별이 성인의 경우 최소 1년 전에 그리고 아동과 청소년의 경우 최소 6개월 이전에 있어야 한다.

죽음 이후, 아래와 같은 증상들이 한 가지나 둘 모두 현저한 정도로 거의 대부분의 날에 나타나고, 최소 마지막 1개월 동안에는 거의 매일 나타난다.

- 죽은 사람에 대한 강한 동경이나 갈망
- 죽은 사람에 대한 끊임없는 생각이나 기억(아동과 청소년에서는 끊임없는 생각이 죽음에 대한 세부 상황에 집중될 수 있다.)

죽음 이후, 아래 증상 중 최소 3개 이상이 최소 마지막 1개월 동안 거의 매일 나타난다.

- 주체성 붕괴(예를 들어, 자신의 일부가 죽은 것처럼 느낌)
- 죽음에 대한 현저한 불신감

- 그 사람이 죽었다는 것을 상기시키는 것들에 대한 회피
- 죽음과 관련된 강한 감정적 고통(예를 들어, 분노, 통한, 슬픔)
- 친구들과의 교류, 흥미 추구, 미래에 대한 계획 등에 생기는 문제
- 감정적으로 마비된 것 같은 느낌
- 삶이 의미 없다는 느낌
- 강렬한 외로움(즉, 혼자라거나 다른 사람들에게서 동떨어진 느낌)

이러한 증상들은 큰 고통을 유발하거나 사회적, 업무적 혹은 다른 기능적 측면에서 손상을 초래한다. 뿐만 아니라, 그 사람의 애도가 문화적, 종교적으로 자연스러운 애도 반응이라고 여겨지는 것보다 더 오랫동안 지속된다. 이 증상들은 주요우울장애, 외상후 스트레스 장애와 같은 다른 정신장애로 더 잘 설명되지 않으며, 물질(가령, 치료약물, 알코올)이나 다른 의학적 상태에 의한 것이 아니다.

위험 요인

지속적 비탄장애의 위험 요인에는 배우자, 연인, 자녀의 죽음, 사랑하는 이 혹은 중요했던 사람의 폭력적이거나 예상치 못한 죽음, 죽은 사람이 경제적 주 수입원이었거나 실생활에서나 정서적으로 의지했던 경우가 해당된다. 양육자가 바뀌거나 지지적인 양육자가 부족했던 경우 유족이 된 아동에게 위험이 증가한다. 자녀를 잃은 경우, 특히 자녀가 25세 이하였다면, 지속적 비탄장애 증상이 자살 사고와 이어질 가능성이 더 높아진다.

쇼나 이야기

46세 기혼 여성인 쇼나는 14개월 전 교통사고로 22세 딸 케이샤를 잃었다. 그녀와 케이샤의 아버지 제임스는 23년 전 결혼했다. 그들에게 케이샤는 유일한 자녀였다. 쇼나의 어머니는 그녀가 8세 때 돌아가셨고, 그로 인해 쇼나는 분리 불안 증상이 생겼다. 그녀는 사춘기뿐만 아니라 성인이 되어 제임스를 만나기 전까지도 집을 떠나기 어려웠다. 그녀와 제임스는 점차 가까워졌고 금세 결혼하여 얼마 지나지 않아 케이샤를 가졌다.

케이샤는 쇼나에게 전부였고, 어머니를 일찍 여의었던 쇼나는 케이샤에게 그토록 헌신하는 부모가 된 것이 스스로 자랑스러웠다. 쇼나는 가정주부로 지냈고 제임스는 전기 기사로 일했다. 쇼나와 제임스는 생계를 겨우 끌고 갈 정도의 집안 형편이었지만, 케이샤가 19세가 되었을 때 차를 사 줄 정도로 케이샤 만큼은 편하게 살게 해 주려고 노력했다. 케이샤는 이제 막 대학교를 졸업하고 부모님 집으로 돌아오려고 새벽 1시에 홀로 운전하던 중에 교통사고로 사망하였다. 소문에 따르면, 케이샤는 기말 고사를 치르고 지쳐 있던 터라 졸음운전을 했다고 한다.

케이샤가 죽은 이후 14개월 동안 쇼나는 케이샤에 대한 고통스러운 그리움과 죽음에 대한 비통함을 떨쳐 내기 위해 집안일에 몰두하려고 노력했다. 가끔씩 그녀는 엄마로서 실패했다고 생각한다. 그녀는 케이샤에게 차를 사 준 것과 딸은 죽었는데 자신은 살아 있다는 것에 죄책감을 느낀다. 그녀는 남편뿐만 아니라 모든 사람을 멀리하게 됐다. 쇼나는 비탄과 절망에 빠지다 보니 결혼 생활은 식어만 갔다. 그녀는 살든 죽든 신경 쓰지 않는다. 다른 부모들과 함께 있는 것조차 그녀에게는 너무 힘든 일이었다. 그녀는 다른 부모들이 그들의 자녀에 대해 이야기하는 것이 듣기 힘들었고 예전의 친구들이 자기 자녀들 이야기를 할 때마다 마음이 힘들어지다 보니 만나기를 꺼려 한다. 쇼나가 어렸을 때 느꼈던 분리 불안 말고는 다른 기분이나, 불안, 알코올, 물질 사용장애 과거력은 없다. 현재 술을 마시거나 다른 약물 남용은 없었고, 그녀가 기술하는 증상을 유발할 만한 의학적 상태 또한 없었다. 과거에 정신건강 전문가를 만난 적은 없었다.

치료

지속적 비탄장애 치료는 애도하는 사람이 상실을 받아들이고 내적 평안을 회복하기 위해 CBT의 요소들을 이용한다. 이는 애도자가 상실을 받아들이는 법을 배우고 사랑하는 이나 중요했던 사람 없이 살아 나갈 수 있다는 것을 깨닫게 해 준다. 인지행동치료는 아동과 청소년에게도 효과적이다. 의미-중심 치료(meaning-centered therapy) 또한 지속적 비탄장애에 유익하다고 알려져 있다.

애도 지지 집단 또한 사회적 연결과 보호에 유용한 자원을 제공해 줄 수 있다. 사람들이 혼자라는 느낌이 덜 들게 해 주어 지속적 비탄장애의 위험을 증가시키는 고립감을 감소시킨다. 지속적 비탄장애를 가진 사람들에게 약물치료를 흔히 처방하는 것은 아니지만, 항우울제가 우울이나 불안 증상이 있는 사람들에게 도움이 될 수 있다. 치료에 대한 더 많은 정보는 지속적 비탄 센터(The Center for Prolonged Grief, https://prolongedgrief.columbia.edu/ for-the-public)에서 확인할 수 있다.

기타 외상 및 스트레스 장애

다음에 기술되는 두 장애는 일부 아동들이 심한 방임에 대한 고통(즉, 아동이 유아기 혹은 아주 어렸을 때 필요한 사랑과 양육을 충분히 공급받지 못하는 것)에 어떻게 반응하는지를 보여 준다. 비록 이 두 장애가 공통된 원인을 공유하지만, 이들은 아동의 반응이 내적으로 향하는지(반응성 애착장애) 아니면 외적으로 향하는지(탈억제성 사회적 유대감 장애)를 보여 준다. 이 장애들은 9개월 이상된 아이가 1년 이상 증상이 나타날 때 진단 내린다.

이 장애들은 영양실조와 언어, 사고 능력의 지연과 함께 나타날 수 있다. 이 장애들은 아동이 필요로 하는 양육이 극도로 결여되어 있다는 하나의 중요한 양상을 공통적으로 가지고 있고, 다음에 기술된 것들 중 적어도 한 가지 이상으로 나타난다.

- 사회적 방임(부모나 양육자로부터의 위안, 관계 맺기, 애정이 결여됨)
- 위탁가정에서 자라는 것처럼 주 양육자가 자주 바뀜. 이것은 기존 양육자와의 안정적인 애착(관계)이 형성될 수 있는 기회를 제한한다.
- 특정 양육자와 가깝게 애착을 형성할 수 있는 기회를 크게 제한하는 환경에서 자람(아동은 많은데 양육자가 부족한 기관처럼)

가족치료와 양육 기술은 부모와 양육자가 아이를 지켜 주는 것과 같이 더욱 안정적이며 애정 어린 양육을 해 줄 수 있도록 돕는다. 아동과 정신건강관리 제공자 사이의 건강하고 배려 깊은 관계가 도움을 주기도 한다.

반응성 애착장애

반응성 애착장애(reactive attachment disorder)는 유아와 아주 어린 아동에게서 나타난다. 주요 양상은 아동과 양육을 하는 중요한 성인 사이에 애착이 거의 없거나 아예 없는 것이다. 고통스런 상황에 노출되어도 이 장애를 가진 아동은 양육을 하는 성인에게서 위안이나 지지, 양육, 보호를 얻으려고 하지 않는다. 위안을 해 주어도 아동은 반응하는 것처럼 보이지도 않고 거의 반응하지 않는다. 아동은 행복한 감정은 거의 없이 위축된 행동, 우울 증상들을 보인다. 정상적인 위안이나 지지, 아동과의 관계가 없다면 이 장애로 인한 징후들은 수년 동안 지속되기도 한다. 이 장애는 위탁가정이나 기관에서 자라는 아동들 중 10% 미만에서 나타난다. 5세가 넘은 아동에게는 주의 깊게 진단해야 한다. 행동은 자폐스펙트럼장애로 인한 것이 아니고, 다음 증상들이 5세 이전에 나타난다.

- 부모나 다른 성인 양육자를 향한 위축되고 억압된 행동이 다음과 같이 반복적인 패턴으로 나타남
  - 고통스러운 상황에서 위안을 얻으려는 노력을 거의 하지 않거나 드물게 함
  - 고통스러운 상황에서 위안을 받아도 거의 반응하지 않거나 드물게 반응함

- 다음의 잦은 사회적 · 정서적 문제가 최소한 두 가지 이상 나타남
  - 타인에 대한 사회적 · 정서적 반응이 거의 없음
  - 긍정적인 정서가 거의 없음(미소 짓기 등)
  - 성인 양육자와 함께 있는 동안 위협이나 위험이 없는데도 과민해지거나 슬퍼하거나 두려움에 떠는 행동이 갑작스럽게 나타남

탈억제성 사회적 유대감 장애

탈억제성 사회적 유대감 장애(disinhibited social engagement disorder)를 가진 아동들은 자신의 부모나 다른 성인 양육자와 관계를 맺는 것과 동일한 방식으로 낯선 사람과도 관계를 맺는다. 이들은 주변의 낯선 성인들에게 수줍어하거나 주저하지 않고 오히려 너무 친근하다. 이 장애는 드물며 자폐스펙트럼장애나 주의력결핍 과잉행동장애와 동반될 수 있다. 이 장애가 10대가 되어서도 지속될 때 사회적 유대감은 피상적 수준에서 형성될 수 있고, 친구 관계에 갈등이 생길 위험이 더 높다. 증상은 다음과 같다.

- 아동이 낯선 사람에게 다가가 상호작용하는 반복적인 패턴들이 다음 중 최소한 두 가지 이상 나타남
  - 낯선 성인에게 다가가 상호작용하는 데 수줍음이 거의 또는 전혀 없음

– 낯선 사람과 매우 수다스럽게 대화를 하거나 잘 안김
– 낯선 환경에서조차 주변을 돌아다니다가 부모나 양육자가 뒤에 있는지 확인을 거의 또는 전혀 하지 않음
– 낯선 성인을 거의 또는 전혀 조심 없이 따라가려고 함

요점 정리

- **외상 사건**이란 사람들이 직접 경험하거나 목격했던 끔찍한 무언가를 말한다. 그것은 그 사건에서 살아남은 사람들이나 사랑하는 이가 경험했다는 것을 알게 된 가까운 친구나 가족을 당황하고, 공포에 빠지고, 불안하게 만든다. 스트레스는 흔히 경험하는 것으로 긴장감이나 압박감을 동반한다. 어떤 사람들에게 큰 스트레스는 압도되는 느낌을 유발시켜 극복할 수 없게 만든다. 사랑하는 이나 중요했던 사람의 죽음 이후(1년 이상) 생기는 강렬하고 고통스러운 지속적 비탄은 애도하는 사람의 기능에 지속적인 문제를 유발할 수 있다.
- 모든 연령대의 사람이 다양한 방식으로 외상에 반응한다. 큰 슬픔, 놀람, 죄책감, 수치심 혹은 분노와 같이 강한 감정들을 느낀다. 어떤 사람들은 감정과 에너지의 상실을 경험한다. 그러한 감정들은 시간이 지나면서 수그러들지만, 어떤 사람들에게는 수주, 수개월 혹은 수년까지도 지속적인 문제가 더 생겨난다. 외상 및 스트레스 장애는 그 사람을 압도하는 사건이나 상황으로 인해 생긴다.
- 외상 장애를 가진 사람들은 가족과 친구들과 함께하면서 격려받고, 트라우마 생존자 지지 집단에 참여하고, 운동을 하면서 약물과 알코올 사용을 피해야 한다. 치료는 증상 완화를 돕고 그 사람의 효능감을 증진시킬 수 있다.
- 몇 가지 치료 방법이 외상 장애에 도움이 된다. 여기에는 약물치료(가령, 항우울제, 항불안제, 수면을 돕고 악몽을 줄이는 약물), 인지행동치료, 지속적 노출치료, 안구운동 민감소실 및 재처리요법(EMDR)이 있다.
- 아동이 외상이나 스트레스 사건을 겪어 나가면서 종종 다시 또 그 일이 일어날까 봐 두려워한다. 이들에게 나쁘거나 무서운 사건이 일어난 이후 느껴지는 혼란스러움은 정상이라는 것을 알려 준다. 어떻게 느끼는지 표현하게 하고 그 기분을 무시하거나 가볍게 여기지 않는다. 미국 아동청소년정신과협회(The American Academy of Child and Adolescent Psychiatry, www.aacap.org)에서는 가족이 삶의 위기를 극복할 수 있도록 자원을 제공할 뿐만 아니라, 지역 소아청소년 정신과 의사를 찾을 수 있도록 정보를 제공해 준다.

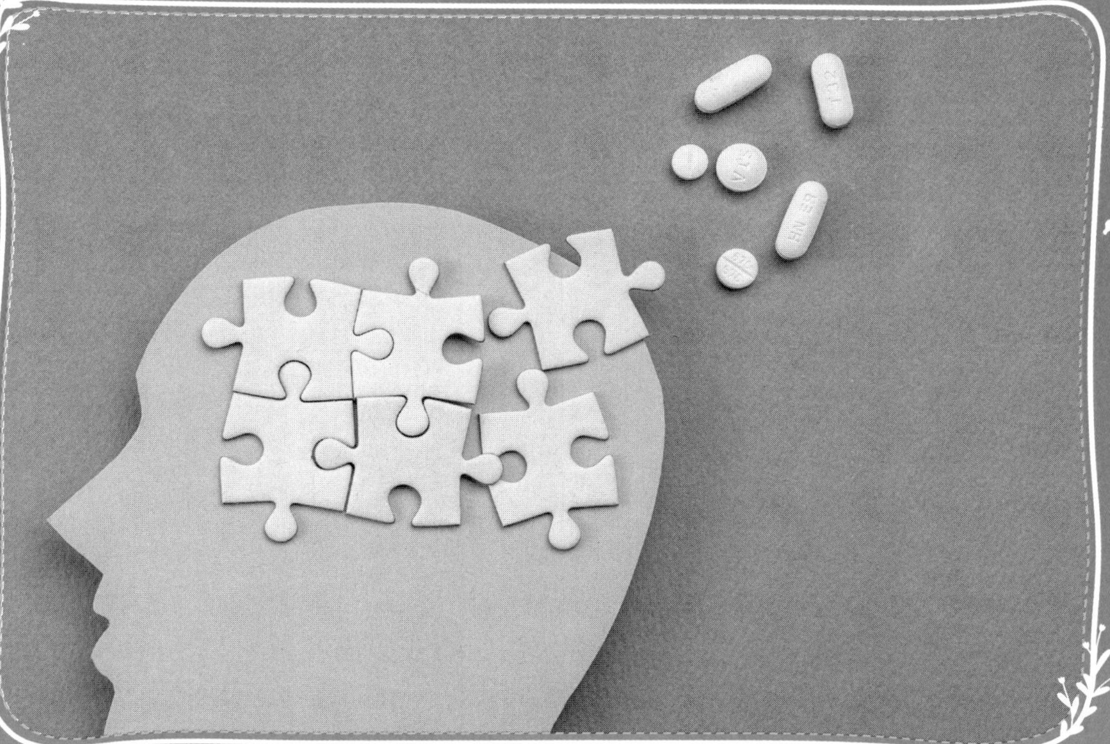

- 해리성 주체성장애(Dissociative Identity Disorder)
- 해리성 기억상실(Dissociative Amnesia)
- 이인증/비현실감 장애(Depersonalization/Derealization Disorder)

제8장 해리장애

해리장애는 사람들의 정상적인 인식 감각에 문제를 유발시키고 그들의 주체성, 기억 혹은 의식에 영향을 미친다. 해리란 그 사람의 주체성이나 자기에 대한 감각이 바뀌게 되는 인식의 변화를 말한다. 이는 그 사람의 기억과 지각을 연결하는 능력에 손상을 준다. 해리장애에서는 정상적인 기억에서 연결되었어야 할 사건들이 서로 분리가 된다. 해리장애는 정상적인 행동과는 다르다(예를 들어, 가끔 생각에 잠기거나 아니면 어딘가로 운전해서 갔는데 지나온 길들이 기억이 나지 않는 것들은 정상이다). 대신에 해리장애는 때때로 경험했던 것들이나 특정 시간 동안 혹은 사적인 정보에 대한 것들에서 기억의 간극을 유발할 수 있는 정신 상태의 큰 변화가 일어난다. 이러한 변화들은 그 사람이 현실을 회피하는 건강하지 못한 방식이 될 수 있다.

이번 장에서 소개될 해리장애에는 세 가지 형태가 있다. 해리성 주체성장애, 해리성 기억상실, 이인증/비현실감 장애가 그것이다. 사람들은 이 장애가 있을 때 당황하거나 혼란을 느끼기 때문에 이러한 증상들을 비밀로 하곤 한다. 외상(예를 들어, 최근이든지, 과거에 있었든지 간에 지속적이거나 극심한 학대나 폭력)은 모든 해리장애의 위험 요인이 된다. 해리성 주체성장애나 해리성 기억상실을 가진 사람들은 자살의 위험도가 증가한다.

다양한 형태의 치료가 해리장애에 사용된다. 단일의 표준화된 치료가 아니라 각 사람에 맞추어 치료한다. 치료는 항상 그 사람이 견뎌 왔던 생활 사건들과 스트레스뿐만 아니라 그 사람의 환경과 인격을 이해하는 정신건강관리 제공자의 지도를 통해 행해져야 한다. 치료에는 정신치료와 불안 증상을 완화시키기 위한 약물치료가 포함된다. 불안이나 기분 문제는 해리 증상들과 동시에 나타나기도 한다. 특히 도움이 되는 약물치료에는 우울증에 주로 처방되는 선택적 세로토닌 재흡수 억제제(SSRIs)가 포함될 수 있다.

해리성 주체성장애

과거에 이 장애는 '다중인격장애'로 알려져 있었다. 해리성 주체성장애(dissociative identity disorder)를 가진 사람들은 마치 한 가지 이상의 '주체성'을 가진 사람처럼 행동하고 느낀다. 이 주체성들은 그들 안에서 서로 다른 사람들처럼 느끼고, 서로 생각을 하고, 상호작용하는 식으로 영향을 주고 있다고 느끼기도 한다.

해리성 주체성장애를 가진 사람들 중 어떤 사람들은 갑자기 자신이 하는 말과 생각, 행동을 바깥에서 관찰자로서 바라보는 것처럼 느끼기도 하는데, 이를 스스로 멈출 수 없다고 느낄 수 있다. 이러한 증상들은 자기에 대한 감각과 자신의 의지에 대한 감각을 손상시킨다.

증상을 치료하기 위해 오는 사람들 가운데 남성보다는 여성이 해리성 주체성장애를 더 많이 진단받는다. 이 장애를 가진 사람들 중 약 70%가 자살 기도를 한다. 인생 초기와 후기에 겪는 심각한 외상과 기타 정신장애(가령, 외상후 스트레스 장애, 우울장애, 물질 사용 장애)를 동반하는 경우 증상을 악화시킬 수 있다.

해리성 주체성장애란

다음과 같은 증상이 있을 때 해리성 주체성장애를 진단한다.

- 그 사람의 행동을 조종하는 최소한 두 가지의 독립적인 주체성(혹은 '인격 상태')이 존재한다. 감정과 행동, 기억, 생각의 변화는 그 사람의 자기에 대한 감각과 의지에 대한 감각과는 다르게 나타난다.
- 정상적인 망각을 넘어서서 일상적인 사건이나 개인적 정보, 외상적 사건에 대한 회상에 지속적인 공백이 생긴다.

- 이러한 증상은 고통을 유발하거나 사회적 · 업무적 · 학업적 혹은 다른 기능적 측면에 손상을 초래한다.

해리성 주체성장애는 그 행동이 그 사람의 문화나 종교에 비추어 흔히 받아들여질 만한 행위 중 하나이고, 또한 그 행위로 인해 고통을 겪거나 일상생활을 망치지 않고 있다면 진단 내릴 수 없다(예를 들어, 어떤 문화나 종교에서는 영적인 존재나 '빙의'가 한 사람의 생각과 행동을 조종할 수 있다고 받아들여진다). 또한 이 장애는 기억의 공백이 약물이나 또 다른 의학적 상태 혹은 알코올과 같은 남용 약물에 의한 것일 때에는 진단할 수 없다. 이 장애는 상상 친구가 있거나 가장 놀이를 하는 아동에게서 진단할 수 없다.

인격과 인식에 지속적인 변화로 인해 학교와 직장, 대인관계에 문제가 생길 때에는 정신건강관리 제공자의 도움을 받는 것이 중요하다. 정신치료('면담치료')와 함께 항우울제는 우울 증상과 불안이 있을 때 이를 완화시킬 수 있다.

해리성 기억상실

해리성 기억상실(dissociative amnesia)이란 당연히 알고 있거나 회상해 낼 수 있는 개인적 정보를 기억하지 못하는 극단적인 기억의 손실을 말한다. 기억상실 혹은 기억의 손실은 자신의 이름조차 회상하지 못할 정도로 심할 수가 있다. 기억의 손실은 보통 짧은 기간 동안 나타나고 정상적인 망각을 넘어선다. 그 사람은 종종 혼란스럽고 헷갈려 한다. 해리성 기억상실은 아동이나 10대, 성인 모두에게서 나타날 수 있다. 이들은 자신에게 기억 문제가 있다는 것을 알지 못하거나 알더라도 아주 조금만 알 수 있다. 이 장애로 인해 사람들과 관계를 맺고 유지할 수 있는 능력이 망가지게 된다.

다음과 같이 여러 유형의 해리성 기억상실이 있다.

- 국소적 기억상실은 가장 흔한 형태로 특정 시간 동안에 일어났던 사건을 회상하지 못하게 된다.

- 선택적 기억상실은 특정 시간 동안 일어났던 사건들의 모두가 아니라 일부 사건들에 대한 기억만 차단한다. 혹은 사건의 일부분만 회상할 수 있다.
- 전반적 해리성 기억상실은 인생 전반에 걸친 거의 대부분 혹은 모든 기억을 완전히 상실한다.
- 체계화된 기억상실은 특정 유형에 대한 정보만 기억을 상실하게 된다(예: 어느 한 인물과 연관된 모든 사건).
- 지속성 기억상실은 매번 새로운 사건이 생기는 대로 잊는다.
- 후향적 기억 손실은 외상에 대한 기억 손실뿐만 아니라 외상이 일어나기 전에 있던 사생활에 대한 기억 손실이 나타난다.

해리성 기억상실이란

다음과 같은 증상이 있을 때 해리성 기억상실을 진단한다.

- 개인적 정보, 보통 외상적 혹은 스트레스성 성격의 것들을 회상할 수 없다. 이와 같은 기억의 결손은 정상적인 망각 수준을 넘어선다.
- 이러한 증상은 고통을 유발하거나 사회적 · 업무적 · 학업적 혹은 다른 기능적 측면에 손상을 초래한다.

이 장애는 기억상실이 뇌에 손상을 입히는 신체 부상이나 질환에 의한 것일 때에는 진단하지 않는다. 약물치료나 남용 약물, 또 다른 의학적 상태나 급성 스트레스 장애, 외상후 스트레스 장애, 주요 또는 경도 신경인지장애와 같은 기타 정신장애로 인해 기억상실이 올 수 있다. 해리성 기억상실이 이러한 원인에서 온 것이라면 진단하지 않는다.

극심한 정신적 스트레스(예: 군사 전투)로 이 장애가 야기될 수 있다. 기억상실은 저절로 없어지기도 하고, 안전한 환경이 회복을 빠르게 하기도 한다. 기억이 돌아왔을 때 큰 고통을 겪거나 자살 행동 혹은 외상후 스트레스 장애의 위험이 증가할 수 있다. 기억이 돌아오면 정신건강관리 제공자는 스트레스 증상을 관리하고, 기억상실에 대한 원인을 이해하며, 올바른 방식으로 대처할 수 있도록 도울 수 있다.

이인증/비현실감 장애

이인증/비현실감 장애(depersonalization/derealization disorder)를 가진 사람들은 마치 자신의 삶 바깥에서 관찰자로 있는 것처럼 자신이나 환경으로부터 동떨어져 있거나 분리되어 있는 듯 느낀다. 이러한 느낌은 지속적이고 많은 고통을 겪게 한다.

이인증이란 한 사람의 온전한 자기나 생각, 감정, 신체, 행동으로부터 고립되는 느낌("나는 아무도 아니다.")을 말한다. 어떤 사람들은 꿈꾸는 상태로 경험한다. 또 어떤 사람들은 로봇처럼 느껴지기도 한다. 이들은 속으로 굉장한 고통을 느끼지만 다른 사람들에게는 부자연스럽고 감정이 없는 것처럼 보일 수 있다.

이인증은 비현실감과 함께 나타날 수도 있는데, 이는 바깥세상과 동떨어져 있는 느낌을 말한다. 시간은 천천히 흘러가고, 바깥세상은 비현실적으로 보일 수 있다.

이인증/비현실감 증상을 가진 사람들은 마치 영화를 보는 다른 사람이 된 것처럼 자신의 일상을 살아간다고 느낄 수 있다. 이들은 주변 사람들이나 주변에서 일어나는 일들을 볼 수 있지만, 그것들이 영화의 한 장면이라고 느끼지는 않는다.

이인증/비현실감 삽화는 수시간 혹은 수일 동안 짧게 지나갈 수 있지만 수주, 수개월 혹은 수년에 걸쳐 호전과 악화를 반복할 수도 있다. 보통 40세 이후에 나타나는 경우는 드물다. 스트레스나 악화된 우울 혹은 불안 증상, 새로운 환경, 수면 부족에 의해서 유발될 수 있다.

이인증/비현실감 장애란

다음과 같은 증상이 있을 때 이인증/비현실감 장애를 진단한다.

- 이인증, 비현실감 혹은 이 두 가지 모두 나타나는 지속적인 삽화가 있다.
  - 이인증: 비현실성, 고립, 자신의 생각이나 느낌, 신체 혹은 행동에 대해 외부 관찰자가 되는 것과 같은 경험들
  - 비현실감: 비현실성 혹은 자신을 둘러싼 환경으로부터의 고립과 같은 경험들(사람이나 사물이 비현실적이거나 몽환적, 생명이 없는 것처럼 보임)

- 삽화가 나타나는 동안 그 사람은 마음속에서 일어나고 있는 것들과 바깥세상에서 일어나고 있는 것들에 대해 말할 수 있다.
- 이러한 증상은 고통을 초래하거나 사회적 · 업무적 · 학업적 다른 기능적 측면에서 손상을 초래한다.

사람들은 때때로 일상생활 중 자신 주변에서 일어나는 일들로부터 동떨어져 있다고 느낄 수 있고, 이는 정상적인 현상이다. 이인증/비현실감 장애는 비현실성 혹은 고립과 같은 느낌들이 그러한 것을 가지고 있는 사람들의 일상생활을 크게 망쳐 버리거나 극심한 고통이나 불안을 유발시킨다면 진단하게 된다. 의학적 처치 과정이나 수술 중 사용되는 마취와 같이 일부 약물치료나 약제들은 이인증, 비현실감과 같은 느낌이 들게 할 수 있다. 그래서 이 장애는 약물치료나 약제 사용, 또 다른 의학적 상태(간질과 같이)나 이러한 증상들을 일으킬 수 있는 기타 정신장애(예: 조현병, 주요우울장애, 공황장애, 급성 스트레스 장애, 외상후 스트레스 장애)가 있다면 진단하지 않는다.

정신치료는 자신의 증상과 자기를 둘러싼 세상을 지각하는 방법에 대해 이해하는 것을 도울 수 있다. 이는 그들이 증상을 야기할 만한 상황을 정확히 끄집어내고 가능하면 피할 수 있도록 도울 수 있다. 다음과 같이 여러 종류의 치료가 있다.

- 인지행동치료는 왜곡된 사고를 직면하고 비현실적인 느낌을 극복하도록 도울 수 있다.
- 점진적 근육 이완과 바이오피드백 같은 이완요법 또한 도움이 된다. 바이오피드백은 자신의 신체 기능을 통제할 수 있는 능력을 갖도록 해 주는 기법이다. 근육 긴장도, 피부온도, 호흡수와 같은 정보를 기계가 측정하면서 목표 반응을 학습하게 된다. 이러한 바이오피드백은 특정한 변화(호흡수의 변화 등)를 일으키게 도움을 주어 목표 반응(긴장을 줄이기 위해 호흡을 더 깊게 함 등)을 만들도록 한다.
- SSRI 계열 약물은 도움이 되기도 하지만 위험도 있을 수 있다. 이인증과 비현실감이 이러한 약물로 인한 부작용일 수도 있다.

요점 정리

- **해리**는 자기에 대한 감각이 바뀌는 인식의 변화를 말한다. 이는 그 사람의 기억과 지각을 연결하는 능력에 손상을 가져온다.
- 경미한 해리 행동이 이따금씩 사람들에게 나타나는 것은 정상적이다. 예를 들어, 생각에 잠기느라 길을 헤매거나 어딘가로 운전을 해서 가지만 자세한 경로는 떠올리지 않은 채 할 수 있다. 이는 해리장애의 신호가 아니다.
- **해리장애**는 한 사람의 정신 상태에 심한 변화를 초래한다. 경험했던 것들이나 특정 시간 동안 혹은 사적인 정보에 대한 것들에서 큰 기억의 간극이 나타날 수 있다. 해리 증상과 행동이 지속적이거나 자주 나타날 때, 사회적 · 업무적 · 학업적 혹은 다른 기능적 측면에 손상을 초래할 때, 고통을 유발시킬 때에는 자신이나 가족에게 도움을 구해야 한다 .
- 사람들은 이 장애들로 인한 증상 때문에 당황스럽거나 혼란스럽다고 느껴서 남에게 숨기기도 한다. 외상(최근 혹은 과거에 경험한 지속적이거나 극심한 학대 혹은 폭력)은 이러한 장애의 위험 요인이다.
- 다양한 종류의 치료가 해리장애에 쓰인다. 어떤 치료를 할지는 그 사람이 감당해 왔던 생활사와 스트레스를 이해하고, 그 사람의 주변 환경과 성격을 잘 아는 정신건강관리 제공자가 결정해야만 한다. 치료에는 정신치료, 우울과 불안 증상 경감을 위한 선택적 세로토닌 재흡수 억제제(SSRIs)와 같은 약물치료가 있다.

- … 신체증상장애(Somatic Symptom Disorder)
- … 기능성 신경학적 증상장애(Functional Neurological Symptom Disorder)
- … 기타 신체증상장애
    - 질환불안장애(Illness Anxiety Disorder)
    - 인위성장애(Factitious Disorder)

제9장 신체(육체적)증상장애

신체 또는 육체적 증상장애는 일과 가정생활을 망치거나 손상시킬 정도로 두드러진 신체적 문제와 과도한 건강염려로 나타난다. 이 장애들은 실제적이든, 스스로 지각한 것이든 혹은 가장하여 꾸며 낸 것이든 건강 문제에 대한 비정상적인 생각, 느낌, 행동을 포함한다. 예를 들어, 건강 문제가 발생할 때 보통 실제 신체적 문제 자체보다도 더 과도하게 걱정을 한다.

이 장애를 가진 사람들은 신체적 통증과 불편을 호소한다. 이들은 이러한 증상들이 정신건강상의 문제가 아니라 실제 신체 문제라고 생각한다. 이러한 걱정으로 인해 결국 불필요한 검사나 수술, 약물 복용을 하게 된다. 이 장애를 가진 사람들에게 이러한 걱정과 증상들을 해결하려는 시도가 이 장애를 가진 사람들에게 스트레스와 좌절의 원인이 될 수 있다.

사람은 실제 의학적 질환과 신체증상장애를 동시에 가질 수 있다. 의학적 원인을 발견할 수 없다는 이유만으로 과도하게 건강 걱정을 하는 사람들에게 신체증상장애라고 진단할 수는 없다. 그렇다 하더라도 일부 신체증상장애의 경우 증상에 대한 의학적 원인이 결핍된 것이 진단의 중요한 요인이 되기도 한다. 신체증상장애의 위험 요인으로는 증가된 통증 민감도와 초기 외상 혹은 방임이 있다.

다음 신체증상장애들이 DSM-5-TR에 포함되어 있다. 신체증상장애, 기능성 신경학적 증상장애, 질환불안장애, 인위성장애가 그것이다. 이 장애들을 가진 사람들은 정신건강관리를 찾는 대신 다른 사람들보다 의사나 병·의원을 더 많이 찾는다. 각 장애는 신체 건강에 대한 과도한 걱정이 특징적으로 나타난다.

- 신체증상장애에서 그 사람은 건강 문제에 대해 끊임없이 생각하고 걱정을 크게 한다. 이러한 건강 문제는 그들에게 큰 고통을 유발하고 삶을 망친다.
- 기능성 신경학적 증상장애에서는 갑작스럽게 심각한 신체적 문제가 나타나고, 응급실이나 병원을 긴급히 방문해야 할 정도의 능력 상실(예: 갑작스런 마비나 발작)이 발생한다.
- 질환불안장애에서 신체적 불편이 일부 존재할 수는 있지만, 주된 문제는 병이 있다는(혹은 병이 생길 것이라는) 것에 대한 지속적인 걱정이다. 이러한 정신적 걱정은 경미한 신체증상이 만약 있다 하더라도 그 이상으로 일상생활을 손상시킨다.
- 인위성장애에서 이들은 신체적 문제가 없다는 것을 알면서도, 혹은 일부러 신체적 문제를 유발시키고 있다는 사실을 숨긴 상태로 신체적 문제를 호소하며 도움을 찾는다.

신체증상장애

과거에 '신체화 장애'로 알려졌었던 신체증상장애(somatic symptom disorder)는 신체적 건강 증상에 대한 큰 고통을 수반한다. 여기에는 만성 통증, 두통, 피로감이 포함된다. 이 장애를 가진 사람들은 한동안 이 증상들을 겪어 왔지만, 의사들은 이들을 설명할 만한 건강 상태나 질병을 찾을 수도 있고 찾지 못할 수도 있다.

신체증상장애를 가진 사람들은 자신의 건강에 대해 걱정하는 수준이 높다. 검사 결과 걱정할 이유가 없는 데에도 불구하고, 이들은 자신의 증상을 해롭다고 보고 건강에 대해서는 최악의 것을 생각한다. 어떤 사람들에게는 건강 염려가 이들의 생활이나 대인관계에서 핵심적 역할을 한다.

비록 의학적 상태가 진단되지 않았더라도 이들은 증상을 속이고 있는 것이 아니고 실제로 자신이 병들었다고 믿는다. 증상과 통증이 이들에게는 실제로 나타나고 수개월 혹은 수년 동안 지속될 수도 있다. 이 장애를 가진 사람들은 종종 신체적 문제를 유발시키는 것이 암이나 감염은 아닌지 극도의 걱정과 불안에 휩싸이기도 하지만, 이들이 만나는 의사들은 그것을 찾지 못한다. 이러한 두려움 때문에 신체증상장애를 가진 사람들은 많은 다른 의사를 찾아다니면서 그들의 증상을 설명하고 원인을 콕 집어 줄 누군가를 갈망한다.

이 장애는 여성에게서 더 흔하게 진단된다. 또한 이 장애를 가진 많은 사람이 불안장애, 우울장애뿐만 아니라 또 다른 의학적 상태를 갖고 있기도 한다. 이 장애는 의학적 상태에 대해 진단을 받은 사람들에게서 흔하게 발생하지만, 증상이 지속되거나 정상 범주를 넘어서 버린다. 예를 들어, 치료가 필요한 위궤양과 같은 의학적 문제가 있는 사람이 신체증상장애가 있다면 삶을 허비해 버리고, 위궤양에서 정상적으로 나타날 만한 범위를 넘어서는 정도로 위장관계에 지속적으로 나타나는 고통을 느낄 것이다. 의학적 문제에서 정상적으로 나타나는 것 이상으로 더 큰 문제들(예: 더 많은 결근을 함)이 일상생활에서 일어날 수 있다.

신체증상장애란

다음과 같은 증상이 있을 때 신체증상장애를 진단한다.

- 고통을 유발하거나 일상적인 일들에 다양한 문제를 일으키는 한 가지 혹은 이상의 신체증상이 있다.
- 이러한 증상과 관련된 과도한 생각, 느낌, 행동이나 개인 건강과 관련된 걱정이 다음 중 최소한 한 가지 이상으로 나타난다.
  - 증상의 심각성에 대한 지속적인 생각
  - 건강이나 증상에 대한 지속적이면서 높은 수준의 불안이나 스트레스
  - 이러한 증상이나 건강염려에 대해 생각하거나 걱정하는 것으로 과도하게 시간이나 에너지를 소비함
- 신체증상이 호전과 악화를 반복하더라도 최소한 한 가지의 다른 증상이 진단 내려지기 전에 6개월 이상 나타난다.

위험 요인

신체증상장애의 위험을 증가시키는 요인들은 다음과 같다.

- 기질 공포, 슬픔, 죄책감, 수치심, 고통, 분노를 갖고 있거나 불평이 많은 사람들에게서 위험이 증가한다. 불안이나 우울을 흔하게 갖고 있고 신체증상을 악화시킬 수 있다.
- 환경 이 장애는 최근에 스트레스나 외상적 사건을 경험했던 사람들뿐만 아니라, 낮은 학력과 낮은 사회경제적 상태에 놓인 사람들에게서 더 흔하다.

기능성 신경학적 증상장애

기능성 신경학적 증상장애(Functional neurological symptom disorder)는 한 가지 혹은 그 이상의 증상이 갑작스럽게 나타나고 뚜렷한 신체적 원인 없이 인식, 지각, 감각, 운동 능력에 영향을 미친다.

이 장애를 가진 사람들은 신체 운동과 감각에 영향을 미치는 다양한 증상을 갖고 있을 수 있다. 보행장애, 무력증 혹은 마비, 난청 혹은 청각 소실, 실명, 연하곤란(삼킴곤란), 경련, 구음장애, 의식장애, 무감각이 이 장애에서 흔히 나타나는 증상들이다. 실제 발작은 뇌에서 문제가 있어 일어나는 것이 아니라는 것을 제외하고, 간질성 발작 동안에 일어나는 신체 떨림과 의식 소실 또한 기능성 신경학적 증상장애에서 나타날 수 있다. 이 장애의 증상은 갑작스럽게 발생하는 경향이 있어 병원이나 응급실을 긴급하게 방문하게 된다. 때때로 증상은 악화와 호전을 반복하거나 장기간 지속될 수도 있다. 증상은 급성으로 발병할 수 있기 때문에 정신적 스트레스의 반응일 것으로 생각되어 왔으나, 이 장애를 가진 사람들 중 약 50%에서 정서적 고통의 원인에 대한 어떠한 징후도 찾을 수가 없다.

미국에서 기능성 신경학적 증상장애는 남성보다 여성에게서 2~3배 더 흔히 발생한다. 증상은 보통 20대와 30대에 처음으로 나타나지만, 어떤 연령에서든 시작할 수 있다. 많은 사람에게서 증상은 갑자기 나타나서 짧은 시간 동안만 지속되고, 종종 의사가 심각한 문제가 있어서 증상이 생겨난 것이 아니라며 친절하게 안심시키고 지지해 주면 치료 없이도 호전된다. 증상은 급성으로 나타나서 꽤 빨리 멈추고, 정상적인 일상생활로 돌아올 수 있다.

기능성 신경학적 증상장애를 가진 사람들은 종종 불안장애(예: 공황장애)와 우울장애를 가지고 있다. 다른 의학적 상태가 기능성 신경학적 증상장애와 동시에 발생할 수 있다.

기능성 신경학적 증상장애란

다음과 같은 증상이 있을 때 기능성 신경학적 증상장애를 진단한다.

- 최소한 한 가지 증상이 감각 기능이나 신체 운동 기능에 영향을 미친다.
- 의학적 검사 혹은 신체 검진상 신경학적(뇌를 기반으로 한) 혹은 다른 의학적 원인을 발견할 수 없다.

이러한 증상은 또 다른 의학적 상태 혹은 기타 정신장애로 인한 것이 아니다. 이 증상은 사회적, 업무적 혹은 다른 기능적 측면에 큰 고통이나 문제를 유발한다.

위험 요인

기능성 신경학적 증상장애의 위험을 증가시키는 요인들은 다음과 같다.

- 기질　감정기복(기분의 빠른 변화)이 이 장애와 연결된다.
- 환경　아동기 시절의 학대와 방임 피해자인 경우 위험이 증가한다. 스트레스 생활 사건 또한 위험을 증가시킬 수 있다.
- 유전　유사한 증상을 일으키는 신경학적(뇌) 질환, 예를 들어 간질이 있는 사람들에게서 비간질성 발작이 더 흔하다.

기타 신체증상장애

질환불안장애

질환불안장애(illness anxiety disorder)를 가진 사람들은 질환에 걸렸다는 걱정을 크게 하거나 아마도 병들었을 가능성이 있다는 믿음에 사로잡힌다. 과거에는 '건강염려증'이라는 용어가 사용되어 이 장애를 기술하는 데 사용되었다. 질환불안장애를 가진 사람들은 수많은 시간과 에너지를 자신의 건강에 대해 걱정하는 데 허비해 버린다. 이들은 건강 염려 때문에 끊임없는 불안과 스트레스를 느낀다. 또한 이들은 여행이나 가족 방문과 같이 자신이 위험이나 병든 사람들에게 노출될지도 모르는 상황을 애써 피하는 쪽으로 생활을 맞춰 나간다. 특별한 식단을 마련하거나 비타민이나 다른 보조제를 복용하는 것과 같은 건강을 위한 행동에 과도하게 집중한다. 그들은 이러한 행동에 많은 시간과 돈을 할애한다. 비록 신체 검진과 검사상 결과가 이상이 없다거나 양성이라고 나오더라도 이들은 자신이 건강하다는 안심이나 안도감을 느끼지 못한다. 만약 실제로 의학적 상태가 있다면 자신이 느끼는 심각한 걱정에 비해 증상은 경미하다.

다음과 같은 증상이 있을 때 질환불안장애를 진단한다.

- 심각한 질병을 가지고 있거나 걸릴 것이라는 극심한 염려가 있다.
- 신체적 증상이 없거나 있더라도 경미하다. 만약 그 사람에게 의학적 상태가 있거나 그렇게 될 위험이 높다면 의학적 상태에 대한 걱정이 질병 자체보다 훨씬 크다.
- 높은 수준의 불안과 자신의 건강에 대한 잦은 걱정을 한다.
- 자주 그리고 반복적으로 신체에 질환의 징후가 나타나는지 확인하는 것과 같이 건강과 관련된 행동에 집착한다. 그 사람은 의학적 검사 결과에 대한 극도의 공포 때문에 실제 건강 문제 여부를 확진해 줄 수 있는 병원과 의사를 회피한다.
- 질환에 몰두하는 것이 최소한 6개월 이상 지속되고 공황장애, 범불안장애, 신체이형장애와 같은 또 다른 정신장애에 의한 것이 아니다.

인위성장애

인위성장애(factitious disorder)를 가진 사람들은 실제로 병들지 않았으면서도 신체증상이나 정신질환을 만들어 내거나 가장한다. 이들은 증상에 대해서 거짓말을 하기도 하고, 증상을 만들어 내기 위해 자신을 다치게 하거나, 질환이 있는 것처럼 보이게 검사 결과를 조작한다. 예를 들어, 이 장애를 가진 사람들은 실제로는 그런 일이 없는 데에도 사랑하는 사람이 죽었다며 우울해하거나 자살하고 싶다고 말하기도 한다. 때때로 인위성장애를 가진 사람들은 실제로 상처나 욕창과 같이 질병이나 상해가 있으면 이를 의도적으로 악화시킨다. 예를 들어, 상처를 세균에 노출시키거나 회복을 방해하는 다른 것들에 노출시킨다. 이러한 행동들 때문에 이들은 자가 회복을 막아서 경미한 질환을 더 심각한 문제로 만들어 버린다. 이들은 상처나 질병을 악화시키는 자신의 행동을 숨길 것이다.

진단할 수 있는 인위성장애에는 다음의 두 종류가 있다.

스스로에게 부여된 인위성장애

- 신체증상 혹은 정신적 증상을 가장하거나 증상을 만들어 내기 위해 자신을 다치게 한다.
- 아프거나 다쳤다고 주장한다.

타인에게 부여된 인위성장애

- 타인(아동, 성인, 애완동물)에게 신체증상 혹은 정신적 증상을 가장하거나 증상을 만들어 내기 위해 타인을 다치게 한다.
- 다른 사람들에게 자신이 돌보고 있는 누군가가 아프거나 다쳤다고 말한다.
- 이러한 증상을 유발시킨 사람은 이 장애로 진단하지만, 질병이나 손상 증상을 유발시키는 행동을 받은 사람(피해자)은 아니다.

인위성장애에서 그 사람이 왜 질환이 있다고 가장하거나 가짜 질병이나 손상을 만들어 내기 위해 다른 사람을 해하는지 이유는 분명하지 않다. 문제에 대해 그 밖의 다른 사람에게 책임을 물어 돈을 얻어 내는 것처럼 질병이나 상처를 가장해서 이익을 취할 수도 있고 아닐 수도 있다. 그들은 마치 아픈 사람이거나 아픈 사람을 돌봐 주고 있는 사람처럼 의학적 돌봄과 관심을 찾는 데는 복잡한 이유가 있을 수 있다. 인위성장애를 진단하기 위해서는 그 사람이 실제로 아프다고 믿게 되는 망상장애와 같은 정신장애가 없어야만 한다.

치료

한 집단으로서, 신체증상장애는 때때로 정신건강관리 없이도 호전되거나 관리될 수가 있다. 이들 장애(위에서 언급한 인위성장애는 제외)를 가진 일부 사람들은 의학적 검사를 받고서 질환이 없다는 결과를 알고 난 이후 불안과 스트레스가 경감되기도 한다. 이 장애를 가진 일부 사람들은 한동안 고생을 하고, 정상적인 기능을 되찾기 위해 정신건강관리를 필요로 한다.

신체증상장애 치료의 주된 목표는 의사-환자 관계에서 신뢰를 구축하는 것이다(이는 치료적 동맹으로 알려져 있다). 이러한 관계가 형성되었을 때 의사는 그 사람의 고통은 실제로 존재하는 것이고, 의학적 호소에 대해 진지하게 받아들인다고 명확하게 설명한다.

또한 의사와 환자는 건강한 일상생활로 돌아갈 수 있도록 함께 작업해 나간다. 치료의 초점은 환자가 일상생활의 기능을 회복하는 것이어야 한다.

일부 치료 방법들이 치료적 효과가 있다는 것이 밝혀져 왔다. 인지행동치료는 질환이 있을 것이라는 믿음과 행동을 다룰 수 있다. 이는 신체적 증상이 근원이 되는 의학적 원인을 밝혀내지 못하더라도 사람들이 일상생활을 영위해 나가는 데 긍정적으로 생각하는 방법을 배우도록 도울 수 있다. 또한 치료를 통해 통증을 다루는 방법을 배우게 되고, 통증을 악화시킬 것 같은 것이 무엇인지 알게 된다. 항우울제 약물치료는 통증이나 불안, 과민한 기분, 신체증상장애와 함께 종종 동반되는 공황증상을 줄이는 데에도 도움이 된다.

인위성장애를 가진 사람들은 정신건강 치료를 거의 받지 않고, 이 장애의 치료 지침에 대한 연구도 없다. 그 사람이 신체적 질환을 가장해야만 하는 이유를 이해하도록 돕는 것에 초점을 맞춘 정신치료가 효과적일 수 있다. 약물치료는 그 사람이 두드러진 우울 증상이나 불안 증상이 없다면 필요하지 않다.

요점 정리

- **신체(육체적)증상장애**는 실제이거나, 지각된 건강 문제에 대한 비정상적인 생각, 느낌, 행동으로 나타난다. 이 장애들 중 하나인 인위성장애는 건강 문제를 의도적으로 가장하는 것을 말한다. 이러한 각각의 장애는 공통적인 특징을 공유한다. 이러한 장애를 가진 사람들은 정신건강치료를 찾기보다는 의원이나 병원을 더 잘 간다. 각각의 장애는 신체 건강에 대한 과도한 염려가 특징적이다.
- 한 집단으로서, 때때로 신체증상장애는 정신건강치료 없이도 호전되거나 조절될 수 있다. 이 장애를 가진 일부 사람들(인위성장애는 제외)은 의학적 검사를 통해 질병의 어떠한 징후도 보이지 않는다고 확인이 된 이후에야 자신의 건강에 대한 높은 수준의 불안과 스트레스가 경감되기도 한다.
- 이 장애를 가진 다른 사람들은 한동안 힘겹게 싸워 나가며 정상적인 기능으로 돌아오기 위해 정신건강치료를 필요로 한다. 신뢰할 수 있는 의사-환자 관계 형성이 치료의 한 요소이다. 의사는 그 사람의 고통과 불편을 인정하고 의학적 호소를 진지하게 받아들인다. 또한 의사와 환자는 건강한 일상 기능으로 회복하기 위해 함께 작업해 나가야 한다.

- 인지행동치료는 질병을 가지고 있다는 믿음과 행동을 다룰 수 있다. 비록 이들의 신체적 증상을 유발시킬 만한 의학적 원인이 발견되지 않는다 하더라도 일상생활을 극복해 나가는 것에 대해 긍정적으로 생각하는 법을 배울 수 있도록 돕는다. 또한 치료는 통증을 다루는 방법을 가르쳐 주고, 무엇이 통증을 악화시킬 만한지 알게 해 준다.
- 항우울제는 신체증상장애에 자주 동반하게 되는 통증과 불안, 과민한 기분, 공황증상을 줄이는 데 도움이 된다.

- 신경성 식욕부진증(Anorexia Nervosa)
- 신경성 폭식증(Bulimia Nervosa)
- 폭식장애(Binge-Eating Disorder)
- 기타 섭식장애
  - 이식증(Pica)
  - 되새김장애(Rumination Disorder)
  - 회피적/제한적 음식섭취장애(Avoidant/Restrictive Food Intake Disorder)

제10장 섭식장애

섭식장애는 누군가 음식물을 먹고 영양분을 섭취하는 방식에서 생기는 만성적인 문제로 나타난다. 이 장애는 신체 건강뿐만 아니라 그 사람이 생각하고 느끼고 타인과 관계를 맺는 방식에 큰 손상을 가져온다. 이 장애를 가진 사람들은 자신의 체중과 체형에 대해 강렬하게 걱정을 한다. 섭식장애는 미국에서 매년 수백만 명의 사람들에게서 발병하고, 대부분이 12~35세의 소녀와 여성이다.

섭식장애의 세 가지 주요 유형에는 신경성 식욕부진증, 신경성 폭식증, 폭식장애가 있다. 많은 사람이 섭식장애는 다소 새로운 질병으로 젊음과 미에 대한 문화적 강박이라고 생각한다. 그러나 이러한 장애는 수세기 전부터 발견되었다.

많은 경우에 섭식장애는 불안장애, 우울장애, 공황장애, 강박장애, 물질 사용장애와 같은 다른 정신장애와 함께 발병한다. 특정 사람들에게서 발병하는 섭식장애의 원인에 유전자가 어느 정도 역할을 하지만, 이 장애는 가족력이 전혀 없는 사람들에게서도 나타난다.

신경성 식욕부진증, 신경성 폭식증, 폭식장애뿐만 아니라 이번 장에서는 이식증, 되새김장애, 회피적/제한적 음식섭취장애도 함께 논의될 것이다. 이것들은 보통 아동기에 처음 나타나는 급식(feeding)장애이다.

건강한 체중이란 무엇인가

우리 문화는 외모에만 집착하는 것처럼 보이기도 한다. 종종 건강함과는 거리가 먼 날씬한 체형을 이상적이라고 조장한다. 건강한 체중이 어떻게 보이는지에 대한 이해가 TV나 소셜미디어, 잡지에 나오는 모델이나 배우들의 사진을 보면, 특히 우리 자신의 이미지와 비교해 보면 혼란스러워진다.

많은 건강관리 제공자들은 건강한 체중을 체질량지수(BMI)에 기반하여 정의 내린다. BMI는 나이, 키, 체중을 고려한 수치이다. 이것은 저체중, 건강한 체중, 과체중, 비만을 정의하는 데 사용되는 측정치이다. 질병관리본부(CDC)에 따르면, 성인의 BMI 범위는 아래와 같다.

18.5 이하: 저체중
18.5~24.9: 건강한 체중
25.0~29.9: 과체중
30.0 이상: 비만

CDC 웹사이트에서 키와 체중을 입력하여 성인과 아동에 맞는 BMI를 확인할 수 있다. www.cdc.gov/healthyweight/assessing/bmi/index.html에서는 올바른 식습관과 적절한 체중 관리를 위한 조언들을 제공하고 있다.

신경성 식욕부진증

신경성 식욕부진증(anorexia nervosa)을 가지고 있는 사람들은 음식섭취를 심하게 제한한다. 이들은 체중이 증가하거나 뚱뚱해지는 것에 대해 강렬한 공포를 가지고 있고, 굶주리고 메말라 보이며, 다른 사람에게는 수척해 보일 때조차도 그러하다. 이들은 자신이 뚱뚱하거나 과체중이라고 생각하고, 체중을 감량한다고 해서 공포가 해소되지는 않는다. 실제로 체중 증가에 대한 두려움은 체중이 감소할 때에도 증가할 수가 있다. 체중을 자주 측정하고 특정 음식만 골라서 아주 소량만 먹기도 한다. 이 장애를 가진 사람들은 체중 증가에 대한 그들의 공포를 다른 사람들에게는 비밀로 하거나 스스로 인정하려 하지 않는다. 그들의 자기존중감은 자신의 체형과 체중에 관점을 두고 있다.

신경성 식욕부진증은 미국에서 매년 약 0.5%의 소녀와 젊은 여성에게서 발병한다. 소년과 남성보다 소녀와 여성에게서 훨씬 더 흔하다. 체질량지수(BMI)는 키에 대비한 체중을 측정하는 데 유용한 수치이다('건강한 체중이란 무엇인가?'를 참고하시오). DSM-5-TR에서 신경성 식욕부진증 장애가 얼마나 심각한지를 보여 주기 위해 세계보건기구에서 제안하고 있는 저체중 BMI 수치를 사용하고 있다.

이 장애를 가진 아동과 10대에서는 체중이 감소하는 것보다는 건강한 발달(성장과 같은)을 유지하거나 건강하거나 정상적인 체중에 도달하는 데 문제가 생길 수 있다. 성인에서처럼 체중 발달력, 체형, 신체 건강 또한 진단을 위해 검토되어야 한다.

신경성 식욕부진증에는 두 가지 유형이 있다. 제한형인 경우, 이들은 다이어트를 하거나, 굶거나, 과도하게 운동을 해서 체중 감소를 유지한다. 하루에 겨우 수백 칼로리만 섭취하거나 물만 마시기도 한다. 폭식/제거형인 경우, 폭식 삽화(짧은 시간 동안 과도한 양의 음식을 섭취) 이후에 폭식에 대한 결과를 상쇄시키기 위해 제거(구토, 하제, 이뇨제, 관장제 오용) 행동을 한다.

신경성 식욕부진증은 대부분 사춘기 혹은 20대 때 시작하지만 40세 이후에 시작하는 경우는 매우 드물다. 보통 대학 입학으로 집을 떠나는 것과 같은 스트레스 생활 사건 이후에 시작한다. 신경성 식욕부진증을 가진 일부 사람들은 단 한 번의 삽화 이후에 치료를 통해 회복할 수 있지만, 어떤 다른 사람들은 호전되었다가 재발하여 다시 건강하지 못한 섭식 행동으로 돌아가기도 한다. 더 만성적인 형태의 신경성 식욕부진증을 앓고 있는 사람들은 수년 동안 병으로 고생을 하고 심각한 건강 문제가 발생한다. 매우 심각한 경우에는 금식으로 인해 의학적 문제가 생겨 죽을 수도 있다.

기타 정신장애가 신경성 식욕부진증과 함께 발생할 수 있다. 흔히 양극성장애, 우울장애, 불안장애가 해당한다. 신경성 식욕부진증을 가진 사람들은 자살의 위험이 높다.

신경성 식욕부진증이란

다음과 같은 증상이 있을 때 신경성 식욕부진증을 진단한다.

- 나이와 키에 비해 최소한의 정상 이하로 현저하게 낮은 체중을 유발시키는 제한된 음식섭취
- 저체중임에도 불구하고 체중이 늘거나 뚱뚱해지는 것에 대한 강렬한 공포 혹은 체중 증가를 막는 반복적인 행동
- 신체상 문제 혹은 자신의 저체중이 심각한 상태라는 것을 부정

마른 정도가 이 장애의 심각성과 연관된다. 다음에서 보여 주는 심각도는 BMI에 기초한 것으로 세계보건기구에서 제안하는 성인의 마른 수준에 기반하고 있다. 소아와 10대에서의 마른 수준은 같은 성별, 같은 또래의 BMI를 기준으로 하고 있다. 직업, 학업, 가정, 또래 관계의 문제가 심각도를 증가시킬 수 있다.

- 경도: BMI ≧ 17
- 중등도: BMI = 16~16.99
- 고도: BMI = 15~15.99
- 극도: BMI < 15

위험 요인

신경성 식욕부진증의 위험을 증가시키는 요인들은 다음과 같다.

- 기질　불안장애를 가지거나 아동기에 강박적 성향을 보이는 사람들의 위험이 높다.
- 환경　마른 체형이 높이 평가받는 문화에 사는 사람이 이 질환과 연관되어 있다. 모델이나 댄서, 운동선수와 같이 마른 체형이 인정받는 분야에서 일하는 사람들이 더 높은 위험을 보인다.
- 유전　일차 친족(부모, 형제)에게서 신경성 식욕부진증이 있는 사람들의 위험이 높다.

헬레나 이야기

헬레나는 부모님, 여동생과 함께 한집에 살고 있는 16세 소녀이다. 10대 시절 내내 그녀는 정상 혹은 건강한 체중이었는데도 자신의 체중과 체형을 크게 걱정하였다. 그녀는 종종 자신의 체중을 그녀가 만나거나 봤던 다른 소녀들이나 여성들과 비교를 했고, 그러고 나서는 자신이 너무 살이 쪘다고 판단했다.

보통 헬레나는 거울을 보고 체중을 확인하였다. 그녀는 옆구리 살을 손가락으로 집어 보기도 하고, 양쪽 허벅지 살이 서로 맞닿는 것이 신경 쓰이기도 했다. 그녀는 14세가 되자 다이어트를 시작해서 처음에는 간헐적으로 했는데, 이후에는 지속적으로 했다. 15세가 된 후 그녀는 채식주의자가 되기로 마음을 먹고 식단에서 많은 음식을 줄여 나가기 시작했다. 그녀는 15세 때 170cm에 56kg이었지만, 열여섯 번째 생일에는 49kg까지 떨어졌다.

그녀는 이렇게 체중이 감소한 것에 안심하지 못하고, 계속 자신이 너무 뚱뚱하다고 여겼다. 그녀는 하루 종일 체중만 쟀다. 하루 대부분의 시간을 체중 때문에 고민에 빠져 살았다. 그녀가 이전에 즐겨 하던 학업이나 친구들과 보내는 시간들처럼 다른 활동을 할 때에도 체중 걱정을 하느라 시간을 허비해 버렸다. 그녀는 점차 혼자가 되어 갔다. 그리고 체중도 계속 줄었다.

그녀의 부모는 그녀의 체중이 줄고 체중을 줄이기 위해 하는 행동들에 신경을 쓰기 시작했다. 부모는 이것에 대해 이야기했고, 매 식사 때마다 그녀의 섭식 행동을 관찰하고 확인하였다. 그들은 그녀에게 더 자주 먹으라고 강요했지만 소용이 없었다. 그녀의 체중은 지속적으로 줄어 6개월 뒤에는 44kg이 되었다.

헬레나는 너무 야위어 보였다. 잘 나가지도 않고, 대화하기도 힘들었으며, 집중도 되지 않았다. 그녀는 허약해 보였지만, 하루에 두 번이나 과한 운동을 했다. 앉아 있거나 휴식을 취하는 것보다 서 있거나 달리는 것을 좋아했다. 헬레나의 부모는 헬레나에 대한 평가를 위해 가족 주치의에게 찾아갔다.

헬레나는 신경성 식욕부진증-제한형으로 진단받았다. 적은 음식섭취, 낮은 체중(BMI 15.8), 과도한 운동, 마른 체형에도 불구하고 지속적으로 체중에 대해 걱정하는 것이 진단의 전형적인 특징이다.

신경성 폭식증

신경성 폭식증(bulimia nervosa)을 가진 사람들은 자주 폭식을 한다. 폭식할 때마다 어마어마한 양의 음식, 보통 칼로리가 높음 음식이나 설탕, 탄수화물, 지방을 섭취한다. 이들은 아주 빠르게 먹는 것이 특징인데, 때때로 음식을 제대로 음미하지도 않고 삼켜 버린다. 폭식은 주로 다른 사람이 방해하거나, 과식을 한 나머지 위가 심하게 늘어나 통증이 느껴질 정도가 될 때에야 멈춘다.

신경성 폭식증을 가진 사람들은 약간 저체중이거나 건강한 체중, 과체중, 심지어 비만

일 수도 있다. 이들은 흔히 다이어트를 하고 체중을 줄이기 위해 운동도 열심히 하지만 결코 신경성 식욕부진증을 가진 사람들만큼 저체중은 아니다.

그들은 폭식을 하는 동안 통제할 수 없다고 느낀다. 신경성 폭식증을 가진 사람들은 폭식을 한 이후 복통이 심하고, 극단적으로 먹는 것에 대한 수치심, 체중이 느는 것에 대한 두려움 때문에 지속적으로 운동을 하거나 억지로 토하거나 하제를 사용하여 먹은 것을 제거한다. 이러한 악순환은 일주일에 최소한 여러 차례 반복되거나 심한 경우에는 하루에도 여러 번 나타난다. 지속적인 폭식과 제거 행동은 소화기관에 손상을 줄 수 있다. 잦은 구토로 인해 볼이 부어오르고 치아 부식이 생길 수 있다.

이 장애를 가진 사람들은 거의 항상 자신의 폭식과 제거 행동을 숨기려고만 한다. 이들은 심하게 마르지는 않았기 때문에 가족과 친구들은 이러한 행동을 알아차리지 못할 수 있다. 신경성 폭식증을 더 빨리 발견하고 치료할수록 회복의 기회는 높아지게 된다.

신경성 폭식증은 미국에서 10대 소녀와 젊은 성인 여성의 0.5~1.5%에서 발병한다. 이 장애는 소년과 남성보다 소녀와 여성에서 훨씬 더 흔하다.

기타 정신장애가 신경성 폭식증과 함께 나타날 수 있다. 여기에는 양극성장애, 우울장애, 불안장애가 있다.

신경성 폭식증이란?

다음과 같은 증상이 있을 때 신경성 폭식증을 진단한다.

- 반복적인 폭식 삽화가 다음 두 가지와 함께 나타난다.
  - 일정 시간(예: 2시간 이내) 동안 대부분의 사람들이 같은 시간 동안에 먹을 수 있는 양에 비해 과도한 양의 음식을 섭취함
  - 폭식 삽화 동안 먹는 것을 통제하기 어려움(먹는 것을 멈출 수가 없거나 먹는 양을 통제하지 못한다고 느낌)
- 체중이 느는 것을 막기 위해서 스스로 구토를 유도하거나, 하제나 이뇨제의 오용, 금식, 과도한 운동과 같이 건강하지 못한 제거 행동을 반복적으로 함
- 폭식과 제거 행동이 3개월 동안 최소한 일주일에 한 번 이상 동시에 나타남
- 체중과 체형에 대한 극심한 염려

진단이 되려면 이러한 증상들은 신경성 식욕부진증 삽화가 아닐 때 나타나야 한다. 건강하지 못한 제거 행동 삽화가 나타나는 주당 횟수는 이 장애가 얼마나 심각한지를 보여 준다. 업무, 학업, 가족, 친구 관계 문제가 등급을 올릴 수 있다.

- 경도: 주당 1~3회 제거 삽화
- 중등도: 주당 4~7회 제거 삽화
- 고도: 주당 8~13회 제거 삽화
- 극도: 주당 14회 이상 제거 삽화

위험 요인

신경성 폭식증의 위협을 증가시키는 요인들은 다음과 같다.

- 기질 체중에 대한 걱정, 낮은 자기존중감, 우울 증상, 사회불안장애, 아동기 범불안장애가 위험 요인이 된다.
- 환경 마른 체형이 이상적이라는 믿음이 체중 걱정에 대한 위험도를 증가시켜 신경성 폭식증의 위험 요인이 된다. 아동기 시절에 성적 혹은 신체적 학대로 고통받은 사람들은 이 장애에 대한 위험이 증가한다. 일련의 스트레스 생활 사건들이 위험을 증가시킬 수도 있다.
- 유전 아동기의 비만과 조숙증은 위험을 높인다. 일차 친족(부모나 형제)이 섭식장애가 있으면 위험 또한 높아질 수 있다.

폭식장애

폭식장애(binge-eating disorder)를 가진 사람들은 비정상적으로 많은 양의 음식을 먹는다. 종종 비밀스럽게 과식을 하기도 한다. 신경성 폭식증과 달리 폭식 삽화는 구토나 다른 수단을 이용한 제거 행동과는 연결되지 않는다.

폭식장애가 있는 사람들은 정상 체중부터 비만까지 다양한 체중을 보인다. 연구결과들에 따르면, 이 장애를 가진 사람들은 더 많은 칼로리를 섭취하고, 일상 기능과 전반적인 삶의 질에서 비만인 사람들에 비해 더 많은 문제가 발생한다.

폭식장애는 남성보다 여성에서 2~3배 더 많이 발병한다. 미국에서는 매년 1.6%의 여성과 0.8%의 남성이 진단받는다. 미국에서 모든 인종과 민족에서 동일하게 발견된다.

폭식장애를 가진 사람들은 주요우울장애와 물질 사용장애도 함께 진단될 수도 있다.

폭식장애란

3개월 동안 최소한 일주일에 한 번 이상 폭식을 하고 다음과 같은 증상들이 있을 때 폭식장애를 진단한다.

- 반복적인 폭식 삽화가 다음 두 가지와 함께 특징적으로 나타난다.
  - 일정 시간(예: 2시간 이내) 동안 대부분의 사람들이 같은 시간 동안에 먹을 수 있는 양에 비해 과도한 양의 음식을 섭취함
  - 폭식 삽화 동안 먹는 것을 통제하기 어려움(먹는 것을 멈출 수가 없거나 먹는 양을 통제하지 못한다고 느낌)
- 폭식 삽화는 다음 중 최소한 세 가지 이상으로 나타난다.
  - 정상보다 훨씬 더 빨리 먹음
  - 과도하게 배가 부르다고 느낄 때까지 먹음
  - 배고프다고 느끼지 않는데도 많은 양의 음식을 먹음
  - 많이 먹는 것이 부끄러워 혼자서 먹음
  - 폭식 후 스스로에 대한 역겨운 느낌, 우울감, 큰 죄책감을 느낌

폭식은 **신경성 폭식증** 혹은 **신경성 식욕부진증**이 아닌 기간 동안에 나타나야 하고, 고통의 원인이 된다. 주당 폭식 삽화의 횟수는 이 장애가 얼마나 심각한지를 나타낸다. 이 장애로 인해 발생하는 업무, 학업, 가족, 친구 관계 문제가 등급을 올릴 수 있다.

- 경도: 주당 1~3회 폭식 삽화
- 중등도: 주당 4~7회 폭식 삽화
- 고도: 주당 8~13회 폭식 삽화
- 극도: 주당 14회 이상 폭식 삽화

위험 요인

폭식장애는 가족 간에 대물림하는 경향이 있어 보이기 때문에 유전적 요소나 학습 행동이 관련되어 있음을 시사한다.

치료

섭식장애는 영양실조와 심장질환 같은 심각한 건강 문제를 유발시킬 수 있다. 적절한 의학적, 그리고 정신건강관리를 통해 이러한 장애를 가진 사람들의 생명을 구할 수 있다. 이들은 건강한 식습관을 배우고, 체중을 건강한 범위로 회복시키며, 폭식 삽화와 제거 삽화를 조절할 수 있게 된다.

신경성 식욕부진증, 신경성 폭식증, 폭식장애에 대한 치료 계획에는 반드시 그 사람의 의학적 상태에 대한 철저한 평가가 포함되어야 한다. 여기에는 신체 검진, 검사실 검사, 종종 골다공증(섭식장애 환자들에게서는 흔히 뼈가 얇아짐)을 확인하기 위해 X선 검사가 포함된다.

다양한 섭식장애를 치료하는 주요 목표가 조금씩 다르기는 하지만 치료는 비슷하다. 신경성 식욕부진증에서 첫 단계는 건강한 체중을 회복하는 것이다. 신경성 폭식증을 가진 사람들은 폭식–제거 악순환을 멈추는 것이 핵심이다. 그리고 폭식장애를 가진 사람들은 폭식 삽화를 멈추는 것이 매우 중요하다.

체중을 회복하고, 폭식과 제거 삽화를 제한하며, 정신치료를 병행하는 것이 치료의 큰 틀이다. 보통 인지행동치료는 섭식장애와 관련된 왜곡된 생각, 느낌, 행동을 다루는 데 도움을 주도록 사용된다. 집단치료나 가족–중심 치료는 그 사람이 건강하지 못한 섭식 행동을 하도록 유발하는 관계 문제나 갈등을 풀도록 돕는다.

때때로 항우울제, 항정신병제, 기분조절제와 같은 약물치료가 사용된다. 이것들은 치료를 저해시키는 우울증, 불안 혹은 불안정한 기분 증상을 완화시키는 데 도움이 된다.

영양 상담은 다이어트와 식습관을 조절하는 데 도움이 된다. 영양 상담을 통해 영양사와 정신건강관리 제공자는 영양이 신체에 어떤 영향을 미치는지와 하루 세 끼의 건강한 섭식 패턴으로 돌아오는 방법에 대해 설명할 수 있다. 이러한 수단들을 통해 신체적 안녕과 건강한 식습관을 재건할 수가 있다.

건강한 마음과 건강한 신체

정신적으로 그리고 신체적으로 건강을 되찾는 것은 섭식장애를 극복하는 첫 번째 목표이다. 정신건강관리 제공자와 치료 팀이 세운 치료 계획과 함께 다음 단계를 따르는 것이 도움이 될 수 있다.

- **작은 목표를 세우고 달성한다.** 모든 음식군을 포함하여 하루 세 끼 식사를 하거나 새로운 활동을 시도해 보고, 행동을 변화시키는 것은 좋은 시작이다.
- **지지 네트워크를 만든다.** 회복을 위해 노력하는 다른 사람들과 함께 지지 집단에 참여한다. 국립 신경성 식욕부진증 협회(www.anad.org)와 국립 섭식장애 협회(www.nationaleatingdisorders.org)에서는 온라인상에 게시판뿐만 아니라 전국 관련단체 목록을 제공하고 있다. 또한 이 기관들은 무료 서비스를 제공한다.
- **긍정적인 신체상으로 받아들이도록 연습한다.** 섭식장애를 가진 사람들은 자신에 관해 좋아하는 점들, 특히 체중이나 외모와는 상관없는 점들에 대해 10개 상위 목록을 만드는 것이 도움이 된다는 것을 알게 될 것이다. 목록을 자주 읽도록 한다. 자신을 외모로만, 아니면 신체 일부분만 보지 말고 온전한 한 사람으로 바라보는 것이 회복의 핵심이다.

기타 섭식장애

이식증, 되새김장애, 회피적/제한적 음식섭취장애는 섭식 행동의 문제를 말한다. 이 장애들은 보통 아동기에 처음 시작되고 십대와 성인기에 시작될 수도 있다.

이식증

이식증(pica)은 음식물이 아닌 물건을 정기적으로 먹는 것이다. 이식증을 가진 사람들이 먹는 것에는 페인트 조각, 종이, 분필, 머리카락, 땀띠약, 녹말가루, 먼지, 얼음 등이 있다. 이 물건들은 모두 영양분이 없는 것들이다. 일부는 독성이 있거나 위장관에 상처를 유발할 수 있어 해로울 수 있고 다른 의학적 위험을 유발할 수 있다. 이 장애는 아동기, 10대, 성인, 임산부에게서 모두 발생할 수 있다. 어떤 경우에는 철분 결핍성 빈혈과 같이 특정 영양분 공급이 부족하여 갈망이 생길 수 있다. 다음과 같은 증상이 있을 때 이식증을 진단한다.

- 최소한 1개월 이상 영양분이 없는, 음식물이 아닌 물건을 지속적으로 먹음
- 음식물이 아닌 물건을 먹는 것은 그 사람의 발달 단계상 맞지 않음(예를 들어, 3세 미만의 유아는 음식물이 아닌 다양한 물건을 먹거나 입에 가져가지만, 10대나 성인에게서는 정상적이지 않음)
- 섭식 행동이 그 사람의 문화적 배경과 맞지 않음

섭식 행동은 지적장애, 자폐스펙트럼장애와 같은 상태에서 일어날 수 있다.

되새김장애

되새김장애(rumination disorder)는 음식물을 자주 역류시키고(위에서 입으로 음식물을 끌어 올림) 되씹는 것이다. 이것은 구역질이나 역겨움 없이 일어난다. 반복적이고 최소한 일주일에 여러 차례 나타나며, 보통 매일 보이기도 한다.

되새김장애는 모든 연령의 사람에게서 발생할 수 있다. 위험 요인에는 사회적 관계 부족, 방임, 스트레스 생활 사건, 부모-자녀 관계의 문제가 있다. 지적장애를 가진 사람들에게서 더 위험이 높기도 하다. 유아에게서 발생했을 때에는 3개월 이후에 시작되는 경향이 있다. 10대와 성인은 손으로 입을 가리거나 기침을 해서 역류 행동을 숨기려고 할 수 있다. 역류와 되새김 행동은 자기진정 효과를 가진 것처럼 보인다. 지속적으로 나타난다면 성장, 학습, 심한 영양실조와 같은 문제로 이어질 수 있다. 다음과 같은 증상이 있을 때 되새김장애를 진단한다.

- 최소한 1개월 동안 일주일에 수차례, 보통 매일, 반복적으로 음식을 역류하여 되씹거나 되삼키거나 뱉어 버린다.
- 반복적인 역류는 위장 관계 문제나 또 다른 의학적 상태 때문이 아니다.

이러한 행동은 또 다른 섭식장애의 증상으로 나타나지 않는다. 이러한 증상들은 지적장애나 또 다른 아동기 장애와 같은 기타 정신장애와 함께 나타날 수 있다.

회피적/제한적 음식섭취장애

회피적/제한적 음식섭취장애(avoidant/restrictive food intake disorder)는 음식섭취를 피하거나 제한하여 적절한 영양과 에너지 공급에 미치지 못하게 되는 상태를 말한다. 성인보다는 아동에게서 그리고 자폐스펙트럼장애를 가진 소년에게서 더 흔하다. 이 장애를 가진 사람들은 먹는 행위나 음식을 좋아하는 것처럼 보이지 않는다. 이들은 특정 음식을 소화하는 데 문제를 보이고, 특정 색깔이나 음식의 식감을 피하거나 다른 사람들이 먹는 음식의 냄새를 견디지 못한다. 다음과 같은 증상이 있을 때 회피적/제한적 음식섭취장애를 진단한다.

- 먹는 것에 관심이 있는 것과 같이, 섭식 혹은 식이 문제로 인하여 적절한 칼로리나 영양분을 공급받지 못해 다음과 같은 증상들 중 최소한 한 가지 이상이 나타난다.
  - 두드러진 체중 감소(혹은 아동에게서는 연령에 맞는 키나 성장에 이르지 못함)
  - 두드러진 영양 결핍
  - 위장관 급식이나 경구 영양 보충제에 의존
  - 사회적 기능의 손상(직장에서 점심시간을 피하거나 식사가 함께 따르는 사교 모임에서 친구나 가족을 보지 않으려 함)

이와 같은 문제는 음식의 부족이나 문화적 배경 때문이 아니다. 이러한 증상들은 또 다른 섭식장애의 한 부분으로 나타나지 않는다. 또한 기타 정신장애나 또 다른 의학적 상태에 의한 것이 아니다. 이 장애는 불안장애, 강박장애, 자폐스펙트럼장애, 주의력결핍과잉행동장애, 지적장애와 같은 기타 정신장애가 함께 나타날 수 있다.

요점 정리

- **섭식장애**는 영양실조와 심장 문제 같은 심각한 건강 문제를 유발할 수 있다. 적절한 의학적, 그리고 정신건강적 관리가 이 장애를 가진 사람들에게 필수적이다.
- 영양 상담은 다이어트와 식사 습관을 관리하는 데 도움이 된다. 영양사와 다른 건강관리 제공자가 영양이 신체에 어떤 영향을 미치는지, 그리고 하루 세 끼 건강한 식사 패턴으로 돌아오는 방법을 설명해 줄 수 있다. 이 수단들을 이용하여 신체적 안녕과 건강한 식사 습관을 다시 수립할 수 있다.
- 체중을 회복하고, 폭식과 제거 삽화를 억제하며 정신치료를 받는 것이 치료의 정석이다. 보통 인지행동치료는 섭식장애와 관련된 왜곡된 생각, 느낌, 행동을 다루는 데 사용된다. 집단치료와 가족-중심 치료는 그 사람으로 하여금 건강하지 못한 섭식 행동을 유발하는 관계 문제나 갈등을 해결할 수 있도록 돕는다.
- 때때로 항우울제, 항정신병제, 기분조절제와 같은 약물들이 사용될 수 있다. 이러한 것들은 치료를 방해하는 우울증, 불안, 불안정한 기분 상태를 완화시킬 수 있다.
- 정신건강관리 제공자와 치료 팀에 의해 세워진 치료 계획에 따라 다음 단계들이 섭식장애를 극복하는 데 도움이 된다. 작은 목표를 세우고 달성하기, 지지 체계를 만들기, 긍정적인 신체상과 자기상을 받아들이기가 그것이다.

- 유뇨증(Enuresis)
- 유분증(Encopresis)

제11장 배설장애

배설장애를 가진 사람들은 소변이나 대변을 침구, 옷, 또는 다른 부적절한 장소에 봐 버린다. 유뇨증이라 불리는 배뇨(방광으로부터 소변을 배설함) 문제, 유분증이라 불리는 배변(장관으로부터 대변을 배설함) 문제가 있다. 두 장애 모두 낮 동안 혹은 밤 동안에 발생할 수 있다. 한 사람이 한 장애만 있기도 하고, 동시에 두 장애를 갖고 있을 수도 있다. 이러한 장애는 보통 배변 훈련이 끝났다고 예상되는 아동기에 처음 진단을 받는다. 보통 10대와 성인에게서는 덜 발생한다.

이 장애의 원인이 알려진 것은 아니다. 의학적 상태나 약물이 장관이나 방광 기능에 영향을 주어 문제를 유발시킬 수도 있다. 그래서 의사를 만나는 것은 의학적 원인을 배제하기 위해 꼭 필요한 일이다. 의학적 문제가 해결된 뒤에도 증상이 나타날 때에는 흔히 이를 배설장애라고 한다.

이 장애들은 배변 훈련 문제나 입학이나 동생 출생과 같은 스트레스로 인한 것일 수 있기 때문에 DSM-5-TR에 포함되었다. 아동이 배변 훈련을 마쳤다고 예상되는 나이 이후에 진단이 내려진다. 비록 이러한 행동들이 의도적으로 나타나는 것은 아니지만, 때때로 그럴 수 있다. 이러한 것은 이 행동이 정서적 혹은 심리적 이유가 있다는 것을 가리킨다. 이유가 어떠하든지 이 장애들은 아동과 부모에게 큰 고통을 유발한다.

이 장애들은 보통 아동이 커 나가면서 치료 없이 스스로 해결되기도 한다. 만약 이 장애를 가진 사람들이 수치심이나 창피함, 죄책감을 느끼거나 증상을 악화시킬 만한 인생의 다른 스트레스와 걱정들을 함께 만났다면 정신치료('면담치료')가 도움이 된다. 정신치료는 또한 그러한 것들이 의도적으로 나타났을 때 이러한 행동에 대한 정서적 이유를 다룰 수 있다. 한 가지 형태의 정신치료로 행동치료가 있다. 이는 부모와 아동에게 행동을 변화시키고 새로운 기술을 배울 수 있는 방법을 가르쳐 준다. 부모와 아동이 함께 극복할 수 있도록 새로운 습관을 배울 수 있다. 부모의 지지, 사랑, 차분한 태도는 새로운 기술을 연습해 나갈 때 아이가 자신의 방광이나 장관 기능을 조절하고 화장실을 이용하는 법을 배우는 데 크게 도움이 될 것이다.

유뇨증

유뇨증(enuresis)은 침구나 옷, 다른 부적절한 장소에 배뇨하는 것을 말한다. 유뇨증은 과도한 수분 섭취(음료), 특히 잠자리에 들기 전에 마시는 것이 원인이 되거나 악화 요인이 될 수 있다.

아동이 낮이나 밤 동안에 배뇨 조절을 전혀 할 수 없는 경우를 일차성 유뇨증이라고 한다. 최소한 1년 이상 정상적으로 소변을 가릴 줄 알았던 아동이 잠자리를 소변으로 적시기 시작하는 경우에는 이차성 유뇨증이라고 한다. 가장 흔한 형태의 유뇨증은 밤 동안 잠자리에서 배뇨를 하는 것이다(야간형). 두 번째로 흔한 형태는 낮 동안에 발생한다(요실금 혹은 주간형). 대부분의 배뇨는 우연히 일어나고 아동이 통제할 수 없다. 그러나 드문 경우에서 고의로 할 때가 있다. 스트레스가 이 장애의 위험 요인이다.

유뇨증은 아동에게서 흔하다. 주간형은 7세 아동의 3~9%에서, 야간형은 5세 아동의 5~10%에서 발병한다. 야간형은 남아에게서 더 흔히 보이고, 주간형은 여아에게서 더 흔하다. 요로 감염이 주간형, 특히 여아와 더 관련된다. 이 장애는 5~8세 사이의 아동에서 가장 흔하게 발생한다. 만약 부모 중 한 명이 어렸을 때 이 문제가 있었다면 위험은 더 증가한다. 이 장애는 아동이 10대가 되었을 때 대부분 해소되는 경향이 있다. 1%의 사례에서 이 장애가 성인기까지 지속된다.

이 장애는 5세 이상에서만 진단할 수 있다. 더 어린 경우에는 정상적인 발달 과정 중 일부일 수 있기 때문에 장애라고 생각하지 않는다.

유뇨증이란

다음과 같은 증상이 있을 때 최소 5세 이상에서 유뇨증을 진단한다.

- 침구나 옷에 고의이든 아니든 반복적으로 소변을 본다.
- 연속된 3개월 동안 최소한 일주일에 두 번 이상 그렇게 한다.
- 이러한 행동 때문에 직장이나 학교에 가거나 사회적 활동에 참여하는 일상생활에서 어려움을 겪는다.

유뇨증의 문제가 만약 약물(예: 이뇨제)이나 방광의 해부학적인 문제, 방광염과 같은 또 다른 의학적 상태로 인한 것이라면 진단하지 않는다.

치료

보통 야간 유뇨증을 가진 아동들은 저절로 문제에서 벗어난다. 의사가 침구에 소변을 보게 되는 신체적인 원인을 배제한 뒤 부모는 상담을 통해 아이가 밤에 마시는 수분의 양을 줄이고, 낮이나 저녁 동안 규칙적으로 화장실에 다녀오도록 해서 잠자리 습관을 변화시켜 준다.

만약 문제가 지속된다면 아이가 소변을 보기 시작할 때 아이나 부모를 깨워 주는 유뇨증 알람기계를 이용하여 밤 동안에 아이가 일어나서 화장실에 갈 수 있도록 훈련시킬 수도 있다. 아이는 부모의 도움을 필요로 할 것이다. 점차적으로 효과가 보이는데, 횟수가 줄고, 양도 줄어들며, 결국 완전히 실수하지 않을 때까지 2~12주가 걸리기도 한다. 연속해서 14일 동안 유뇨증을 보이지 않으면 알람기계(이는 흔히 벨과 패드 방법이라 불린다.) 사용을 중단할 수 있다(이번 장의 마지막에 있는 '부모를 위한 조언'에서 더 많은 조언을 참고하시오).

요실금을 가진 성인들 또한 방광 조절 훈련으로 치료한다. 이들에게 낮 동안에 얼마나 많이 그리고 얼마나 자주 소변을 보는지 기록하도록 '방광 일지'를 작성하게 한다. 그러고 나면 의사는 일지를 이용해서 패턴을 분석하여 그 사람이 방광을 조절할 수 있도록 특정한 시간들을 제시한 후 화장실을 사용하도록 한다. 요실금이 있는 여성에서는 케겔 운동법을 통해서 질 주변의 특정 근육을 강화하여 소변의 흐름을 조절함으로써 방광 통제를 향상시킬 수 있도록 도울 수도 있다.

유뇨증이 있는 아동과 성인은 방광을 안정시키기 위해 약물 처방이 필요할 수 있다. 아동에게는 행동치료(예: 벨과 패드 방법)가 그만큼 효과가 있으므로 재발과 부작용의 위험을 낮출 수가 있다.

유분증

유분증(encopresis)은 장관 기능이 정상적이라고 여겨지는 나이 이후에도 부적절한 장소(예: 속옷이나 땅바닥)에 반복적으로 배변(대변을 봄)을 하는 것을 말한다. 이는 변실금이라고 불리기도 한다.

유분증에 가장 흔한 원인으로는 만성 변비인데, 이는 스트레스가 원인이 될 수가 있고, 충분한 수분을 섭취하지 않는다거나(대변이 장을 통과하기에 너무 딱딱함), 항문 주변의 염증으로 통증이 있을 때 생겨날 수가 있다. 부실한 식사(예: 과량의 당, 지방질, 튀긴 음식)와 운동 부족이 변비를 악화시킬 수 있다. 만약 대변이 장관을 제대로 통과하지 못한다면 범람 변실금으로 인해 대변이 새어 나올 수 있다. 유분증의 위험 요인에는 초기 아동기 학대나 방임, 불안, 우울, 또래 괴롭힘, 학습 부진, 낮은 수입이 있다.

4~6세 아동 가운데 4% 이상에서 유분증을 가지고 있고, 여아보다 남아에게서 더 흔히 발생한다. 대부분의 경우에 유분증은 의도적으로 하는 것이 아니고 일반적으로 변비 때문에 통제하기가 어렵다. 불안으로 인해 배변을 회피하는 것 때문에 발생하기도 한다. 이런 경우 대변을 더 이상 참을 수 없을 때 흘러나오게 된다. 하지만 일부러 한다는 것이 분명할 때에는 적대적 반항장애나 품행장애와 연관될 수 있다(제15장 '파괴적 장애 및 품행장애'를 참고하시오).

진단은 4세 이상에서만 내려질 수 있다. 더 어린 아동의 경우 정상 발달 단계의 일부분일 수 있기 때문에 장애로 진단하지 않는다.

유분증이란

다음과 같은 증상이 있을 때 최소 4세 이상에서 유분증을 진단한다.

- 고의이든 아니든 부적절한 장소에 반복적으로 대변을 본다.
- 연속된 3개월 동안 최소한 한 달에 한 번 이상 그렇게 한다.
- 이러한 행동 때문에 직장이나 학교에 가거나 사회적 활동에 참여하는 일상생활에서 어려움을 겪는다.

만약 유분증 문제가 약물(예: 하제)이나 또 다른 의학적 상태로 인한 것이라면 진단하지 않는다.

치료

유분증은 종종 변비 때문에 발생하므로 의학적 원인을 치료하는 것이 문제를 해결하는 길이다. 변비를 예방하고 규칙적인 배변 훈련 습관을 가르치는 것이 유분증 치료의 목표이다(다음의 '부모를 위한 조언'에서 더 많은 조언을 참고하시오).

아동의 식습관을 바꿔 섬유질 함유 음식(과일, 야채, 통곡물 음식)을 먹게 하고, 낮 동안에는 충분한 양의 수분을 섭취하는 것이 도움이 될 수 있다. 만약 변비가 호전되지 않는다면 연하제나 좌약이 도움이 될 수 있다. 이것들은 규칙적인 배변 습관을 기르기 위해 의사나 정신건강관리 제공자의 안내 하에 사용될 수 있다. 또한 정신건강관리 제공자는 문제를 유발할 수 있을 만한 정서적 문제를 다루는 데 도움을 줄 수도 있다.

어리거나 신체적으로 덜 성숙한 아동은 보통 변기 위에 앉았을 때 다리가 땅에 닿지 않을 것이다. 이러한 자세는 아이가 충분히 이완된 자세를 취하지 못하게 하거나 장운동에 필요한 근육을 제대로 사용하지 못하게 한다. 변기 위에 앉아 있는 동안에는 발밑에 발판을 놓아 줄 수 있다. 이렇게 발을 든든하게 지지해 주면 아이가 장운동에 필요한 앉은 자세를 취할 수 있도록 해 준다.

부모를 위한 조언

행동치료에서 쓰이는 이러한 기본적인 기법들은 유뇨증이나 유분증을 가진 아이들의 부모를 도울 수 있다.

- 일이 터졌을 때 중립적이고 사실에만 입각한 문제해결의 태도를 유지한다. 이것은 아이가 일이 생겼다고 얘기하는 것을 두려워하지 않게 해 준다. 그리고 발견될 때까지 일을 숨기려고 하지 않을 것이다.
- 일을 낸 아이는 더러워진 옷을 세탁기에 넣는 것과 같이, 제 나이에 맞는 방식으로 더러워진 침구와 옷가지를 치우는 것을 돕고, 할 수 있는 한 열심히 스스로 씻거나 깨끗한 담요로 바꾸어 놓는 것을 도울 수 있다. 이러한 일들은 아이가 벌받는 것이 아니라 더 나아지는 데 일조하는 것으로서 아이가 직접 하도록 한다.
- 부모는 지지적이고 참을성이 있을 필요가 있다. 작은 발전도 보상해 주어 조금씩 진전하게 해 준다(예를 들어, 덜 자주 혹은 더 적게 일을 냄).
- 문제를 같이 해결하는 것은 부모와 아이가 새로운 기술을 배우고 서로 간에 유대감을 증진시키는 데 도움이 될 수 있다.

요점 정리

- **배설장애**는 낮이나 밤이나 나타날 수 있다. 보통은 의도적으로 하는 것이 아니라 어쩌다가 해 버린다. 이 장애는 아동에게서 더 흔하고, 아이가 화장실을 쓸 줄 아는 나이가 지난 뒤에 진단 된다.
- 이러한 장애는 아동과 부모 모두에게 아주 힘든 일일 수 있다. 일을 냈을 때 중립적이고, 지지적인 태도를 취하는 것이 일을 낸 후 아이의 스트레스를 줄일 수 있다. 아이의 나이에 맞는 방식으로 일 낸 것들을 치우도록 돕는 것이 문제를 함께 해결하는 것이다.
- 의학적 상태나 약물이 장 기능 혹은 방광 기능에 영향을 주어 이러한 장애를 유발할 수 있다. 이러한 상태가 치료되었을 때(혹은 의사의 지시에 따라 특정 약물을 중단하거나 교체하였을 때)에는 배설장애가 해소될 수 있다. 의사를 만나 문제를 유발하는 의학적 원인을 배제하는 것이 핵심이다. 만약 의학적 상태나 약물에 의한 것이 아니라면 종종 이러한 장애는 아이가 커 나가면서 치료 없이 스스로 사라진다.

- **유뇨증** 치료에는 밤에 수분 섭취를 줄이기, 낮과 저녁에 화장실에 규칙적으로 다녀오기, 문제가 지속적으로 있다면 유뇨증 알람기계를 쓰고, 약물치료를 받는 것이 있다. 성인은 약물치료를 받고, 방광 조절 훈련, 배뇨 일지, 방광 통제를 위한 근육 강화를 할 수 있다.
- **유분증** 치료에는 당과 튀김, 지방식을 줄이고, 섬유질(야채, 과일, 통곡물)을 더 많이 섭취하며, 낮 동안에 물을 마시고, 운동을 더 열심히 하며, 연하제나 좌약을 사용할 수 있고, 아이가 변기 위에 앉았을 때 자세 교정이 필요하다면 발밑에 발판을 놓아 주는 것이 좋다.

- 불면장애(Insomnia Disorder)
- 기면증(Narcolepsy)
- 호흡관련 수면장애(Breathing-Related Sleep Disorders)
  - 폐쇄성 수면 무호흡 저호흡(Obstructive Sleep Apnea Hypopnea)
  - 중추성 수면 무호흡증(Central Sleep Apnea)
  - 수면관련 호흡저하(Sleep-Related Hypoventilation)
- 사건수면 (Parasomnias)
  - NREM 수면 각성장애(Non-Rapid Eye Movement Sleep Arousal Disorders)
  - 악몽장애(Nightmare Disorder)
  - REM 수면 행동장애(Rapid Eye Movement Sleep Behavior Disorder)
- 기타 수면-각성장애
  - 과다수면장애(Hypersomnolence Disorder)
  - 일주기 리듬 수면-각성장애(Circadian Rhythm Sleep-Wake Disorders)
  - 하지불안 증후군(Restless Legs Syndrome)

제12장 수면-각성장애

우리 인생의 1/3을 수면이 차지함에도 불구하고 아직 수면의 목적은 미스터리이다. 계속되는 수면 문제는 학교나 직장에서 제대로 수행하는 것을 어렵게 만든다. 사람들에게 매일 필요한 수면을 못하게 만들어 낮 동안 졸립고 피로하게 만들거나 더 길게 자는데도 불구하고 피곤하게 느끼게 할 수 있다. 규칙적이고 지속적인 수면은 삶의 질, 일상의 기능, 기분에 큰 차이를 가져온다. 수면 문제는 사람들이 의사들에게 보고하는 가장 흔한 문제라는 데 이견이 없을 것이다.

충분히 쉬었고 상쾌하다고 느끼기 위해서 대부분의 건강한 성인은 매일 밤마다 중간에 깨지 않고 7~9시간 정도 자는 것을 필요로 하지만, 어떤 사람들은 쉬었다고 느끼려면 그 시간이 더 많거나 혹은 더 적을 수도 있다. 10대에는 약 8~10시간 정도가 필요하다. 이렇게 충분한 시간의 잠을 자지 못한다면 신체는 다음 날 필요한 자기 회복의 시간을 갖지 못한다. 사람은 오랫동안 깨어 있을수록 더 빨리 잠이 드는 경향이 있다.

수면-각성장애는 수면의 질, 시간, 양을 망가뜨린다. 이러한 장애는 피로감, 우울, 집중력 문제, 과민성, 비만 등 다양한 신체적·정서적 문제와 연관된다. 약 1/3의 사람들이 어떤 날에는 잠들거나 잠을 유지하는 데 문제를 경험한다.

이 장에서는 불면장애, 기면증, 호흡관련 수면장애(폐쇄성 수면 무호흡 저호흡, 중추성 수면 무호흡증, 수면관련 호흡저하), 사건수면(NREM 수면 각성장애, 악몽장애, REM 수면 행동장애)과 같은 수면-각성장애에 대해 자세히 기술하고 있다. 또한 과다수면장애, 일주기 리듬 수면-각성장애, 하지불안 증후군에 대해서도 짧게 기술한다.

수면장애는 어떻게 진단하는가

수면 문제를 진단하기 위해 의사는 의학적 과거력과 약물 사용에 대해 검토해 볼 것이다. 특정 의학적 상태와 약물들이 수면에 영향을 준다고 알려져 있다. 수면 문제를 가진 사람들은 다음 사항에 따라 1~2주 동안 수면 일지를 작성해야 한다.

- 취침시간
- 잠들기까지 걸리는 (추측) 시간
- 기상시간
- 중간에 깨는 횟수
- 낮잠
- 남용 약물이나 치료 약물 사용 여부

수면 문제가 있는 사람과 함께 잠자리에 드는 사람에게 수면장애 진단에 도움이 될 만한 코골이, 호흡 문제, 다리 경련이나 다른 신체 운동과 같은 것들이 있는지 확인해 볼 수 있다.

만약 수면장애가 심각하거나 가정과 작업 기능에 심각한 손상을 가져온다면 수면장애 클리닉에서 수면 조사를 받을 필요가 있다. 여러 가지 검사가 문제를 확인하는 데 도움이 되지만, 그중 가장 많이 쓰이는 것이 **수면다원검사**이다. 이 검사는 잠자는 동안 뇌와 눈, 근육의 전기적 활동뿐만 아니라 다른 주요 신체 기능을 측정한다. 이 결과들은 **기면증**, **호흡관련 수면장애**, **REM 수면 행동장애**와 같은 다양한 수면-각성장애를 진단하는 데 도움이 된다.

정상 수면 단계에 대해 알아야 밤에 문제를 유발하는 장애들이 서로 어떻게 다른지 설명할 수 있다. 성인의 수면 단계는 급속안구운동(Rapid Eye Movement: REM)과 비급속안구운동(Non-REM: NREM)으로 나누어진다. 이 두 수면 단계는 70~120분간 지속되며 교대로 나타난다. 정상 수면에서는 하룻밤 동안 3~6번의 NREM/REM 주기가 나타난다.

- 사람이 잠이 들 때에는 수면의 75%를 차지하는 NREM 수면에 들어간다. 이 단계 동안 신체 기능이 회복되고, 호흡은 느려지며, 근육은 이완되고, 체온은 떨어지면서 조직 성장이 일어난다. 수면의 가장 깊은 단계는 NREM 수면 동안에 나타난다.

- REM 수면은 잠든 이후 약 90분이 지난 뒤에 처음으로 나타나서 5~10분간 지속된다. REM 수면 동안 뇌는 활성화되고, 안구는 앞뒤로 빠르게 움직인다. REM 수면은 약 90분마다 반복되는데, REM 기간은 밤에 후반기로 갈수록 점차 길어진다. 밤 동안 REM 기간은 서로 점점 가까워진다.

REM 수면과 NREM 수면 단계가 모두 함께 완전한 주기로 돌아가지 않는다면 몸은 완전히 회복됐다고 느끼지 못할 수 있다. 수면에서 각성으로의 변화는 뇌에서 전해지는 신호로 조절이 된다. 진단과 치료를 모색하고, 수면 습관과 환경을 바꾸며, 생활 습관에 변화를 주는 것이 이러한 수면 단계를 더 정상적인 패턴으로 돌릴 수 있게 된다. 이 장의 마지막에 건강한 수면과 생활 습관을 만들어 수면장애를 극복하고 예방하기 위한 조언들을 제공하고 있다.

불면장애

불면장애(insomnia disorder)를 가진 사람들은 보통 잠들기가 힘들거나 잠을 유지할 수가 없다. 이들은 깨어났을 때 충분한 잠을 잤다고 느끼지 못하거나 (기력이) 재충전되었다고 느끼지 못하여 상쾌하다고 느끼지 못한다. 그 결과, 기력이 떨어지고 피곤하며 걱정이 많거나 우울하다고 느낀다. 이는 모든 수면장애 중에서 가장 흔한 수면 문제이다.

매년 성인의 약 30%가 불면증을 경험한다. 때때로 불면증은 사별하거나, 실직, 관계 문제와 같은 스트레스 사건이 있을 때 생길 수 있다. 결혼이나 휴가와 같이 행복한 일을 기대할 때에도 잠이 방해받을 수 있다. 불규칙한 수면 시간은 성인뿐만 아니라 아동과 청소년에게도 불면증을 유발할 수 있다.

불면증은 상황성(급성으로도 알려짐), 삽화성, 지속성, 재발성(만성)으로 나타날 수 있다.

- 상황성 불면증은 수일에서 수주간 지속되고 종종 생활 사건들이나 수면 일정, 환경의 변화 때문에 생길 수 있다.
- 삽화성 불면증은 최소한 1개월 이상 지속되지만 3개월은 넘지 않는다.
- 지속성 불면증은 수면 문제가 생활 사건들이나 수면 일정, 환경의 변화 이후 3개월이나 그 이상 지속될 때 나타난다.

• 재발성 불면증은 지난 1년 동안 최소한 두 번 이상의 불면증 삽화가 있을 때를 말한다. 재발성(만성) 불면증이 있는 사람들은 보통 며칠 동안 수면에 문제가 생기다가 이후 며칠은 잠을 잘 자고 다시 문제가 생긴다.

불면증은 여성, 중년, 노년기에게서 더 흔히 나타난다. 여성은 임신 중이거나 폐경기 때 종종 증상을 경험한다. 불면증은 보통 당뇨나 심장질환, 관절염, 암, 외상성 뇌 손상, 다른 만성통증과 같이 또 다른 의학적 상태와 함께 발생할 수 있다. 불면증을 겪는 사람들 가운데 40~50%는 알코올사용장애나 기타 정신장애를 갖고 있다.

지속성 불면증은 양극성장애, 우울장애, 불안장애의 위험 요인이다. 보통 이 상태에 있는 사람들은 수면에 도움이 되고자 약물에 의지하거나 낮 동안에 깨어 있으려고 카페인을 사용하기 시작한다. 이 때문에 물질 사용장애로까지 이어질 수도 있다.

불면장애란

다음과 같은 증상이 있을 때 불면장애를 진단한다.

• 다음 증상들 중 최소한 한 가지 이상으로 인해 잠을 충분히 자지 못하거나 깊은 잠을 자지 못한다.
  – 잠이 들기 어려움(아동은 부모나 양육자의 도움이 없을 때 잠이 들기 어려울 수 있다.)
  – 잠을 유지하기가 어려움(자주 깨거나 깨어난 뒤 다시 잠들기 어렵다.)
  – 아침에 일찍 일어나서 다시 잠들기 어려움
• 수면 문제는 많은 고통을 유발하거나 사회적 · 업무적 · 학업적 행동 혹은 다른 기능적 측면에 손상을 초래한다.
• 수면 문제가 일주일에 최소한 3일 이상 나타난다.
• 수면 문제가 최소한 3개월 이상 지속된다.

불면증은 기면증이나 사건수면과 같은 또 다른 수면–각성장애로 인한 것이 아니다. 남용 약물이나 알코올, 혹은 치료 약물에 의한 것이 아니다. 기타 정신장애나 또 다른 의학적 상태는 불면증의 주된 원인이 아니다.

위험 요인

다음의 요인들은 사람들이 더 쉽게 불면증에 빠지게 만들 수 있다. 질환, 이별, 만성 스트레스와 같은 생활 사건들로 인해 다음의 특성들을 가진 사람들에게서 수면 문제가 유발될 수 있다.

- 기질 쉽게 불안하거나 걱정이 많은 사람들, 그리고 자신의 감정을 표현하기 어려워하는 사람들이 불면증에 빠지기 더 쉽다.
- 환경 소음, 불빛, 너무 따뜻하거나 너무 추운 실내, 높은 고도가 불면증을 증가시킨다.
- 유전 이러한 상태에 있는 일차 친족(부모나 형제)이 있는 경우

워렌 이야기

워렌은 30세 대학원생으로, 잠을 유지하지 못하는 문제 때문에 의사를 찾아왔다. 문제는 4개월 전부터 매일 새벽 3시에 잠이 깨면서 시작되었는데, 언제 잠자리에 들든지 간에 그랬고, 다시 잠들기가 어려웠다. 그 결과 그는 낮 동안 '얼이 빠진 듯' 느껴졌다. 극심한 피로감 때문에 집중을 할 수가 없을 때면 학위를 어떻게 끝내야 하나 하는 걱정이 늘었다. 처음에 그는 무슨 걱정거리를 떠올리며 일어났었는지 회상하지 못했다. 문제가 지속되면서 그는 다음 날이 오는 게 겁이 났고, 이렇게 몇 시간만 잠을 잔다면 강의 시간에 어떻게 가르칠지 아니면 논문 작업에 어떻게 집중할지 고민하고 있는 자신의 모습을 발견했다. 그는 깊게 잠들어 있는 약혼녀 옆에서 어둠 속에 깬 채로 누워 있곤 한다. 어느 날 아침에는 그동안 못 한 것을 채우려고 침대에서 일어나 매우 이른 시간에 자신의 사무실로 가곤 한다.

잠을 못 잔 지 한 달이 지난 후, 워렌은 학생 건강 서비스 클리닉에 방문해서 진료를 받았다(그는 천식이 있었기 때문에 때때로 흡입기를 사용했었다). 그는 수면제를 처방받았지만 도움이 되지 않았다. 워렌은 잠들기 어려운 것은 절대 아니라고 설명했다. 한편, 그는 온라인에서 읽은 조언들 중 일부를 따라 해 봤다. 그는 낮 동안에 커피를 자주 마시곤 했지만, 오후 2시 이후에는 전혀 마시지 않았다. 테니스 선수인 그는 이른 아침에만 운동을 하였다. 매일 밤 저녁 식사 시간에는 약혼녀와 함께 와인 한두 잔은 꼭 마셨다. "저녁이 되면 잠을 잘 수나 있을지 걱정을 하기

시작해요." 그는 말했다. "솔직히 와인이 도움이 됩니다."

워렌은 피곤해 보이지는 않았지만 의사에게 이렇게 말했다. "전 아침에 선생님을 뵈려고 예약을 했어요. 더 진이 빠져 버리기 전에 말이에요." 그는 슬퍼 보이거나 초조해 보이지 않았고 우울감을 느낀 적이 있는지 확실하지는 않았다. 그러나 늘 낮은 수준의 불안은 분명했다. "이 잠 문제는 점점 커졌어요." 그가 설명했다. "전 일에서 스트레스를 받고, 제 약혼녀와 저는 싸움이 늘었죠. 하지만 이 모든 것은 제가 피곤해서 그런 거예요."

워렌은 불면장애로 진단받았다. 그의 잠 문제는 스트레스가 컸던 시기에 시작되었다. 잠을 자지 못한다는 걱정은 문제를 더욱 악화시켰다. 또한 워렌은 낮 동안에 깨어 있기 위해서 카페인을 복용해 오고, 저녁에는 와인을 마시며 느긋해지려고 했다.

게다가 눈에 띄는 것은 과거 병력상 천식이 있었고, 이 때문에 워렌은 가끔씩 흡입제를 사용하고 있었다. 흡입제는 자극성이 있기 때문에 언제 얼마나 사용해야 하는지 아는 것이 도움이 된다.

치료

불면증 치료에 사용되는 많은 방법이 있는데, 대부분의 사람들이 좋아지기는 하나 어떤 사람들은 상당한 시간이 걸릴 수 있다. 치료는 보통 행동치료와 약물치료를 함께 병행한다.

행동치료를 할 때 첫 단계 중 하나는 건강한 수면 위생(이번 장의 마지막에 소개되어 있다.)을 따르는 것뿐만 아니라, 수면에 도움이 되는 수면 환경을 조성하는 것이다. 요가나 명상과 같은 이완요법 또한 잠을 잘 수 있는 몸 상태를 만드는 데 큰 도움이 된다.

벤조디아제핀이나 진정효과가 있는 항우울제와 같은 수면제 처방이 많은 도움이 되지만, 반드시 단기간 사용을 해야 한다. 독시라민이나 멜라토닌처럼 일부 약국에서 판매하는 수면 보조제가 효과가 있기도 하지만 이 또한 단기간 사용을 해야 한다. 불면장애가 있는 사람은 의사(일반 의원이나 정신건강관리 제공자)에게 약물치료와 용법에 대해 상의해야 한다.

기면증

기면증(narcolepsy)이 있는 사람들은 낮 동안 잠을 자려는 극도의 욕구를 가지고 있고, 낮잠을 자주 자거나 견딜 수 없는 수면 발작을 경험한다. 또한 이들은 웃음이나 놀람과 같은 감정에 의해 유발되는 근긴장의 갑작스런 소실인 탈력발작을 경험하기도 한다. 탈력발작은 목, 턱, 팔, 다리 혹은 전신에 걸쳐 나타나고, 이로 인해 쓰러질 수 있다.

기면증은 대화하거나 일 하는 중 혹은 학교에서, 운전 중 혹은 다른 부적절한 때 잠에 빠져들게 만든다. 수면 발작은 수초에서 수분간 지속될 수 있다. 이 장애를 가진 사람들은 종종 밤 동안 짧게든 길게든 잠이 깨어 버리기도 한다. 잠들기 직전 혹은 일어나기 직전에 환각(실제로는 없는 데에도 보거나, 냄새 맡거나, 듣는 것들)이나 수면 마비(움직이거나 말할 수 없는 근긴장의 짧은 소실)를 경험할 수 있다. 생생한 꿈과 악몽 또한 흔한데, 이는 REM 수면 행동장애에서도 나타난다(이번 장의 후반에 기술되어 있다).

이 장애를 가진 사람들은 증상이 나타나지 않도록 감정을 통제하느라 사회생활에 고통을 겪을 수 있다. 이러한 증상들 때문에 난처해지는 때가 많아 사회적 접촉을 피할 수 있다. 이 장애는 집중력도 손상시키기 때문에 학교나 직장, 운전, 혹은 집중이 필요한 활동에 문제를 유발한다. 치료가 되면 이 장애를 가진 사람들은 짧은 거리를 운전해서 갈 수 있지만, 안전 문제 때문에 생계를 목적으로 운전을 하거나 기계를 조작해서는 안 된다.

기면증 증상은 종종 아동기와 10대 혹은 젊은 성인기 동안에 시작한다. 노년기에는 거의 나타나지 않는다. 또한 이 장애는 비만, 조숙증과도 연관되어 있다. 갑자기 증상이 생겨난 어린 아동들은 종종 빠른 체중 증가가 있다. 양극성장애, 우울장애, 기타 수면장애(가령, 수면보행증, REM 수면 행동장애, 폐쇄성 수면 무호흡, 하지불안 증후군)를 가진 사람들 또한 기면증을 겪을 수 있다.

기면증이란

다음과 같은 증상이 있을 때 기면증을 진단한다.

- 잠을 자고 싶은 강한 충동 뒤 깜박 잠이 든다(수면 발작). 이렇게 잠깐 자는 잠은 지난 3개월 동안 일주일에 최소한 세 번 이상 나타난다.

- 다음 증상들 중 최소한 한 가지 이상이 있다.
  - 한 달에 최소한 여러 차례 이상 나타나는 탈력발작(다음 둘 중 하나) 삽화
    - ▷ 증상이 오랜 시간 지속되어 온 사람들에게서 깨어 있는 동안 움직이지 못하게 만드는 짧고 갑작스런 근긴장 소실이 있고, 이는 웃음이나 농담과 같은 감정에 의해 유발된다.
    - ▷ 아동이나 혹은 증상이 6개월 미만으로 지속되어 온 사람들에게서 갑작스런 얼굴 찡그림이나 턱이 처지고 혀를 내미는 삽화가 어떠한 감정적 유발 요인 없이 나타난다.
- 검사실 검사상 뇌 내에 낮은 농도의 히포크레틴(각성을 조절하는 뇌 내 화학물질) 소견이 나타난다.
- 야간 수면 검사상 REM 수면이 정상적인 수면 주기보다 더 빨리 나타난다.

위험 요인

기면증의 위험을 증가시키는 요인들은 다음과 같다.

- 기질　기면증을 가진 사람들은 종종 다른 가족보다 더 많은 잠을 필요로 한다는 것을 알게 된다.
- 환경　특정 유형의 인플루엔자 독감이나 연쇄상구균 인두 감염, 면역계 이상, 두부 외상, 이직이나 스트레스와 같이 수면–각성 패턴에 갑작스러운 변화가 유발 요인이 될 수 있다.
- 유전　일차 친족(부모나 형제)이 기면증을 가진 사람들은 이러한 상태가 발생할 위험이 더 높다.

치료

기면증 치료는 보통 행동치료와 약물치료를 함께 병행한다. 이러한 치료는 증상을 완화시켜 이 상태에 있는 많은 사람이 다시 거의 정상적인 수면 습관을 회복하도록 해 준다.

행동치료는 낮잠을 여러 번 짧게 나누어 자고(10~15분), 잠, 운동, 식사를 규칙적인 일

정에 맞추는 것과 같은 생활 습관 교정이 포함된다. 잠을 방해하거나 잠이 오게 만드는 과식과 음주를 피하는 것도 제안된다.

메틸페니데이트와 같은 자극제는 보통 수면 발작을 치료하는 데 사용되고, 각성 상태를 유지하는 데 도움이 된다. 모다피닐은 효과적인 자극제 대체제로 부작용이 적은 편이다. 삼환계 항우울제가 가끔 탈력발작이나 수면 마비치료에 처방되나 수면 발작에는 거의 효과가 없다. 소디움 옥시베이트도 기면증 치료에 사용될 수 있다.

호흡관련 수면장애

호흡관련 수면장애(breathing-related sleep disorders)는 정상적인 호흡에 문제를 유발하여 수면을 방해한다. 이는 종종 더 심각한 건강 문제와 사회적 문제까지 이어진다. 이러한 장애에 대한 치료를 빨리 받으면 심각한 건강 문제를 예방할 수 있다. 이러한 장애는 폐쇄성 수면 무호흡 저호흡, 중추성 수면 무호흡증, 수면관련 호흡저하로 구성되어 있다. 이 중 폐쇄성 수면 무호흡 저호흡이 가장 흔하다.

폐쇄성 수면 무호흡 저호흡

폐쇄성 수면 무호흡 저호흡(obstructive sleep apnea hypopnea), 혹은 수면 무호흡은 자는 동안 호흡을 짧게 멈추게 한다. 무호흡은 호흡이 완전히 멈추는 것을 말하고, 저호흡은 최소한 10초 이상 호흡이 감소하는 것(아동의 경우 2회의 호흡 소실)을 말한다. 호흡이 멈추거나 감소하는 것은 목구멍 뒤쪽의 근육이 기도를 열어 놓지 못하는 상태일 때 발생한다. 이것은 밤 동안 수백 번 일어날 수 있다.

수면 무호흡은 가장 흔한 호흡관련 수면장애로, 2,200만 명 이상의 미국인에게 발병한다. 그러나 수면 무호흡을 가지고 있는 대부분의 사람이 잠자는 동안에만 발생하기 때문에 본인은 알지 못한다. 같은 잠자리에서 자는 가족이나 다른 사람이 증상을 먼저 알아차리게 된다. 수면 무호흡은 남성, 40~60대, 노년기 성인, 과체중인 사람들에게서 더 흔하다. 체중 감량이 문제를 해결할 수 있다.

아동의 약 1~4% 또한 수면 무호흡을 겪는다. 이 장애는 3~8세 아동에서 가장 높게 나타나는데, 편도선 비대가 문제의 원인이 될 수 있다. 수면 무호흡은 아동이 자라면서 해소된다. 어떤 나이에서든 수면과 관련된 문제나 낮 동안 졸음이 온다는 호소가 있을 때에는 의사를 만나는 것이 중요하다. 수면 문제는 건강에 중요한 영향을 미친다. 아동에서 수면 무호흡으로 인해 발달 지연이나 행동, 학습 문제가 생길 수 있다. 이 장애를 가진 아동들은 수면 중 호흡이 힘들거나, 입 마름, 아침 두통, 삼킴 문제, 야뇨증, 언어 문제가 생길 수 있다.

이 상태에 있는 모든 사람에게서 수면 무호흡은 수면 문제와 산소 부족을 일으킬 수 있다. 성인에게 가장 흔한 증상은 코골이, 입 마름, 주간 졸림, 가슴 통증, 아침 두통, 성욕 상실이 있다. 수면 무호흡은 사망, 고혈압, 심장질환, 심장마비, 뇌졸중, 당뇨, 우울증과 연관되어 있다.

폐쇄성 수면 무호흡 저호흡이란

다음 중 한 가지의 증상이라도 있을 때 폐쇄성 수면 무호흡 저호흡을 진단한다.

- 수면 검사상 수면 중 시간당 최소한 다섯 번 이상의 폐쇄성 무호흡이나 저호흡이 나타나고, 다음 수면 증상들 중 한 가지가 있다.
  - 코골이, 거친 콧숨/헐떡임, 야간 수면 중 호흡 정지
  - 충분한 시간을 자는데도 불구하고 주간 졸림, 피로감, 개운하지 않다. 이는 기타 정신장애나 또 다른 의학적 상태에 의한 것이 아니다.
- 수면 검사상 다른 증상과 상관없이 수면 중 시간당 최소한 15회 이상의 폐쇄성 무호흡 그리고/혹은 저호흡이 나타난다.

카를로스 이야기

카를로스는 57세 남성으로, 그가 받는 항우울제 처방과 관련하여 재평가를 받기 위해 왔다. 그는 수개월 동안 피로감 악화, 주간 졸림, 전체적으로 '좋지 않은 기분'을 호소했다. 그는 일상적인 활동을 할 때에도 기력이 부족했지만, 그것들을 하고 있을 때에는 여전히 즐기는 마음이 들었다. 그는 컴퓨터 작업을 할 때 집중을 하는 데 약간의 어려움이 있었고, 실직을 할지도 모른다는 걱정을 하고 있었다. 선택적 세로토닌 재흡수 억제제(SSRI) 계열

항우울제를 지난 2년 동안 처방받아 왔는데, 증상은 어느 정도 호전되었다. 카를로스는 계속 약을 복용해야 한다고 주장했다.

그는 스트레스 받는 일이 없다고 말했다. 우울증과 함께 고혈압, 당뇨, 심장병을 갖고 있었다. 그는 발기부전뿐만 아니라 속쓰림을 호소했는데, 이 때문에 진료를 받은 적은 없었다.

카를로스는 결혼해서 슬하에 장성한 자녀 2명이 있다. 그는 담배나 술을 하지 않았지만 낮 동안에 깨어 있으려고 커피를 여러 잔 마셨다.

신체 검진상 그는 178cm의 키에 106kg의 몸무게로, 체질량지수(BMI)는 34였다.

계속된 문진을 통해 카를로스는 일하는 동안 깨어 있는 데 어려움이 있을 뿐만 아니라, 때때로 졸음운전을 하기도 한다는 것이 발견됐다. 그는 밤에 8~10시간 자지만, 중간에 자주 깨고, 깨면 화장실에 갔으며(야간뇨), 종종 숨이 막히는 느낌으로 깨기도 하는데 두통이 동반되기도 하였다. 그는 어렸을 때부터 코를 골았는데, 덧붙이기를 "우리 가족 중 남자들은 다 코골이예요."라고 했다. 아내가 사랑방에서 따로 자기로 하기 전에 그녀는 그가 아주 크게 코를 골고 때때로 숨을 멈췄다가 헐떡이며 공기를 내뿜는다고 말했다.

카를로스는 수면 검사를 받게 됐는데, 시간당 25회의 무호흡을 보였다. 그는 폐쇄성 수면 무호흡 저호흡으로 진단받았다. 그가 크게 코를 골았다는 과거력과 숨이 막혔다가 내뿜는 삽화들로 보아 무호흡이 문제였을 것 같았다.

카를로스는 폐쇄성 수면 무호흡 저호흡의 위험 요인을 많이 가지고 있었다. 예를 들어, 50세가 넘었고 비만이었으며 가족력상 '모든 남성들'이 코골이였다. 코골이는 수면 무호흡의 특징적인 징후이고, 특히 코골이가 매우 크고 일주일에 3일 이상 나타나며 숨 막힘과 헐떡이는 삽화가 동반된다.

위험 요인

예를 들어, 일차 친족(부모나 형제)이 이 상태에 있는 경우 비만, 작은 턱, 큰 피개교합(overbite)과 같은 많은 유전적 · 신체적 요인이 수면 무호흡의 위험도를 증가시킨다. 남성은 기도 구조의 모양 때문에 여성보다 위험이 더 높다. 폐경이나 임신이 여성에게서 위험을 증가시킬 수 있다.

치료

수면 무호흡의 치료는 잠자는 동안 호흡을 정상적으로 하는 것을 도와주고, 큰 코골이와 주간 졸음 같은 증상들을 완화시켜 준다.

- 생활방식 변화는 무호흡 치료에 중요한 부분을 차지한다. 수면 무호흡을 가진 많은 사람이 비만이기 때문에 체중 감량은 도움이 될 수 있다.
- 또한 사람들은 똑바로 눕기보다 옆으로 돌아서 누워 잠들면 기도를 열린 상태로 해 주기 때문에 수면 무호흡 증상을 줄일 수 있다.
- 수면 무호흡을 유발할 수 있는 어떠한 의학적 혹은 약물 문제에 대해 의사를 만나는 것이 수면 문제를 해결할 수 있다.
- 맞춤식 마우스피스가 낮춰진 턱과 혀를 조정하여 잠자는 동안에 기도를 열린 상태로 만들어 주는 데 사용될 수 있다.
- 중등도에서 고도의 무호흡증을 가진 사람들에게 지속적 상기도 양압기(CPAP)가 처방된다. CPAP는 공기를 목으로 부드럽게 불어넣어 자는 동안 기도가 열려 있도록 해 주는 얼굴 마스크로 이루어져 있다.
- 드물지만 심각한 경우 수술을 통해 자는 동안에 기도가 열려 있도록 도와줄 수 있다.

중추성 수면 무호흡증

중추성 수면 무호흡증(central sleep apnea)은 자는 동안 뇌가 호흡을 적절하게 통제하지 못하는 장애이다. 이것은 짧은 시간 동안 숨을 쉬지 않게 한다. 이 상태는 드문 유형의 수면 무호흡이다.

중추성 수면 무호흡증은 심부전이나 뇌졸중, 신부전과 같은 특정한 의학적 상태에 있는 사람들에게서 더 흔하다. 이러한 건강 문제가 있는 사람들에게는 흔히 체인 스토크스(Cheyne-Stokes) 호흡으로 알려져 있는 이상 호흡 패턴의 한 유형이 나타난다. 수면 무호흡과 깨어 있는 동안 호흡이 증가하다가 감소하고, 때때로 빠르게, 마치 물결이 치는 것처럼 변화한다. 과호흡(빠르고 깊고 급하게 숨을 쉼)과 호흡 저하(얕고 적게 숨을 쉼)가 일어난다.

중추성 수면 무호흡증은 60세 이상의 사람들에게서 더 흔하다. 또한 장기 지속형 아편계(진통제)를 사용하는 사람들에서 약 24% 정도가 이러한 상태에 놓일 정도로 더 흔하다.

중추성 수면 무호흡증이란

다음과 같은 증상이 있을 때 중추성 수면 무호흡증을 진단한다.

- 수면 검사상 잠자는 동안 시간당 최소한 5회 이상의 중추성 무호흡이 나타난다.
- 이 장애는 현재 존재하는 또 다른 수면장애로 인한 것이 아니다.

위험 요인

심부전, 고령, 위산 역류증, 남성, 신부전, 뇌졸중, 장기 지속형 아편계 약물치료와 같은 유전, 건강 요인이 중추성 수면 무호흡증의 위험을 증가시킨다.

치료

중추성 수면 무호흡증을 유발하고 있는 기저 상태를 치료하는 것이 증상을 완화시키고 관리하는 데 도움이 된다. 만약 아편계 약물이 무호흡을 유발시키고 있다면 의사는 약물 용량을 낮추거나 교체할 수 있다. 자는 동안 호흡을 도와주기 위해 사용되는 장치 또한 치료에 사용될 수 있다. 여기에는 CPAP(지속적 기도 양압기, '폐쇄성 수면 무호흡 저호흡'에서 기술됨), 2단 기도 양압기(BiPAP), 적응형 호흡제어장치(ASV)가 있다. 이러한 장치들은 서로 다른 방식으로 양압의 공기를 전달한다. BiPAP와 ASV는 특정 시간 동안 호흡이 이루어지지 않을 때 공기를 전달한다. 어떤 유형의 중추성 수면 무호흡증은 호흡을 촉진시키기 위해서 약물로 치료한다. 산소치료는 자는 동안 폐가 충분한 양의 산소를 제공받을 수 있도록 해 준다.

수면관련 호흡저하

수면관련 호흡저하(sleep-related hypoventilation)는 자는 동안만 높은 이산화탄소 혹은 낮은 산소 수준이 동반되는 얕은 호흡이 특징인 드문 질환이다. 저절로 발생하거나 의학적 상태, 치료 약물의 사용, 물질 사용장애로 인해 발생할 수 있다. 주간 졸음, 수면 중 잦은 깨어남, 아침 두통, 불면 호소들이 흔히 나타난다. 이 장애는 천천히 진행이 되며 어떤 연령에서든, 심지어 유아에게서도 나타날 수 있다. 이로 인해 심부전과 뇌, 혈액, 심장 기능에 문제가 생길 수 있다.

수면관련 호흡저하란

다음과 같은 증상이 있을 때 수면관련 호흡저하를 진단한다.

- 수면 검사상 높은 이산화탄소 혹은 낮은 산소 수준이 동반되는 호흡의 감소가 나타난다.
- 이 장애는 현재 존재하는 또 다른 수면장애로 인한 것이 아니다.

위험 요인

수면관련 호흡저하의 위험을 증가시키는 요인들은 다음과 같다.

- 환경　벤조디아제핀, 아편계, 알코올과 같이 불안이나 불면을 치료하기 위해 중추신경억제제를 복용하는 사람들에게 이 장애가 생기기 더 쉽다.
- 유전과 생물학　비만, 호흡 장애[가령, 만성 폐쇄성 폐질환(COPD)], 갑상선 기능저하증, 신경근육 혹은 흉벽 장애, 척수 손상과 같은 또 다른 의학적 상태가 있다.

치료

수면관련 호흡저하를 유발하는 기저 상태를 치료하는 것이 증상을 완화시키고 관리하는 데 도움이 될 수 있다. 다른 상태들이 호전되거나 악화될 때 마찬가지로 수면관련 호흡저하가 호전되거나 악화될 수 있다. 또한 치료는 산소 치료와 CPAP가 사용될 수 있다.

사건수면

사건수면(parasomnias)은 잠자는 동안 혹은 잠에서 깨어나기 시작할 때 발생하는 비정상적인 행동과 잦은 악몽과 같은 경험을 포함하는 장애이다. NREM 수면 각성장애와 REM 수면 행동장애가 가장 흔하다.

사건수면 삽화가 잦고 많은 고통을 유발시킬 때 보통 치료를 목적으로 약물이 처방된다. 대부분의 경우 이러한 삽화를 멈추는 데 벤조디아제핀 계열 신경안정제나 항우울제가 큰 도움이 된다.

NREM 수면 각성장애

가장 흔한 형태의 NREM 수면 각성장애(non-rapid eye movement sleep arousal disorders)는 수면보행증과 야경증이다. 이러한 장애는 밤 동안 깨어나 걷고, 이럴 때에는 눈을 뜬 상태일 수 있다. 그 사람을 깨웠을 때 혼란스러워하거나 깨어나기 힘들 수 있다. 많은 사람이 수면보행증과 야경증을 함께 갖고 있다. 드물게 나타나는 수면보행증이나 야경증은 NREM 수면 각성장애 증상으로 보지 않는다.

수면보행증의 초기 단계는 침대에서 일어나 앉거나, 주위를 둘러보거나, 이불이나 요를 집어 드는 것이다. 장애가 점차 진행할수록 더 복잡한 움직임과 반복적인 삽화가 나타난다. 수면보행증을 가진 사람들은 침대에서 일어나 걸어 다닌다. 방 밖으로 나오거나 화장실에 가거나, 누군가와 대화를 하지만 그 당시엔 인식하지도 못하고 깨어나지도 않는다. 대부분의 삽화는 1~10분 정도 지속되지만 1시간 동안 지속될 수도 있다.

야경증이 있을 때 사람들은 갑자기 침대에서 일어나 공포에 질린 것처럼 보이면서 소리 지르거나 운다. 땀이 나거나 숨을 가쁘게 쉬면서 큰 공포 반응의 징후를 보인다. 안심시키거나 깨우기도 어렵다. 이들은 극도의 두려움과 위험을 느끼고 당장이라도 탈출해야할 것처럼 보인다. 이러한 사건이 지나가고 나면 다시 잠에 빠진다. 밤 동안 여러 차례의 야경증 삽화가 있을 수 있지만 흔히 단 한 번의 삽화만 나타난다. 장애로써 야경증은 드물게 발생하는 사건이라기보다 반복된 경험이다.

수면보행증이나 야경증이 단 한 번 아니면 겨우 몇 번 정도(전에 일어났어도 한동안 시간이 흐른 뒤에) 나타나는 것은 흔한 일이다. 아동의 10~30%가 한 번의 수면보행을 경험하고, 5%는 자주 수면보행을 경험한다. 전 세계 성인 중 7~30%는 평생 한번 이상 수면보행을 하고, 매년 2~4%가 수면보행을 한다. 야경증 삽화(장애가 아님)는 성인보다(2%) 3세 이하의 어린아이들(20~40%)에게 더 흔하다.

NREM 수면 각성장애란

다음과 같은 증상들이 있을 때 NREM 수면 각성장애를 진단한다.

- 수면에서 불완전하게 깨어나는 반복적인 삽화가 있고, 보통 수면시간 중 첫 1/3 동안에 나타나며, 다음과 같은 증상들 중 한 가지가 함께 보인다.
  - 수면보행증: 수면 중 잠자리에서 일어나 걸어 다니는 반복적인 삽화를 보인다. 수면보행증 동안 무표정, 무언가 응시하는 표정을 하고, 다른 사람이 말을 걸려고 해도 반응하지 않으며, 깨우기 어려울 수 있다.
  - 야경증: 흔히 공포에 사로잡힌 비명을 지르면서 잠에서 깨어나게 하는 극심한 악몽을 꾸는 반복적인 삽화를 보인다. 매번 삽화마다 강렬한 공포, 빠른 호흡, 발한이 있다. 삽화 동안에 다른 사람이 안심시켜 주려고 해도 반응하지 않는다.
- 꿈을 전혀 또는 거의 회상하지 못한다.
- 수면보행증이나 야경증이 일어났다는 것을 기억하지 못한다.
- 삽화는 많은 고통을 유발시키거나 사회생활, 업무 또는 일상 기능을 손상시킨다.

이러한 문제는 남용 약물이나 치료 약물과 같은 물질에 의한 영향 때문에 생겨나지 않는다. 기타 정신장애나 또 다른 의학적 상태에 의한 것이 아니다.

위험 요인

수면보행증이나 야경증의 위험을 증가시키는 요인들은 다음과 같다.

- 환경　진정제(수면이나 안정을 시키는 약물) 사용, 수면 부족, 수면 일정의 변화, 피로, 발열, 신체적 혹은 정서적 스트레스가 원인이 될 수 있다.
- 유전　수면보행증이 있는 사람들의 80%가 수면보행증이나 야경증의 가족력이 있다. 부모가 모두 수면보행증이 있는 아동의 경우 60%에서 같은 문제가 생길 가능성이 더 높다. 그리고 일차 친족(부모나 형제)이 수면보행증이나 야경증이 있는 경우 야경증이 발생할 가능성이 10배까지 더 높다.

악몽장애

악몽(nightmare)은 걱정이나 공포를 유발시키는 생생하고 구체적인 꿈이다. 악몽을 꿀 때는 실제인 것처럼 보인다. 위험을 피하려는 노력이 흔한 주제이고, 깨어난 후 걱정이나 공포심은 지속될 수 있다. 악몽은 REM 수면 동안에 나타난다. 꿈을 꾼 직후에는 빨리 깨어나고, 꿈 내용이 잘 회상된다.

악몽 삽화들은 아동기에서 10대로 가면서 증가한다. 부모의 1~4%가 학령전기의 자녀가 '자주' 혹은 '항상' 악몽을 꾼다고 보고한다. 악몽은 보통 3~6세에 시작하지만 10대와 초기 성인기에 더 자주, 그리고 심해진다. 5~15세 사이 아동의 약 5%에서 악몽을 경험한다. 성인의 6%는 적어도 한 달에 한 번은 악몽을 꾸고, 1~2%는 자주 꾼다. 자녀가 악몽을 꾼 후 부모가 안심시켜 주는 것은 아이에게 만성적인 악몽이 되지 않도록 보호해 주기도 한다.

악몽장애란

다음과 같은 증상이 있을 때 악몽장애를 진단한다.

- 일련의 반복된 길고, 매우 불안하고, 기억이 잘 나는 꿈들이 종종 신체적 위해와 안전 위협을 피하려고 하는 내용들로 나타난다. 이러한 꿈들은 수면시간의 후반부 동안에 나타난다.
- 꿈에서 깨어나면 빠르게 각성 상태가 된다.
- 삽화는 큰 고통을 유발하거나 사회생활, 업무 혹은 다른 기능적 측면에서 손상을 초래한다.

이러한 문제는 남용 약물이나 치료 약물과 같은 물질의 효과에 의한 것이 아니어야 한다. 기타 정신장애나 또 다른 의학적 상태에 의한 것이 아니다. 악몽은 일주일에 한 번 이하로 나타날 수도 있고, 일주일에 한 번 이상 혹은 매일 밤마다 나타날 수도 있다. 악몽은 1개월 미만으로 나타나거나, 1개월 이상 혹은 6개월 이상 나타날 수 있다.

위험 요인

중년 성인, 낮은 수입, 우울 증상, 불안, 불면, 잦은 과도한 알코올 사용이 악몽장애와 연관된다. 악몽의 위험을 증가시키는 요인들은 다음과 같다.

- 환경 수면 부족, 시차 적응, 잠이 들고 일어나는 시간의 변화가 REM 수면 단계를 망치고 위험을 증가시킨다.
- 유전 악몽의 가족력

REM 수면 행동장애

REM 수면 행동장애(rapid eye movement sleep behavior disorder)를 가진 사람들은 자는 동안 꾸는 꿈을 행동화한다. 이들은 꿈에서 공격받거나 위험한 상황에서 도망치는 내용일 때 강하고 폭력적인 행동으로 나타나기도 한다. 폭력적인 행동에는 큰 소리를 치거나, 욕을 하며 소리 지르거나, 옆에서 자는 사람에게 위해가 될 정도로 떨어지게 하거나, 뛰거나, 주먹을 날리거나, 밀치거나, 때리거나, 발로 차는 행동들이 있다. 이러한 움직임 때문에 자신이나 옆에 사람에게 피해가 있고 이 장애를 가진 사람들 중 약 55%가 다친다. 눈을 감은 채로 이러한 삽화가 나타날 수 있다. 깨어났을 때에는 빨리 각성 상태로 돌아오고 혼란스러웠던 꿈을 회상할 수 있다.

이 장애는 50대 이상 남성에게서 훨씬 더 흔하지만, 여성과 젊은 사람들에게서도 나타날 수 있다. 정신장애로 인한 약물치료를 받는 사람들에게서 더 흔하기도 하다. 기면증을 가진 사람들 중 30%에서 이 장애가 발견된다.

REM 수면 행동장애

다음과 같은 증상이 있을 때 REM 수면 행동장애를 진단한다.

- 수면 동안 말하기 그리고/또는 복합 운동 행동이 동반된 반복적인 각성 삽화가 나타난다.

- 이 행동들은 REM 수면 동안에 일어나고, 종종 잠자기 시작한 뒤 90분 이상 지나서 나타나고, 수면 주기의 후반기에 나타나는 경향이 있으며, 낮잠을 자는 동안에는 거의 나타나지 않는다.
- 완전히 명료하게 깨어나고, 혼돈되거나 지남력을 상실하지 않는다.
- 다음 중 한 가지가 나타난다.
  - 수면 검사 기록상 근육 이완이 없는 REM 수면 상태이다.
  - REM 수면 행동장애를 시사하는 과거력과 파킨슨병이나 루이소체 같이 시누클레인 단백질(뇌 단백질의 한 가지 유형)의 비정상적인 수준으로 인한 질환 상태이다.
- 이러한 행동은 큰 고통을 유발하거나 사회생활, 업무 혹은 다른 기능적 측면에서 손상을 초래한다.

이러한 문제는 남용 약물이나 치료 약물과 같은 물질의 영향에 의한 것이 아니어야 한다. 기타 정신장애나 또 다른 의학적 상태에 의한 것이 아니다. 증상의 빈도, 위해의 가능성, 가족의 고통 정도에 대해 특별히 고려해야 한다.

위험 요인

REM 수면 행동장애는 보통 많은 항우울제의 부작용이다.

기타 수면–각성장애

기타 수면–각성장애 또한 고통을 초래하고 사회적, 업무적 혹은 다른 기능적 측면에서 손상을 초래한다. 이것들은 치료를 요하며 과다수면장애, 일주기 리듬 수면–각성장애, 하지불안 증후군에서 짧게 다루고자 한다.

과다수면장애

과다수면장애(hypersomnolence disorder)는 사람들이 낮이나 밤에 긴 시간 동안 수면에 들게 만드는 것이다. 이 상태에 있는 대부분의 사람들은 매일 밤 약 9시간 이상 자는데도 불구하고 일어났을 때 개운하거나 기운이 난다고 느끼지 못한다. 미국에서 낮 동안 졸림을 호소하며 수면 클리닉에서 검사를 받는 사람들의 약 5~10%가 나중에 과다수면장애로 진단받는다. 기면증과 같은 치료로 이 장애의 증상이 호전된다.

다음과 같은 증상이 있을 때 과다수면장애를 진단한다.

- 극심한 졸림이 7시간 이상의 수면에도 불구하고 나타나고, 다음 증상들 중 최소한 한 가지가 동반된다.
  - 동일한 날에 반복적인 수면이나 수면 발작을 보임
  - 하루에 9시간 이상 자는데도 개운하다는 느낌이 없음
  - 완전히 깨어나는 데 어려움
- 이러한 문제는 최소한 3개월 동안 일주일에 세 번 이상 나타난다.

이러한 문제는 남용 약물이나 치료 약물의 영향으로 인한 것이 아니어야 한다. 기타 수면장애, 정신장애나 또 다른 의학적 상태에 의한 것이 아니지만, 이러한 상태가 존재할 수도 있다. 과다수면장애는 특별한 평가를 필요로 하고, 수많은 의학적 장애가 그 원인에서 배제될 필요가 있다.

일주기 리듬 수면-각성장애

일주기 리듬 수면-각성장애(circadian rhythm sleep-wake disorders)는 정상적인 수면-각성 순서에 교대 작업과 같은 것들로 인해 변화가 있을 때 나타난다. 일주기 리듬이란 보통 '생체 시계'라고 불리는 24시간 주기이다. 이러한 내적 생체 시계는 일출과 타임존 같은 요인들에 영향을 받는다. 생체 일주기 리듬이 망가지게 될 때(예를 들어, 시차 적응) 수면 패턴이 영향을 받을 수 있다. 치료에는 환경적 신호를 고치고 광치료를 사용하는 것을 통해 수면-각성 일정을 다시 맞추는 것이 포함된다. 행동적 접근 또한 도움이 된다 (이 장의 마지막에 있는 '좋은 수면 위생 실천하기'를 참고하시오).

다음과 같은 증상이 있을 때 일주기 리듬 수면-각성장애를 진단한다.

- 정상적인 수면-각성 일정에 변화가 생길 때 지속적이거나 반복적인 패턴의 와해된

수면이 나타난다.
- 와해된 수면은 극심한 졸림, 불면증 혹은 이 둘 모두를 유발시킨다.

하지불안 증후군

하지불안 증후군(restless legs syndrome)은 앉아 있거나 누워 있는 동안 보통 저녁 무렵에 하지에 불편한 느낌을 일으킨다. 이는 사람들을 일어나 움직이고 싶게 만드는데, 이렇게 하면 불편감이 완화된다. 불편한 느낌은 종종 스멀거림, 근질거림, 따끔거림 혹은 타는 듯한 것으로 표현된다. 다른 수면장애와 같이 이 상태는 함께 잠자리에 드는 사람의 잠을 방해할 수 있다. 뒤늦게 잠들 수도 있다. 하지불안 증후군의 치료에는 약물치료가 있다. 여기에는 벤조디아제핀, 프라미펙솔과 같이 도파민(뇌 내 화합물) 수치를 증가시키는 약제가 있다.

다음과 같은 증상이 있을 때 하지불안 증후군을 진단한다.

- 불편한 감각에 대한 반응으로 다리를 움직이고 싶은 충동이 있고, 다음 증상들이 최소한 3개월 이상 일주일에 세 번 이상 나타난다.
  - 다리를 움직이고 싶은 충동이 쉬거나 활동하지 않는 동안 시작하거나 악화된다.
  - 다리를 움직이고 싶은 충동이 움직임에 의해 부분적으로 혹은 완전히 완화된다.
  - 다리를 움직이고 싶은 충동이 밤에 악화되거나 밤에만 나타난다.

이 문제는 남용 약물이나 치료 약물과 같은 물질의 영향에 의한 것이 아니다. 기타 정신장애나 관절염이나 하지 부기와 같은 또 다른 의학적 상태에 의한 것이 아니다.

좋은 수면 위생 실천하기

많은 요인이 수면을 방해할 수 있지만, 다음 단계들은 더 나은 야간 휴식을 제공하는 데 도움이 될 수 있다.

- **침실을 편안하게 만든다.** 어둡고 선선하고 조용한 환경 및 편안한 침구와 베개를 갖춘 침대를 마련한다. 컴퓨터나 텔레비전, 휴대폰이나 전자기기와 같은 방해물들은 없앤다. 침대는 수면

과 성관계를 위해서만 사용한다. 결제를 하거나 할 일들을 검토하는 것은 수면과 스트레스를 연결시킬 것이다.

- **규칙적인 운동을 한다.** 사이클, 수영과 같은 운동을 일주일에 최소한 세 번 이상 하는 것이 가장 좋다. 어떤 형태의 운동이든 수면시간 근처에 하지만 않는다면 도움이 될 수 있다.
- **수면시간을 유지한다.** 더도 말고 덜도 말고 필요한 만큼의 충분한 수면을 취한다.
- **걱정을 제한한다.** 인생 문제에 대해 생각하는 것은 이른 낮 동안 규칙적으로 시간을 계획한다. 걱정과 가능한 한 해결책을 글로 써서 그것들이 수면을 방해하지 않게 한다.
- **규칙적인 생활을 한다.** 수면과 기상시간을 규칙적인 패턴으로 유지한다. 매일 같은 시간에 일어나고 잠자리에 든다. 그리고 주말이더라도 낮잠은 피한다.
- **자극제를 멀리한다.** 최소한 잠자리에 들기 몇 시간 전에 카페인이나 니코틴, 알코올과 같은 물질을 금지한다.
- **잠자리를 편안하게 해 주는 습관을 찾는다.** 따뜻한 물로 목욕을 하거나 편안한 음악을 듣는 것과 같은 일상적인 습관들이 정신적으로 몸과 마음을 잘 수 있도록 준비시킨다.
- **편안한 수면 환경을 조성한다.** 불은 어둡게 한다. 귀마개나 중립적인 소리(neutral sound)나 마음을 안정시키는 소리를 내는 사운드 기계를 사용한다.

요점 정리

- 수면-각성장애는 수면의 질, 시간, 양을 망가뜨린다. 이러한 장애는 피로감, 우울, 집중력 문제, 과민성, 비만과 같이 다양한 범주의 신체적 · 정서적 문제를 유발시킬 수 있다. 밤 동안 3명 중 1명이 잠이 들거나 잠을 유지하는 데 문제를 겪는다.
- 특정 의학적 상태와 약물이 수면에 영향을 준다고 알려져 있다. 수면 문제를 진단하기 위해 의사는 의학적 과거력과 약물 사용을 검토할 것이다.
- 수면 문제를 가진 사람들은 의사가 확인할 수 있도록 다음 항목들을 기록하는 수면일지를 작성해야 한다. 잠자리에 든 시간, 잠들기 전까지 걸린 시간(추측), 기상 시간, 중간에 깨는 횟수, 낮잠, 남용 약물이나 치료 약물 사용 여부가 그것이다. 함께 잠자리에 드는 사람은 코골이, 호흡 문제, 하지 발작, 다른 신체 움직임을 기록해서 수면장애를 진단하는 데 도움을 줄 수 있다.
- 만약 수면장애가 심각하거나 가정과 일에 큰 손상을 초래한다면 수면장애 클리닉에서 수면 검사를 받을 필요가 있다. 다양한 검사는 문제를 확인하는 데 도움이 되지만, 가장 많이 쓰이는 것은 수면다원검사이다. 이 검사는 잠자는 동안 다른 주요 신체 기능뿐만 아니라 뇌와 안구 근육에서 나타나는 전기적 활동을 측정한다.

• 진단과 치료를 찾고, 필요하다면 수면 습관과 환경을 교정하며, 생활 습관을 변화시키는 것이 수면을 크게 호전시킬 수 있다. 다음의 조언들이 도움이 될 것이다. 침실을 편안하게 만들고 수면과 성관계만을 위해서 사용한다. 가능하면 수면시간과 가깝지 않은 시간에 규칙적인 운동을 한다. 낮 동안에 신경 쓸 거리를 처리한다. 수면과 기상시간을 규칙적인 패턴으로 유지한다. 카페인, 니코틴, 알코올을 잠자리에 들기 최소한 몇 시간 전부터 멀리한다. 잠자리를 편안하게 해 주는 습관을 찾는다. 편안한 수면 환경을 조성한다.

- ··· 물질/약물치료로 유발된 성기능부전(Substance/Medication-Induced Sexual Dysfunction)
- ··· 발기장애(Erectile Disorder)
- ··· 조기(이른)사정(Premature or Early Ejaculation)
- ··· 여성극치감장애(Female Orgasmic Disorder)
- ··· 기타 성기능부전
    - 사정지연(Delayed Ejaculation)
    - 성기-골반통증/삽입장애(Genito-Pelvic Pain/Penetration Disorder)
    - 여성 성적 관심/흥분장애(Female Sexual Interest/Arousal Disorder)
    - 남성성욕감퇴장애(Male Hypoactive Sexual Desire Disorder)

제13장 성기능부전

다른 사람과의 성적 친밀감은 강렬한 즐거움을 주기도 하지만, 또한 고통을 낳기도 한다.

성기능부전은 성행위에 반응하거나 성적 즐거움을 경험하는 능력을 손상시킨다. 성기능부전은 다양한 성 반응 단계에 걸쳐 나타난다(다음의 '인간의 성 반응 단계'를 참고하시오). 문제의 원인을 아는 것이 이러한 장애를 어떻게 진단하고 치료할지의 핵심이 된다. 예를 들어, 노화는 성 반응의 정상적인 감소를 가져온다. 성 반응은 신체와 마음, 감정을 포함하기 때문에 흔히 한 가지 이상의 요인들이 관련되어 있다.

- 파트너 요인 파트너의 성적 혹은 건강상의 문제, 욕구 부족 같은 것들
- 관계 요인 느낌 또는 좋아하고 싫어하는 것들에 대해 꺼내 놓고 이야기하지 않음, 가깝다고 느끼지 않음, 욕구의 수준이 서로 다르거나 같은 것들
- 개인적 요인 노화, 부정적인 신체상, 낮은 자기존중감, 우울증, 불안, 스트레스(가령, 실직이나 이혼 사별), 성행위에 대한 억제, 과거에 있었던 성적 혹은 정서적 학대 같은 것들
- 문화적 혹은 종교적 요인 성행위나 성적 즐거움에 대한 법이나 규칙 같은 것들
- 의학적 요인 부상, 당뇨, 갑상선 이상, 심장질환 같은 것들

인간의 성 반응 단계

인간 성 반응의 네 단계는 성기능을 기술하는 데 도움이 된다.

- **욕구**는 성 반응을 시작하는 핵심 요인이다.
- **성적 흥분**은 남성(발기)과 여성(질 내 윤활)에서 생물학적인 변화를 유발한다.
- **극치감**은 남성은 사정으로, 여성은 질 수축으로 나타난다.
- **해소**는 성 기관들이 정상적이고, 흥분하지 않는 상태로 되돌아오는 안녕감과 이완의 단계이다.

이번 장에서 기술되는 장애는 남자와 여자, 성전환자, 성 식별을 할 수 없는 사람들에게 영향을 미칠 수 있다. 남성성욕감퇴장애와 여성 성적 관심/흥분장애의 경우 증상과 느낌이 특정 성이나 젠더(gender)에만 국한되지 않는다. 생식기관과 연관된 장애들(가령, 발기장애, 조기사정, 사정지연, 성기-골반통증/삽입장애)은 그 사람의 현재 신체에 기반한 것이지 태어날 당시에 주어진 성에 기반한 것이 아니다. 젠더가 다양한 사람들 가운데 경험하게 되는 성기능부전을 이해하기 위해 더 많은 연구가 필요하다.

때때로 성적인 문제가 나타나는 것은 정상적이며, 성기능부전 진단은 최소한 6개월 이상 지속되는 때를 말한다(물질/약물치료로 유발된 성기능부전의 경우는 예외인데, 남용 약물, 알코올, 치료 약물을 복용한 뒤 얼마 지나지 않아 일어날 수가 있다). 성기능 부전은 다음과 같은 진단이 포함되어 있다. 물질/약물치료로 유발된 성기능부전, 발기장애, 조기(이른)사정, 여성극치감장애, 사정지연, 성기-골반통증/삽입장애, 여성 성적 관심/흥분장애, 남성성욕감퇴장애가 그것이다. 이들은 경도, 중등도, 고도로 나눠지고, 언제 시작되었는지에 따라 다음과 같이 기술된다.

- 평생형　성 문제는 처음으로 성 경험을 할 때부터 존재해 온 것이다.
- 후천형　문제는 정상적인 성행위의 시절이 있었고, 그 이후에 시작된 것이다.
- 전반형　문제는 어떠한 파트너나 성 행동이든지 상관없이 나타난다.
- 상황형　문제는 특정 종류의 자극, 상황, 파트너에게서만 나타난다.

물질/약물치료로 유발된 성기능부전

성 문제는 특정 종류의 물질, 예를 들어, 알코올, 아편계(코데인과 옥시코돈 같은 마약성 진통제), 진정제나 수면제(불면증 약제들), 암페타민, 코카인, 다른 자극제와 같은 것들을 사용할 때 나타날 수 있다. 성 문제를 일으키는 일부 약제들에는 항우울제, 항정신병제제, 에스트로겐, 스테로이드, 심장과 위, 고혈압 조절 약제들이 있다.

성 문제는 약물이나 물질의 복용을 시작하거나 중단할 때, 혹은 용량을 증량할 때 나타날 수 있다. 약물로 인해 성문제가 생기게 되면 일부 사람들은 바로 약물 복용을 중단하게 되는데, 이로 인해 건강 문제가 생길 수 있다. 약물 때문에 발생한 성 문제는 의사에게 상의하여 더 나은 약물을 찾아보고 성 문제를 유발할 수 있는 약물을 어떻게 중단해야 하는지 조언을 구한다.

남용 약물을 사용하는 사람들은 종종 성적 욕구, 발기 유지, 극치감 도달에 문제를 겪는다. 헤로인 사용자의 약 60~70%가 이런 문제를 가지고 있지만, 그 수는 암페타민이나 코카인 남용자들보다 더 낮다. 반복적으로 술을 마시고 담배를 피우는 남성들에게 종종 발기가 안 되거나 유지가 안 되는 문제가 발생한다.

항우울제로 인해 야기되는 성 문제는 처음 약물을 사용한 이후 꽤 빨리 시작할 수 있다. 가장 흔히 발생하는 문제는 여성은 극치감에 도달하는 것과 남성은 발기 유지나 사정과 관련되어 있다. 예를 들어, 선택적 세로토닌 재흡수 억제제(SSRIs)는 남성에게서 성적 욕구 상실과 사정 문제와 관련된 부작용이 있다. 부프로피온과 미르타자핀 같은 특정 항우울제는 이러한 부작용이 나타날 가능성이 적다.

항정신병제를 복용하는 사람들의 약 절반이 성적 부작용을 겪는다. 여기에는 성적 욕구, 발기, 건조함(여성), 사정, 극치감 도달 같은 문제들이 있다.

물질/약물치료로 유발된 성기능부전이란

다음과 같은 증상이 있을 때 진단한다.

- 성기능의 주요한 문제
- 개인력, 실험실 검사 결과, 신체 검진에 기초한 정보
  - 문제가 약물 사용의 시작 혹은 중단하는 동안이나 직후에 시작했다.

– 성 문제를 유발할 수 있는 약물이나 물질을 사용하고 있다.

• 문제와 관련된 큰 고통

물질/약물치료로 유발된 성기능부전은 다음과 같은 사항이 있을 때 진단하지 않는다. 성기능부전이 물질이나 약물 사용 시작 전에 있었다. 성기능부전이 물질이나 약물 사용을 중단한 이후 1개월 이상 지속된다. 성기능부전이 섬망 동안에 나타난다(제17장 '치매와 다른 기억 문제'를 보시오).

다니엘 이야기

다니엘은 55세 기혼의 회계사로, 지속되고 있는 주요우울장애에 대한 다른 의사의 소견을 듣고 싶어 찾아왔다. 그는 3개월 동안 높은 용량으로 두 종류의 항우울제(플루옥세틴과 그 이후 설트랄린)를 사용하였지만 호전되지 않았다. 그는 설트랄린이 효과가 없자 한 달 동안 약물을 복용하지 않았다.

다니엘은 심하게 우울하였고, 집중력 저하와 함께 아침에 일찍 깨 버리고, 성욕이 감퇴하였으며, 정상적인 활동에서 흥미를 잃어버렸다. 그는 어떠한 물질도 남용하지 않았고, 술도 거의 먹지 않았으며, 담배도 피우지 않았다고 말했다.

다니엘은 항우울제 클로미프라민과 항불안제 부스피론으로 치료받았다. 5주 뒤, 그는 기분이 훨씬 나아졌다고 말했다. 그는 잠도 자고, 식사도 잘했으며, 더 열의를 갖고 활동에 참여했다. 여러 달이 지난 후 처음으로 그는 성적 흥미가 돌아왔음을 느꼈다.

수개월 동안 성관계 없이 지내다가 다니엘은 여러 차례 성관계를 가지려고 노력했다. 그는 성교하는 동안 발기가 유지되지 않는 것을 알고는 괴로워했다. 그는 자위를 하는 동안에도 사정할 수가 없었다. 이러한 문제는 한 달 동안이나 지속되었다. 그는 전에 플루옥세틴을 복용하는 동안 약간의 사정지연이 있었다는 것을 기억했다. 설트랄린을 복용하는 동안 성 문제가 있었는지는 기억하지 못했다.

다니엘은 약물 유발 성기능부전과 우울증으로 진단받았다. 그의 발기와 사정 문제는 클로미프라민을 복용하면서 바로 시작했던 것으로 보인다. 항우울제는 성기능에 문제를 유발한다고 알려져 있고, 대부분이 발기부전이다. 클로미프라민의 성관련 부작용 또한 사정지연 또는 사정억제를 포함한다.

치료

물질/약물치료로 유발된 성기능부전 치료의 첫 번째 단계는 어떤 물질 혹은 약물이 문제를 일으키고 있는지 알아내는 것과 그것을 중단할 수 있는지 살펴보는 것이다. 어떤 경우에는 치료 중인 상태 자체가 또한 문제를 유발하기도 한다. 어떤 약물은 부작용이나 건강 문제를 피하기 위해 반드시 천천히 감량해야만 한다. 그러한 뒤 의사는 문제를 일으키고 있는 약제를 대체할 수 있는 다른 약물을 제안하고, 새로운 약물로 교체하는 과정을 안내해 줄 것이다. SSRI 계열 항우울제는 종종 성 문제를 유발할 가능성이 낮은 또 다른 종류의 항우울제로 교체될 수 있다. 보통 성적 부작용을 유발하지 않는 다른 약물들이 있기 때문에 의사는 각 사람의 필요와 진단에 맞춰 도울 수 있다. 알코올, 헤로인, 코카인은 성기능부전을 일으킬 수 있는 남용 약물이다. 만약 남용 약물이 있다면 약물에 의해 유발된 문제를 인식하고 물질 남용에 대한 치료가 중요하다.

발기장애

발기장애(Erectile, 발기부전)는 남성이 파트너와 성관계를 갖는 동안 발기하거나 발기를 유지하는 데 반복적으로 실패하는 것을 말한다. 이 장애는 건강 문제(가령, 당뇨와 심장질환), 특정 약물, 알코올이나 흡연과 같은 많은 요인들이 원인이 된다.

전반형 발기장애는 모든 유형의 자극, 어떤 상황이든, 모든 파트너에서 나타난다. 상황형 발기장애는 특정 유형의 자극, 환경 혹은 파트너에서만 나타난다. 이 장애를 가진 많은 남성들이 낮은 자기존중감, 죄책감, 자책감, 분노, 패배감, 파트너를 실망시키지 않을까 하는 염려를 가지고 있다. 낮은 자신감 때문에 성관계를 두려워하거나 회피하게 된다.

발기장애는 40세 이하 남성 중 10% 이하로 발생한다. 발기장애의 증상은 나이가 들면서 증가하고, 보통은 50세 이후이다. 40~80세의 약 13~21%의 남성에게 이 장애가 발생하고, 70세 이상의 남성 중 50~75%에서 발생한다.

발기장애는 조기사정과 같은 다른 성기능장애뿐만 아니라 불안장애와 우울장애를 가진 남성에서 나타난다. 또한 전립선 비대증과 관련되어 있는 비뇨기 문제를 가진 남성에서도 흔하다.

발기장애

다음과 같은 증상이 있을 때 발기장애를 진단한다.

- 다음의 증상들 중 최소한 한 가지 이상이 성적 활동 동안 거의 매번(최소한 75%) 일어난다.
  - 성행위 동안 발기가 되는 데 문제가 있음
  - 성행위가 끝날 때까지 발기가 유지되는 데 문제가 있음
  - 발기가 과거보다 훨씬 덜 단단하거나 덜 딱딱함
- 이러한 증상이 최소한 6개월 이상 지속된다.

이러한 증상은 남성에게 큰 고통을 일으킨다. 이것들은 성기능과 관련 없는 정신장애, 관계나 삶의 또 다른 영역에서의 문제, 또 다른 의학적 상태, 남용 약물, 알코올, 처방 약물에 의한 것이 아니다.

위험 요인

발기 문제는 우울장애, 외상후 스트레스 장애, 당뇨를 가진 남성에서 더 흔할 수 있다. 담배, 고령, 심장질환, 운동 부족 등이 각각의 위험을 증가시킨다. 스트레스와 불안 또한 발기 문제에 부분적으로 역할을 할 수 있다.

치료

발기장애의 치료에는 약물치료와 정신치료, 생활습관의 교정이 포함된다. 발기장애를 가진 남성은 성기에 혈류량을 증가시켜 발기가 되는 데 도움이 되도록 아바나필, 실데나필, 발데나필, 타다라필 등의 약물을 처방받을 수 있다. 치료를 통해 커플은 성교 없이도 성적 쾌감을 줄 수 있는 방법을 배운다. 발기되어야 한다는 압박감이 없을 때, 종종 발기가 되어 성교를 할 수 있게 된다. 생활습관의 교정(249p 박스 참고)이 도움이 되기도 한다. 어떤 경우에는 성기 임플란트나 진공 펌프 사용이 도움이 되기도 한다.

조기(이른)사정

조기(이른)사정(premature or early ejaculation)을 가진 남성은 질내 삽입 전이나 삽입 이후 1분 이내, 그리고 남성이 원하는 순간 전에 사정을 해 버린다. 이 장애를 가진 사람들은 종종 사정 통제에 대한 무력감을 느끼고 다음 번 시도에 사정을 지연시킬 수 있을지 걱정을 한다.

전 세계 남성의 약 30%가 사정을 너무 빨리 하는 것에 대한 걱정을 보고한다. 조기사정은 나이가 들수록 증가한다. 이 장애는 남성의 약 1~3%에서 발병한다. 1분 이내 사정이라는 가이드라인은 모든 성적 지향을 가진 남성들에게 적용될 수 있다.

조기(이른)사정이란

다음과 같은 증상이 있을 때 조기(이른)사정을 진단한다.

- 사정이 파트너와 성행위를 하는 동안 질내 삽입 이후 1분 이내 혹은 그 사람이 원하는 순간 전에 일어난다.
- 이러한 문제가 최소한 6개월 이상 나타나고, 거의 대부분의 모든 성행위에서 발생한다(75~100%).

이러한 증상은 남성에게 큰 고통을 일으킨다. 이것들은 성기능과 관련 없는 정신장애, 관계나 삶의 다른 영역에서의 문제, 또 다른 의학적 상태, 남용 약물, 알코올, 처방 약물에 의한 것이 아니다.

위험 요인

조기사정의 위험을 증가시키는 요인들은 다음과 같다.

- 기질 조기사정은 불안장애, 특히 사회불안장애를 가진 남성에서 더 흔하다.
- 유전과 생물학 평생형 조기사정은 유전되기도 한다. 후천형 조기사정은 갑상선 질환이나 약물 금단 증상으로 나타날 수 있다.

치료

조기사정의 치료에는 약물치료나 행동치료가 있다. SSRI 계열 항우울제(플루옥세틴, 파록세틴, 설트랄린)의 흔한 부작용이 사정지연이기 때문에 흔히 사용된다. 또 다른 치료 방법으로 리도카인이 함유된 국소 마취제 크림이 있다. 성기에 감각을 둔화시켜 사정지연을 시킨다.

행동 치료에서 파트너는 남성이 사정이 가까워 왔다고 신호를 보낼 때까지 자극해 주는 것을 배운다. 파트너는 자극을 멈추고 나서 남성의 흥분 정도가 가라앉은 뒤 다시 자극을 시작한다. 시간이 지나고 나면 남성은 훨씬 나은 사정을 통제하는 능력을 얻게 된다. 또 다른 유명한 방법으로 '스퀴즈 기법'이 있는데, 이 기법에서는 남성이 사정하려는 충동을 느낄 때 파트너가 남성의 성기 끝을 수초 동안 꽉 쥐어 충동이 사라질 때까지 기다리도록 하는 것이다. 연습을 통해 남성은 사정을 지연시키는 방법을 터득하게 된다.

여성극치감장애

여성극치감장애(female orgasmic disorder)를 가진 여성은 성적 흥분과 자극에 이어 극치감에 도달하는 데 장애가 있다. 또한 이 장애를 가진 여성은 성적 흥미나 흥분에도 문제가 있을 수 있다. 이 장애는 약물이나 수술과 같이 신체적인 원인이나 혹은 결혼이나 가족 갈등과 같은 심리적인 스트레스와 연관될 수 있다.

폐경기 이전 여성의 약 8~72%에서 극치감을 갖는 데 문제가 있음을 보고하고, 나이와 문화, 문제가 지속되는 기간 등 다양하다. 여성이 처음으로 극치감에 도달하는 것은 사춘기 이전부터 충분히 성인으로 성숙하기까지 어느 때든지 일어날 수 있다. 전 세계 여성의 10%는 평생 동안 극치감을 한 번도 경험해 보지 못한다.

여성극치감장애란

다음과 같은 증상이 있을 때 여성 극치감장애를 진단한다.

- 다음 증상들 중 한 가지가 성적 행위를 할 때 거의 대부분 일어난다(75~100%).

–극치감의 지연, 결여 또는 부재

–감소된 극치감

- 이러한 증상은 최소한 6개월 이상 지속된다.

이러한 증상은 여성에게 큰 고통을 일으킨다. 이러한 증상은 성기능과 관련 없는 정신장애, 관계에서의 심각한 스트레스(파트너의 폭력), 또 다른 의학적 상태, 남용 약물, 알코올, 처방 약물에 의한 것이 아니다.

위험 요인

여성극치감장애의 위험을 증가시키는 요인들은 다음과 같다.

- 기질 불안이나 임신에 대한 걱정과 같이 다양한 요인들이 여성의 극치감에 이르는 능력을 망가뜨릴 수 있다.
- 환경 관계 문제, 신체 건강, 정신건강과 같은 문제가 여성의 극치감 문제와 강력하게 연관되어 있다. 엄격한 성 역할에 대한 문화적 신념과 성적 즐거움이나 활동에 대한 종교적 규범 또한 중요한 역할을 차지한다.
- 유전과 생물학 의학적 상태와 약물이 여성의 극치감 문제를 일으킬 수 있다.

의학적 상태에는 다발성 경화증, 골반 신경 손상, 척수관 손상과 같은 것들이 해당한다. 선택적 세로토닌 재흡수 억제제(SSRIs)가 극치감을 지연시키거나 방해할 수 있다.

치료

여성극치감장애 치료에는 여성에게 자위를 통해서 극치감을 느끼는 방법을 훈련시키는 것이 있다. 다른 방법으로는 감각 집중(피부를 어루만지고, 즐거움이 무엇인지 인식하고, 극치감에 이르기 전까지 성기나 회음부를 만지지 않도록 하는 방법), 음핵 자극, 케겔 운동법(질 주변 근육의 이완과 수축을 이용한 방식)이 있다. 일단 여성이 자기 자극을 통해서 극치감에 이른다면 자신의 파트너에게 자신을 자극하는 가장 즐거운 방법을 가르쳐 줄 수 있다. 또한 치료에는 커플 운동을 가르쳐 주어 친밀감과 소통을 증진시킬 수 있게 해 주는 것이 있다.

기타 성기능부전

이들 기타 성기능부전의 증상들 또한 많은 고통을 유발하고 진단을 위해서 최소한 6개월 이상 지속되어야 한다. 관계(파트너 폭력도 포함)로 인한 심각한 스트레스나 남용 약물 혹은 알코올사용으로 인한 것이 아니다. 이러한 장애에는 사정지연, 성기-골반통증/삽입장애, 여성 성적 관심/흥분장애, 남성성욕감퇴장애가 있다. 정신건강관리 전문가는 이러한 증상들을 유발시키는 어떠한 약물이나 정신장애 혹은 의학적 상태가 없다는 것을 확인해야 한다.

사정지연

사정지연(delayed ejaculation)은 남성이 그의 파트너와 성관계를 갖는 동안 성적 최고조에 이르러서 사정을 하는 데 시간이 오래 걸릴 때 나타난다. 어떤 남성들은 사정하고자 하는 욕구가 일어남에도 불구하고 전혀 사정하지 못할 수 있다.

지연이라는 용어와 남성이 최고조에 이르는 데 적절한 시간이라는 것은 정확한 정의가 없다. 남성과 그의 파트너는 극치감을 얻기 위해서 서로 노력을 그만두어야 할 정도로 피로하거나 통증, 손상이 생길 때까지 더 오래 애를 써야 한다고 보고하기도 한다. 어떤 파트너는 남성이 자위를 할 때는 괜찮은데 성교를 할 때면 쉽게 사정을 하지 못하는 것 때문에 자신이 성적으로 덜 매력적이라고 느낀다고 보고한다. 50세 이상의 남성은 노화로 인한 변화 때문에 위험이 증가한다. 미국 남성의 약 1~5%가 이 장애를 갖고 있다.

이 상태는 남성이 그의 파트너와 갖는 거의 모든 성적인 관계에서 다음 중 한 가지를 경험할 때 진단한다.

- 의도치 않게 사정이 긴 시간 동안 지연됨
- 전혀 혹은 거의 사정하지 못함

치료에는 명상, 이완, 정신치료가 있다. 인지행동치료는 남성에게 한동안 극치감에 이르게 하는 모든 성적 행위를 자제하라고 시키는 것이 포함된다. 자위라든가 바이브레이터를 이용한 파트너와의 성기능 운동이 사용될 수 있다.

성기-골반통증/삽입장애

성기-골반통증/삽입장애(genito-pelvic pain/penetration disorder)를 가진 여성은 성관계를 갖거나, 산부인과적 검사를 할 때나, 탐폰을 넣을 때와 같이 질내 삽입이 있을 때 통증을 느낀다. 보통 이렇게 강렬한 통증은 '타는 듯한' '도려내는 듯한' '총 맞은 듯한' 혹은 '쑤시는 듯한' 통증이라고 묘사된다.

이러한 유형의 통증을 가진 여성은 종종 성교나 질내 삽입을 두려워한다. 이러한 이유로 성적 혹은 친밀한 행위를 피하려고 한다. 위험 요인으로는 조숙증, 질 감염, 과거 성적 혹은 신체적 학대가 있다. 양극성장애, 우울장애, 불안장애가 성기-골반통증/삽입장애가 발생하기 이전부터 있었다면 위험이 증가할 수 있다. 성기-골반통증/삽입장애를 가진 여성이 얼마나 있는지는 알려져 있지 않지만, 미국 여성의 약 10~28%가 성교하는 동안 지속적인 통증이 있다고 보고한다.

이 장애는 다음의 증상들 중 최소한 한 가지가 자주 문제될 때 진단한다.

- 성교하는 동안 질내 삽입
- 질내 성교나 다르게 삽입이 이루어지는 상황에 회음부 혹은 골반통증
- 질내 삽입 이전이나 하는 동안 혹은 이후에 회음부 혹은 골반통증에 대한 두려움
- 질내 삽입이 이뤄지는 동안 골반 근육의 긴장이나 수축

치료 방법에는 인지행동치료(집단 혹은 일대일)와 성치료(예: 성교육, 오감 초점, 골반을 강화시키는 케겔 운동법)가 있다. 질을 확장시키는 물리치료 또한 도움이 될 수 있다. 고통스러운 성교를 일으키는 민감한 조직을 제거하는 수술이 성공적으로 사용되어 왔다. 치료는 반드시 여성에게 알맞게 적용되어야 하고, 다양한 분야의 건강관리 제공자(예: 정신과, 부인과)가 포함되어야 한다.

여성 성적 관심/흥분장애

여성 성적 관심/흥분장애(female sexual interest/arousal disorder)를 가진 여성은 6개월 이상 동안 성에 대한 욕구가 없거나 적다. 파트너보다도 더 적은 욕구를 가진 것만으로는 진단하기에 충분하지 않다. 오히려 진단에 이르게 하는 문제에 대해 여성 스스로 고통이 있을 때 진단한다. 인생사로 인한 흥분이나 관심에 대한 단기간의 변화는 흔하기 때문에 성기능부전을 의미하지는 않는다.

이 장애를 가진 여성은 성관계 동안 더 이상 즐겁지가 않다. 이들은 종종 자신이 무감각해진 듯이 느낀다고 묘사한다. 원인에는 과거 신체적/성적 외상, 임신에 대한 두려움, 행위 불안, 신체상 문제와 부부간의 불화가 있다. 당뇨와 갑상선 문제가 위험을 증가시킬 수 있다. 여성의 약 30%에서 만성적으로 성적 욕구가 낮다고 보고하고, 여성의 7%에서 만성적으로 성적 욕구가 낮고 이로 인해 고통받고 있다고 보고한다.

이 장애는 여성이 다음의 증상들 중 최소한 세 가지 이상을 보이며, 성적 행위에 관심이 없거나 낮아졌을 때 진단한다.

- 성적 활동이 전혀 없거나 적어진 흥미
- 성적 생각이나 공상이 전혀 없거나 거의 없음
- 성적 활동을 먼저 시작하지 않거나 거의 하지 않고 종종 파트너가 시도하려는 데 응하지 않음
- 거의 모든 성적 활동에서 전혀 없거나 적어진 성적 흥분 혹은 즐거움
- 어떠한 성적인 암시(예: 글, 말, 시각적)에서 성행위에 대해 전혀 없거나 적어진 관심
- 거의 모든 성적 활동에서 성기 혹은 다른 신체 감각이 전혀 없거나 적어짐

치료에는 다양한 방법이 있고, 서로 병합해서 쓰일 수도 있다. 여기에는 성교육, 감각집중, 한동안 성교를 하지 않는 것이 포함된다. 커플 치료가 커플 간의 정서적 유대감을 형성하고 불화를 다루는 데 도움이 된다. 인지행동치료는 여성이 자신과 성관계에 대해 가지고 있는 유익하지 않거나 진실이 아닌 생각들을 다루는 데 도움이 될 수 있다. 이는 여성의 성적 즐거움과 만족감을 증진시킨다고 알려져 있다.

남성성욕감퇴장애

남성성욕감퇴장애(male hypoactive sexual desire disorder)는 남성이 6개월 이상 성적 공상이나 행위에 관심이 거의 혹은 전혀 없을 때 나타난다. 파트너보다도 욕구의 수준이 더 낮다는 것만으로는 진단하기에 충분하지 않다. 진단에는 낮은 욕구로 인한 고통뿐만 아니라 얼마나 오랫동안 증상이 지속되어 왔는지가 중요하다.

위험 요인에는 기분 증상과 불안 증상, 알코올사용, 업무적 스트레스가 포함된다. 전 세계 남성의 약 6%가 최소한 6개월 이상 성에 대한 관심이 적다고 보고하지만, 2% 미만에서 이러한 낮은 성적 욕구로 인해 고통을 받는다고 보고한다.

치료에는 문제의 특성에 맞춘 정신치료나 커플 치료가 있다. 만약 테스토스테론이 정상 수치보다 낮다면 평가 및 부작용에 대한 설명과 함께 패치나 젤을 이용한 테스토스테론 투여 치료가 처방될 수 있다. 욕구 수준을 늘리기 위해서 체중 감량(필요시)과 성적 행위의 변화가 도움이 될 수도 있다.

당신의 성기능 건강을 증진시키기

건강한 성기능은 전체 건강의 일부분이다. 성 문제의 원인이 복잡하기는 하지만, 몇 가지 생활습관 교정이 당신의 성생활과 건강을 증진시킬 수 있다.

- **운동을 더 많이 한다.** 규칙적인 신체 활동은 정력과 지구력을 증진시키고, 기분을 좋게 하며, 자기존중감을 끌어올려 준다.
- **알코올은 줄인다.** 알코올은 당신의 성에 대한 반응을 둔화시키는 억제제이다.
- **담배는 끊는다.** 흡연은 성기로 흐르는 혈류를 느리게 하여 성적 흥분을 감소시킨다.
- **스트레스를 관리한다.** 스트레스를 줄여 주는 활동을 찾아서 당신의 성적 경험에 집중하고 즐길 수 있도록 한다.
- **소통을 향상시킨다.** 느낌과 좋아하는 것에 대해 이야기하거나 공유하지 않으면 서로를 기쁘게 하는 것이 무엇인지뿐만 아니라 신뢰와 친밀함을 알지 못하게 된다.

요점 정리

- 성적 친밀감은 모든 사람에 해당하는 것이고 큰 기쁨을 가져다준다. **성기능부전**은 성적 활동에 반응하거나 성생활을 즐길 수 있는 능력을 망가뜨린다.
- 이러한 문제는 많은 이유로 나타나는데, 이는 장애를 진단하고 치료하는 방법에 영향을 미칠 수 있다. 꽤 자주 한 가지 이상의 요인이 성기능부전을 유발시킨다. 여기에는 건강 문제, 치료 약물, 부정적인 신체상, 낮은 자기존중감, 관계 문제(예를 들어, 신뢰나 대화의 부족)가 있다.
- 성기능부전 치료는 이러한 문제를 일으킬 수 있는 모든 요인과 각 사람과 그의 파트너에게서 볼 수 있는 독특한 모든 요인을 고려한다. 약물치료의 시행이나 교체, 의학적 상태의 치료, 기술 배우기, 신뢰와 소통을 구축할 수 있는 행동들이 치료에 해당한다.
- 남용 약물, 알코올, 담배가 성 반응을 손상시킬 수 있다. 알코올은 성에 대한 반응을 둔화시킬 수 있는 억제제이다. 흡연은 성기로 흐르는 혈류를 느리게 하여 성적 흥분을 감소시킨다. 이러한 물질들을 줄이거나 끊는 것이 성기능을 호전시킬 수 있다.
- 성기능을 호전시킬 수 있는 다른 방법으로는 규칙적인 운동하기(정력과 기분, 자기존중감을 향상시키기), 스트레스 대처하기(그렇게 하여 성관계에 집중할 수 있도록 한다), 느낌과 좋아하는 것 공유하기(친밀함을 형성하고 서로를 기쁘게 해 주는 것 알기)가 있다.

- … 아동의 젠더 불쾌감(Gender Dysphoria in Children)
- … 청소년과 성인의 젠더 불쾌감(Gender Dysphoria in Teens and Adults)

제 14장 젠더 불쾌감

일부 사람에게 자신의 젠더(gender)는 무언가 의문을 제기할 만한 문제라든가 아니면 자신의 주체성의 감각에 대한 갈등의 원인이 되지 않는다. 어떤 사람들은 자신이 태어날 때 부여받은 성과 다른 젠더로서 스스로를 강하게 식별하는데, 소녀/여성, 소년/남성, 젠더 비분류자(gender nonbinary, 즉 꼭 소녀/여성이나 소년/남성이 아니라 그 사이에 있거나 젠더 자체를 넘어서는 것을 말함) 혹은 또 다른 주체성으로 나눠진다. 어떤 사람들은 자신의 신체적 젠더가 자신이 생각하고 느끼는 방식과 일치하지 않는 것 때문에 큰 고통을 겪는다. 이러한 고통과 갈등의 감각을 젠더 불쾌감이라 한다. 그들이 느끼는 방식에 맞는 젠더를 경험한 젠더(experienced gender)라고 부르고, 원래 타고난 젠더를 부여받은 젠더(assigned gender)라고 부른다.

젠더 불쾌감은 위에서 기술된 증상이나 경험을 말한다. 이것은 DSM-5-TR 장애인 젠더 불쾌감의 핵심적인 특징이다. 젠더 불쾌감은 그 사람의 부여받은 젠더와 경험한 젠더가 최소 6개월 동안 일치하지 않고 이로 인한 고통뿐만 아니라 사회, 학교, 다른 중요한 기능적 영역에서 문제가 발생할 때 진단한다.

젠더 불쾌감은 아동기나 그 이후에 시작한다. 때때로 10대에 원하지 않는 사춘기 변화와 함께 나타날 수 있다. 일부에서 젠더 불쾌감은 성인기에 나타난다. 아동기에 시작하는 불쾌감은 사춘기 변화와 함께 사라지거나 악화될 수 있다.

아동의 경우 이 장애는 그들이 반대 성이라고 하거나 그렇게 되고 싶다는 확고한 표현이 있는 것으로 정의 내린다. 그들의 행동은 그러한 표현을 반영한다. 젠더 비순응 행동(부여 젠더에게 기대되는 것과 다른 행동 패턴들)은 대부분의 아동들이 젠더-특이 행동과 관심을 시작하는 2~4세 사이에 시작하는 경향이 있다.

- 태어날 때 여성으로 부여된 어린 아동들은 자신이 남자가 되고 싶고, 남자 옷과 헤어스타일, 남자 친구들, 치고받는 놀이와 운동을 좋아한다고 말할 수 있다. 이 나이에 이러한 징후를 많이 보이는 아동들은 '말괄량이'라고 불린다. 이런 행동들은 매우 흔하므로 젠더 불쾌감이라고 하지는 않는다. 젠더 불쾌감을 진단받기 위해서는 아동은 반드시 자신이 진짜로 남자라는 확고한 생각을 가지고 있어야 하고, 소녀처럼 행동하라는 말을 들을 때는 화를 내게 된다.
- 태어날 때 남성으로 부여된 어린 아동들은 여자가 되고 싶고, 여자 옷을 입고, 소꿉장난과 인형놀이를 좋아할 수 있다. 이들은 종종 거친 놀이와 운동을 피하려고 한다. 일부에서는 음경이 없는 것처럼 앉아서 소변을 보려고 한다. 이러한 행동은 남성으로 부여된 아동들에게서 꽤 흔하기 때문에 이러한 행동이 젠더 불쾌감을 의미하지는 않는다.

10대와 성인에게서 이러한 고통은 경험한 젠더와 부여받은 젠더 사이의 갈등에서 더 많이 비롯된다. 젠더 불쾌감을 가진 10대와 성인은 자신의 일차 성징과 이차 성징 때문에 더 많이 당황하게 된다(다음의 '성징'을 참고하시오).

- 사춘기로 인해 신체상 변화가 시작될 때 젠더 불쾌감을 가진 소녀는 헐렁한 옷을 입거나 유방을 숨기려고 둘러싸는 행위를 한다. 소년은 몸에 털이 나기 시작할 때 면도를 하려고 한다. 이러한 행동은 그들의 고통을 경감시키고, 자신이 느끼는 방식에 더 가까운 모습이 되어 편해진다.
- 젠더 불쾌감을 가진 성인은 자신의 태어날 때 부여된 성의 신체적 특징을 제거하고 싶어 하고 반대 성의 행동, 옷, 태도를 취한다. 이들은 일, 외모, 사회생활에서 가능한 한 많이 경험한 성의 역할로 사는 것을 통해 불쾌감 증상을 줄이려고 노력한다.

사회적 지지가 부족한 경우, 우울증이나 불안, 파괴적 혹은 충동적 행동과 같은 정서와 행동 문제가 젠더 불쾌감을 가진 아동에게서 나타날 수 있다. 아동이 10대가 되어 가면서 또래들과 부딪히는 일들이 늘어나고 더 많은 문제가 생겨난다. 10대와 성인은 불안장애와 우울장애를 가질 위험이 증가한다.

성징: 성장은 변화를 가져온다

젠더 불쾌감을 가진 사람들은 아동기에서 성인으로 성장함에 따라 다음의 한 가지 혹은 두 가지 모두의 성징으로 인해 고통을 겪을 수 있다.

- 일차 성징은 태어날 때 이미 존재하는 생식기관이다(예를 들어, 자궁 혹은 음경).
- 이차 성징은 사춘기 때 나타난다(예를 들어, 체모나 유방).

젠더 불쾌감이란

이 장애는 다음의 증상들이 최소한 6개월 이상 지속해서 나타날 때 진단한다.

아동의 젠더 불쾌감

- 경험한 젠더와 부여받은 젠더 사이에 분명한 불일치가 가장 우선되는 특성으로 나타나고, 다음 증상들 중 최소한 다섯 가지 이상이 있다.
  - 다른 젠더가 되고 싶은 강한 욕구 혹은 다른 젠더라는 주장
  - 소년에게서는 여자 옷을 입으려는 강한 애호. 소녀에게서는 남성적인 옷만 입으려는 강한 애호와 여성적인 것은 어떤 것이든 입지 않으려는 강한 저항
  - 가장(make-believe)놀이나 공상놀이를 할 때 이성 역할에 대한 강한 애호
  - 보통 다른 젠더에서 사용되거나 가지고 노는 장난감, 게임 혹은 활동에 대한 강한 애호
  - 다른 젠더 친구에 대한 강한 애호
  - 소년에서는 남성적인 장난감이나 게임에 대한 강한 거절과 치고받는 놀이의 회피. 소녀에서는 여성적인 장난감, 게임, 활동에 대한 강한 거부
  - 자신의 생식기에 대한 강한 혐오
  - 자신의 경험 젠더에 일치하는 일차 성징(생식기관) 그리고/혹은 이차 성징(유방, 수염)에 대한 강한 욕구

• 이러한 증상은 큰 고통을 유발하고 사회적 · 학업적 혹은 다른 기능적 측면에서 손상을 가져온다.

청소년과 성인의 젠더 불쾌감

• 경험한 젠더와 부여 젠더 사이의 분명한 부조화가 다음 증상들 중 최소한 두 가지 이상으로 나타난다.
  – 경험한 젠더와 일차 혹은 이차 성징 사이의 분명한 불일치
  – 자신의 경험한 젠더에 대한 강한 불일치로 인해 자신의 일차 그리고/혹은 이차 성징을 제거하고 싶은 강한 욕구
  – 다른 젠더의 일차 그리고/혹은 이차 성징에 대한 강한 욕구
  – 다른 젠더가 되고 싶은 강한 욕구
  – 다른 젠더로 대우받고 싶은 강한 욕구
  – 자신이 다른 젠더에서 보이는 전형적인 감정과 반응을 가지고 있다는 강한 확신
• 이러한 증상은 큰 고통을 유발하고 사회적 · 학업적 혹은 다른 중요한 기능적 측면에서 손상을 가져온다.

위험 요인

젠더 불쾌감의 위험을 증가시키는 요인들은 다음과 같다.

• 기질 학령전기에 그들의 문화에 비춰 볼 때 자신의 젠더와 맞지 않게 행동했던 사람은 젠더 불쾌감으로 발전될 가능성이 더 크다.
• 환경 남성으로 부여되고 젠더 불쾌감을 가진 사람은 형이 있을 가능성이 높다.

크리스틴 이야기

크리스틴은 25세 판매원이다. 그녀는 태어날 때 남성으로 부여받았고 남자아이로 키워졌다. 그녀가 기억하기로는, 이웃집 남자아이들로부터 "계집애."라며 놀림받았다. 그녀는 아동기 내내 대체로 여자 친구들을 더 좋아했다. 10대 동안 그녀는 여성 친구

들이 많았지만 자신을 남성 동성애자라고 여겨서 다른 십 대 남성 동성애자들과 데이트를 즐겼다. 그녀는 자신이 최선을 다해 '적응'하려 했다고 기억했지만 항상 아웃사이더처럼 느꼈었다.

18세가 됐을 때 남자와 연인 관계를 맺으면서 그녀는 여자가 되고 싶다는 강한 욕구를 느끼기 시작했다. 그 관계가 끝난 이후로 크리스틴의 여자가 되고 싶다는 욕구는 자신이 잘못된 젠더를 갖고 태어났다는 강한 인식으로 변해 갔다. 그녀는 이러한 생각이 이전부터 있어 왔다는 것으로 이해하려 했는데, 때때로 친구들과 더 편안하게 어울리기 위해서 여자아이였으면 좋겠다는 생각뿐이었다.

20세 때 크리스틴은 남성으로 보이는 것이 너무 불만이었다. 그녀는 성기를 '역겨운' '자연의 실수'라고 생각했다. 그녀의 가족과 친구들 중 일부는 커져만 가는 그녀 자신에 대한 생각을 인정하지 않아서 점차 절망감이 커져만 갔다고 기억했다. 그녀는 때때로 자살 생각이 들었고 21세 때에는 약물 과다 복용으로 자살 시도를 한 적이 있었다.

22세가 되자 크리스틴은 여성으로 살기로 하고 이름을 바꾸고 여자 옷만 입었다. 그녀는 적합한 건강 서비스를 찾으려고 애썼지만 적합한 치료를 받으려는 데 많은 장벽을 만났다. 그러나 24세 때 크리스틴은 트랜스젠더 건강에 숙련된 두 명의 정신과 의사를 만나 평가받았다. 그들은 그녀의 관점을 인정하고 젠더 확정 호르몬 치료를 시작하였다.

변화가 진행되면서 그녀는 여성 역할이 더 편안하게 느껴지기 시작했고, 그녀가 경험한 젠더와 더욱 일치하는 이차 성징이 나타나자 기뻐했다. 그녀는 이 시기 동안 그녀의 성을 탐색해 나갔고 남성 동성애자와 이성을 좋아하는 남성 모두와 데이트를 했다. 그녀의 불안은 점차 줄어들었다. 그러나 트랜스젠더로서 그녀는 잠재적인 파트너 폭력을 포함한 여러 유형의 공격에 취약하다고 느꼈다.

다음 해 25세가 되었을 때 크리스틴은 운전면허증과 여권에 젠더를 남성에서 여성으로 바꿨고 젠더 확정 수술을 받았다. 생식기 성형술(질 만들기)과 가슴 확대술이었다. 그녀는 수술 결과에 기뻐했고 그 어느 때보다 "자신의 모습이 만족스럽다."라고 표현했다. 자신의 원래 가족이나 이전 친구들 중 일부에게서 받아들여지지 못한다고 느끼긴 했지만, 그녀는 다른 친구들과 직장 동료들로부터 따뜻한 지지를 받았다. 크리스틴은 젠더 비분류자/젠더 비순응자인 친구들이 많이 있었지만, 자신을 양성애 여성으로서 인식했다.

치료

어떤 사람들은 자신의 삶에 행복감을 느끼고, 젠더 불쾌감을 젠더 확정 수술이나 호르몬 치료 없이 경험한 젠더로 살아가면서 감당해 낼 수 있다. 다른 사람들은 때때로 경험한 젠더로 옷을 입고 생활하면서도 자신의 신체와 정체성 사이 불일치에 대해 아무런 고통을 느끼지 않을 수 있다. 이들 모두 젠더 불쾌감이 아니다. 치료가 필요한 한 가지 경우는 큰 고통과 잦은 불행감 여부이다.

정신치료는 젠더 불쾌감을 가진 사람들에게 지지를 제공하고 치료 방법을 선택할 수 있도록 도울 수 있다. 젠더 확정 수술이나 호르몬 치료를 선택하지 않는 사람들이 젠더 불쾌감이 유발하는 문제들에 대처하는 데 도움이 될 수 있다. 정신건강관리뿐만 아니라 젠더 확정 치료는 경험한 젠더와 신체적 특성이 더 잘 일치하도록 해 주는 호르몬 치료와 수술을 포함하는데, 이를 의학적 전환이라고 부른다.

젠더 불쾌감은 이를 갖고 있는 사람에 대한 보호뿐만 아니라 나머지 가족들이 적응하고 또 그 사람이 어떻게 느끼고 있는지를 이해할 수 있도록 해 주는 것을 필요로 한다. 가족과 친구들은 젠더 불쾌감을 경험하는 것이 어떤 의미인지, 그리고 어떤 일이 일어나고 있는 것인지 받아들이기 위해 힘겨운 시간을 보낼 수도 있다. 가족 교육은 그 사람의 고통과 젠더 불쾌감으로 인해 발생할 수 있는 불안 장애, 우울장애와 같은 다른 정신장애의 위험성을 경감시킬 수 있다.

많은 아동들은 자신이 누구인지 알아가는 행동 단계를 겪는다. 그들은 때때로 태어날 때 부여된 것과 다른 젠더가 되기를 원하거나 그렇게 동일시하는 것 없이도 젠더 비순응 행동을 보인다. 종종 아이들이 가장 좋아하는 활동과 장난감, 옷을 선택할 수 있도록 단순히 지지해 주고 격려해 주는 것이 도움이 될 수 있다. 만약 부여받은 젠더에 맞는 화장실을 사용하지 않으려고 하는 것처럼 지속적인 고통의 징후나 학교에서 문제가 있다면, 그때에는 젠더 불쾌감 평가와 치료에 숙련된 정신건강관리 전문가를 찾는 것이 도움이 된다.

아동들은 그들의 젠더 불일치를 배척하거나 수치스럽게 느끼지 않는 환경에서 자라고 그러한 관계를 만들 수 있다면 잘 지낼 수 있다. 여기에는 그들에게 자연스러운 활동과 흥미, 관계를 추구할 수 있는 것이 포함된다.

사춘기의 신체적 변화로 인해 젠더 불쾌감의 첫 증상이 유발되거나 이전에 있던 증상이 더 악화될 수 있다. 어떤 경우에서든 사춘기 진행을 잠시 동안 멈추려는 호르몬 치료가 고통을 줄이는데 효과적일 수 있다. 그 사람의 젠더 불쾌감과 치료 방법들을 탐색하려는 일련의 정신치료 이후 개인이 경함하는 젠더를 촉진시키기 위해 반대의 성 호르몬 치료를 시작할 수 있다.

보통 남성에서 여성으로의 전환의 경우 젠더 확정 수술 이전에 잠시 동안 호르몬을 처방받는다. 다른 유형의 호르몬들이 수염이나 체모가 자라는 것을 줄이고 유방이 발달하며 더 여성스러운 외모로 만들기 위한 신체 변화를 유발시킨다. 호르몬 치료로 유방이 충분히 발달된 이후 유방 확대 수술을 고려할 수도 있다. 얼굴 성형수술뿐만 아니라 생식기 수술은 필요에 따라 할 수 있다.

여성에서 남성으로의 전환의 경우 호르몬 치료는 근육량을 늘리고 목소리 톤을 바꾸는 데 사용된다. 어떤 사람은 유방 조직, 자궁, 난소를 제거하고 남성 가슴을 만드는 수술을 받는 선택을 한다. 그다음 남성 생식기를 만드는 수술이 가능해진다.

젠더와 욕구에서 어느 쪽에도 속하지 않는 것으로 경험하는 사람들에게는 여성 혹은 남성 특징을 강화시키는 의학적 치료가 적합할 수 있다.

요점 정리

- 젠더 불쾌감 진단을 가진 사람들은 자신을 태어날 때 부여받은 젠더가 아닌 반대 젠더로 강하게 인식한다. 이들은 태어날 때 부여받은 성이 자신에 대해 생각하고 느끼는 방식과 일치하지 않기 때문에 큰 고통을 겪는다.
- 젠더 불쾌감은 아동기에 시작하거나 10대 후반 혹은 성인기에 시작한다. 아동은 때때로 태어날 때 부여받은 것과 다른 젠더가 되기를 원하거나 그렇게 동일시하는 것 없이도 젠더 비순응 행동을 보인다. 치료가 필요한 경우는 큰 고통과 자신의 젠더에 대한 잦은 불행감이 있을 때이다.
- 정신치료는 젠더 불쾌감을 가진 사람을 도울 수 있다. 치료 선택을 고려하는 사람들을 지지하고 보조해 줄 수 있다. 젠더 불쾌감의 치료에는 그 사람이 어떻게 느끼고 있는지, 가족이 알고 적응할 수 있도록 해 주는 치료를 포함한다. 또한 가족 교육은 젠더 불쾌감으로 인해 발생할 수 있는 불안장애와 우울장애 같은 기타 정신장애의 위험을 낮출 수 있다.
- 사춘기와 성인기에 젠더 불쾌감을 가진 사람들 중 일부는 젠더 확정 호르몬 치료와 수술을 선택한다.

- 젠더 확정 호르몬 치료와 수술을 선택하든 안하든 사람들은 그들의 외모를 바꾸고 다른 젠더로서의 역할에 충실하게 살아갈 수 있다. 일부 사람들은 젠더 확정 수술이나 호르몬 치료를 받지 않고도 경험한 젠더로 살아 나가면서 젠더 불쾌감을 극복하고 행복한 삶을 살 수 있다.

- 적대적 반항장애(Oppositional Defiant Disorder)
- 간헐적 폭발장애(Intermittent Explosive Disorder)
- 품행장애(Conduct Disorder)
- 기타 파괴적 장애 및 품행장애
  - 방화광(Pyromania)
  - 도벽광(Kleptomania)

제15장 파괴적 장애 및 품행장애

모든 아동과 10대는 이따금 잘못된 행동을 한다. 동생이 태어난다든지, 부모가 이혼을 한다든지, 아니면 가족 중 누군가 죽는 것과 같은 스트레스는 이들을 행동화하게 만들 수 있다. 파괴적 장애 및 품행장애는 정상적인 행동화보다 더 오랫동안 지속되는 심각한 문제이다. 이러한 장애를 가진 사람들은 자신의 화난 감정을 통제하는 데 힘겨운 시간을 보내고 적대적인 행동을 보이기도 한다. 또한 그들이 다른 사람들이나 기물에 대하여 공격적이게 하고, 규칙과 법을 어기며, 권위상에 따르지 않거나 반항하게 만든다.

이번 장에서 다루게 될 장애들은 적대적 반항장애, 간헐적 폭발장애, 품행장애, 방화광, 도벽광이다. 이러한 장애들은 아동기나 10대에 시작하는 경향이 있고, 많은 경우에 소녀보다 소년에게서 더 흔하다. 예를 들어, 품행장애는 10대 소년에서 가장 빈번하게 보이는 정신장애 중 하나이다.

이와 같은 상태는 행동으로 인해 관심을 받고 모든 사람이 볼 수 있도록 '겉으로 드러나기' 때문에 종종 외현화장애라고 불린다. 고통은 다른 사람들에게 영향을 미치는 화난 행동을 통해 행동화로 표현된다. 이와 반대로, 내현화장애(예를 들어, 우울장애와 불안장애)를 가진 사람들은 고통을 내부에 간직한 채 자신을 향한다. 이러한 장애들은 다른 사람들과 갈등을 겪는 일이 더 적다.

많은 요인이 이러한 장애의 위험을 증가시킬 수 있다. 여기에는 엄격하거나 일관성 없는 양육, 부모에 의한 방임, 양육자의 잦은 변화, 신체적 혹은 성적 학대, 감독의 부족, 범죄나 남용 약물 혹은 알코올 중독 전력이 있는 부모일 경우가 해당한다. 이러한 장애는 우울장애, 양극성장애, 물질 사용장애 혹은 주의력결핍 과잉행동장애(ADHD)와 같은 기타 정신장애와 함께 나타날 수 있다.

적대적 반항장애

적대적 반항장애(oppositional defiant disorder)를 가진 아동이나 10대는 성질 부리기, 고집 부리기, 화내거나 파괴적인 행동과 같이 다루기 힘든 행동들을 보인다. 이들은 주기적으로 부모와 다투거나 성인의 요구나 규칙(예를 들어, 자기 방 청소 혹은 귀가 시간 지키기)을 따르지 않으려 하고, 종종 화를 내며, 다른 사람을 원망한다. 이러한 행동이 최소한 6개월 이상 지속되면서 가정과 학교생활을 망가뜨리면 정상적인 행동을 벗어난 것이 된다.

진단을 위해서 이러한 행동은 형제 사이가 아닌 다른 사람들과 만나는 동안 보여야 한다. 아동이나 10대가 잘 아는 성인이나 또래를 만날 때 나타난다. 의사나 정신건강관리 제공자를 만나는 동안에는 증상이 나타나지 않을 수도 있다.

보통 적대적 반항장애의 증상들은 다른 사람과의 관계에서 문제가 있는 패턴으로 나타난다. 이 장애를 가진 사람들은 자신이 화가 났거나, 적대적이거나(싸우려 들거나), 반항적이라고 생각하지 않는 경향이 있다. 대신 자신의 행동이 불공평한 요구나 사건에 대한 반응이라며 정당화하려 한다. 첫 증상은 학령전기에 나타나는 경향이 있고, 10대 초기 이후에는 거의 나타나지 않는다.

부모 관리 훈련은 적대적 반항장애에 유용하다고 알려져 있고, 뒤에서 다루게 될 품행장애 증상의 개선에도 도움이 될 수 있다. 이 방법은 부모가 행동 관리 기법을 익혀서 자녀가 부모 말을 따르지 않거나 거역할 때 반응하는 방법을 향상시킨다. 이는 부모-자녀 관계를 구축하는 데 도움을 주고, 분명하게 지시하는 방법과 행동에 대한 결과를 가르쳐 준다. 가정에서 연습이 중요하다.

적대적 반항장애란

다음과 같은 증상이 있을 때 적대적 반항장애를 진단한다.

- 화나거나 과민한 기분, 논쟁적이거나 반항적인 행동 또는 앙심이나 보복의 양상이 최소한 6개월 이상 지속되고, 다음의 증상들 중 최소한 네 가지 이상으로 나타난다. 행동은 형제가 아닌 최소한 한 사람 이상과 만날 때 나타난다.

분노 혹은 과민한 기분

- 자주 욱하고 화를 낸다.
- 자주 과민하고 쉽게 짜증을 낸다.
- 자주 화를 내고 분개한다.

논쟁적 혹은 반항적 행동

- 자주 막강한 실력자와 논쟁을 한다(혹은 아동과 10대의 경우 성인과 논쟁한다).
- 자주 막강한 실력자의 요구나 규칙을 따르지 않으려 하거나 무시한다.
- 자주 고의적으로 타인을 짜증 나게 한다.
- 자주 자신의 실수나 잘못된 행동을 남의 탓으로 돌린다.

앙심 혹은 보복

- 지난 6개월 동안 최소한 두 번 이상 앙심을 품거나 복수하려고 한다.

이러한 행동은 일상생활에서 자신과 가까운 사람들(예: 가족, 또래, 동료)에게 고통을 유발하거나, 사회적 · 학업적 · 업무적 혹은 다른 기능적 측면에서 부정적인 영향을 미친다. 이러한 행동은 어떠한 정신병적 장애, 물질 사용, 우울장애 혹은 양극성장애로 인한 것이 아니다.

간헐적 폭발장애

간헐적 폭발장애(intermittent explosive disorder)를 가진 사람들은 상황과는 부적절하게 반응해서 참지 못하고, 화를 내며 심한 행동 폭발로 반응한다. 예를 들어, 사랑하는 사람이나 친구가 사소한 비판을 하는 것에 반응하여 행동 폭발이 나타날 수 있다. 보통 행동 폭발은 30분 이내로 지속되고, 분노 발작, 언쟁, 다툼 혹은 공격 형태로 나타날 수 있다.

이러한 증상들은 수년 동안 지속될 수 있다. 인생의 초기 20년 동안 신체적 · 정서적 외상의 과거력이 있는 사람들이 위험성이 있다. 이 장애는 50세 이상보다도 35~40세 이하의 젊은 사람들에게 더 흔하다. 고등학교 교육까지 받거나 그것도 받지 않은 사람들에게서 흔하다.

인지행동치료는 간헐적 폭발장애 치료에 도움이 된다. 여기에는 분노와 공격성과 연결된 생각 패턴을 수정하는 것과 함께 이완과 대처 기술 훈련이 포함된다.

일부 약물들도 도움이 되는 것으로 알려져 있다. 여기에는 선택적 세로토닌 재흡수 억제제(SSRI)와 기분안정제가 있다(이러한 약물에 대한 자세한 내용은 제20장 '치료요점'을 참고하시오).

간헐적 폭발장애란

다음과 같은 증상이 있을 때 간헐적 폭발장애를 진단한다.

- 잦은 감정 폭발은 공격적(화가 나고, 적대적이고, 강제적인) 충동 통제의 실패로, 다음 증상들 중 하나로 나타난다.
  - 언어적 공격성(예: 분노 발작, 폭언, 논쟁)이나 재산, 동물 혹은 타인에 대한 신체적 공격성을 보인다. 어느 하나가 3개월 동안 일주일에 두 번 정도 나타난다. 신체적 공격성은 재산을 파괴하지만 다른 사람에게 상해를 입히지는 않는다.
  - 재산을 파괴하거나 신체적 공격 혹은 둘 모두를 포함하는 3회의 감정 폭발이 있다. 신체적 공격은 동물이나 다른 사람들에게 상해를 입힌다. 이러한 행동이 1년 이내에 일어난다.
- 감정 폭발의 위력은 그 사람을 자극시키는 것이나 받게 되는 어떠한 스트레스든지 그 범위를 벗어난다.
- 반복적인 공격적 감정 폭발은 충동적(계획적이지 않음)이고, 돈이나 권력, 두려움과 같은 특정한 목표를 달성하기 위한 것이 아니다.
- 반복적인 공격적 감정 폭발은 그 사람에게 큰 고통을 유발하고, 업무적 기능이나 대인관계를 망치거나 법적 혹은 경제적 손해를 입힌다(예: 체포, 벌금).
- 이와 같은 반응을 하는 사람은 최소한 6세 이상이다.

빈번한 공격적 감정 폭발은 또 다른 의학적 상태나 남용 약물, 알코올 혹은 치료 약물의 사용으로 인한 것이 아니다. 폭력이나 공격적 행동이 증상으로 나타나는 다른 정신장애는 배제되어야 한다. 이러한 장애에는 **양극성장애**, **정신병적 장애**, **반사회적** 혹은 **경계성 인격장애**가 있다. 건강해 보이는 사람에게서 그러한 감정 폭발이 갑작스러운 행동 변화와 함께 나타나는 것은 뇌 장애나 두부 외상을 시사하므로 이 또한 배제되어야 한다.

샘 이야기

샘은 32세의 조경사로, 화를 좀 더 잘 관리하기 위해 정신건강관리 제공자에게 도움을 구하러 왔다. 예약 때 그의 아내와 함께 왔는데, 그녀는 샘이 항상 화가 나 있었다고 했다. 그녀는 요즘 샘이 화가 나서 자신이나 어린 두 자녀에게 폭력적이 될까 봐 걱정이 되었다.

가장 최근 있었던 말다툼은 샘이 '힘든 하루 일과'를 마치고 집에 왔는데 저녁 식사가 준비되어 있지 않은 것을 보고 시작됐다. 주방에서 그의 아내가 신문을 읽고 있는 것을 보자, 그는 화가 폭발해서 그녀가 얼마나 '못된' 아내인지 욕설을 퍼붓기 시작했다. 그의 아내가 자신도 얼마나 힘든 하루였는지 설명하려고 하자, 샘은 그녀를 저주하며 유리잔과 주방 의자를 부숴 버렸다. 깜짝 놀란 샘의 아내는 주방에서 도망쳐 나와 어린 아기들을 안고서 수킬로미터 떨어진 친정집으로 떠났다. 다음 날, 그녀는 샘에게 당장 도움을 받지 않으면 이혼하겠다고 말했다. 그녀는 참을 수 있는 한계에 도달해 있었다.

샘은 아동기 시절부터 '분통 터뜨리기'가 시작됐지만 13세가 될 때까지는 문제가 되지 않았다고 말했다. 그 무렵에 그는 학급 친구들과 자주 다투기 시작해서 때때로 교장실에까지 불려 가야 했다. 싸우지 않을 때에는 사교적이고 성실한 학생이었다.

샘은 그가 최근 수년 동안 일주일에 네 번 정도의 언어적 감정 폭발이 있었고, 보통은 좌절이나 예상하지 못한 요구들, 공격받았다고 느낄 때였다고 생각했다. 또한 그는 약 2개월마다 폭력적 행동이 있었다고 했다. 예를 들면, 그는 '행동화'하기 시작할 때, 컴퓨터를 방에 내동댕이쳤고, 아이 중 하나가 울음을 멈추지 않으면 벽을 발로 차 구멍을 내 버렸으며, 그의 어머니와 말다툼하는 중에 휴대 전화를 부숴 버리기도 했다. 그는 10대 이후로는 주먹다짐을 하지는 않았다고 했지만, 이웃집 사람이나 많은 낯선 사람들, 그의 조경 회사 직원들을 거의 때릴 뻔하기도 했다. 그의 성급한 분노 폭발 때문에 회사에서는 직원들이 수시로 바뀌었다. 샘은 자신이 누군가를 신체적으로 다치게 할지도 모른다는 생각 때문에 '가슴 깊숙이' 두려워했다.

샘은 자신의 분노 삽화가 짧고, 수초 이내에 최고조에 달하며, 웬만해서는 몇 분 이상은 지속하지 않는다고 묘사했다. 삽화 간에 그는 기분이 "괜찮다."라고 말했다. 그는 그의 행동에 대해 걱정을 했고, 아내에게 감정 폭발과 행동에 대해 미안해했다. 샘은 사람들과 어울리며 술을 마셨지만, 그와 그의 아내 모두 감정 폭발을 알코올과 연관 짓지 않았다.

샘은 최소한 두 명의 가족과 두드러진 '분노 문제'가 있다고 하였다. 그의 아버지는 정서적으로 학대하고, 요구가 심한 편이며, 그의 누나는 분노 폭발로 문제가 있었다. 샘은 누나가 세 번이나 이혼을 한 것은 정서적으로 학대하는 행동 때문이라고 말했다.

샘은 간헐적 폭발장애로 진단받았다. 샘의 치료는 그의 결혼 생활뿐만 아니라 아이들에 대한 폭력의 악순환을 멈추기 위한 중요한 문제이다.

품행장애

품행장애(conduct disorder)는 아동과 10대가 다른 사람의 권리를 무시하거나 가정이나 학교, 작업에서 규칙이나 법을 파괴하는 것을 포함하는 반복되는 행동의 패턴이다. 여기에는 무기 사용, 학교 폭력, 주거 무단 침입, 사람이나 동물에 대한 물리적 잔인성이 해당한다. 품행장애를 가진 사람들은 다른 사람들의 권리를 침해한다. 이들은 다른 사람들이 자신에 대해서 악의적인 의도를 품고 있다고 잘못 생각하고 자신은 그렇게 지각된 위협에 대해서 정당하게 행동한다고 느낀다. 그들은 자신의 행동을 부정하거나 그들이 일으킨 위해의 정도를 가볍게 여기는 경향이 있다.

문제는 학령전기만큼이나 이르게 시작할 수 있지만 보통 처음으로 보이는 심각한 징후는 아동기 중기에서부터 10대 중반 동안에 나타난다. 소년들의 경우 흔한 징후는 싸움, 절도, 공공시설 파괴, 학교 규율 문제이다. 소녀는 보통 거짓말이나 결석, 가출을 더 많이 하고, 또래보다 성적이 심하게 뒤처지기도 한다. 이 장애는 16세 이후에는 드물다.

만약 품행 문제들이 15세 이전에 시작하고 18세까지(혹은 이상) 지속된다면, 그 문제들을 반사회성 인격장애로 진단할 수 있다. 반사회적 인격장애의 증상은 사기, 다른 사람을 해치거나 학대, 다른 사람의 권리를 무시하는 것이 있다(더 자세한 내용은 제18장 '인격장애'를 참고하시오). 품행장애는 반사회적 인격장애의 아동기 위험 신호로 생각된다. 그러나 품행장애를 가진 젊은이는 항상 반사회적 인격장애로 발병하는 것이 아니라는 것을 아는 것이 필수적이다. 조기 진단과 치료에서는 긍정적으로 생각하고, 행동하는 방식과 화난 느낌을 어떻게 통제하는지를 배우도록 돕는 것이 중요하다.

품행장애에 도움이 되는 치료에는 부모 관리 훈련(적대적 반항장애에서 기술됨)과 기능적 가족치료(Functional Family Therapy: FFT)가 있다. 어떤 치료법이든지 약 12주 이상 지속한다. FFT는 문제에 대해 옳지 못한 가족의 믿음을 깨뜨리고, 관계와 긍정적인 양육 기술을 구축하며, 재발을 방지하기 위한 지역사회 자원을 활용할 수 있는 계획을 짜도록 돕는다.

품행장애란

다음과 같은 증상이 있을 때 품행장애를 진단한다.

- 다른 사람의 기본적인 권리를 침해하거나 사회적 규칙이나 법을 어기는 반복적이면서 지속적인 행동 패턴이 지난 12개월 동안 다음의 열다섯 가지 중 최소한 세 가지 이상이, 지난 6개월 동안은 최소한 한 가지 이상의 행동이 나타난다.

사람과 동물에 대한 공격성

- 자주 다른 사람을 괴롭히거나 위협하거나 협박한다.
- 자주 신체적 싸움을 시작한다.
- 야구 방망이, 칼, 벽돌, 총과 같이 다른 사람들에게 심각한 신체적 위해를 가할 수 있는 무기를 사용한 적이 있다.
- 사람들에게 신체적으로 잔인하게 대한 적이 있다.
- 동물에게 신체적으로 잔인하게 대한 적이 있다.
- 노상강도, 소매치기, 무장강도와 같이 피해자가 보는 앞에서 훔친다.
- 누군가에게 강제적으로 성적 행위를 시킨 적이 있다.

재산 파괴

- 큰 손해를 입히려고 고의로 불을 지른 적이 있다.

• 의도적으로 다른 사람의 재산을 파괴한 적이 있다.

사기 또는 절도

• 누군가의 집, 건물, 차에 무단 침입한 적이 있다.
• 자주 물건이나 호의를 얻기 위해 혹은 의무를 피하기 위해 거짓말을 한다(다른 사람을 속임).
• 피해자가 보지 않을 때 물건을 훔친 적이 있다(예를 들어, 가게 물건을 훔치지만 부수거나 침입하지는 않음).

심각한 규칙 위반

• 부모가 못 하도록 규칙을 정해 놓아도 밤에 집에 자주 안 들어온다.
• 최소한 두 번 이상 가출해서 밤에 안 들어온 적이 있거나 한 번 이상 오랜 기간 동안 집에 돌아오지 않았던 적이 있다.
• 13세가 되기 전부터 학교에 자주 결석한다.

이러한 행동은 사회적 · 학업적 혹은 업무적 기능을 크게 손상시킨다. 18세 이상에서 진단을 내릴 때에는 **반사회적 인격장애**의 진단 기준에 부합하지 않아야 한다. 품행장애를 가진 어떤 사람들은 그들의 행동에 대해 양심의 가책이나 죄책감이 결여되어 있고, 다른 사람의 감정에 대해 신경을 쓰지 않으며, 학교나 작업에서 의무와 기능에 대해 신경을 쓰지 않는다. 장애는 증상의 횟수와 피해를 입히는 정도에 따라 경도, 중등도, 고도로 나뉜다.

토마스 이야기

토마스는 12세 소년으로, 잡화점에 무단 침입한 죄로 체포되어 정신건강관리 제공자를 만나는 것을 화를 내며 동의했다. 그의 어머니는 '규칙을 따르지 않는' 아이를 기르기가 너무 힘들었다는 말을 덧붙이며 "지쳤다."라고 말했다.

어렸을 때, 토마스는 종종 공격적이고, 다른 아이들을 괴롭히며, 물건을 빼앗았다. 그의 어머니나 새아버지, 학교 선생님이 그의 행동에 대해서 나무랄 때면 그는 저주를 퍼부으며, 주먹을 휘두르고 벌받는 것을 전혀 개의치 않았다.

토마스, 그의 어머니, 선생님은 그가 외톨이이고 또래들이 그리 좋아하지 않았다는 데 생각이 같았다. 성적 혹은 신체적 학대 과거력은 없었다.

토마스는 체포되기 전 해에 학교 사물함에서 물건(휴대 전화, 재킷, 노트북)을 훔치다가 붙잡혔다. 또한 그는 반 친구의 지갑을 훔쳤고, 반 친구들과 수차례 싸우고 정학을 당했다. 토마스는 자신이 한 행동들에 후회를 하지 않고, 자신이 훔치고 싸운 것은 다른 사람 때문이라며 탓을 했고, 다른 사람의 감정은 아랑곳하지 않았다. 그의 행동 때문에 부모나 선생님이 야단치게 되면 그는 "그래서 어쩔 건데요? 총으로 쏠래요?"라고 말했다. 이런 행동 패턴 때문에 토마스는 품행장애로 진단받았다.

치료

이러한 장애를 조기에 치료하는 것은 아동이나 10대의 인생 문제로 인한 고통과 결과를 빨리 감소시킬 수 있다. 치료를 빨리 시작할수록 증상과 행동이 더 잘 호전될 수 있는 기회를 갖게 된다. 그러나 치료가 쉽지 않다. 아동과 10대는 치료를 거부하고, 협조하지 않으며 성인에게 두려움과 불신을 보인다. 새로운 태도와 행동 패턴을 배우는 데 관련된 모든 사람의 시간과 인내를 필요로 한다.

아동과 10대가 그들의 화를 표현하고 통제하는 데 행동치료와 정신치료(일대일 혹은 집단이나 가족 설정)가 도움을 줄 수 있다. 치료는 젊은이들이 자신의 행동과 다른 사람들에게 미칠 영향에 대해 인식하는 것을 돕는 데 초점을 둔다. 부모 훈련은 바람직한 행동을 어떻게 해야 가장 잘 지지할 수 있고 아동이나 10대와 관계를 맺는 기술을 배운다('부모를 위한 조언'을 보시오). 또한 ADHD나 우울장애, 양극성장애를 가진 아동이나 10대의 경우 이러한 장애에 대한 약물치료가 행동을 악화시킬 수 있는 감정의 일부를 완화시켜 줌으로써 파괴적 행동을 줄일 수 있다.

부모를 위한 조언

- 싸우려 들거나 파괴적 행동을 하는 아동과 10대들은 부모에게 큰 어려움이 아닐 수 없다. 많은 어린아이(2~4세)와 10대들이 크면서 고집이 세지거나 반항적인 행동을 보이는 것은 정상적이다. 차분하게 대하고 바람직한 행동은 칭찬을 해 주어라. 당신의 아이와 일대일로 소통하려고 노력하라.
- 심각하고, 지속적이거나, 가족 혹은 학교생활을 망쳐 버리는 잘못된 행동이 있으면 아동과 10대를 다루는 정신건강관리 제공자의 치료를 받도록 해야 한다. 다른 아동이나 동물과 같이 다른 이들을 해하거나 위험에 빠뜨리는 것은 어떠한 행동이라도 긴급한 관리를 필요로 한다.
- 잘못된 행동을 하는 더 나이가 든 아이들과 10대는 자신의 행동에 대해 책임이 있다는 것과 행동과 선택에 대한 결과를 받아들이는 것을 배우는 것이 필요하다. 정말 중요하게 훈육해야 하는 때가 언제인지 잘 생각해 보고 어떤 규칙을 아이에게 강요하는 것이 가장 도움이 될지 정하라. 정해진 결과들은 따르도록 한다.
- 어떤 경우에는 부모가 아이의 잘못된 행동을 관리할 수 있는 새로운 기술을 배우는 것이 도움이 될 수 있다. 부모는 바람직한 행동을 격려하면서 모범을 보이고 잘못된 것은 대항할 수 있다.

기타 파괴적 장애 및 품행장애

이러한 장애들은 내적 긴장을 완화시켜 주는 특정한 행동들에 대한 충동조절의 어려움이 있다. 여기에는 방화광(불을 지름)과 도벽광(물건을 훔침)이 있다. 이러한 장애는 품행장애나 조증 삽화(양극성장애), 환각이나 망상(정신병적 장애) 혹은 반사회적 인격장애로 인한 것이 아니다. 방화광이나 도벽광은 물질 사용장애, 우울장애, 양극성장애가 함께 있을 수 있다.

방화광

방화광(Pyromania)은 즐거움이나 만족감을 위해서 의도적, 반복적으로 불을 지르는 것이다. 이 장애를 가진 사람들은 종종 불에 비정상적인 흥미나 매력을 느낀다. 이들은 가짜로 경보기를 울리거나, 지역 소방서에서 시간을 보내기도 하며, 종종 이웃집에 난 불을 구경한다. 방화광은 10대 소년에게서 더 흔하고, 보통 빈약한 사회 기술과 학습 문제를 가지고 있다. 병적 방화가 시작하는 나이는 알려져 있지 않지만, 미국에서 방화죄로 체포되는 사람들의 40% 이상이 18세 미만이다. 이 장애를 가지고 있는 18세 이하인 사람들은 품행장애, ADHD, 적응장애를 함께 가질 수도 있다.

다음과 같은 증상이 있을 때 방화광을 진단한다.

- 한 번 이상 의도적으로 불을 지름
- 행동하기 전에 긴장이나 흥분을 느낌
- 불에 대한 매력, 호기심, 관심을 가짐
- 불을 지르거나 불이 난 것을 볼 때 즐거움, 만족감, 안도감을 느낌

방화는 재정적 이득이나, 사회적 혹은 정치적 견해를 표현하기 위해서나, 범죄를 은닉하거나, 생활환경을 개선하거나, 손상된 판단력이나 망상 혹은 환각의 결과로 행해지지 않는다. 갈등 및 문제해결 기술, 부모 교육, 도식화(graphing)를 포함하는 인지행동치료가 위험한 행동과 그 원인을 중단시키는 데 유용하다. 소방 안전 교육과 화상전문병원을 안내 방문하는 것 또한 도움이 된다고 알려져 있다.

도벽광

도벽광(kleptomania)을 가진 사람들은 개인적 용도로 불필요하거나 그들에게 금전적 가치가 있지 않은 물건을 훔치려는 충동을 참지 않는다. 이들은 행동이 잘못되었고 어리석다는 것을 알고 있지만 충동을 통제할 수 없다. 보통은 훔치다 잡히는 것을 두려워하고 절도에 대해 우울하거나 죄책감을 느끼기도 한다. 여성이 남성보다 도벽광이 있을 가능성이 3배 더 높고, 이러한 장애는 보통 10대에 시작한다.

다음과 같은 증상들이 있을 때 병적 도벽을 진단한다.

- 개인적 용도로 불필요하거나 별로 가치 없는 물건들을 훔치려는 충동을 참지 못하는 것이 반복됨
- 훔치기 직전 긴장의 증가

- 훔치는 동안 즐거움, 만족감 혹은 안도감을 느낌

병적 도벽 치료는 날트렉손으로 훔치는 즐거움과 충동을 줄일 수 있다. 정신치료는 노출 반응 방지 치료(훔치는 것을 상상하지만 실제로 하지 않는 것을 연습함), 위장 감작화(훔치는 생각을 하면서 구토와 같이 강하게 부정적인 결과를 상상함)와 인지치료(훔치는 것이 고통을 줄일 것이라는 생각을 교정함)가 있다. 때때로 그 사람이 주요우울장애나 불안장애를 함께 갖고 있다면, 약물을 처방할 수 있다.

요점 정리

- **파괴적 장애 및 품행장애**는 때때로 아동이나 10대에게서 나타나거나 또는 스트레스가 있는 생활사건으로 인해 나타나는 정상적인 비행의 선을 넘어선다. 이들은 보통 자신의 화난 감정을 통제하지 못하고 적대적 행동을 보이는 더 심각한 문제들을 가지고 있다. 또한 이들은 다른 사람들에게 재산상 손상을 가하거나 경제적 손해로 위해를 가하는 식으로 충동적인 행동을 하기도 한다.
- 이러한 장애는 아동기나 10대에 시작하는 경향이 있고, 많은 경우에 소년에게서 더 흔하다. 일부 장애는 성인기까지 지속되거나 그때가 되어야 처음으로 진단받는다. 이러한 장애는 다른 사람에게 영향을 미치는 화난 행동을 통해 행동화하는 것으로 나름대로의 고통을 나타낸다.
- 많은 요인이 이들 장애의 위험을 증가시킬 수 있다. 여기에는 엄격하거나 일관되지 않은 양육, 방임, 양육자의 잦은 변경, 신체적 혹은 성적 학대, 감독의 결여, 범죄에 연루되거나 남용 약물이나 알코올에 중독된 부모, **우울장애** 혹은 **양극성장애, 주의력결핍 과잉행동장애**(ADHD)와 같은 정신장애가 해당한다.
- 이러한 장애를 조기에 치료하는 것은 아이와 10대의 인생에서 고통과 문제로 인한 충격을 더 빨리 경감시킨다. 치료가 빨리 시작할수록 증상이 개선될 가능성은 더 높아진다.
- 행동치료와 정신치료(일대일이나 집단으로)는 아동과 10대가 분노를 표현하고 통제하도록 해 주는 데 필요하다. 치료는 젊은이들이 그들의 행동이 다른 사람들에게 미치는 영향을 깨닫고 이해할 수 있도록 돕는 것을 목표로 한다. 부모 훈련은 아동과 10대에게 바람직한 행동을 가장 잘 지지해 줄 수 있는 방법과 대화하는 방법을 배울 수 있도록 기술을 가르쳐 준다. 우울증이나 ADHD가 있는 아동과 10대의 경우 이러한 장애에 대한 약물치료가 파괴적 행동을 악화시킬 수 있는 일부 느낌들을 완화시켜 준다.

- … 물질 사용장애(Substance Use Disorder)
- … 물질 중독(Substance Intoxication)과 물질 금단(Substance Withdrawal)
- … 물질/약물치료로 유발된 정신장애(Substance/Medication-Induced Mental Disorders)
- … 도박장애(Gambling Disorder)

제16장 중독장애

술을 마시고, 남용 약물을 사용하고, 도박을 하는 것은 종종 사교적이거나 재미를 좇는 것과 같은 문화와 뒤섞여 있다. 알코올, 남용되는 약물, 도박은 보상계라 불리는 뇌의 한 부분에 빠르게 영향을 미치는 것처럼 보인다. 이는 강렬한 쾌락(혹은 '고양감')과 그 느낌을 다시 즐기고 싶은 갈망을 만들어 낸다. 물질이나 행동에 대한 갈망은 뇌와 신체 모두에 물질이나 쾌락의 느낌을 가져야 한다는 신호를 보낼 수 있다. 처음에는 해롭지 않은 것처럼 보이지만 점차 해롭게 될 수 있다. 중독장애를 가진 사람들은 특정한 물질(예를 들어, 알코올이나 남용되는 약물)을 사용하는 것이나 특정한 행동(예: 도박)을 하는 것에 대해 그것이 그들의 삶을 접수해 버릴 정도로 강한 집착을 보인다.

중독장애를 가진 사람들은 사용하려는 물질이나 도박에 쓸 돈을 구하는 데 엄청난 시간과 노력을 보낸다. 이것은 다른 사람들의 가치나 그들의 삶에 주어진 의무보다도 더 중요해지기 시작한다. 중독장애는 이들로 하여금 직장이나 학교, 가정에서 역할(가령, 숙제 마무리하거나 아이를 돌보는 것)을 감당하는 데 문제를 유발한다. 심각한 중독에 빠진 사람들은 때때로 자신의 갈망이나 충동을 충족시키기 위해서 법을 어기기도 한다. 어떤 중독성 약물은 불법이거나 불법적 수단을 통해 얻는다. 이 장애를 가진 사람들은 중독으로 인해 생기는 문제들을 인식할 수도 있지만 그들이 원한다고 하더라도 스스로는 멈출 수 없다. 중독장애에 빠지는 것은 그들의 삶에서 이러한 것들에 대한 걱정과 고통을 만

표 16-1 10가지 종류의 물질들

물질 종류	예
알코올	맥주, 와인
카페인	커피, 콜라, 에너지 드링크
대마(마리화나)	마리화나 담배, 물담배, 전자담배, 식품
환각제	펜시클리단(PCP), LSD(산), 살비아
흡입제(코나 입을 통해 흡입됨)	도료 희석제, 접착제, 에어로졸 스프레이
아편계	헤로인, 코데인이나 옥시코돈 같은 진통제
진정제, 수면용 알약, 항불안제 (안정제 같은 불안에 대한 약물)	바비츄레이트(가령, 넴부탈), 벤조디아제핀(가령, 발륨이나 자낙스), 벤조디아제핀 계열 수면제(로힙놀 혹은 "루피스")
자극제	코카인, 암페타민(메스암페타민이나 '메스'와 같은 '각성제')
담배(니코틴)	궐련, 전자담배
기타(혹은 미상의)	조제 약제, 비전문의약품

들어 낸다.

이번 장에서 다루는 중독장애는 물질들의 오남용으로 인해 유발된다. 〈표 16-1〉에서 10가지 종류의 물질들을 보여 주고 있다. 중독장애에는 물질 사용장애, 물질 중독, 물질 금단, 물질/약물치료로 유발된 정신장애(substance/medication-induced mental disorders)가 있다. 도박장애가 중독장애로 DSM-5-TR에 포함되었다(충동조절장애에 속하지 않음).

기쁜 소식은 사람들이 중독장애에 빠지는 것에서 회복될 수 있다는 것이다. 회복을 위한 길에서 첫 번째 단계는 문제가 있다는 것을 아는 것이다. 종종 이 과정은 문제의 부정이나 물질 오남용과 중독 행위에 빠지는 것에 대한 지식의 부족으로 인하여 어려움을 겪는다. 이런 경우에 가까운 친구와 가족의 개입이 치료를 촉진시킬 수 있다.

개입은 중독장애에 빠진 사람과 그 사람의 가족, 친구, 다른 걱정해 주는 사람들과의 세심하고 계획적인 모임이다. 모임 전후로 정신건강관리 제공자의 조언과 지원을 구하는 것이 매우 중요하다. 정신건강관리 전문가가 개입을 주도하거나 기획할 수도 있다. 이들은 모여서 그 사람이 중독에 빠지는 것에 대해 그 사람과 대화를 나누고 그들의 걱정을 표현하며, 중독 행위에 빠지는 것으로 인해 발생한 행동과 문제의 사례를 주고, 분명한 치료 계획을 설계한다. 한 사람이 계획을 주도하고 모임을 기획한다(도움이 될 만한 지지 그룹을 찾아보기 위해 부록 B '유용한 자원들'을 참고하시오).

당신이 돌보는 누군가가 음주, 남용되는 약물, 도박 문제를 갖고 있을 때

중독장애에 빠진 사람들은 자신의 행동에 빠져 버리기 때문에 문제가 없는 사람들만큼 선명하게 볼 수가 없다. 이들에게는 자신을 돌봐 주던 사람들이 올바른 방법으로 관여하고 그들에게 솔직할 필요가 있다. 다음에 그들이 참여할 수 있도록 도움을 줄 수 있는 몇 가지 중요한 방법이 있다.

- 훈계나 비난, 잔소리는 도움이 되지 않는다.
- 그 사람이 고양된 상태이거나, 중독된(intoxicated) 상태, 도박을 하는 중일 때에는 문제를 다루려고 하지 마라.
- 중독 행위가 생겨날 수 있는 활동이나 환경에 참여하지 마라.
- 특정한 행동에 대해 지시적이고 초점을 맞춘 피드백을 준다(예를 들어, "당신 아들이 뛰는 야구 경기를 보러 가기로 약속했잖아요. 당신이 가지 않는다면 저는 걱정이 될 테고, 나중에 당신이 술집에서 밤새도록 술을 마시고 있었다는 것을 알게 된다면 화가 나겠죠. 아들은 당신이 가지 않아 슬퍼할 거예요.").
- 문제와 그 결과에 대해서 당신은 가능한 한 많이 알아야 한다. 당신이 사는 지역에서 회복과 지원을 위한 자원을 찾아보도록 한다(부록 B 지지 그룹을 위한 '유용한 자원들'을 참고하시오). 정신건강관리 제공자에게서 도움을 구한다.
- 중독 행위는 가정과 학교, 업무, 관계, 재정에 고통스런 문제를 일으킨다. 뿐만 아니라 뇌와 신체에도 영향을 미친다. 그러한 고통 때문에 중독 행위에 빠진 사람들이 도움을 찾게 된다. 만약 당신이 중독 행위의 현실적인 결과를 무시해 버린다면 당신은 변화를 찾으려는 중요한 이유를 무시해 버리는 것이다. 문제를 덮어 두거나, 이들에게 돈을 주거나, 대신 변명해 주거나, 행동의 결과로부터 보호해 주거나, 그들의 중독 행위에 대해서 책임감을 느끼거나, 행동에 대해 죄책감을 느끼지 마라.
- 염려하고 걱정하고 정서적 지지를 보여 주는 것을 포기하지 마라. 중독장애에 빠진 사람들은 더 나아지기 위해 도움을 필요로 한다. 보통 회복은 쉽게 고쳐지지 않는 과정이다.
- 당신은 중독장애에 빠진 사람들을 강제로 멈추게 할 수 없다는 것을 깨달아야 한다. 당신은 그들에게 도움을 받으라고 권고할 수는 있다. 이들이 도움을 받고자 작정하고 변화의 과정 중에 있다면 이들을 지지해 준다.
- 만약 중독 행위가 자녀들에게까지 영향을 미치고 있다면 자녀들이 위해와 방임에서 안전하도록 확실하게 조치를 취한다.

• 당신 자신을 위해 도움을 구하라. 당신의 재정, 정서, 건강을 지켜야 한다. 다른 사람의 중독장애를 당신 혼자의 힘으로 관리하려고 하지 마라. 혼자 있는 것은 두려움과 희망의 상실을 키울 수 있다.

출처: 미주리주 정신건강부, 국립 알코올 중독 약물 의존 협회(National Council on Alcoholism and Drug Dependence)

물질 사용장애

물질 사용장애(substance use disorder)는 이번 장의 초반에 언급한 〈표 16-1〉에 열거된 남용되는 약물 중 카페인을 제외하고 어떠한 것이든 이를 사용하는 사람들에게 생길 수 있다. 카페인으로 인한 물질 사용장애는 현재 진단으로 사용되지 않으며 연구가 진행 중에 있다(이번 장의 후반에 언급할 〈표 16-2〉에 기술된 대로 카페인 중독이나 카페인 금단은 있을 수 있다). 물질 사용장애를 가진 사람들은 생각, 행동, 신체 기능에서 복합적인 장애를 겪고, 문제가 초래하는 결과들을 알면서 물질을 계속 사용한다.

이러한 물질은 뇌 기능에 위해한 변화를 일으킬 수 있다. 이러한 변화는 중독이 끝난 뒤에도 꽤 지속할 수 있다. 중독은 강렬한 쾌락, 평안, 증가된 감각, 고양감뿐만 아니라 기능과 행동상 문제를 유발하는 남용되는 약물을 최근에 사용하는 것을 말한다(중독 증상은 각 남용되는 약물마다 다르기 때문에 이번 장의 '물질 중독과 금단'에서 기술한다).

뇌와 신체의 변화는 과도하거나 반복적인 남용되는 약물 사용자에게서 더 강하게 나타난다. 뇌의 시냅스 연결 변화는 사람들이 약물에 대해 강렬한 갈망을 갖게 되는 원인이고, 약물 사용을 중단하기 힘들게 만든다. 갈망이 너무 강해서 그 밖의 것들을 생각조차 할 수 없게 된다. 갈망은 이전에 약물을 사용했던 환경에 놓일 때 가장 강해질 수 있다. 회복 이후 갈망의 증가는 재발의 위험 징후이다.

물질 사용장애를 가진 사람들은 수많은 시간을 물질을 얻으려 하거나, 물질을 사용하거나, 그 효과에서 회복되는 데 보내게 된다. 심각한 물질 사용장애에서는 그 사람의 인생 전체가 물질을 중심으로 흘러간다.

시간이 지나면 물질 사용장애를 가진 사람들에게 약물에 대한 내성이 생기게 된다. 이렇게 되면 이들은 고양감을 느끼기 위해 더 많은 양을 필요로 한다. 내성은 사람마다 다르다. 물질의 유형과 성별, 체중에 크게 영향을 받는다.

각각의 남용되는 약물은 물질 사용장애에 대한 증상 체크리스트를 동일하게 공유한다. 증상은 물질 사용의 영향에 따라 분류가 된다. 통제능력 손상, 사회적 문제, 위험한 사용, 약물의 영향이 해당한다. 문제가 1년의 기간 동안 있어 왔다면 물질 사용장애가 있는 것이다. 문제의 심각성은 그 사람이 얼마나 많은 증상을 갖고 있느냐에 달려 있다.

물질 사용장애란

물질 사용 문제가 큰 장애나 고통으로까지 이어지고, 1년 동안 다음의 증상들 중 최소한 두 가지 이상이 나타난다.

통제 능력 손상

- 물질을 계획한 것보다 많은 양 혹은 더 오랜 기간 사용한다.
- 지속적인 욕구가 있거나 물질 사용을 중단하거나 통제하는 데 실패한다.
- 물질을 얻거나, 물질을 사용하거나 혹은 그 영향에서 회복하기 위해서 수많은 시간을 허비한다.
- 물질을 사용하고자 하는 갈망이나 강한 충동이 있다.

사회적 문제

- 반복적인 물질 사용으로 인해 일이나 학교, 집에서 중요한 일들을 완수하지 못하게 된다.
- 물질의 영향으로 인해 지속적이거나 반복적인 사회적 혹은 개인적 문제가 유발되거나, 악화되는 데에도 불구하고 계속해서 물질을 사용한다.
- 물질 사용 때문에 중요한 사회적, 업무적 혹은 여가 활동을 포기하거나 줄이게 된다.

위험한 사용

- 안전하지 않은 환경에서 자주 물질을 사용한다.
- 물질로 유발되거나 악화될 수 있는 문제를 알고 있음에도 불구하고 물질을 지속해서 사용한다. 이러한 문제는 신체적(신체와 연관된)이거나 심리적(누군가 생각하고 느끼는 방식) 혹은 이 둘 모두일 수 있다.

약물의 영향

- 내성은 다음 중 한 가지로 정의 내릴 수 있다.
  - 중독 상태가 되거나 고양감을 얻기 위해 더 많은 양의 물질을 필요로 함
  - 같은 양의 물질로는 효과가 적어짐

- 금단은 다음 중 한 가지로 나타난다.
  - 금단 증상(증상은 각 물질마다 다르다. 〈표 16-2〉를 참고하시오.)이 나타난다. 이러한 증상들은 물질을 중단하거나 사용량이 감소하면서 신체 내 물질 농도가 낮아질 때 발생한다.
  - 금단 증상을 피하거나 완화시키기 위해 물질을 사용한다.

키이스 이야기

키이스는 45세 배관공으로, 가족이 그에게 술을 너무 많이 마셔서 걱정이 된다고 한 이후 정신과적 평가를 위해 의뢰되었다. 3일 전에 예약한 이후로 키이스는 술을 마시지 않았다고 부인했다.

고등학교를 졸업한 후 20년 동안 키이스는 매주 5회, 저녁마다 맥주 3~5잔을 마셨다. 지난 7년 동안 키이스는 거의 날마다 마셨는데, 평일 밤이면 맥주를 평균 6잔 마셨고, 주말과 휴일에는 맥주 12잔을 마셨다. 그의 아내는 그가 "술을 너무 많이 마신다."라며 걱정을 했다. 알코올 섭취를 제한하려고 노력함에도 불구하고 키이스는 대부분의 주말을 술로 보냈고, 때때로 가족 모임도 빠졌으며, 종종 저녁에는 TV를 시청하다가 만취 상태에 빠지곤 했다. 그는 일에서는 문제가 없었고 아프다며 전화해서 빠진 적도 없었다. 키이스는 지난 4년 동안 한 달에 두 번은 술을 끊을 수 있었다. 두 번 모두 아내가 걱정하는 것 때문에 "단숨에 끊었다."라고 말했다. 그는 두 번 다 알코올 금단 증상은 없었다고 부인했다.

키이스는 18년간 결혼 생활로 17세 된 딸 하나가 있다. 그는 고등학교를 졸업하고 2년제 전문대를 나왔다. 그는 성공적인 배관 회사를 운영하고 있고, 전에 정신과 의사를 만나 본 적은 없었다.

키이스는 알코올사용장애로 진단받았다. 모든 문제에도 불구하고 그는 금주하는 데 실패하고, 전체 시간을 중독된 상태나 중독에서 회복되는 데 보냈고, 가족 모임도 빠지며, 반복적인 알코올을 사용한 것은 이 장애의 진단 기준에 부합했다.

스탠 이야기

스탠은 46세 기혼인 목사로, 우울 증상과 만성 우측 슬관절 통증 치료용 아편계(진통제)의 오용 때문에 그의 주치의에 의해 정신과 외래로 의뢰되었다.

스탠은 17개월 전에 농구를 하다가 우측 슬관절 손상을 입었다. 그의 어머니는 그에게 자신의 요통 때문에 복용하던 아세트아미노펜-하이드로코돈 진통제 여러 알을 주었고, 그는 이 약이 도움이 된다는 것을 알게 되었다. 그는 약이 다 떨어지고 나서 통증이 지속되자 응급실로 갔다. 그는 경한 염좌라고 설명을 들었다. 그는 1개월치의 아세트아미노펜-하이드로코돈 진통제를 받아왔다. 처방받은 대로 1개월 동안 약을 복용하였고, 통증은 사라졌다.

그러나 약을 중단한 이후 스탠은 다시 슬관절에 통증을 느끼기 시작했다. 그는 정형외과 의사(뼈와 근육의 문제를 치료하는 의사)를 만나서 영상 검사를 받았는데 큰 손상은 없는 것으로 판명 났다. 그는 다시 1개월치의 아세트아미노펜-하이드로코돈 진통제를 처방받았다. 그러나 이번에는 통증을 완화시키는 데 처방받은 양보다 더 많이 필요했다. 그는 약을 먹지 않을 때에는 슬프고 '쑤시는' 느낌이 들었고, 더 많은 아편계에 대한 '갈망'이 있다고 말했다. 그리하여 정형외과 의사는 그를 통증 전문의에게 의뢰했다.

하지만 스탠은 통증 전문의에게 가지 않았다. 그는 자신의 신념과 힘으로 스스로 통증을 이겨낼 수 있다고 믿었다. 이내 곧 그는 약물 복용을 중단했을 때 통증과 근육 쑤심 때문에 진통제 없이는 살 수 없다는 것을 알게 되었다. 또한 그는 고양감을 즐기기 시작했고, 강렬한 갈망도 생겼다. 그는 더 많은 아편계를 얻기 위해 응급실을 자주 방문하기 시작했는데, 우측 슬관절 통증의 횟수나 강도에 대해 거짓말도 종종 했으며, 두 번이나 어머니의 진통제를 훔치기까지 했다. 그는 더 많은 아편계를 찾는 데 집착했고, 일과 가정생활은 고통스러웠다. 얼마 후, 그는 주치의에게 아편계 사용과 슬픈 느낌에 대해서 이야기했고, 의사는 그를 정신건강의학과 외래로 의뢰했다.

평가하는 동안, 스탠은 기분이 '안 좋다.'라고 보고했다. 그는 편집증이나 환각 혹은 자신이나 타인을 해하려는 생각에 대해서는 부정했다.

스탠은 아편계사용장애로 진단받았다. 처방된 아편계를 남용하는 사람의 수는 물질 사용장애 가운데 두 번째로 높다. 스탠의 중독은 아편계 사용 통제 능력을 상실하게 하여 그의 삶에 부정적인 영향을 미쳤다.

물질 중독과 물질 금단

사람들이 〈표 16-2〉에 나열된 물질을 사용할 때 물질 중독(substance intoxication)이나 금단이 나타날 수 있다. 중독은 최근에 물질 사용이 있을 때 나타난다. 금단은 물질을 중단하거나 혹은 덜 사용할 때 나타난다.

중독 상태에 있을 때에는 물질을 사용한 직후 행동 변화 및 신체 변화, 심리적 변화를

표 16-2 중독(intoxication) 증상과 금단 증상

물질	중독(intoxication) 증상	금단 증상
알코올	어눌한 발음, 협동 운동 실조, 불안정한 보행, 빠른 안구 운동	발한 혹은 빈맥, 손 떨림 증가, 수면 문제, 오심 혹은 구토, 환각, 불안
카페인	좌불안석, 예민함, 흥분, 수면 문제, 안면 홍조, 소화불량, 빈뇨	두통, 피로감 혹은 졸음, 쉽게 짜증이 나거나 화가 남, 슬픈 기분, 집중력 저하
대마	안구 충혈, 식욕 증가, 입마름, 빈맥	쉽게 짜증이 나거나 화가 남, 예민함, 수면 문제, 식욕 감소, 좌불안석
환각제	펜시클리딘(phencyclidine: PCP): 빠른 상하 혹은 양측성 안구 운동, 빈맥, 근육 협동 운동 상실 다른 환각제: 동공 확대, 빈맥, 발한, 흐릿한 시야, 떨림	없음
흡입제	현기증, 빠른 안구 운동, 협동 운동 실조, 어눌한 발음, 불안정한 보행, 둔화된 반응, 흐릿한 시야	없음
아편계	동공 축소 혹은 확대, 졸음 혹은 의식 소실, 어눌한 발음, 집중력 혹은 기억력 손상	슬픈 기분, 오심 혹은 구토, 근육통, 동공 확대
진정제	어눌한 발음, 협동 운동 실조, 불안정한 보행, 빠른 안구 운동, 집중력 혹은 기억력 손상	발한 혹은 빈맥, 손 떨림, 수면 문제, 오심 혹은 구토, 환각, 불안, 경련
자극제	빈맥 혹은 서맥, 동공 확대, 고혈압 혹은 저혈압, 발한 혹은 오한, 오심 혹은 구토	피로감, 수면 문제, 생생한 악몽, 식욕 증가
담배	없음	쉽게 짜증이 나거나 화가 남, 생각을 집중하는데 어려움, 식욕 증가, 좌불안석, 슬픈 기분, 수면 문제

보인다. 물질 중독은 가장 흔하게 지각, 각성 상태, 사고, 판단력, 몸의 움직임, 개인적 행동에 문제를 유발한다. 물질에 중독된 사람은 공격적이 되거나 감정적이 될 수도 있다.

물질을 사용하는 방법에 따라 얼마나 빨리 혈류로 흡수가 되고, 얼마나 강하게 중독이 되는지에 영향을 미친다. 예를 들어, 담배처럼 피우기, 코로 흡입하기 혹은 정맥 투여는 더 강한 중독을 유발한다. 또한 이러한 방법들은 사람들이 더 자주 물질을 사용하게 만들 가능성을 훨씬 높게 만든다. 게다가 검사를 통해 신체에서 물질을 검출해 내지 못하는 시기 뒤에도 물질의 효과가 지속해서 남아 있을 수 있다.

물질 중독이란?

물질 중독은 다음과 같을 때 나타난다.

- 최근에 물질 사용이 있었다.
- 물질 사용 동안이나 그 직후에 중추 신경계에 영향을 미쳐 행동, 신체 기능, 사고, 감정과 관련된 두드러진 문제들이 나타난다.
- 특정 증상들이 물질 사용 후에 나타난다(〈표 16-2〉를 참고하시오).

이러한 증상은 또 다른 의학적 상태나 정신장애로 인한 것이 아니다.

또한 사람들이 물질 사용을 중단할 때, 혹은 사용을 줄일 때 물질 금단(substance withdrawal)이 나타날 수 있다. 금단 증상은 사회적 · 업무적 혹은 다른 기능적 측면에서 문제를 유발할 수 있다. 물질 금단이 나타나면 대부분의 사람들은 금단 증상을 완화시키기 위하여 물질을 다시 사용하려는 충동을 느낀다. 만약 의사 지시대로 약물을 복용 중이라면, 용량을 줄이면서 나타나는 금단 증상의 경우 물질 사용장애의 징후라고 하지 않는다. 금단 증상과 관련하여 의사와 상의해야 한다.

물질 금단이란?

물질 금단은 다음과 같을 때 나타난다.

- 물질 사용을 중단하거나 줄인다.

- 특정 증상이 물질 사용을 중단하거나 줄인 이후에 나타난다(〈표 16-2〉를 참고하시오).

이러한 증상은 사회적 · 업무적 혹은 다른 중요하거나 일상적인 일들에 문제나 큰 고통을 유발한다. 또한 또 다른 의학적 상태나 정신장애로 인한 것이 아니다.

남용되는 약물 사용과 미국 청소년과 청년의 위험성

당신은 아셨나요?

- 2021년 미국 12학년 학생의 54%가 지난 한 달 동안 알코올 사용이 있었고, 20%가 마리화나를 사용했다고 한다.
- 카페인은 알코올을 사용하는 사람과 그 사람을 보고 대화하는 사람에게 알코올의 효과를 가릴 수 있다. 카페인과 알코올을 함께 사용하게 되면 건강에 위해를 끼칠 가능성이 증가할 뿐만 아니라 자동차 사고나 다른 부상 가능성도 증가한다.
- 2021년 마리화나는 미국 내 전 연령에 걸쳐 가장 많이 사용되는 불법 약물이다.
- 많은 사람들이 마리화나의 사용을 무해하다고 생각하지만, 마리화나는 부정적이고 지속적인 효과를 유발하고, 마리화나를 중단했을 때에도 나타난다:
  - 뇌는 25세가 되기까지 활발하게 발달한다. 마리화나 사용은 두뇌 발달에 손상을 끼친다. 젊은 나이에 사용하기 시작할 경우 영구적인 지능 저하를 유발할 수 있다.
  - 마리화나 사용은 운전 능력을 손상시킨다. 느린 반응, 차선 침범, 조종 능력 감소, 도로상 신호와 소리에 대한 반응 문제를 유발한다.
  - 임신 중 마리화나 사용은 조기 출산, 유산, 두뇌 발달 문제를 유발할 수 있다. 마리화나에서 나온 화학물질이 모유를 통해 아이에게 전해질 수 있다.
  - 마리화나 사용은 장기 기억 능력에 문제를 유발할 수도 있고 정신병 가능성도 증가시키는 것과 연관된다.
- 2020년 12세 이상에서 약 21%가 지난 한 달 동안 니코틴(궐련이나 전자담배 형식)을 사용한 적이 있다. 이들 중 12~17세 청소년의 63%가 지난 한달 동안 전자담배를 사용했다. 전자담배는 사용자와 옆에 있는 사람 모두에게 폐에 악영향을 끼친다.
- 처방받은 아편계나 불편 아편계(헤로인), 합성 아편계(펜타닐)의 오남용으로 사망의 위험성이 높아진다.

– 펜타닐은 치명적이다. 연필심만한 양의 펜타닐로도 사망에 이를 수 있다.
– 펜타닐과 다른 치명적 약물들은 주의력결핍 과잉행동장애 치료제인 메틸페니데이트처럼 치료제나 캔디처럼 보이게 만들 수 있다.

• 소셜미디어를 통해 구하는 어떠한 약물도 안전하지 않다. 의사가 처방한 약이 아니라면 복용하지 말아야 한다.

일반 인구 중 18~25세의 젊은 사람들이 알코올과 또 다른 물질 사용장애의 가장 높은 발병률을 보인다. 12~17세 사이에 알코올과 담배를 사용하는 사람들은 남용되는 약물을 사용할 가능성이 높다. 중독은 보통 처음 나타나는 물질관련장애이고, 종종 10대 동안에 시작한다. 어떤 물질이 반복적으로 오랜 기간 동안 사용되어 왔다면 어떤 나이에서든 금단이 발생할 수 있다.

사람들은 중독이나 금단 상태일 때 다양한 증상을 보인다. 특정 약물에 대한 중독과 금단 증상의 예시들이 〈표 16-2〉에 기술되어 있다.

물질/약물치료로 유발된 정신장애

때때로 남용되는 약물과 치료 약물의 사용은 특정 정신장애 증상을 일으킬 수 있다. 이러한 정신장애는 종종 남용되는 약물이나 치료 약물이 마지막으로 사용된 이후 수일 혹은 수주 내에 사라진다. 예를 들어, 알코올로 유발된 우울장애는 알코올이 원인인 우울장애이다.

〈표 16-1〉의 약물 가운데 담배는 가장 적은 종류의 정신장애를 유발한다. 담배를 피우지 않는 것(금연)은 수면장애(잠자기 어려움)를 일으킬 수 있다.

〈표 16-1〉의 다른 약물들은 심각한 정신장애를 유발할 수 있다. 예를 들어, 진정효과(졸림)를 일으키는 약물, 안정제, 수면제, 알코올의 중독은 물질로 유발된 정신병적 장애, 우울장애, 수면장애, 물질유발 성기능부전의 원인이 된다. 이와 같은 약물들을 끊게 되면 물질로 유발된 불안장애와 성기능부전이 생길 수 있다. 자극(각성)을 시키는 물질들, 예를 들어, 코카인, 암페타민은 물질로 유발된 정신병적 장애, 양극성장애, 우울장애, 수면장애, 불안장애, 성기능부전을 일으킬 수 있다.

일부 사람들은 다른 사람들보다 약물 사용으로 인한 물질로 유발된 정신질환이 생기기 더 쉽다. 이러한 장애 가운데 한 가지로 발병할 위험은 반복적인 사용과 더 많은 양을 사용할 때 증가한다. 일부 약물들은 단 한 번의 적은 사용만으로도 뇌와 신체에 빠르고 심각하며 위해한 영향을 줄 수 있다.

물질/약물치료로 유발된 정신장애란

다음은 이 장애에서 흔하게 나타나는 양상들이다.

- 이러한 장애는 특정 정신장애와 동일한 특징적인 증상들을 보인다.
- 건강관련 과거력, 신체 검진, 검사실 검사를 통해 다음 중 모두가 나타나는 증거가 있다.
  - 이러한 장애가 물질의 중독이나 금단 혹은 치료 약물의 복용이나 금단이 있는 동안 혹은 1개월 이내에 시작했다.
  - 물질이나 치료 약물은 정신장애를 유발할 수 있다.
- 이러한 장애는 서로 다른 별개의 정신장애(예를 들어, 물질/약물치료로 유발된 정신장애가 아닌)로 인한 것이 아니다. 서로 다른 별개의 정신장애의 증거는 다음과 같다.
  - 이러한 장애의 증상이 심각한 중독, 금단 혹은 물질이나 치료 약물에 노출되는 시기보다 이전에 시작했다.
  - 전체 정신장애가 심각한 금단, 중독 혹은 물질이나 치료 약물의 노출이 끝난 이후로도 상당한 기간(예를 들어, 최소한 1개월) 동안 지속되었다.
- 이러한 장애는 **섬망**(물질, 치료 약물 혹은 의학적 상태로 인해 발생한 혼돈과 주의 집중력의 저하)의 일부가 아니다.
- 이러한 장애는 큰 고통과 사회적 · 업무적 혹은 다른 기능적 측면에 문제를 유발한다.

도박장애

도박은 무언가 더 큰 가치를 얻어 내려는 희망으로 어떤 가치 있는 것을 내거는 것을 말한다. 도박은 오랜 세월 동안 전 세계 거의 어느 곳에서나 행해진다. 다양한 문화의 사람들이 게임이나 스포츠 경기에 도박(내기를 함)을 하고, 대부분이 이를 재미로 하므로 결코 문제가 되지는 않는다. 그러나 일부 사람들의 경우 도박에 빠지는 것은 중독 행위가 되어 참기가 어렵다는 것을 안다. 그렇게 됐을 때 가족 문제와 부부 문제(예를 들어, 돈 때문에 싸우거나 도박하느라 시간을 허비함), 재정적 위기(예를 들어, 저축한 돈을 잃거나 청구서 지불을 못함), 직장 문제(지각, 일자리를 잃음)와 같은 큰 문제로까지 이어진다.

도박장애(gambling disorder)를 가진 사람들은 술을 마시거나 남용되는 약물을 사용하는 것으로 인해 발생하는 알코올 혹은 다른 약물사용장애를 가진 사람과 같은 영향을 받게 된다. 도박은 그 사람의 기분을 변화시키기 때문에 같은 효과를 얻기 위해서 도박을 계속 한다. 이들은 도박을 할 때 권력감, 통제력, 확신감을 느끼기도 한다. 이로 인해 도박장애를 가진 사람들이 물질을 갈망하기 시작하는 것과 같이 도박을 갈망하기 시작한다. 또한 도박을 하는 사람들은 알코올이나 다른 약물들을 남용하기도 한다.

도박장애를 가진 사람들은 종종 내기에서 돈을 잃은 이후에 더 크게 내기를 하게 되는 악순환에 빠진다. 그때 잃은 돈을 다시 따려고 하는데, 결국 도박을 계속 하려는 집요한 욕구로까지 이어진다. 이것을 '만회시도 도박'이라고 한다.

도박장애를 가진 사람들은 돈을 문제를 풀 수 있는 근본이자 해결책이라고 생각할 수 있다. 이들은 가족이나 다른 사람들에게 도박을 얼마나 많이 하는지를 숨기기 시작한다. 도박을 계속하기 위해서 불법 행위(예: 위조와 절도)로까지 빠져들 수 있다. 또한 도박을 하기 위해 다른 사람들에게 돈을 빌리거나, 빚을 갚으라고 하거나, 재정적 위기에 있으니 도와 달라고 하기도 한다.

18~21세 사이의 사람들 가운데, 도박장애는 젊은 여성보다 젊은 남성에서 더 흔하다. 젊은 남성들은 보통 가족이나 친구들과 함께 카드 게임이나 스포츠 경기처럼 더 적극적인 추구에 내기를 거는 경향이 있다. 이 연령대의 젊은 남성들 가운데 인터넷 도박이 더 큰 재정적 위험과 연관되어 있고 독신일 때 더 많이 하게 된다. 노인의 경우 슬롯머신이나 빙고게임에 내기를 더 많이 건다. 인생 후반기에 하는 도박은 여성에게서 더 흔하고, 이 경우 도박장애는 더 심각하고 빠르게 진행될 수 있다. 여성은 화나거나 슬픈 기분을 풀기 위한 건강하지 못한 방편으로 도박을 하기도 한다.

도박은 스트레스를 겪는 동안 더 많이 할 수 있다. 인생에서 심각한 문제를 겪게 할 정도로 심한 도박을 하는 시기가 있고, 뒤이어 도박 행위를 통제할 수 있는 시기가 뒤따른다. 도박장애를 가진 일부 사람들은 스스로 완전히 중단하기로 결단하고 성공에 이르기도 한다. 다른 사람들은 정신건강보호 제공자의 도움을 필요로 한다. 일부 또 다른 사람들은 회복했다고 생각해서 위험이 있다는 것을 모른다. 문제없이 수차례 도박을 하고 나면 이들은 대수롭지 않게 생각하고 도박을 계속하여, 결국 도박장애가 재발한다.

도박장애란

다음과 같은 증상이 있을 때 도박장애를 진단한다.

- 반복적인 도박은 문제와 고통을 일으킨다. 이는 1년 동안 다음 증상들 중 최소한 네 가지 이상을 가지고 있을 때 나타난다.
  - 흥분을 얻기 위해 돈을 더 늘려 가면서 도박을 하려는 욕구
  - 도박을 줄이거나 중단하려고 할 때 좌불안석이 되거나, 쉽게 짜증이 나거나, 화가 난다.
  - 도박을 통제하고 줄이거나 중단하려고 노력은 하지만 할 수가 없다.
  - 끊임없이 도박에 관한 생각을 한다(예를 들어, 과거 도박했던 시절에 대해 생각하기, 다음에 투기할 것을 계획하기, 도박에 쓸 더 많은 돈을 얻기 위한 생각에 골몰하기).
  - 스트레스를 받았다고 느낄 때 종종 도박을 한다(무력감, 죄책감, 우울).
  - 도박으로 돈을 잃은 뒤 종종 본전을 찾기 위해 다시 돌아온다(만회시도 도박).
  - 도박 습관이 얼마나 심한지 숨기기 위해 거짓말한다.
  - 도박 때문에 위험에 처하거나 가까운 친구, 직업, 학력 혹은 경력 기회를 잃게 된다.
  - 도박으로 인해 잃은 돈을 보상받기 위해 돈을 제공해 주는 타인에게 의지한다.
- 도박행동은 **조증 삽화**(양극성장애에서 나타날 수 있는 에너지와 기분의 고양 기간)로 인한 것이 아니다.

도박장애가 얼마나 심각한지는 그 사람이 얼마나 많은 증상을 가지고 있느냐에 달려 있다. 도박장애는 경도, 중등도, 고도로 나눠진다. 앞에 명시된 증상들 중 네다섯 가지에 해당하는 사람들은 경도 도박장애이다. 예닐곱 가지의 증상을 보이는 사람들은 중등도 장애이고, 여덟 가지 이상이거나 모든 증상을 보이는 경우 가장 심각한 장애를 가진 사람들이다.

위험 요인

도박장애의 위험을 증가시키는 요인들은 다음과 같다.

- 기질 아동기 혹은 10대 초기에 도박을 시작한 사람들이 이 장애에 대한 위험도가 높다. 반사회성 인격장애, 우울장애, 양극성장애, 물질 사용장애가 도박장애와 연관되어 있다.
- 유전과 생물학적 장애는 대물림된다. 이는 유전적인 것과 환경적인 요인 모두에 의한 것일 수 있다(가정에서 도박에 노출됨).

치료

중독장애는 심장병, 고콜레스테롤혈증 혹은 고혈압과 같이 평생 지속되거나 만성적인 질환이다. 비록 중독장애에 빠진 사람들이 재발의 위험이 있다 하더라도, 이들은 치료와 지지를 통해서 온전히 건강한 삶을 살 수 있다. 재발은 누군가 한동안 사용을 멈춘 이후 일상생활로 돌아와서 잘 지내다가, 이후 중독 행동을 단 한 번이라도 다시 시작할 때 나타난다. 이렇게 남용되는 약물과 도박에 다시 빠지는 것은 그 사람을 또다시 중독장애에 이르게 만든다. 재발은 실패가 아니고 회복을 위한 노력을 강화시킨다. 재발 유발 요인을 깨닫게 된다면 이를 예방할 수 있다('회복을 돕는 조언들'을 보시오). 중독 행위는 그 사람의 삶에서 수많은 측면에 영향을 미치기 때문에 복합적인 치료가 종종 사용된다. 대부분의 경우 약물치료와 개인 혹은 집단치료를 혼합하는 것이 가장 좋은 효과를 보인다.

회복을 돕는 조언들

다음의 조언들은 국립 알코올남용 알코올의존 협회의 웹사이트에 게시된 '음주 다시 생각하기'에서 인용하였다(http://www.rethinkingdrinking.niaaa.nih.gov). 음주 문제를 위한 조언들은 다른 중독장애에 빠지는 것에도 적용할 수 있고, 일단 회복이 시작된 이후 재발을 방지해 준다. 주요 목적은 계속 통제를 유지하며, 거절하는 기술을 배워 사용하며, 중독 행위에 빠지지 않는 새로운 삶을 세우는 것이다.

- **유발 요인을 피한다.** 무엇이 당신을 중독 행위에 빠지게 하는 충동을 유발시키는가? 만약 당신이 원하지도 않는데 특정한 사람들이나 장소가 당신에게 술을 마시게 만들거나 남용되는 약물을 사용하거나 도박에 빠지게 만든다면 이것들을 피하려고 노력하라. 만약 특정 행위, 하루 중 특정 시간, 특정 감정이 충동을 유발한다면 대신할 다른 것을 계획하라.
- **충동을 다룰 계획을 세운다.** 당신이 유발 요인을 피할 수 없고 충동이 올라온다면 다음과 같은 옵션을 시도한다.
  - 당신이 변화하려는 이유에 대해서 스스로 상기한다(그것들에 대해서 당신이 쉽게 볼 수 있도록 기록해 두거나 휴대폰 같은 곳에 전자 메시지로 저장해 두는 것이 도움이 된다).
  - 당신이 믿는 누군가에게 털어놓는다.
  - 신체 운동 또는 중독 행위에 빠지는 것과 상관이 없는 취미와 같이 건전하고 기분 전환이 되는 활동에 몰두한다.
  - 느낌과 싸워 이기려 하지 말고 파도가 밀려왔다가 사라지는 것처럼 감정을 받아들이고 굴복하지 말고 견디어 낸다.
- **"싫습니다."라고 말할 준비를 한다.** 때때로 당신은 원하지 않거나 혹은 당신과 함께 중독 행위에 빠지는 것을 즐겼던 옛 친구들을 만날 때 술이나 남용되는 약물, 도박을 할 기회를 제안받을 것이다. 그때에는 정중하고 확고하게 "사양하겠습니다."라고 말할 준비를 하라. 어떤 일이 일어날지 살펴보고 당신이 어떻게 반응할지 대본으로도 만들어 본다. 당신이 이러한 제안에 대해서 더 빨리 "싫습니다."라고 말할수록 당신은 덜 굴복하게 된다. 만약 당신이 주저한다면 당신은 자신에게 찬성할 변명거리를 생각할 수 있는 시간을 허용하는 것이다. 어떤 경우에는 "싫습니다."라고 대답할 수 없는 환경이나 사람들을 피하는 게 최선일 수도 있다.
- **중독 행위에 빠지지 않는 새로운 인생을 재건한다.** 여기에는 다음과 같은 것들이 해당한다.
  - 가족과 친구들에게 중독 행위와 관련된 문제를 알리고 이에 대한 정보를 서로 공유한다. 이들의 지원을 받아들이고 변화와 회복의 과정에서 당신을 도울 수 있는 것들을 알린다.
  - 새로운 관심거리와 사교 모임을 만든다.
  - 중독 행위에 빠지는 것과 관련이 없는 일에 시간을 보낼 수 있도록 보상이 될 만한 방식들을 찾는다.
  - 다른 사람들에게 도움을 구한다.
  - 복잡한 프로젝트나 새로운 책임을 맡는 것과 같이 새로운 요구 사항들을 떠맡지 않도록 거절한다.
  - 지지 집단에 참여하는 것을 고려해 본다(부록 B의 '유용한 자원들'을 참고하시오). 정기적으로 집단에 참여하여 회복 중에 있는 사람들은 그렇지 않는 사람들보다 더 잘 극복한다. 집단은 꽤 다양하기 때문에 여러 군데 돌아보아 자신에게 편안한 곳을 찾는다. 만약 당신이 후원

자가 되어 다른 사람을 돕기 위해 관심을 갖는다면 중독에 빠지는 것에서 더 벗어날 수 있을 것이다.

- **포기하지 않는다.** 과음과 같이 건강하지 못한 행위를 바꾸기 위해서는 많은 노력이 필요하다. 좌절을 흔히 겪게 되지만, 당신은 매번 더 많이 배우게 될 것이다. 노력하면 할수록 점점 목표에 다다르게 된다. 어떤 방법을 선택하든 최선을 다한다. 한 가지 방법이 도움이 되지 않았다면, 다른 방법을 해 보도록 하자. 실패했다면, 가능한 한 빨리 되돌아온다. 오랜 경주 끝에 성공할 확률은 점차 높아진다. 연구를 통해 과음하는 대부분의 사람이 술을 많이 줄이거나 끊을 수 있다는 것이 밝혀졌다.

약물치료는 남용되는 약물 갈망을 조절하고 심한 금단 증상(물질이나 도박이 중단되거나 줄었을 때 신체와 뇌가 어떻게 반응하는가)을 통제하는 데 도움이 될 수 있다. 이 약물에는 다른 것들 가운데 날트렉손과 벤조디아제핀이 있다. 금단 증상은 각 남용되는 약물마다 다르기 때문에 이번 장의 '물질 중독과 금단' 부분에서 기술한다.

치료는 중독장애에 빠진 사람들이 자신의 행동에 대해서 그리고 왜 남용되는 약물을 사용하거나 도박을 하는지 깨닫도록 도울 수 있다. 이는 그들이 중단의 필요성을 알게 하고, 중독장애가 없는 삶을 되찾아 더 높아진 자기존중감을 구축하고, 스트레스에 대처할 수 있도록 돕는다. 병원, 외래 프로그램과 지역사회 환경을 통해서 통제되고, 남용되는 약물이 없는 환경을 제공하는 다른 치료들도 있다.

자조 그룹은 중독장애에 빠진 사람들에게 지지를 제공할 수 있다. 보통 이 프로그램들은 알코올 중독자 협회(alcoholics anonymous)에 기반한 12단계 치료를 따른다. 자매기관들은 다른 물질들을 남용하는 사람들(코카인 중독자 협회, 마약 중독자 협회), 도박 중독자(도박 중독자 협회), 가족(알코올 중독자 가족협회, 도박 중독자 가족협회, 마약중독자 가족협회)에게 초점을 맞춘다. 이러한 그룹은 중독장애가 발병한 사람들에게 지지 체계를 제공하고 치료에서 깨닫게 된 교훈을 강화시키는 데 도움을 준다.

요점 정리

- 특정 약물(도박 포함)은 **보상계**라고 불리는 뇌의 한 영역에 빠르게 영향을 미치는 것처럼 보인다. 이는 강렬한 쾌락(혹은 '고양감')과 그 쾌락을 반복하려는 갈망을 일으킨다. **중독장애**에 빠진 사람들은 사용할 물질을 얻기 위해서 혹은 도박에 쓸 돈을 얻기 위해서 수많은 돈과 노력을 허비한다. 이것은 그들의 인생에서 다른 사람들 그리고 의무에 대한 가치를 능가하기 시작한다.
- 중독장애에 빠지는 것은 가정, 학교, 직장, 관계, 재정, 뇌와 신체에 고통스러운 문제를 일으킨다. 동시에 중독장애에 빠지는 것의 고통은 곧 사람들로 하여금 도움을 구하게 만든다. 중독장애에 빠진 사람들은 더 나아지기 위해 결단해야만 한다. 이들을 강제로 변화시킬 수 없다. 중독장애를 가진 사람들은 보통 스스로 중단할 수 없고, 자신이 원한다 하더라도 불가능하다. 이들은 반드시 적절한 도움을 받아야 한다.
- 남용되는 약물에 대한 갈망을 조절하고 심한 금단 증상을 완화시키는 것을 돕기 위해 약물치료를 할 수 있다. 치료는 중독장애에 빠진 사람들이 자신의 행동에 대해 깨닫고, 중독에 빠지는 이유를 알게 되며, 중독 행위에 빠지지 않는 인생을 재건하여 자기존중감을 높이고, 새롭고 건강한 대처 기술을 만들고, 스트레스를 대처해 나갈 수 있도록 도울 수 있다. 자조 그룹 혹은 지지 그룹이 중독에 빠진 사람들의 회복에서 중요한 역할을 담당한다. 또한 이들은 사랑하는 사람들을 위한 의미 있는 지도와 지지를 제공해 준다.
- 중독장애에 빠진 사람들과 또 이들을 사랑하는 사람들을 위해 가능한 한 많은 문제점과 그 결과를 깨닫는 것이 중요하다. 사랑하는 사람들 그리고 중독장애에 빠진 사람들은 다른 사람들에게서 도움을 구해야 한다. 사랑하는 사람의 중독 행위를 덮어 두거나, 묵인해 주거나, 대신 책임을 지는 것을 하지 않는 것이 가장 중요하다.
- **재발**은 누군가 한동안 중독 행위에 빠지는 것을 중단하고 일상생활로 돌아와서 잘 지내다가, 이후 다시 중독 행위에 빠지는 행동을 시작할 때 일어난다. 다음은 재발을 방지하기 위해 도움이 되는 조언들이다. 중독 행위에 빠지는 것을 유발시키는 것이 무엇인지 안다, 이러한 유발 요인을 피한다, 중독 행위에 빠지는 것에 대한 충동을 다루도록 계획한다, 중독 행위에 함께 참여하자는 제안에 "싫다."라고 말할 준비를 한다, 중독 행위에 빠지는 것 대신 다른 가치 있는 활동과 관계로 대체한다.

- 섬망(Delirium)
- 알츠하이머병으로 인한 신경인지장애(Neurocognitive Disorder Due to Alzheimer's Disease)
- 외상적 뇌손상으로 인한 신경인지장애(Neurocognitive Disorder Due to Traumatic Brain Injury)
- 파킨슨병으로 인한 신경인지장애(Neurocognitive Disorder Due to Parkinson's Disease)
- 전두측두엽 신경인지장애(Frontotemporal Neurocognitive Disorder)
- 루이소체 신경인지장애(Neurocognitive Disorder with Lewy Bodies)
- 혈관성 신경인지장애(Vascular Neurocognitive Disorder)
- 기타 치매 및 기억 문제
    - HIV 감염으로 인한 신경인지장애(Neurocognitive Disorder Due to HIV Infection)
    - 프라이온병으로 인한 신경인지장애(Neurocognitive Disorder Due to Prion Disease)
    - 헌팅턴병으로 인한 신경인지장애(Neurocognitive Disorder Due to Huntington's Disease)

제 17장 치매와 다른 기억 문제

치매를 가진 사람들에게는 일상생활을 와해시킬 정도로 심각한 정신 기능의 감퇴가 생긴다. 이러한 감퇴는 사고와 기억, 계획하는 능력에 손상을 야기한다. 치매 자체는 질환이 아니라 기억상실과 인격의 변화와 같은 일련의 증상군이다. 이러한 증상들은 서로 다른 장애들 때문에 발생할 수도 있으므로 원인에 따라 치매의 유형이 달라진다.

스트레스나 불안, 우울증과 같은 정서적인 문제가 사람의 기억력을 떨어뜨릴 수 있기 때문에 치매로 오인되기도 한다. 예를 들어, 최근 은퇴한 사람이나 사랑하는 사람의 죽음을 받아들여야 하는 사람은 슬프고 외롭고 걱정이 많아지고, 때로는 지루함을 느끼기도 한다. 이러한 삶의 변화를 다루려 할 때 어떤 사람들은 혼란스러움을 겪거나 기억력이 나빠진다. 이런 기억 문제는 보통 일시적이고 기분이 나아지면 사라진다. 만약 이런 기분과 기억 문제가 지속적이라면 의사나 다른 정신건강관리 제공자로부터 도움을 받아야 한다.

일부 기억 문제는 치료가 필요한 건강 문제와 연결되어 있다. 여기에는 약물 부작용, 비타민 B1(티아민) 혹은 비타민 B3(니아신)의 부족, 알코올 사용장애가 해당한다. 갑상선, 신장 혹은 간 질환 또한 기억상실을 초래할 수 있다. 의사는 가능한 한 빨리 이러한 의학적 상태를 치료해야 한다. 이러한 상태 중 일부는 치매로 갈 수도 있고, 또 일부는 그렇지 않을 수 있다. 조기 진단과 치료가 기억관련 증상을 제거하여 주고 관리해 줄 수 있다.

알츠하이머병은 치매의 가장 흔한 원인 중 하나이다. 또한 치매는 뇌졸중이나 파킨슨병, 심한 두부 외상으로 유발될 수도 있다. 보통 치매는 시간이 지날수록 악화된다. 증상이 얼마나 빨리 악화되는지는 사람마다 다르다.

DSM-5-TR에서 치매와 뇌 기능에 영향을 미치는 기타 장애들을 설명하는 장애들을 신경인지장애라고 부른다. 이러한 장애들은 악화된 건강상태, 질환 혹은 손상에 의해 유발된다. 이러한 장애들은 기억, 사고, 추론 능력에 영향을 미친다(의사가 평가하는 뇌 기능에 관해 〈표 17-1〉을 참고하시오). 더불어 이들 능력을 인지 기능이라고 한다. 모든 신경인지장애가 노년기에만 발생하는 것은 아니다.

섬망은 신경인지장애의 한 가지이다. 이것은 단기간에 걸쳐 발생하는 혼돈과 주의집중력 저하 상태이다. 섬망은 치매가 아니지만, 두 가지가 겹쳐서 발생할 수 있다. 다른 신경인지장애와 달리, 섬망은 보통 증상이 호전되는 일시적 상태인 반면, 다른 인지기능장애는 지속적으로 남는다.

다른 모든 인지기능장애는 증상의 원인이 되는 의학적 질환이나 손상에 따라 명명된다. 알츠하이머병, 외상성 뇌손상, 파킨슨병, 전측두엽 퇴행, 루이소체병, 혈관성 질병, HIV 감염(AIDS로 인함), 프라이온병, 헌팅턴병과 같은 신경인지장애들은 증상의 심각도에 따라 '주요' 혹은 '경도'로 진단된다. 사람들이 '치매'라고 부르는 것은 DSM-5-TR에서 주요 신경인지장애 진단을 말한다. 이러한 문제들은 섬망에 의해 설명되지 않고 다른 정신장애(예를 들어, 주요우울장애나 조현병)의 결과가 아니다. 무감동(의욕이나 관심의 결핍), 초조(돌봄에 저항하거나 통제 불능이 됨), 정신병, 불안과 같은 증상들도 주요 혹은 경도 신경인지장애에 나타날 수 있다.

주요 장애인지 혹은 경도 장애인지는 다음의 구분에 따라 나눠진다.

주요 신경인지장애

- 주의집중력, 계획 및 의사결정 능력, 기억과 학습, 언어, 운동 기술과 같은 정신기능 중 최소한 한 가지 영역에서 현저한 감퇴가 있다. 이러한 감퇴는 사랑하는 사람 혹은 의사가 걱정을 할 정도로 검사를 통해서 확인된다.
- 정신적 기술의 현저한 감퇴는 일상적인 일들의 수행 능력을 손상시키거나 와해시키게 된다. 그 사람은 다른 사람들의 도움을 필요로 하고 돈을 지불하거나 약을 꾸준히 복용하는 것과 같은 일상적인 일들을 수행하는 데 다른 사람들에게 의지해야 한다.

경도 신경인지장애

- 주의집중력, 계획 및 의사결정 능력, 기억과 학습, 언어, 운동 기술과 같은 정신 기능 중 최소한 한 가지 영역에서 경미한 감퇴가 있어 본인이나 사랑하는 사람 혹은 의사가 걱정하게 되고, 검사를 통해서 확인이 된다.
- 정신적 기술의 경미한 감퇴는 돈을 지불하거나 약을 꾸준히 복용하는 것과 같은 일

표 17-1 뇌 기능(신경인지 영역)과 증상

영역 (사고하는 기술의 유형)	발생 가능한 증상의 예시	
	주요	경도
복합적 주의 (주의집중의 유지, 분산)	집중을 유지하기 위해 단순하게 제한된 내용을 요함. 주변에 다른 방해 요소(라디오, TV, 주변 사람들 대화)가 있을 때 주의를 집중할 수 없음. 방금 들은 말이나 전화번호와 같이 새로운 정보를 기억하기 어려움	평범한 일들을 수행하는 데 전보다 더 시간이 걸림. 라디오, TV, 운전, 주변 사람들 대화와 같은 방해 요소가 없을 때 사고는 더 수월해짐
집행 기능 (계획, 의사결정, 작업기억)	한 번에 한 가지 일에만 초점을 맞출 수 있음. 일상생활을 계획하거나 의사결정을 할 때 다른 사람의 도움이 필요함	한 번에 한 가지 이상의 일을 할 때 더 많은 문제가 생기거나, 방문객이 오거나 전화를 받느라 멈췄던 일을 마저 끝내는 데 문제가 있음. 조직화하고, 계획하고, 의사결정하는 데 필요한 추가적인 노력으로 인해 더 피로감을 느낀다고 호소함
학습과 기억 (즉각 기억, 최신 기억, 장기 기억)	대화 중 자신이 한 말을 반복하고, 종종 같은 대화 중에도 반복함. 쇼핑할 때나 그날의 일을 계획할 때 짧은 목록도 기억할 수 없음. 당면한 일에 집중하기 위해 자주 알려 줘야 할 필요가 있음	최근 사건을 회상하는 데 문제가 있고 목록 작성하기나 달력에 기록해 두는 데 의지를 더 많이 함. 때때로 같은 사람에게 수주에 걸쳐 같은 말을 반복함
언어 (대상의 이름 대기, 정확한 문법, 단어 뜻 이해하기)	사물의 명칭을 말하거나 단순한 요청을 이해하는 데 큰 어려움이 있음. 가까운 친구나 가족의 이름을 기억하지 못할 수 있음. "그거 있잖아." "내가 무슨 말하는지 알겠지?"와 같은 애매모호한 문장을 사용하고 사람들의 이름 대신 일반 대명사를 사용함	말하고 싶은 정확한 단어를 찾는 데 어려움이 생김. 자주 보지 않는 사람들의 이름 부르기를 피할 수 있음

지각-운동 (손-눈 협응이 필요한 조각 맞춤, 안면 인식, 제스처 따라 하기)	이전에는 쉽게 했던 일들(가령, 도구 사용, 운전)이나 익숙한 길을 돌아다니는 데 큰 문제가 생김	지도나 다른 사람의 방향 지시에 더 많이 의지할 필요가 있음. 조립, 바느질, 뜨개질과 같은 일들에서 더 많은 노력을 필요로 함
사회적 인지 (다른 사람의 감정이나 정신 상태를 인식하기)	사회적 규범을 두드러지게 벗어나 행동함. 적절한 옷 입기나 적절한 대화에 대한 인식이 없어 보임. 자신의 안전을 무시함. 이러한 변화에 대해 인식이 없음	행동이나 성격에서 경미한 변화가 나타남. 얼굴 표정을 이해하거나 공감을 느끼는 능력이 줄어듦

상적인 일들의 수행은 도움 없이도 가능하다. 이러한 일들을 수행하는 데 더 많은 정신적 노력을 요하게 된다.

섬망

섬망은 정상적인 뇌 신호가 작동하지 않을 때 발생한다. 섬망은 남용 약물, 알코올, 치료 약물, 독성 물질 혹은 질병이나 감염과 같은 의학적 상태에 의해 유발되는 인지 저하와 주의집중력 감소 상태이다. 알코올이나 약물의 중독 혹은 금단이 이러한 증상들을 유발할 수 있다. 섬망을 가진 사람들은 주의를 유지하거나 집중하는 데 문제가 생긴다. 섬망은 정상적인 뇌 전달 신호가 작동하지 않을 때 발생한다. 이는 급격하게, 보통은 수시간 혹은 수일 이내에 시작한다. 섬망을 이해하는 한 가지 방법은 '약에 취해 있는 것'과 같은 상태나 잠에서 완전히 깨지 않은 상태, 고열을 동반한 질환 상태, 마취에서 깨어나는 것과 같은 상황을 생각해 보는 것이다.

섬망을 가진 사람들은 망가진 정신 기능으로 인해 주변 환경에 대한 지각 저하, 기억 문제, 혼란스러운 사고 과정이 발생한다. 이들은 쉽게 주의가 산만해지고 질문에 대답을 할 수가 없다. 낮 동안 잠이 오고 밤에는 깨어 있을 수 있다. 섬망을 가진 사람들은 불안과 공포, 우울, 과민성, 분노와 같은 다른 증상들도 있을 수 있다. 또한 누군가를 자꾸 부르거나, 소리 지르거나, 욕설을 퍼붓거나, 신음소리를 내는데, 특히 밤에 나타난다. 섬망은 치매를 가진 사람에게서도 발생할 수 있다.

특히 중환자실과 같이 입원이 필요한 상태일 때 섬망의 위험이 증가한다. 병원에 입원하는 사람들 중 13~35%가 섬망이 발생한다. 중환자실에 입원하는 노인의 경우 비율은 81%까지 올라간다.

섬망이란

- 주의집중력과 인식의 저하 상태이다. 예를 들어, 한 주제에 주의를 유지하거나 주제를 바꾸는 것이 불가능하다. 평범한 일들을 수행하는 데 전보다 더 오래 걸리고, 라디오나 TV, 다른 대화들과 같이 집중을 방해하는 것들이 없을 때에는 사고가 더 수월해진다.
- 이러한 문제는 단시간(보통 수시간에서 수일)에 걸쳐 발생하고, 하루 동안에도 더 심해지는 경향이 있으며, 저녁 무렵에 악화된다.
- 기억상실, 지남력상실, 언어 문제, 형태 및 크기 판단의 문제와 같은 정신 기능의 문제를 보인다.

앞에서 언급된 첫 번째와 세 번째 항목은 또 다른 신경인지장애로 인한 것이 아니어야 한다. 또 다른 의학적 상태나 알코올 혹은 약물 중독 또는 금단, 증상을 유발시킬 수 있는 독성 물질이나 치료 약물에 노출이 있었다는 증거(예: 검사, 신체 검진, 자신이나 타인에 의한 보고)가 있어야 한다. 섬망은 수시간, 수일, 수주 혹은 수개월 동안 지속될 수 있다.

위험 요인

다음의 요인들이 섬망의 위험을 증가시킬 수 있다. 그것은 시각 혹은 청각 상실, 고령, 심각한 질병 혹은 감염, 우울증, 뇌졸중 과거력, 알코올 사용, 주요 혹은 경도 신경인지장애 동반일 경우이다. 고령일수록 젊은 성인에 비해 위험성이 증가한다.

치료

섬망을 가진 대부분의 사람들이 치료를 하든 안 하든 완전한 회복을 할 수 있지만, 조기 진단과 치료가 질환의 기간을 줄여 준다. 섬망은 증상의 원인을 치료하지 않는다면 혼수상태, 경련 혹은 죽음에까지 이를 수 있다. 치료의 첫 번째 목표는 특정 약물이나 물질 사용을 중단하는 것과 같이 기저 원인을 다루는 것이다. 이러한 이유로 의사는 '정밀 검사'를 통해서 가능한 한 섬망 원인을 평가할 필요가 있다. 여기에는 다양한 의학적 검사가 포함된다. 예를 들어, 섬망의 원인이 되는 감염의 치료는 마찬가지로 섬망을 해결해 줄 것이다.

알츠하이머병으로 인한 신경인지장애

알츠하이머병은 뇌의 신경세포를 천천히 사멸시켜 치매에 이르게 하는 질환이다. 기억뿐만 아니라 학습 능력, 추론 능력, 의사결정 능력, 대화 능력과 일상적인 일들을 수행하는 능력을 파괴시킨다.

알츠하이머병은 치매의 가장 흔한 형태 중 하나로, 모든 연령의 미국인 중 약 600만 명에게서 발병하였다. 이 중 대략 580만 명은 65세 이상에서 발생하였고, 30만 명은 65세 미만에게서 발생하였는데, 이 질환의 조기 발병 형태로 나타났다. 질병관리본부(CDC)에서는 미국에서 여섯 번째로 높은 성인 사망 원인으로 알츠하이머병을 꼽았다.

증상은 대부분 70세 이후 시작된다. 알츠하이머병을 가진 사람들은 처음에는 경미한 성격 변화 증상과 나이가 들면서 발생하는 정상적인 변화와는 다른 기억상실을 보인다(다음 표를 참고하시오). 이들은 쉽게 화를 내거나 불안해하고 평소 하던 취미나 활동을 그만둔다. 또한 변화에 제대로 대처하지를 못한다. 예를 들어, 항상 같은 일상적인 일들은 잘 따라 하지만 새로운 장소로 길을 찾아 나서는 것은 혼란을 가져와 이내 길을 잃어버린다. 이 질환의 또 다른 조기 징후로 판단력 혹은 의사결정에 변화가 온다. 외모에 신경을 덜 쓰게 되거나 잘 씻지 않으려 한다.

이 질환의 초기 단계에서는 종종 우울증 위험이 있다. 또한 이들의 상태는 치료 약물에 대한 반응이나 일상생활의 변화로도 악화될 수 있다. 알츠하이머병은 삶의 후반에 생겨나기 때문에 배우자나 가까운 가족의 죽음이 알츠하이머병을 가진 사람의 고통을 증가시킬 수 있다.

기억상실이 악화될수록 알츠하이머병을 가진 사람들은 같은 질문을 반복해서 묻고, 오랜 친구의 이름을 잊어버리기 시작한다. 사회생활이 힘들어지기 시작해서 점차 고립되어 간다. 알츠하이머병의 후기 단계에서는 신체 조정 능력을 상실하기 시작하여 옷을

알츠하이머병인가 아니면 단순한 정상 노화 현상인가?
기억, 사고 능력, 추론 기술의 일부 변화는 **알츠하이머병**의 조기 위험 징후일 수 있지만, 많은 변화들이 단순히 정상적인 노화의 한 과정일 수 있다. 만약 다음과 같은 알츠하이머병의 징후를 발견한다면, 평가를 위해 바로 의사를 만나는 것이 좋다.

알츠하이머병의 징후	정상적인 노화 관련 변화
일상생활을 손상시킬 정도의 기억 상실(최근 알게 된 정보나 중요한 날짜나 사건들을 까 먹음)	가끔씩 이름을 기억하지 못하거나 약속을 잊지만 나중에 기억이 다시 남
계획 혹은 문제 해결 능력의 장애(익숙하던 요리를 잘 못하거나 월별 청구 지불을 못함)	금전출납부 관리에 가끔씩 실수가 있음
가정이나 직장, 취미 생활에 익숙한 일을 마무리하는 데 문제가 생김(직장에서 예산 관리나 좋아하는 게임의 규칙 알기)	가끔씩 전자레인지 사용법이나 TV 쇼를 녹화하는 데 도움이 필요함
시간이나 장소에 대한 혼돈(날짜나 계절을 헷갈림)	오늘이 무슨 요일인지 까 먹지만 나중에 다시 생각해 낼 수 있음
시각적 이미지와 공간적 관계에 대한 감각에 문제가 생김(읽기, 거리 가늠, 색깔 구분에서 문제)	백내장으로 인한 시력의 변화
글을 쓰거나 다른 사람과 대화를 하는 동안 단어 사용에 새로운 문제들이 있음(문장을 반복, 사물의 이름을 잘못 부름)	가끔씩 적절한 단어를 찾는 데 문제가 있음
물건을 잘못 두고 다시 찾아낼 수가 없음	때때로 물건을 잃어버리거나 잘못 둠
감소된 혹은 빈약한 판단 능력	자동차 오일 교환을 하러가지 못하는 것과 같이, 이따금 잘못된 판단을 함
일이나 사회적 기능에 더 이상 참여하지 못하거나 거의 하지 않음	가끔씩 일과 가족, 사회적 의무에 피로를 느낌
기분과 성격의 변화(혼돈스럽거나 의심이 많아지거나 우울하거나 불안함)	무언가를 할 때 특정한 방식으로 하고 일상의 변화가 생길 때 짜증이 남

출처: 알츠하이머 협회.

입고, 목욕을 하고, 걷는 데 도움이 필요할 수 있다.

알츠하이머병을 가진 대부분의 사람들은 노인이다. 많은 의학적 상태로 고통을 겪을 수 있기 때문에 이 질환을 진단하는 것을 더욱 복잡하게 만들 수 있다. 또한 이들 여타의 의학적 상태들이 알츠하이머병을 더 빨리 진행시키고, 전반적인 건강 상태를 악화시키는 데 영향을 미친다.

알츠하이머병으로 인한 신경인지장애란

- 주요 혹은 경도 신경인지장애의 증상들이 있다.
- 증상이 적거나 없는 상태로 질병이 시작해서 기억이나 사고가 천천히 손상된다.
- 가족력이나 유전자 검사를 통해서 알츠하이머병의 징후가 있을 수 있다.
- 다음 세 가지 모두가 존재한다.
  - 건강 과거력이나 검사상 기억과 학습, 그리고 최소한 한 가지 이상의 다른 정신 기능(예를 들어, 주의집중력 혹은 언어)에서 감퇴의 증거가 있다.
  - 점진적이며 지속적으로 악화되는 정신 기능의 감퇴가 있다.
  - 정신적 감퇴를 유발할 수 있는 다른 질병에 대한 증거가 없다.

이러한 장애는 알코올, 남용 약물 혹은 치료 약물로 인한 것이 아니다.

위험 요인

알츠하이머병의 발생에 중요한 영향을 미치는 요인들에는 흡연, 우울증, 적은 신체 활동뿐만 아니라 다음과 같은 요인들이 있다.

- 환경　낮은 교육 수준과 적은 대인관계 사회활동이 이 장애와 연관되어 있다. 외상성 뇌손상(심각한 두부 손상)이 위험을 증가시킬 수 있다.
- 생물학적　고혈압, 심장 질환, 비만, 청력 상실, 당뇨가 위험을 증가시킨다. 노화는 이 질병의 가장 잘 알려진 위험 요인으로 75세 이상부터 위험이 증가한다.
- 유전　이 질환 또한 가족력을 보인다. 일차 친족(부모나 형제)이 이 질환을 가지고 있으면 위험이 증가한다. 아포지질단백질 E4라 불리는 유전자 변이형이 알츠하이머병의 발병 위험도를 증가시킬 수 있다. 아프리카계 미국인인 경우, 단백질 전달 유전자 ABCA7이 이 질환과 연관되어 있다.

로저 이야기

로저는 71세 남성으로, 약물치료에 반응하지 않는 우울증 증상 때문에 주치의가 정신과 의사에게 의뢰하였다. 로저의 아내는 그가 은퇴 후 1년이 지난 68세경부터 변하기 시작했다고 보고했다. 그는 오랫동안 즐겨 했던 골프와 카드놀이도 하지 않았다. 더 이상 집 밖에 나가지 않고 사람들과 어울리려 하지 않았다. 대신 그는 하루 종일 소파에 누워서 TV를 보거나 낮잠을 잤다. 그의 아내는 그가 평소 7시간을 잤는데, 이제는 10~12시간을 잔다고 말했다.

그의 아내는 로저가 은퇴 후 우울해진 것 때문에 걱정하기 시작했고, 주치의에게 그런 걱정을 언급하였다. 주치의는 이에 동의해서 항우울제를 처방하였다. 로저의 증상은 약물치료에도 호전이 없자, 의사는 그를 정신과적 평가를 위해 의뢰하였다.

특이할 만한 로저의 정신과적 과거력은 그의 남동생이 주요우울증으로 정신치료와 항우울제 약물치료로 치료를 받았다는 것이다. 그의 어머니는 70대에 치매가 걸렸다.

로저는 경영학 전공으로 대학을 졸업해서 기업 관리자로서 성공적인 경력을 쌓고, 67세에 은퇴하였다. 그와 아내는 45년 동안 결혼 생활을 하며 큰 부부 문제없이 건강한 3명의 자녀와 4명의 손주가 있었다. 이러한 상황이 되기 전에 그는 활발하고, 에너지가 넘치며, 계획성이 있던 사람이었다.

로저는 고혈압과 고콜레스테롤혈증이 있어 약물치료 중이었다. 검사상 그는 의식이 명료하고, 협조적이며, 느린 말투 빼고는 안정적이었다. 로저는 감정 표현이 제한적이었는데, 슬픈 감정이나 죄책감에 대해서는 부인하였고 너무 이르게 은퇴하였다고 느꼈다. 그는 아내가 걱정을 하고 있다는 것을 알고 있고, 자신도 과거보다 에너지가 줄어들고 덜 활동적이라는 것에 동의하였다. 그는 이러한 변화들이 은퇴 때문이라고 했다.

검사하는 동안 로저는 올해가 몇 년도인지는 알았지만 예약한 날이 몇 월인지 아니면 무슨 요일인지는 몰랐다. 그는 세 가지의 사물 이름에 대해서 2분 뒤 기억 회상에서는 한 가지만 기억해냈고, 5회 연속 뺄셈에서는 3회만 정확하게 맞췄으며, 4개의 일상적인 사물 이름은 정확하게 알고 있었고, 복잡한 문장도 실수 없이 따라 했다. 그는 시계 그리기에서 시계 모양과 숫자들은 정확하게 그릴 수 있었지만, 2시 10분에 대한 시침과 분침은 제대로 그리지를 못했다.

로저는 알츠하이머병으로 진단받았다. 그는 3년 동안 점진적인 사회생활의 위축 병력이 있었다. 가족력에서 남동생에게는 우울증이 있었고, 어머니에게는 노년기 치매가 있었다. 주요 증상은 느려짐, 감퇴에 대한 관심의 결여, 늘어난 수면이었다. 검사에서는 기억력, 집중력, 계산력에서의 문제뿐만 아니라 시계 그리기 문제가 있었다.

치료

알츠하이머병은 치료할 수 없지만, 단기간 동안 기억력 증상을 경감시키는 데 도움을 주는 두 가지 유형의 약물치료가 있다. 보통 콜린에스테라아제 억제제는 기억력 감소, 사고, 언어, 판단력과 같은 증상을 치료하는 초기에 처방된다. 이 약물을 복용하는 사람들의 약 절반 가까이에서 6~12개월 동안 증상 악화의 지연을 보인다. 또 다른 약물로 메만틴은 이 질환의 후기에 기억력, 주의집중력, 추론 능력, 단순 작업 능력에서의 감퇴를 감소시키는 데 도움이 된다. 기분 증상을 치료하기 위해 항우울제가 사용되고, 환각이나 초조, 심한 공격성에는 항정신병 약물이 사용된다.

환자와 가족은 지원 단체와 상담의 도움을 필요로 할 수도 있다. 가족은 사랑하는 사람이 기억을 잃을 때 안전을 유지하기 위해 간병의 도움을 받을 수 있다. 같은 증상을 돌보는 친척의 도움으로 환자의 질환을 관리하는 방법을 그 가족이 배울 수도 있다. 또한

간병인을 위한 조언들

알츠하이머병이나 다른 치매를 앓고 있는 사랑하는 사람을 간병하는 것은 스트레스가 된다. 간병인으로서 당신 스스로를 잘 돌보기 위해서 다음의 조언들을 따르도록 하자.

- **어떤 자원을 활용할 수 있는지 안다.** 당신이 사랑하는 이가 받아야 할 간병의 수준은 질환이 어느 단계에 있는지에 따라 달라지는데 이에 대해 알아야 한다. 성인 주간 보호 프로그램, 재가 간병, 방문 간호는 당신이 일상적인 일들을 감당하는 데 도움을 줄 수 있는 서비스의 일부일 뿐이다. www.alz.org나 www.alzfdn.org에서 당신이 있는 곳에서 지역 자원을 찾자.
- **도움을 구한다.** 혼자서 모든 것을 감당하려고 하지 마라. 가족과 친구들에게 도움을 구하라. 간병인을 위한 24/7 상담전화와 지역 지원 단체 또한 훌륭한 조력자가 될 것이다(부록 B '유용한 자원들', '기타 치매와 기억 문제'를 참고하시오).
- **이완요법을 익힌다.** 명상, 호흡훈련, 요가, 심상화는 스트레스를 줄이는 데 도움이 되는 쉬운 방법 중 하나이다.
- **자신만의 시간을 갖는다.** 당신만을 위한 시간을 따로 갖는다는 것이 어려울지라도 당신이 즐겨 하는 활동을 위해 매주 시간을 갖는다거나 친구나 가족과 연락을 하며 지내는 것이 당신의 안녕을 위해 중요하다. 운동을 할 시간을 따로 갖고(운동이 어려우면 산책도 좋고) 건강한 식사를 하는 것이 꼭 필요하다.

가족은 알츠하이머병을 앓은 이를 간병할 때 받는 스트레스를 줄일 수 있도록 대처 기술을 익힐 수 있다.

필요할 때 지원 단체와 간병 보조를 활용하는 것을 통해 환자와 그 가족은 스스로 질병과 경과에 대해 대처할 수 있다. 이 질병은 치유되지 않지만, 삶의 질은 환자와 간병하는 사람에 대한 지원을 통해 크게 나아질 수 있다.

외상성 뇌손상으로 인한 신경인지장애

외상성 뇌손상(Traumatic Brain Injury: TBI)은 두부의 충격이나 뇌의 급속한 움직임으로 인해 뇌구조와 기능을 와해시킨다. 여기에는 혼돈, 지연되는 사고, 의식 소실, 사건 직전 혹은 직후 있었던 사건에 대한 기억 상실이 있다. 대부분의 TBI는 낙상, 교통사고, 두부 충격 등이 원인이다.

TBI로 인한 신경인지장애는 뇌 기능의 지속적인 문제를 유발한다. 여기에는 주의력, 균형감각, 언어, 학습, 기억력, 계획 능력의 문제, 피로, 과민, 우울증이 있다. 미국에서 300만 명 이상의 사람들이 TBI로 장애를 갖게 되어 직장이나 일상생활 능력에 영향을 받는다. 이들은 지속적인 돌봄 서비스가 필요할 수 있다.

TBI는 뇌 영상에서 보이는 문제와 그 사람이 얼마나 오랫동안 의식을 소실했는지, 기억상실이 있었는지, 손상 후 혼돈 상태에 빠졌는지에 따라 경도, 중등도, 고도로 나뉜다. 신체적 접촉을 하는 스포츠 종목에서 일어나는 두부에 대한 충돌과 타격은 경도의 TBI로 생각된다. 경도의 TBI의 경우 증상은 3개월에서 12개월 이내에 사라지거나 크게 호전된다. 하지만 반복되는 경도의 TBI는 더 지속적인 문제를 유발할 수 있다. 고도의 TBI는 경련 발작, 정서적 문제, 신체의 편측 약화, 시야 문제, 뇌출혈, 사망을 일으킬 수 있다.

미국에서 매년 약 300만 명의 TBI 환자가 발생하며, 이로 인해 250만 명이 병원 응급실에 내원하고, 288,000명이 입원하고, 56,000명이 사망에 이른다. 이들 중 매년 837,000명의 아동에게서 TBI가 발생한다. 남성은 여성보다 75세까지 더 많은 TBI가 발생하고, 이후로는 낙상으로 인해 거의 동일한 비율로 남녀에게서 발생한다.

다음의 문제들이 TBI로 인해 일어날 수 있다.

- 쉽게 좌절함, 과민성, 우울, 긴장, 불안과 같은 정서적 문제

- 공격성, 동기 결여, 의심증과 같은 성격의 변화
- 두통, 피로, 광선 공포증, 수면 문제, 어지러움과 같은 신체증상
- 느려진 사고, 집중 유지가 어려움, 일상적인 활동을 수행하는 능력 감소와 같은 정신적인 장애

외상성 뇌손상으로 인한 신경인지장애란

- 주요 또는 경도 신경인지장애에 해당하는 증상이 있다.
- 외상성 뇌손상의 증거가 다음 중 한 가지 이상과 함께 나타난다.
  - 의식 소실
  - 외상후 기억상실(외상적 사건 이후 기억 소실)
  - 지남력 장애와 혼돈
  - 신경학적 문제의 징후(예: 간질 발작, 후각 상실, 편측 근력 약화)

이러한 장애는 뇌손상 직후 혹은 의식이 회복된 직후에 시작하고, 급성 손상 후 시기를 지나서까지 지속된다.

위험 요인

알코올과 기타 물질 사용장애가 TBI 위험을 증가시킨다. 이러한 경우 기억력, 주의력, 계획 능력과 같은 정신 기능에 더 악영향을 미치는 위험이 증가한다.

올리비아 이야기

올리비아의 부모는 19세인 그녀가 정신과 의사에게 진찰을 받아야 한다고 주장했다. 하지만 올리비아는 "선생님이 보셔야 할 사람은 제가 아니라니깐요."라고 고집했다. "선생님의 도움이 정말로 필요한 사람은 바로 미친 제 부모님이에요." 올리비아는 덧붙이기를 "제 인생에서 모든 것이 정말 잘되고 있어요. 전 친구도 많아서 거의 매일 밤마다 밖에 나가거든요. 재미있는 것들이 항상 넘쳐 나요."

올리비아는 그녀의 부모가 치료 시간에 함께 동석하는 것을 동의했는데, 부모는 다른 이야기를 했다. 부모는 눈물을 흘리며 딸이 예민해지고, 게을러졌으며, 호전적이 되었다고 밝혔다. 딸의 방을 뒤져 보니 소량의 대마, 알프라졸람(자낙스정), 코카인, 처방받은 신경자극제가 있었다. 부모는 올리비아의 인격이 지난 수년 동안 크게 변했다고 이야기했다. 또 이들은 올리비아의 태도와 행동이 가족과는 현저하게 달라진 것을 언급하였다. 그녀의 언니는 일류 대학에 진학했고, 남동생은 사립 고등학교에 다니는데 매우 우수한 학생이다 그녀의 부모는 영상의학과 전문의로서 만족스러운 삶을 사는 듯 보였다.

그녀의 부모는 올리비아가 4년 전 갑자기 변하기 시작했다고 말했다. 15세 무렵, 그 당시 그녀는 공부하는 것을 좋아했다. 또한 유머감각도 뛰어났고 '인기가 많은 친구들'과 어울리며 지냈다. 그러나 '하룻밤 사이에' 오랜 친구들과 멀어지더니 '비행 청소년들'과 친해지기 시작했고, 교통딱지를 떼기도 하고, 학교에서 벌점을 받기도 했다. 성적은 A에서 D까지 떨어졌다. 부모는 그녀의 갑작스럽고 극적인 변화를 설명할 수 없어 어찌할 바를 몰랐다.

학교생활에서의 변화 때문에 정신과 의사는 올리비아에게 일련의 신경 심리 검사를 시행하였고, 그 결과를 몇 년 전 사립 고등학교 입학 당시 시행했던 검사 결과와 비교하였다. 여기에는 올리비아가 쳤던 두 가지 고등학교 입학 검사도 포함되었다. 광범위한 사고 기술 능력을 평가하는 '평가 및 집단 평가를 위한 시스템(System for Assessment and Group Evaluation: SAGE)'과 추론 능력, 언어 능력, 인지 기술 능력에 초점을 맞춘 '차별적 적성 검사(Differential Aptitude Tests: DAT)'였다.

SAGE에서 그녀의 평균 점수는 13세 때 상위 10%였는데, 지금은 하위 20%까지 떨어졌다. 그녀가 13세 당시 치렀던 DAT에서는 거의 모든 항목에서 9학년 통틀어 가장 높은 점수를 받았다. 하지만 19세인 지금 다시 시행한 검사에서는 모든 항목에서 고등학생 수준 이하의 점수를 받았다.

뇌 자기공명영상(MRI) 검사에서 뇌의 좌측 부위에 눈에 띄는 '병변'이 관찰되었다. 이것은 과거에 이쪽 부위에 손상이 있었다는 징후이다.

그녀가 변하기 시작하던 당시에 대해 더 많은 질문을 하는 중에 올리비아는 전 남자친구인 마크와 차를 타고 가던 중 교통사고가 있었다고 밝혔다. 올리비아가 이 사건에 대해서 구체적으로 기억해 내지는 못했지만 그녀는 머리에 충격이 가해졌고 이후 수주 동안 심한 두통에 시달렸다고 기억했다. 올리비아는 피를 흘리지 않았고 차에도 전혀 손상이 없었기에 마크와 올리비아 모두 아무에게도 사고에 대해 이야기하지 않았다. 올리비아의 허락하에 정신과 의사는 사고에 대해서 잘 알고 있는 마크에게 연락을 취했다. 마크는 "올리비아는 제 차의 아주 딱딱한 대시보드에 머리를 심하게 부딪쳤어요. 그녀는 완전히 의식을 잃은 것은 아니었지만 심하게 멍했어요. 3시간 정도는 아주 느리게 말했고, 머리가 많이 아프다고 하면서 혼란스러운 듯 보였어요. 2시간 정도는 그녀가 지금 어디에 있는지, 오늘이 며칠인지, 집에 언제까지 가야 하는지도 몰랐어요. 또 두 번이나 토했어요. 전 정말 무서웠지만 올리비아는 부모님께 걱정을 끼쳐 드리지 않길 바랐어요. 그때 이후로 그녀는 저와 헤어졌고 연락도 거의 없었어요."라고 말했다.

올리비아는 외상성 뇌손상(TBI)으로 인한 경도 신경인지장애로 진단받았다. 올리비아의 고등학교 적성 및 성취도 검사를 다시 시행하였는데, 검사 점수상 극적인 감소를 보였다. 과거력에 대한 질문을 통해 올리비아의 증상이 시작되었던 원인을 알게 되었다.

올리비아는 TBI 진단에 필요한 네 가지 핵심 증상 중 두 가지가 있었다. 그녀는 사고 이후로 수시간 동안 지남력 장애와 혼돈 상태에 있었고, 사고에 대한 많은 부분을 회상해 내지 못했다 (외상후 기억상실).

치료

뇌 손상이 있을 때 가능한 한 빨리 의학적 관리를 받아야 한다. 치료는 단기간의 입원이나 가정 내 관찰을 필요로 한다. 심각한 손상의 경우에는 전문 병원 치료가 수개월 이상 필요하다. 의학적 검사를 통해 손상이 얼마나 심각한지, 그리고 어떤 치료가 필요할지 알 수 있다(예를 들어, 두부 손상 이후 발생할 수 있는 두개내 피고임인 경막하 혈종을 배액하는 것). 올리비아의 경우 TBI로 인한 증상은 인격의 변화와 사고 능력의 변화가 모두 나타났다. 때때로 성격 변화는 치료가 필요한 우울이나 불안 증상을 동반하기도 한다. 또 어떤 경우에는 충동적이고 쉽게 화를 내며, 의사 결정을 못하거나, 남용 약물이나 알코올을 남용하는 경향이 생긴다. 어떤 치료를 할지는 사람마다 다르고, 손상으로 인한 증상의 유형에 따라 결정이 된다.

파킨슨병으로 인한 신경인지장애

파킨슨병은 사람의 운동 능력에 영향을 미치는 신경계 장애이다. 뇌의 신경세포에서 근육 운동을 통제하는 데 도움을 주는 도파민이라는 신경전달물질의 합성이 되지 않을 때 발생한다. 이 장애는 느린 경과를 보이는데, 보통 한쪽 손에서 약한 떨림이나 진전을 보이며 시작한다. 시간이 경과하면서 이 질환을 가진 사람들은 경직되고, 느리게 움직이며, 균형을 잡거나 걷는 데 문제가 발생한다. 또한 혼돈 상태가 되고, 말이 느려지거나 적어지며, 사고 기술과 얼굴 표정이 소실되기도 한다.

미국에서는 매년 6만 명 정도가 새로 파킨슨병 진단을 받는다. 현재 약 100만 명 정도의 사람이 발병 상태에 있다. 이 병의 증상은 보통 50대 이후 시작되고, 60대 초반에 가장 흔하다. 파킨슨병은 여성보다 남성에서 더 잘 발생한다. 치매는 파킨슨병을 가진 사람들 중 일부에서 발생할 수 있다.

사람들이 파킨슨병으로 인한 신경인지장애를 갖게 되면 보통 운동 증상이 나타난 뒤에 사고 능력 기술이 일어난다. 사고 문제가 실제로 시작하게 될 때 주된 문제는 사고가 느려지고, 새로운 정보를 처리하거나 새로운 것들을 배울 때 시간이 오래 걸리는 것이다. 기억, 계획 능력, 주의집중력에 문제가 발생하기도 한다.

파킨슨병으로 인한 신경인지장애란

- 주요 혹은 경도 신경인지장애의 증상이 있다.
- 사고 문제가 파킨슨병의 진단과 함께 나타난다.
- 증상이 적거나 없는 상태로 시작하고, 점진적으로 손상이 악화되면서 진행한다.

이러한 장애는 또 다른 의학적 상태나 정신장애로 인한 것이 아니다.

위험 요인

파킨슨병의 위험을 증가시키는 요인들은 다음과 같다.

- 환경　제초제와 살충제에 노출된 경험이 있는 사람은 위험이 높다.
- 생물학　발병 당시 고령, 파킨슨병의 심각성 악화, REM 수면 행동장애가 있을 때 파킨슨병으로 인한 신경인지장애의 위험이 증가한다.

치료

파킨슨병은 치유가 되지 않지만 치료는 증상을 줄이는 데 도움이 될 수 있다. 보통 치료 대부분이 질환과 함께 소실되는 신경전달물질인 도파민을 증가시키는 약물을 투여하는 것이다.

이러한 약물들은 운동 문제와 관련된 증상들을 치료할 때 쓰인다. 가장 효과적인 것 중의 하나가 레보도파인데, 이는 뇌로 들어가 도파민으로 전환된다. 도파민 항진제로 분류되는 약물들 또한 뇌에서 도파민처럼 작용한다. 도파민 항진제에는 프라미펙솔과 로피니롤이 있다. 이러한 약물은 파킨슨병으로 인한 운동 문제에는 도움이 되지만 신경인지 문제(사고 관련)에는 도움이 되지 않는다. 파킨슨병으로 인해 사고 기술이 상실되었을 때 가끔씩 도파민을 증가시켜 주는 약물이 부작용을 일으킬 수 있고, 너무 많은 도파민 항진제는 환각이나 혼돈을 일으킬 수 있다.

흔하지는 않지만 수술 또한 증상을 경감시켜 주는 선택일 수 있다. 뇌 심부 자극술(deep brain stimulation)이라 알려져 있는 시술은 전기 자극원을 운동 조절 담당 뇌 영역에 부착하는 것이다. 이 치료는 약물치료가 효과가 없을 때에만 사용한다. 수술이 운동 문제를 호전시킬 수는 있지만 파킨슨병 이후에 나타나는 사고 능력의 변화에는 도움이 되지 않는다. 파킨슨병의 신경인지 증상을 완화시킬 수 있는 치료는 없다. 작업치료가 일상생활에 쓰이는 기술(예: 옷 입기)을 배우고 낙상을 예방하는 방법을 익히는 데 도움이 될 수 있다.

전두측두엽 신경인지장애

전두측두엽 신경인지장애(frontotemporal neurocognitive disorder)는 뇌의 전두엽(이마 뒤 부위)이나 측두엽(귀 바로 위 부위)에 있는 신경세포가 손상을 받아 생겨나는 치매이다. 뇌의 이러한 부위는 사람의 계획 능력, 판단력, 감정, 언어, 일부 유형의 운동을 통제한다.

장애는 인격에 심한 변화를 초래할 수 있다. 예를 들어, 이전에 결점 하나 없이 예의 바르던 사람이 대중 앞에서 천박하게 행동할 수 있다. 이 장애의 행동 증상을 가진 사람들은 사회 기술 능력을 상실하게 되어 사람들 옆에 너무 가까이 붙어서 서 있거나 인격의 특성에 맞지 않게 무례한 언행을 하는 것과 같이 이상한 행동을 할 수도 있다. 어떤 사람들은 사물의 이름을 대거나, 정확한 문법을 사용하거나, 뜻을 전달하는 데 알맞은 단어를 떠올리는 언어관련 기술을 상실하기도 한다.

전두측두엽 신경인지장애는 10만 명당 2~31명 정도에서 발생한다. 이러한 유형의 치매는 흔히 65세 미만의 사람들에게서 나타난다. 이 장애는 50대에 가장 흔히 발생한다. 이 장애를 가진 사람들 중 20~25%만이 65세 이후에 진단된다. 증상이 더 이른 시기에 나타나기 때문에, 인생 후반기에 나타나는 다른 치매들보다 직장과 가정생활을 더욱더 혼란에 빠뜨릴 수 있다.

전두측두엽 신경인지장애란

- 주요 혹은 경도 신경인지장애의 증상이 있다.
- 증상이 적거나 없는 상태로 시작하고 점진적으로 진행한다.
- 사고 기술의 감퇴는 주로 행동 조절이나 언어 문제에서 중점적으로 나타나고, 기억이나 학습, 운동 혹은 시각 능력에는 문제가 적거나 나타나지 않는다.
- 이러한 장애는 뇌졸중과 같은 또 다른 장애나 질병, 치료 약물, 남용 약물, 알코올의 영향으로 인한 것이 아니다.
- 다음과 같이 행동 유형과 언어 유형으로 나누어진다.

행동 유형

- 다음의 행동 증상들 중 최소한 세 가지 이상 존재한다.
  - 행동 탈억제(사회적 규제의 소실)
  - 감정이나 흥미의 결여
  - 동정 혹은 공감의 상실
  - 강박적 행동
  - 과탐식(부적절한 물체를 입에 넣음)과 식사의 변화, 예를 들어 지속적으로 과식하거나 이상한 음식을 먹음

• 사회적 기술의 두드러진 감퇴(예: 개인위생 관리 허술, 사회적 관계의 관심 결여, 개인적 책임에 대한 흥미 감소)와 계획하고 조직화하고 의사결정하는 능력의 감퇴

언어 유형

• 쉬운 말로 표현하거나 사물의 이름 대기, 혹은 읽고 쓰는 능력과 같은 언어 능력의 두드러진 감퇴

위험 요인

전두측두엽 신경인지장애를 가진 사람들의 약 40%가 조기 발병 신경인지장애 가족력을 갖고 있다. 특정 유전자 변이가 위험을 높일 수 있다.

치료

전두측두엽 신경인지장애의 치료는 없다. 종종 사고 문제로 인해 행동이나 인격의 변화가 생기기 때문에 가장 중요한 치료는 가족과 보호자가 질환을 이해할 수 있도록 상담하고 지지하는 것이다. 이 장애를 가진 사람들은 보통 가족으로부터 감독과 간병을 필요로 한다. 과민성이나 적개심과 같은 심한 행동의 변화가 있을 때 항우울제나 항정신병제와 같은 약물치료가 증상을 조절하는 데 도움이 될 것이다.

루이소체 신경인지장애

루이소체 신경인지장애(Neurocognitive Disorder with Lewy Bodies: NCDLB)는 장기간에 걸쳐 신경세포를 손상시키는 비정상적인 미세 침착에 의해 뇌에 발생하는 치매의 한 유형이다. 이 장애는 신경학자인 프레데릭 H. 루이 박사가 1900년대 초기에 비정상적인 뇌의 침착물을 발견하면서 그의 이름을 따서 명명되었다.

이 질환은 신경세포에 가해진 손상으로 인해 사고와 추론 능력에 점진적인 감퇴가 일어난다. 또한 혼돈과 의식 명료 상태가 하루 동안에 크게 바뀌거나 매일매일 변화가 일

어난다. 이 장애를 가진 사람들은 자주 낙상하거나 발작적인 의식 소실이 있다. 그들은 스스로 음식을 먹거나 화장실을 사용하는 데 문제가 생기기도 한다. 증상은 50~89세 사이에 시작하는 경향이 있고, 가장 흔한 발병 시기는 70대 중반이다.

NCDLB의 일부 증상은 마치 파킨슨병의 증상처럼 보일 수 있다. NCDLB를 가진 사람들은 아주 느린 보행, 느린 말투, 얼굴 표정에 변화가 없는 것과 같이 파킨슨병에서 보이는 동일한 운동 문제가 있다.

이 장애를 가진 사람들은 다른 치매에서는 발견되지 않는 두 가지 주요 증상을 가지고 있다. 환시(실제로는 없는 것이 보임)와 REM 수면행동장애(자세한 내용은 제12장 '수면-각성 장애'를 참고하시오.)이다. 또한 NCDLB를 가진 사람들의 50%에 달하는 사람들이 항정신병제 약물에 대해 심한 반응과 부작용을 보이기 때문에 상태에 대한 정확한 진단이 필수적이다.

노인 인구의 10%가 NCDLB를 가지고 있는 것으로 추정된다. 이 장애는 알츠하이머병과 혈관성 치매에 이어 세 번째로 흔한 원인으로 치매 사례의 30%를 차지하고 있다.

루이소체 신경인지장애란

- 주요 혹은 경도 신경인지장애의 증상이 있다.
- 증상이 적거나 없는 상태로 시작하고 점진적으로 진행한다.
- 이 장애는 다양한 정도의 심각도를 보인다. 만약 다음 증상들 중 최소한 한 가지 이상이 존재한다면 의사의 진찰을 받아야 한다.
  - 주의와 각성의 현저한 변화와 함께 변동하는 인지
  - 뚜렷하고 구체적인 환시의 반복
  - 파킨슨병 증상(예: 근육 진전 혹은 경직)과 사고 능력(예: 이해 능력, 판단력, 기억)의 감퇴
  - REM 수면행동장애 증상
  - 항정신병제에 대한 심한 부작용

이러한 장애는 뇌졸중과 같은 또 다른 장애나 질병 혹은 치료 약물, 남용 약물, 알코올의 영향에 의한 것이 아니다.

위험 요인

이 장애와 연관된 몇 개의 유전자가 NCDLB 발병 위험을 증가시킨다.

치료

NCDLB의 치료는 없다. 대개 NCDLB를 가진 사람들은 모든 형태의 치료 약물 부작용에 매우 민감하다. 그러하기 때문에 의사는 약물 처방에 신중을 기해야 한다. NCDLB 환자의 의식 변화는 이러한 약물로 인해 크게 악화될 수 있다. 예를 들어, 가끔씩 도파민을 증가시키는 약물들이 근육 경직과 운동 지연 증상을 치료하기 위해 사용되는데, 이러한 약물들은 원치 않게 환시를 악화시키는 영향을 미칠 수 있다. 때때로 알츠하이머병의 기억과 사고 증상 치료에 사용되는 콜린에스터라제 억제제가 NCDLB를 가진 사람들에게도 처방되는데, 이 약물들이 효과가 있을지는 미지수이다. 우울증이나 수면 문제를 해결하기 위해서 처방을 할 때에는 부작용이 나타나는지 유심히 살펴봐야 한다.

종종 NCDLB에 가장 효과적인 것은 혼돈을 일으키는 것들을 피하는 것이다. 집이 산만하거나 시끄럽지 않게 하는 것이 주의를 집중할 수 있게 해 주고 혼란을 피할 수 있다. 또한 그렇게 하면 환각의 위험도 줄일 수 있다. 일상을 반복적으로 돌아가게 만들면 하루를 체계적으로 보낼 수 있게 하고 할 일을 명확하게 유지시킨다. 복잡한 일을 단순한 단계로 나누어 주는 것도 도움이 된다.

혈관성 신경인지장애

혈관성 신경인지장애(vascular neurocognitive disorder)는 뇌에 혈류를 공급하는 혈관에 문제가 생겨 발생하는 혈류 감소가 원인이 된다. 이렇게 되면 뇌의 여러 영역이 산소와 영양분 공급 부족으로 인해 손상을 입어 사망에 이르게 된다.

이 장애의 가장 흔한 원인은 뇌혈관 질병(뇌에 혈류를 공급하는 혈관에 장애가 생겨 발생하는 뇌의 문제)이다. 여기에는 뇌졸중과 일과성 허혈 발작(미니 뇌졸중)이 해당한다. 가끔씩 사고 기술의 변화가 이러한 삽화 뒤에 나타난다. 사고 문제는 경미하게 시작하는 편이지만, 여러 작은 뇌졸중이나 더 작은 소혈관들에 영향을 미칠 수 있는 다른 상태의 결과로 인해 시간이 갈수록 악화될 수 있다. 또한 인격 변화, 기분 변화, 우울증, 느려지는 움직임도 나타날 수 있다.

미국에서 혈관성 신경인지장애의 추정 유병률은 71~79세 집단에서 1%이고, 80~89세 집단에서는 4%에 이른다. 뇌졸중 발병 후 3개월 이내에 20~30%의 사람들이 이 장애로 진단받게 된다.

혈관성 신경인지장애란

- 주요 혹은 경도 인지장애의 증상이 있다.
- 증상은 혈관성 문제를 반영하며, 다음 중 한 가지로 나타난다.
  - 인지 문제의 시작이 최소한 한 번 이상 뇌혈관 질환 삽화(예: 뇌졸중)와 관련되어 있다.
  - 정신 기술의 감퇴는 기억, 문제해결 능력, 추론 능력, 계획 능력에서 나타난다.
- 뇌혈관 질환의 증거가 건강 과거력, 신체 검진, 뇌영상을 통해서 나타난다.

이러한 장애는 또 다른 뇌질환이나 정신장애에 의한 것이 아니다.

위험 요인

혈관성 신경인지장애의 위험을 증가시키는 요인들은 다음과 같다.

- 환경 사람들이 혈관성 뇌손상의 영향을 얼마나 잘 극복해 낼 수 있는지는 뇌의 일부분이 죽은 뒤에 뇌가 새로운 신경 연결을 얼마나 잘 형성해 낼 수 있는지에 달려 있다. 살아 나가면서 교육과 신체 운동, 사회적 관계, 정신적 활동을 유지하는 것이 도움이 된다.
- 유전과 생물학 고혈압, 당뇨, 흡연, 고지질혈증, 비만과 같이 뇌혈관 질병을 유발하는 요인들이 위험을 증가시킨다.

치료

혈관성 치매에 대한 치료는 없다. 가장 중요한 '치료'는 그것을 예방하는 것이다. 건강한 식단, 운동, 체중 조절, 스트레스 감소가 혈압과 혈당, 콜레스테롤 수치를 낮출 수 있다. 이러한 생활 습관 교정이 혈관성 치매의 위험을 크게 낮출 수 있고, 또한 병의 진행을 감소시킨다. 금연도 도움이 된다. 가끔씩 알츠하이머병에 쓰이는 약제가 혈관성 치매에서도 처방되지만, 효용성이 있을지는 불확실하다.

기타 치매 및 기억 문제

다음의 신경인지장애들은 HIV 감염, 프라이온병, 헌팅턴병이 원인이 될 수 있다. 진단을 위해서는 주요 혹은 경도 신경인지장애 증상이 있어야 한다. 신경인지장애는 또 다른 의학적 상태나 정신장애로 인한 것이 아니다. 이러한 장애로 인한 기억과 사고 문제 혹은 기분 증상을 치료할 수 있는 일부 약물들이 있을 수 있다. 모든 치매에서 최선의 치료는 사랑하는 사람과 간병인이 이러한 장애를 가진 사람들에게 친절과 인내, 존중, 존엄을 베푸는 것이다.

HIV 감염으로 인한 신경인지장애

HIV 질환은 신체의 면역 세포를 감염시키고, 감염이 된 사람들 중 일부에서는 기억력 상실과 계획 능력, 의사결정 능력, 새로운 정보의 학습 능력에 문제가 생기는 것처럼 치매 증상이 발생한다. 미국에서 HIV 감염된 사람의 약 25%가 경도 신경인지장애를 갖게 되고, 5% 미만에서 HIV 감염으로 인한 주요 신경인지장애를 갖게 된다. HIV 감염은 여성보다 남성에서 발병을 더 많이 하지만, 여성에게서 HIV 감염으로 인한 신경인지장애가 더 많이 발생한다.

HIV의 신경인지장애 증상을 예방하거나 줄이기 위해서 혈액뇌장벽(blood-brain barrier)을 통과하는 약으로 치료 방법을 모색하는 것이 중요하다(혈액뇌장벽은 뇌를 보호해준다. 특정 약물들처럼 혈액에서 뇌로 특정한 물질들이 통과하는 것을 제한시킨다). HIV 감염으로 인한 신경인지장애(neurocognitive disorder due to HIV Infection)의 증상은 다음과 같다.

- HIV 감염이 확진되었다.
- 신경인지장애는 뇌 질병과 같이 HIV 감염이 아닌 것으로 더 잘 설명되지 않는다.

프라이온병으로 인한 신경인지장애

프라이온병은 사람과 동물에게 발생하는 매우 희귀한 질병이다. 프라이온이 신경 조직에 빠르게 감염되어 뇌손상을 일으켜 6개월도 채 되지 않아 주요 신경인지장애를 일으킨다. 프라이온병은 65세 이상에서 가장 흔히 발생한다. 이 질환은 피로감, 불안, 식이 문제, 수면 문제, 집중 문제와 같은 증상들로 시작하기도 한다. 수주 이후 시력 변화, 조직성 결여, 이상 보행, 근경련 운동이 나타난다. 이 질환은 사망에까지 이른다. 감염된 신경 조직에 노출되면 병이 생기지만, 종종 분명한 감염원 없이 나타나기도 한다. 프라이온병 가운데 흔한 유형 중 하나로 '크로이츠펠트 야콥병' 혹은 '광우병'이 있다. 프라이온병으로 인한 신경인지장애(neurocognitive disorder due to prion disease) 증상은 다음과 같다.

- 증상이 적거나 없는 상태로 시작하여 빠르게 진행된다.
- 근육 경련이나 근력 운동 실조와 같은 프라이온병의 운동 양상들이 있다.

헌팅턴병으로 인한 신경인지장애

헌팅턴병은 가족 내 유전이 되는 희귀 질환으로, 보통 본인들도 발병 위험이 있다는 것을 알고 있다. 이 질환은 통제할 수 없는 근경련 운동을 유발한다. 걷기, 말하기, 삼키기, 스스로 식사하면서 삼키기, 글쓰기와 같은 미세 운동과 같은 문제들이 생긴다. 또한 이 질병을 가진 사람들은 운동 문제가 발생하기 이전부터 사고 문제와 정서 변화가 나타난다. 과민성, 불안, 우울, 충동성, 동기 결여, 주의집중과 계획, 구조화 능력의 문제가 포함된다.

대부분의 사람들이 35~45세 사이에 첫 증상과 징후를 보이기 시작한다. 헌팅턴병으로 인한 신경인지장애의 증상은 다음과 같다.

- 증상이 적거나 없는 상태로 시작하여 점진적으로 진행한다.
- 임상적으로 헌팅턴병을 진단받거나, 가족력이나 유전자 검사상 질병의 위험이 있다.

요점 정리

- 시간이 흐르면서 사람은 누구나 기억력이 떨어진다. 경미한 기억 문제는 정상적인 노화 과정의 일부분이다. 또한 스트레스나 애도, 약물 부작용, 비타민 B1(티아민) 혹은 B3(니아신) 결핍, 남용 약물이나 알코올사용, 의학적 문제들로부터 기인할 수 있다. 기저 원인을 치료하거나 감정을 자극하는 일들이 사라지고 나면 기억 문제는 보통 사라지게 된다.
- 다른 신경인지장애와 달리 섬망은 일시적인 혼돈 상태와 주의집중력 결여인 반면, 다른 신경인지장애는 지속적이다. 치료는 섬망의 원인을 정확하게 찾아낼 수 있도록 도와주고, 증상을 빠르게 마감시켜 준다.
- **치매**란 일상생활을 와해시킬 정도로 심각한 정신 기능의 감퇴를 말한다. 사람의 기억과 생각하고 판단하는 능력에 문제를 일으킬 수 있다. 그것은 여러 다른 유형의 장애나 질병에 의해 생긴다. 알츠하이머병이 치매의 가장 흔한 원인이다. 사람들이 '치매'라고 부르는 것은 DSM-5-TR에서 기술된 주요 신경인지장애 진단을 말한다.
- 신경인지장애는 정신 기능의 감퇴 수준에 따라 '주요' 혹은 '경도' 중 하나로 진단한다. **주요 신경인지장애**는 도움 없이 통장을 관리하거나 약을 스스로 꾸준히 복용하는 것과 같이 일상적인 정신적 과제를 더 이상 수행할 수 없을 때 나타난다. **경도 신경인지장애**는 여전히 일상적인 정신적 과제를 수행할 수는 있지만, 완전히 끝내는 데 더 많은 시간이 소요되거나, 구조화가 필요하거나, 상기시켜 주어야 한다.
- 치매를 가진 사람을 돌보는 것은 스트레스가 될 수 있다. 어떠한 자원을 활용할 수 있는지 아는 것이 도움이 된다. 지원 단체와 가족, 친구로부터 도움 구하기, 이완요법 익히기, 자신만을 위한 시간을 따로 갖는 것이 도움이 된다. 치매를 가진 사람에게 친절과 인내, 존중, 존엄을 베푸는 것은 훌륭한 간병을 하는 핵심 요소이다.

- 경계성 인격장애(Borderline Personality Disorder)
- 반사회적 인격장애(Antisocial Personality Disorder)
- 조현형 인격장애(Schizotypal Personality Disorder)
- 기타 인격장애
    - 편집성 인격장애(Paranoid Personality Disorder)
    - 조현성 인격장애(Schizoid Personality Disorder)
    - 연극성 인격장애(Histrionic Personality Disorder)
    - 자기애성 인격장애(Narcissistic Personality Disorder)
    - 회피성 인격장애(Avoidant Personality Disorder)
    - 의존성 인격장애(Dependent Personality Disorder)
    - 강박성 인격장애(Obsessive-Compulsive Personality Disorder)

제18장 인격장애

인격이란 사람들이 어떻게 행동하는지, 어떻게 생각하고 관점은 어떠한지, 그리고 다른 사람들과 어떻게 어울리는지에 대한 것을 말한다. 모든 사람이 인격적 특성(personality trait)을 가지고 있어 이것이 그들을 다른 사람들과는 다르고 독특하게 만든다. 이러한 특성들은 자신이 속한 세상, 타인, 자신에 대해 어떻게 생각하는지 그리고 어떻게 관계를 맺는지에 대해 지속되는 패턴이다. 어떤 사람들은 활발한 반면, 어떤 사람들은 수줍음이 많다. 어떤 사람들은 자신감이 넘치고, 어떤 사람들은 더 겸손하다. 인격적 특성은 때때로 관계에서나 학교, 직장, 가정에서 경미한 문제를 유발할 수 있다.

인격장애는 인격적 특성으로 인해 생겨나는 문제들보다 더 깊고 더 심각한 문제를 반영한다. 인격장애는 매일의 삶에서 누군가 생각하고, 느끼고, 살아 나가고, 일하고, 타인을 알아차리고, 사랑하는 것들에 큰 손상을 가져올 수 있다. 이러한 변화들은 그 사람에게서 갑자기 나타나는 것이 아니라 그 사람의 삶의 방식이 된다. 인격장애를 가진 사람들은 변하려는 의지가 없고 종종 그래야 할 이유를 찾지 못한다. 이 장애를 가진 많은 사람은 자신이 정상적이거나 건강한 방식으로 생각하고 행동하지 않는다는 것을 깨닫지 못한다.

DSM-5-TR에서는 10개의 다른 인격장애를 기술하고 있다. 모두 각기의 특징을 지니고 있다. 인격장애를 가진 일부 사람들은 종종 다른 사람들을 신뢰하는 데 어려움을 겪고, 일부는 자신의 안전을 무시하거나 충동적으로 행동하거나 타인의 안전을 위협하기도 한다. 이들은 해로운 방식으로 행동하고, 때때로 자기 자신을 해치거나 법을 어기기도 한다. 어떤 사람들은 피상적인 관계 형성과 생활양식을 보인다. 한편으로 어떤 사람들은 다른 사람을 개의치 않고 자기 자신의 필요와 욕구만 충족시키려 한다. 어떤 사람들은 자신의 행동이나 문제에 대해 항상 남 탓을 한다. 이들은 종종 다른 사람들이나 삶의 변화와 필요에 대해 건강한 방식으로 반응하지 못한다. 이러한 특징들로 인해 자신이나 혹은 그들과 관계를 맺고 있는 타인에게 고통을 유발하게 된다.

인격장애는 10대 후반이나 20대 초반에 발병하는 경향이 있다. 아동에게서 진단되는 경우는 드문데, 진단을 하더라도 여전히 성장하고 있다는 점에 주의를 기울여야 한다. 이런 경우 최소한 1년 이상 증상이 나타나고 있어야 한다. 아동은 성인이 될 때까지 인격장애처럼 보이던 인격적 특성이 성장하는 경우가 많다. 다른 인격장애와 달리, 반사회적 인격장애는 18세 이후가 되어야 진단할 수 있다.

중년이나 노년기에 인격의 갑작스러운 변화가 나타나는 것은 드물기 때문에 그러한 경우에는 의학적 상태나 물질 사용장애가 아닌지 의사의 면밀한 검토가 필요하다. 이 시

인격장애의 양상

모든 유형의 인격장애가 다음과 같은 공통적인 양상을 가지고 있다.

- 그 사람의 문화적 배경에 비추어 예상되는 것과는 달리 극단적인 방식으로 나타나는 장애 행동의 패턴이 다음 중 최소한 두 가지의 영역에서 보인다.
  - 자신과 타인, 사건에 대해 생각하는 방식
  - 다양한 상황에서 감정을 갖고 보이는 방식. 여기에는 감정의 범위와 강도가 해당한다.
  - 다른 사람들과 관계를 맺는 방식
  - 감정과 행동을 통제하는 방식
- 이러한 패턴은 개인적이거나 사회적인 상황의 범위에 걸쳐 상당히 일관적이다.
- 이러한 패턴은 사회생활, 업무, 다른 기능적 측면에서 큰 고통이나 문제를 초래한다.
- 이러한 패턴은 10대 혹은 성인기 초기에 시작한다.
- 이러한 행동은 기타 정신장애나 물질의 영향 혹은 또 다른 의학적 상태로 인한 것이 아니다.

표 18-1 DSM-5 군집에 따른 인격장애

군집(혹은 유형)과 핵심 양상	인격장애
군집 A-유별나거나 괴팍해 보인다. (유별나거나 이상한 생각, 감정 혹은 행동이 특징적임)	편집성 인격장애 조현성 인격장애 조현형 인격장애
군집 B-극적이거나, 감정적, 불안정해 보인다. (정상적인 수준을 넘어 감정이 극적이고 극단적으로 기복이 심하고 행동이 수시로 바뀌는 것이 특징적임)	반사회적 인격장애 경계성 인격장애 연극성 인격장애 자기애성 인격장애
군집 C-불안하거나 두려움이 많아 보인다. (두려움 혹은 걱정이 많은 것이 특징적임)	회피성 인격장애 의존성 인격장애 강박성 인격장애

기에 나타나는 갑작스러운 인격 변화는 인격장애보다 이러한 원인일 가능성이 높다.

인격장애는 이들의 양상과 증상에 기초하여 여러 군집으로 집단화된다(〈표 18-1〉을 참고하시오). 이번 장에서 자세하게 다루는 인격장애는 경계성, 반사회적, 조현형 인격장애이다. 다른 인격장애들은 짧게 검토될 것이다. 인격장애를 가진 대부분의 사람들은 단순히 '딱 한 가지' 장애만 가지고 있지 않고, 오히려 이번 장에서 기술될 다른 인격장애의 특징들도 가지고 있다.

인격의 개념과 인격장애를 어떻게 진단할지에 대해서 수많은 논쟁이 있어 왔다. 인격적 특성과 인격장애 사이의 경계선을 찾는 것은 어려움이 있다. 인격장애는 복잡한 질환으로 증가하는 연구 영역의 대상이다.

경계성 인격장애

경계성 인격장애(borderline personality disorder)를 가진 사람들은 파란만장한 관계 형성, 극단적인 기분, 충동적인 행동의 양상이 초기 성인기에 시작된다. 이들은 버림받는 것에 대한 극도의 두려움을 갖고 있다. 극단적인 기분에는 몇 시간 이상 지속되는 강렬한 분노나 불안 발작이 포함된다. 때때로 이 장애를 가진 사람들은 자해(날카로운 칼이나 면도기로 상처 내기)를 하고 다른 사람들의 안전을 무시하기도 한다. 이러한 극단적인 감정과 충동적인 행동을 참거나 통제하는 것은 쉬운 일이 아니다.

이들의 극단적인 기분 때문에 가족과 친구들과의 관계 또한 피곤하고 스트레스가 된다. 경계성 인격장애를 가진 사람들은 누군가에게 강렬한 사랑에 빠졌다고 고백했다가도 그것이 재빨리 강렬한 분노와 증오로 바뀔 수 있다.

경계성 인격장애는 미국 인구의 약 2%에서 발병한다. 이 병의 발병률은 나이가 들어가면서 점차 감소한다. 증상은 점차 약화되는 경향이 있고, 진단받고 1~8년 이내에 더 안정적으로 된다.

경계성 인격장애란

경계성 인격장애는 문제가 많은 관계, 자기상에 대한 극단적인 변화, 충동적인 행동화가 성인기 초기에 시작하고, 다음 중 최소한 다섯 가지 이상 나타난다.

- 누군가 자신을 떠나가지 않게 하기 위해 미친 듯이 노력함
- 불안정하고 강렬한 관계의 패턴(이는 한 순간에는 누군가를 극단적으로 사랑하다가도 다음에는 그 사람을 싫어하게 되는 것 사이에서 왔다 갔다 함)
- 극단적이고 자주 변하는 것이 특징적인 자기상(이는 과도한 자기확신과 매우 빈약한 자기존중감 사이에서 왔다 갔다 함)
- 과도한 과소비, 위험한 성관계, 물질 남용, 무모한 운전, 폭식과 같이 충동적이고 자신을 손상시킬 수 있는 위험한 행동
- 자살 행동이나 자해 행동의 패턴
- 수시간 이상 지속되지만 며칠 이상 가지 않는 강렬한 슬픔 혹은 불안 발작
- 자주 느끼는 공허감(예를 들어, 지루하거나 의미 없거나 무가치한 느낌)
- 문제의 범위를 벗어난 강렬한 분노 혹은 분노 통제 문제(예: 잦은 신체적 다툼 혹은 분노 발작의 표현, 지속적인 분노)
- 순간적인 스트레스로 인한 편집증적 생각 혹은 느낌(다른 사람들이 자신에게 나쁜 의도나 계획을 갖고 있다고 의심함), 혹은 '비현실적'이라고 느끼거나 자신 혹은 세상과 동떨어져 있다고 느낌

위험 요인

아동기 시기에 경험한 신체적 학대, 성적 학대, 정서적 방임이 이 장애의 위험 요인이 된다. 이 장애는 경계성 인격장애를 가진 일차 친족(부모나 형제)이 있으면 약 5배 더 흔하게 발생한다.

마리아 이야기

마리아는 33세 무직의 미혼 여성으로, 우울한 기분, 자살에 대한 만성적인 생각, 수개월 동안 아무도 만나지 않는 것 때문에 치료를 받으러 왔다. 그녀는 지난 6개월 동안 아파트에서 혼자서만 시간을 보내며 침대에 누워 있거나, 불량 식품만 먹거나, TV를 보다가 지갑 사정보다 과하게 온라인 쇼핑을 했다.

마리아는 부유한 이민자 가정의 세 자녀 중 둘째였다. 그녀의 아버지는 일에서 성공하는 게 가장 가치 있는 일이라고 여겼다. 종종 그는 세 자녀에게 욕을 하면서 때렸는데, 그중 마리아에게 가장 심했다. 그녀는 학창 시절 내내 혼자라고 느꼈고, 우울했던 적도 여러 번 있었다. 가족은 그녀가 분노 발작을 한다고 알고 있었다. 그녀는 고등학교 때에는 잘 지냈지만 대학생이 되어서는 룸메이트와 교수님과 문제가 있어 중퇴를 했다. 그녀는 여러 직장을 다니면서 대학으로 돌아가겠다는 희망을 품었지만 '사장들이 멍청하다.'라는 이유로 그만두곤 했다. 그녀는 이러한 '트라우마'로 인해 항상 자신에 대해 나쁜 감정이 남고("나는 절대 일을 해내지 못할 거야!"), 사장들에게는 화가 났다("그 누구보다도 내가 그 직장을 더 잘 운영할 수 있었어.").

그녀는 어렸을 때 남자들과 사귀었지만 '완벽한 짝을 만난 행복'은 몇 주가 지나면 그들이 그녀에게 충분한 관심을 주지 않거나 그녀에게 재빨리 전화를 걸지 않는다는 이유로 상처를 받고 화를 냈다. 그녀는 그들이 '자신에게 더 상처를 주기 전에' 관계를 끝냈다.

마리아는 공허하고 우울하다고 느낄 때면 가끔씩 자해를 했다(의도적으로 칼을 이용해서 피를 흘렸다). 그녀는 종종 "무기력하고 우울하다."라고 말했고, 하루에도 수십 번씩 자신의 안전에 크게 위험할 정도로 충동적인 행동을 했다. 남용 약물과 위험한 운전이 그러했다. 이렇게 하는 것은 그녀의 기분을 좋게 했다.

그녀는 17세 이후로 정신과 치료를 받아 왔고, 약물 과다복용으로 세 차례나 정신병원에 입원했다. 치료 시간 동안, 마리아는 직업에서 성공을 못했다는 것 때문에 수치스러워했다. 그녀는 자신에게 능력이 있지만 인생에서 왜 잘 해내지 못하는지 이유를 알지 못할 뿐이라고 믿었다. 첫 번째 치료 시간의 끝 무렵, 의사가 시계를 쳐다보자 그녀는 화를 내기 시작했다(그에게 "지루하세요?"라고 물었다). 사회적 관계에 관련하여 묻자, 그녀는 같은 빌딩에 사는 사람들과 알고 지내지만 대부분 '사기꾼 아니면 패배자'라고 말했다. SNS에서 만나는 '온라인 친구들'인 학교 사람들이 몇 명 있는데, 이들은 '세상에서 가장 위대한 일들'을 하는 사람들이라고 했다.

마리아는 경계성 인격장애와 주요우울장애로 진단받았다. 그녀는 직장이나 학교를 꾸준히 다니지 못했는데, 분노 통제 문제, 위험한 행동들, 자해(예: 손목 긋기), 공허함, 편집증적 생각들을 갖고 있었다. 마리아는 약물을 처방받는 것을 거절하면서 "저는 약을 먹으면 아무런 감정이 느껴지지가 않아요. 슬픈 영화를 보면서 눈물을 흘릴 수조차 없어요."라고 말했다. 약물 대신 그녀는 변증법적 행동치료(Dialectical Behavior Therapy: DBT)라고 불리는 형태의 정신치료를 받기 위해 의뢰되었다. 이 치료는 사람들이 자신의 생각과 느낌을 알고 관리할 수 있도록 돕고, 차분하게 가라앉히는 방법을 가르쳐 준다. 마리아는 DBT를 통해서 극단적인 감정들뿐만 아니라 그녀가 공허하거나 의심증이 심해진다고 느낄 때 이를 어떻게 해야 더 잘 통제할 수 있는지를 배웠다. 그녀는 자신과 타인을 판단하지 않는 기술을 배웠다. 수개월이 지난 후, 그녀는 직장을 갖고서 꾸준히 다닐 수 있게 되었다. 그녀는 천천히 여성과 남성 모두와 끈끈한 우정을 쌓아 갈 수 있게 되었지만, 가끔은 다른 사람들과 어울리는 데 힘들어할 때도 있었다.

반사회적 인격장애

반사회적 인격장애(antisocial personality disorder)를 가진 사람들은 다른 사람들을 무시하는 전반적인 양상을 지닌다. 이들은 종종 폭력적이거나 적대적이고, 법을 어기며, 남을 속이고, 다른 사람들의 권리를 무시하거나 침해한다. 이러한 증상들은 15세 이전에 시작되고 이렇게 어린 시기에 발생한 증상들은 품행장애로 진단된다. 반사회적 인격장애를 가진 사람들은 아동기 시절 학대를 받았거나 방임된 경험을 한 경우가 많다. 결국 세상이 자신을 그렇게 대할 것이라고 생각하는 것을 학습했다. 이들은 양심의 가책을 느끼지 못하거나 자신의 행동을 후회하지 않는 경향이 있다. 싸움, 거짓말, 사기, 절도와 같은 행동들을 오히려 자신의 행동이 살아남기 위해 필요했던 것이라고 여긴다.

관계에 있어서 반사회적 인격장애를 가진 사람들은 보통 자신이 다른 사람들에게 불러일으킨 느낌과 고난, 고통에 대해서 무시해 버린다. 이들은 배우자를 학대하고 불륜을 저지르며 안전한 성관계는 고려도 하지 않고 행동한다. 이들은 자녀 양육비를 제대로 주지 않거나 자신의 자녀들을 방임하면서 충분한 음식을 주지도 않고, 옷을 입히거나 씻기는 것도 하지 않으며, 또 다른 양육이나 안락함을 제공해 주지 않는다. 이들은 긴장이나 지루함, 우울, 불안, 물질 사용, 도박장애로 고통을 겪기도 한다. 반사회적 인격장애를 가진 사람들 가운데 주의력결핍 과잉행동장애가 발생할 수도 있다.

미국 성인의 약 4%가 반사회적 인격장애로 진단받는데, 이는 남성에게서 더 흔하다. 이 장애는 심한 알코올사용장애를 갖고 있는 사람들이나 구치소와 교도소 같은 환경에 놓인 사람들에게서 흔하다. 이 장애를 가진 사람들은 젊었을 때 가장 극단적인 행동을 보여 주는 경향이 있고 나이가 들면서 점차 나아진다.

반사회적 인격장애를 가진 사람들은 흔히 자신에게 문제가 있다는 것을 믿으려 하지 않기 때문에 치료를 받지 않는다. 이들의 행동은 교도소와 같이 나쁜 선택을 하지 못하도록 하는 제대로 된 훈육이나 구조, 규칙들이 있는 환경에서 줄어들기도 한다.

반사회적 인격장애란

15세 이후에 반사회적 인격장애를 가진 사람은 다른 사람들의 권리를 무시하거나 짓밟는 것이 일상생활처럼 된다. 다음과 같은 반사회적 행동이 최소한 세 가지 이상 나타난다.

- 사회적 규범과 법을 따르지 못하고, 이는 구속의 사유가 되는 반복적인 행동으로 나타난다.
- 이익이나 즐거움을 위해 거짓말을 하거나, 가명을 사용하거나, 다른 사람들을 속인다.
- 충동통제를 못하고, 미리 계획할 줄 모른다.
- 쉽게 짜증이 나고, 화를 내며, 적대적이 된다. 이는 반복적인 싸움이나 폭행으로 나타난다.
- 자신이나 타인의 안전을 신경 쓰거나 돌보지 않는다.
- 보통 중요한 의무들을 기피하거나 무시한다. 이는 직업을 꾸준히 갖거나 빚을 갚는 것을 반복적으로 실패하는 것으로 나타난다.

- 양심의 가책을 느끼지 않는다(다른 사람들이 다치거나, 학대받거나, 다른 사람의 물건을 훔치는 것을 개의치 않는다).

상기 증상들뿐만 아니라 진단을 위해서 다음 항목들을 충족해야만 한다.

- 18세 이상이어야 한다.
- 15세 이전에 **품행장애**의 징후가 보인다(결석, 싸움, 절도와 같이 가정과 학교에서 규칙을 어기거나, 다른 사람들의 권리를 무시하는 행동들이 있다).
- **양극성장애**나 **조현병**의 삽화가 아닐 때 반사회적 행동이 보인다.

위험 요인

이 장애를 가진 일차 친족(부모 혹은 형제)이 있는 남성에게서 위험이 높아진다. 반사회적 인격장애를 가진 많은 사람들에게서 아동기 시절 정서적 · 신체적 · 성적 학대 과거력이 보인다.

리암 이야기

32세 남성인 리암은 지난 2주 동안 일했던 건설회사의 인사과를 통해 정신건강치료를 위해 의뢰되었다. 리암은 이 회사에서 일하기 전에 매우 열성적으로 보였고, 높은 수준의 기술력과 훈련 경력을 보여 주는 2개의 목공학교 학위증명서도 제출하였다. 리암의 취직 이후, 그의 사장은 리암이 종종 결근하고, 다른 직원들과 말다툼을 하며, 일도 제대로 하지 못하고, 다른 사람들에게 해를 끼칠 정도로 실수를 한다는 것을 알게 되었다. 이 문제로 이야기를 하자 리암은 별로 신경 쓰지 않으면서 '싸구려 나무'와 '엉터리 운영'을 탓하고 누군가 다친 것은 "그 사람들이 멍청해서 그런 것이다."라고 말했다.

인사과 과장이 리암을 해고하려고 하자, 그는 재빨리 자신에게 주의력결핍 과잉행동장애(ADHD)와 양극성장애가 있다고 언급했다. 그는 법적으로 면책권리가 보장되지 않으면 소송을 걸겠다고 말했다. 그는 정신과적 평가를 요구했다.

면담하는 동안, 리암은 회사가 얼마나 불공정한지 그리고 그가 '회사의 그 누구보다도 더 나은 목수'라는 것에만 초점을 맞췄다. 두 번의 이혼에 대해서, 그는 두 번의 결혼이 모두 아내들의 질투와 의심 때문에 끝이 났다고 주장했다. 그는 아내들이 "항상 내가 다른 여자들과 어울린다고 생각하고 있었다."라고 말했는데, 이는 "두 아내 모두 판사에게 거짓말하고 내가 자기들을 때렸다고 하여 금지명령을 받게 됐다."라며 그 이유에 대해 이야기했다. 자신이 판사의 명령을 어겨 받게 된 징역살이에 대한 보복으로 두 아이에 대한 양육비를 주지 않았다. 그는 두 아들도 엄마들처럼 '작은 거짓말쟁이'라면서 전혀 보고 싶어 하질 않았다.

리암은 학창 시절에 수업도 절반밖에 듣지 않았는데에도 불구하고 학점이 C가 나왔으니 "똑똑한 것이 분명하다."라고 말했다. 그는 14세 때 '테니스 신발과 거의 빈 지갑들처럼 별것도 아닌 것'을 훔쳐서 소년원 생활을 했다. 그는 15세 때 교장 선생님이 '자동차를 훔쳤다고 누명을 씌운' 이후에 학교를 그만뒀다. 리암은 10대 때 대마를 피웠고, 22세 때 첫 결혼을 한 이후 '날마다' 술을 마셨다고 말했다. 그는 이런 물질들을 사용하는 것이 문제라는 것을 부인했다.

리암은 검사를 끝내며 의사에게 자신에게 '양극성장애'와 'ADHD'가 있다고 적어 달라고 말했다. 그는 '감정 기복이 심하고' '정말 빨리 미쳐 버리기' 때문에 '양극성장애'라고 했다. 그는 '두 아들 모두 ADHD가 있기' 때문에 ADHD에 대해서 알게 되었다. 그는 검사를 끝내면서 약물 처방을 요구하였고, 그에게 효과가 있었던 유일한 약물은 그의 아들들도 ADHD 때문에 처방을 받았던 '자극제' 약물이라고 덧붙였다.

인사과 과장은 정신과적 평가를 하는 동안에 배경 설명을 하였는데, 리암이 두 번의 목수 훈련 프로그램에서 쫓겨났었고, 그의 학위는 가짜였음이 밝혀졌다. 그는 이전에 한 지역의 건설회사에서 그의 사장과 주먹 싸움을 한 이후 해고되었고, 두 번째 회사에서는 작업 현장에 나오질 않아 해고되었다. 그의 기록들을 검토해 보니 그는 이전 회사들에 모두 동일한 가짜 서류를 제출했던 것이 발견되었다. 또한 그가 처방받았던 자신의 약을 동료에게 돈을 받고 팔려고 했다는 보고도 있었다.

리암은 반사회적 인격장애로 진단을 받았다. 그는 배우자 폭행으로(매 결혼마다 한 번씩) 두 번 체포되었고 교도소에서 수감 생활을 했다. 리암은 목공 학위를 조작했고, 직장에서와 대인관계 모두에서 잦은 싸움, 그리고 성급한 분노를 나타내는 증거들이 충분히 있다. 그는 자신의 아들들을 보고 싶어 하지 않고 양육비도 전혀 주지 않으며 무시해 버렸다. 그는 가족이나 동료, 고용주에게 해를 끼치는 행동이나 속이는 행동에 대해서 반성하는 모습을 보이지 않았다. 그는 쉽게 직장을 그만두고, 다음에 무슨 일을 해야 할지 미리 계획하지 않았다. 이러한 요소들과 행동들은 반사회적 인격장애의 일곱 가지 증상에 모두 부합한다.

조현형 인격장애

조현형 인격장애(schizotypal personality disorder)를 가진 사람들은 보통 유별나고, 이상하거나 기발해 보인다. 이들은 다른 사람들을 믿지 않고 기괴한 믿음을 가지는 경향이 있다. 예를 들어, 자신이 다른 사람들을 조정할 수 있는 특별한 힘을 가지고 있거나, 다른 사람들의 마음을 읽을 수 있다거나, 무슨 일이 일어나기 전에 미리 알 수 있다고 믿기도 한다. 이들은 느낌을 관리하는 것을 힘들어하기 때문에 다른 사람들에게는 부자연스러워 보이거나 우스꽝스러워 보일 수 있다.

부모나 형제 말고는 가까운 관계가 거의 없다. 이들은 혼자서만 지내는 것을 좋아한다. 이들은 눈 맞춤과 같은 사회적 단서를 이해하는 것을 어려워한다. 이들은 사회적 상황에서 더 많은 시간을 보낼수록 다른 사람들과의 관계에서 편해지지 못하는 경향이 있다(수줍음이 많은 사람들처럼). 오히려 더 긴장을 하게 되고 사람들을 불신하게 된다. 아동이나 10대일 때에는 이들은 종종 혼자이고, 다른 사람들에게는 유별나게 보이기 때문에 놀림거리가 되기도 하고, 사회 불안이 생기기 쉬우며, 학교생활도 힘들어하고, 이상한 생각과 언어, 백일몽에 빠지기도 한다. 이들은 초자연적인 현상(영적 세상)이나 텔레파시(다른 사람들과 생각을 통해 소통하는 것)에 대해 배우는 것과 같이 독특한 관심사를 보인다.

인구의 약 1%가 이 장애를 가지고 있다. 이 장애는 아동기나 10대에 처음으로 나타날 수 있고, 남성에게서 약간 더 흔하다. 조현형 인격장애를 가진 사람들 중 30~50%가 주요우울장애도 겪는다.

어떤 문화적 배경이나 신념 안에서는 이들이 정상적이고 납득이 되는 관습이기도 하지만 외부인들에게는 조현형 특성으로 보일 수 있다. 이러한 관습들에는 마음을 읽거나 방언으로 말하는 것이 있다. 이러한 상황에서는 이 장애로 진단되지 않을 것이다.

조현형 인격장애란

조현형 인격장애는 손상된 사회적 관계의 지속적인 패턴이 극도의 불편감, 그리고 감소된 능력으로 나타나고, 유별난 생각과 행동, 현실에 대한 변화된 감각이 보인다. 이러한 패턴은 성인기 초기에 시작하고, 다양한 상황에서 존재하며, 다음 중 최소한 다섯 가지 이상이 나타난다.

- 일상적이고 우연히 일어나는 일들에 대해 실제로 그렇지 않더라도 특별한 의미가 있다거나 자신에게 특정한 메시지가 담겨 있다는 생각
- 자신에게 특별한 능력(사건이 일어나기 전에 미리 감지함, 다른 사람의 마음을 읽음, 다른 사람의 생각을 자신의 생각을 통해 조종함)이 있다는 유별난 믿음
- 특정한 감각을 통해 이상한 사건들을 지각함(예를 들어, 지금 방 안에 없는 사람을 감지하거나, 이름을 부르는 소리를 들음)
- 유별난 생각과 말(예를 들어, 애매모호하거나, 다른 주제로 새거나, 이상한 문장들을 쓰거나, 단어 연결을 이상한 방식으로 함)
- 다른 사람들 혹은 그들의 동기를 불신함(예를 들어, 다른 사람들이 자신에게 해를 끼치려 하거나 직장에서 자신의 지위에 손상을 주려는 의도가 있다고 믿음)
- 상황이나 사건에 맞지 않는 밋밋한 감정이나 반응
- 사회적 통념에 맞지 않는 행동이나 외모(예를 들어, 눈 맞춤을 하지 않거나, 종종 깨끗한 옷이 있는데도 불구하고 지저분하거나 바랜 옷을 입음)
- 가족 이외에 가까운 친구가 없음
- 익숙한 상황에서도 사라지지 않는 극도의 사회적 불안이 있는데, 이는 자신에 대한 비관적인 판단보다는 오히려 다른 사람에 대한 불신 때문임

이러한 행동 패턴은 조현병이나 양극성장애, 우울장애, 기타 정신병적 장애나 자폐스펙트럼 장애 중에 발생하는 것이 아니다.

위험 요인

조현형 인격장애는 가족 내에서 유전이 된다. 일차 친족 중에 조현병을 가진 사람이 있으면 위험이 높다.

기타 인격장애

DSM-5-TR에 기술된 기타 인격장애에는 편집성, 조현성, 연극성, 자기애성, 회피성, 의존성, 강박성 인격장애가 있다. 장애와 연관된 행동들이 가정과 여러 사회적 상황에서 존

재할 때 진단된다. 큰 고통을 초래하거나 사회적 · 업무적 · 다른 기능적 측면에서 손상을 가져온다. 이러한 것들이 보통 십대 후반기나 성인기 초기에 시작한다.

편집성 인격장애

편집성 인격장애(paranoid personality disorder)를 가진 사람들은 다른 사람들을 불신하고 그들이 악의를 품고 있다고 의심한다. 이들은 다른 사람들의 행동을 위협으로 보고, 자신들과 가깝거나 매일 보는 사람들일지라도 그렇게 생각을 한다. 이들은 배신당하지 않기 위해서 가까운 관계를 완벽하게 통제하기를 원한다. 배우자나 동반자가 있는 장소, 그들의 행동이나 목적, 충성심을 의심하기도 한다. 이들은 그러한 두려움을 뒷받침할 만한 증거를 찾는다. 그러한 불신 때문에, 자신의 실수에 대해서 남 탓을 하거나 말로 남을 공격하는 경향이 있다. 이들은 방어적이고, 공격적이며, 냉담하고, 자신의 생각과 감정을 혼자만 간직한다. 다음 중 최소한 네 가지 이상의 증상이 있을 때 편집성 인격장애를 진단한다.

- 이유가 없는데도 다른 사람들이 자신을 착취하고, 피해를 주거나 속이고 있다고 의심한다.
- 친구나 동료가 충직한지에 대해 불필요한 의심을 하며 집착한다.
- 악의적이거나 부당하게 정보가 이용되고 있다는 불필요한 두려움으로 인해 다른 사람들을 신뢰하는 데 오랜 시간이 걸린다.
- 악의 없는 말이나 사건에 대해 숨겨진 모욕이나 위협이 있다고 해석한다.
- 지속적으로 원한을 품는다(모욕이나 경멸을 용서하지 않는다).
- 그렇지 않다는 것이 분명한데도 불구하고 다른 사람들이 자신의 지위와 명예를 실추하려 한다고 믿고 쉽게 화를 내거나 말싸움을 한다.
- 자주 이유 없이 배우자나 애인이 자신을 속이고 바람을 피운다고 의심을 한다.

이러한 증상은 조현병, 양극성장애 혹은 우울장애, 기타 정신병적 장애 중에 발생하지 않고, 또 다른 의학적 상태에 의한 것이 아니다.

조현성 인격장애

조현성 인격장애(schizoid personality disorder)를 가진 사람들은 다른 사람들과 가까운 관계를 맺고자 하는 욕구가 결여되고 혼자 동떨어져 있으며, 느낌의 범위가 감소되어 있다. 이들은 심한 외톨이이다. 칭찬을 하던 모욕을 주던 이들은 별로 영향을 받지 않는 것처럼 보인다. 이들은 누군가가 자극하더라도 거의 분노를 표현하지 않는다. 삶의 목표가 없이 살아가는 것처럼 보이기도 하고, 인생사에 수동적인 것처럼 보인다. 이들은 친구가 거의 없고, 보통 결혼을 하지 않으며, 혼자서도 일을 잘한다. 이들은 사람들과 거의 접촉이 없는 직업을 택하는 경향이 있다. 다음 중 최소한 네 가지 이상의 증상이 있을 때 조현성 인격장애를 진단한다.

- 가족뿐만 아니라 다른 사람들과의 친밀한 관계를 원하지도 않고, 즐기지도 않는다.
- 거의 항상 혼자서 하는 것을 선택한다.
- 다른 사람과의 성적 욕구가 거의 없다.
- 즐거움을 취하려 하는 활동이 거의 없다.
- 일차 친족(부모, 형제) 이외에 가까운 친구가 없다.
- 다른 사람들이 칭찬하거나, 잘못을 지적하거나, 모욕을 주는 것을 개의치 않는 것처럼 보인다.
- 어떠한 느낌도 없이 냉정해 보이거나 동떨어져 보인다.

이러한 증상은 조현병, 양극성장애 혹은 우울장애, 기타 정신병적 장애, 자폐스펙트럼 장애 중에 발생하지 않고, 또 다른 의학적 상태에 의한 것이 아니다.

연극성 인격장애

연극성이란 단어는 '극적인 혹은 연극 같은'이란 뜻이다. 연극성 인격장애(histrionic personality disorder)를 가진 사람들은 반복적이고 극단적인 감정을 보이고 끊임없는 관심을 구한다. 이들은 어디에 있든 '파티의 주인공'이 되려고 애쓴다. 이 장애를 가진 사람들은 다른 사람들의 관심을 자신에게 집중시키기 위해 외모나 교태 부리기, 옷차림 등과 같은 여러 수단을 이용하는데, 심지어 다른 사람에게 연애 감정이 없을 때조차도 그런

다. 이들은 자신이 관심의 중심에 있지 않을 때 우울하고 화가 난다. 다음 중 최소한 다섯 가지 이상의 증상이 있을 때 연극성 인격장애를 진단한다.

- 관심의 중심에 있지 않을 때 불편하거나 덜 가치 있다고 느낀다.
- 다른 사람들과 어울릴 때 부적절하게 교태를 부리거나 유혹하려고 한다.
- 느낌이 쉽게 변한다.
- 자신에게로 관심을 끌기 위해 신체 외모를 이용한다(예를 들어, 몸치장, 머리, 화장, 옷차림에 시간과 돈을 많이 쓴다).
- 매우 애매모호하고 구체적인 내용이나 사실이 결여된 스타일의 말을 한다.
- 극단적인 느낌을 가지고 행동하고, 잘 알지 못하는 사람들에게뿐만 아니라 많은 사람 앞에서 감정과 극적인 행동을 보인다(예를 들어, 쉬지 않고 흐느껴 울거나, 분노 발작을 보인다).
- 다른 사람들의 말이나 유행 혹은 사건의 변화에 따라 쉽게 마음이 움직인다.
- 다른 사람과의 관계가 실제보다도 더 가깝고, 더 가치 있다고 생각한다(예를 들어, 누군가 단 한 번 만났는데 "자기야." 또는 "친구야."라고 부른다).

자기애성 인격장애

자기애성 인격장애(narcissistic personality disorder)를 가진 사람들은 자신이 다른 사람들보다 더 중요하고, 재능이 있으며, 다른 사람들이 자신을 칭송해야 한다고 믿는다. 이들은 다른 사람들의 요구에 대해서는 거의 혹은 아예 관심이 없는 경향이 있다. 이들은 칭찬받기를 기대하고 다른 사람들에게서 찬사받아야 할 것들이 있다고 느낀다. 이들은 성취한 것들에 대해 받을 만한 것보다 더 크게 자신의 공으로 돌리면서 실제로 받을 만한 사람들에게는 인정하지 않거나 공을 돌리지 않으려고 한다. 이들은 자신의 말이 다른 사람들에게 상처가 된다는 것을 알지 못하기도 한다(예를 들어, 병든 사람 앞에서 건강을 과시한다). 큰 성공을 거둔다 할지라도 이들은 자신의 일을 조정하거나 향상시켜 줄 수 있는 비판들을 받아들이지 않기 때문에 손해를 보게 된다. 다음 중 최소한 다섯 가지 이상 증상이 있을 때 자기애성 인격장애를 진단한다.

- 재능과 성공을 과장하고, 다른 사람들보다 더 뛰어나다고 인정받기를 기대한다.

- 위대하고 무한한 성공과 권력, 천재성, 아름다움 혹은 이상적인 사랑을 자신이 소유하고 있다는 생각에 사로잡혀 있다.
- 자신은 '특별하고' 독특하며, 다른 특별하거나 높은 지위에 있는 사람들만이 자신을 알거나 자신과 관련될 수 있다고 믿는다.
- 끊임없이 다른 사람들이 자신을 칭송해 주는 것을 필요로 한다.
- 자신은 그럴 만한 자격이 있다거나, 특별한 대우를 받아야 하거나(예를 들어, 줄을 서서 기다릴 필요가 없음), 다른 사람들이 자신의 요구에 대해서 재빨리 대응해야 한다고 믿는다.
- 자신의 목표를 이루기 위해서 다른 사람들을 착취한다(이용한다).
- 다른 사람들의 느낌이나 요구에 대해 관심이 없거나 알아차리지 못한다.
- 다른 사람들이 성공하거나, 보상받는 것을 시기하거나, 다른 사람들이 자신을 시기하고 있다고 믿는다.
- 거만한(오만하고, 잘난 체하는) 행동과 혹은 태도를 보인다.

회피성 인격장애

회피성 인격장애(avoidant personality disorder)를 가진 사람들은 극도로 수줍음이 많고, 종종 부적합하다고 느끼고(충분히 괜찮다고 느끼지 못함), 비판을 두려워하고, 거절당하는 것에 쉽게 상처를 받고(인정받지 못하거나 외면당함), 이러한 느낌과 공포 때문에 다른 사람들과 가까워지거나 접촉하는 것을 꺼려 한다. 사회적인 상황에서 회피성 인격장애를 가진 사람들은 유창하게 말을 하지 못하는 것이나, 수치를 당하거나, 놀림당하거나, 바보가 되는 것이 두려워 크게 말하는 것을 무서워하기도 한다. 이들은 인정받고 싶고, 사회적 만남을 즐겨 하고 싶은 욕구는 매우 크지만 극심한 공포와 수줍음 때문에 다른 사람들에게 다가가는 것을 피한다. 다음 중 최소한 네 가지 이상의 증상이 있을 때 회피성 인격장애를 진단한다.

- 다른 사람들이 비판하거나(잘못을 지적하거나) 자신을 거절할 것이라는 공포 때문에 사회적 접촉이 필요한 일을 피한다.
- 자신을 좋아한다는 확신 없이는 사람들과 관계하는 것을 피한다.
- 수치를 당하거나 놀림받음에 대한 공포 때문에 가까운 관계 이내만 제한되어 있다.

- 사회적 상황에서 비판을 받거나 거절당하는 것에 대해 크게 염려한다.
- 부적합한 느낌(부족함)으로 인해 새로운 상황을 꺼려 한다.
- 능력이 없거나 다른 사람들보다 열등하다고 느낀다(낮은 자기존중감).
- 창피당하는 것에 대한 공포 때문에 새로운 사회적 접촉이나 다른 일(예: 새로운 직장을 찾는 것)에 참여하는 위험을 감수하지 않는다.

의존성 인격장애

의존성 인격장애(dependent personality disorder)를 가진 사람들은 돌봄을 받고자 하는 지속적이면서 극심한 요구가 있어 복종적이고 매달리는 행동과 이별 공포(다른 사람과 떨어지게 되는 것)를 초래한다. 이들은 지지와 양육받는 것에 대한 극심한 요구가 있다. 이들은 수동적으로 다른 누군가로부터 조언을 구하지 않고서는 일상적인 선택(예를 들어, 직장에 갈 때 어떤 옷을 입어야 할지)조차 어려움을 겪는다. 이들은 자신이 스스로는 기능하지 못하기 때문에 반드시 누군가에게 의지해야 한다고 믿는다. 다른 사람들에게 의지하여 문제를 해결하려고 하고, 종종 혼자 살아 나가는 데 필요한 기술을 배우지 않는다. 성인기 초기부터 이들은 자신이 의지하는 사람이 자신을 떠나게 될까 봐 엄청난 공포를 가지고 있다. 다음 중 최소한 다섯 가지 이상의 증상이 있을 때 의존성 인격장애를 진단한다.

- 다른 사람들로부터 조언과 지지가 없으면 일상적인 선택을 하는 데 문제가 있다.
- 다른 사람들이 자신의 인생에서 대부분의 중요한 영역을 책임져 주는 것을 필요로 한다.
- 지지나 인정을 잃을지 모른다는 공포 때문에 다른 사람들과 다른 생각을 표현하지 않는다.
- 자기확신이 부족하기 때문에 프로젝트를 시작하거나 스스로 일을 하는 데 문제가 있다.
- 다른 사람들로부터 지지와 돌봄을 받기 위해서 극단적인 일까지도 한다(그렇게 하는 것이 원하는 돌봄을 얻어 낼 수 있다면 자원해서 불쾌한 일을 하거나 학대라도 견뎌 낸다).
- 자신이 스스로를 돌볼 수 없다는 공포 때문에 혼자 있을 때 고통이나 절망감을 느낀다.

- 이전 관계가 끝나고 나면 돌봄과 지지를 얻기 위해 새로운 친밀한 관계를 시급하게 찾는다.
- 혼자 남는 것에 대한 공포에 극심한 집중력을 유지한다.

강박성 인격장애

강박성 인격장애(obsessive-compulsive personality disorder)를 가진 사람들은 순서, 완벽성, 자신의 생각과 자신과 관련이 있는 다른 사람들의 행동을 통제하는 것에 사로잡혀 있다. 그 결과, 이들은 계획되지 않은 변화를 받아들이지 못하고, 자신의 방식대로 일이 되지 않으면 다른 사람의 도움을 받으려 하지 않는다. 이들은 자신이 통제하지 못할 때 화가 난다. 보통 그들은 따뜻하거나 부드러운 느낌을 표현할 줄 모른다. 다음과 같은 증상이 최소한 네 가지 이상 있을 때 강박성 인격장애를 진단한다.

- 세부 내용, 규칙, 목록, 순서, 스케줄에 집착하여 활동의 중요한 부분을 놓친다.
- 자신의 극심하고 엄격한 기준에 맞지 않으면 프로젝트를 못하게 하거나 중단한다(예: 모든 세부 사항을 완벽하게 하는 데 집중하다 보니 프로젝트를 결코 끝내지 못한다).
- 여가 활동과 친구 관계를 희생하면서까지 일과 생산성에 몰두한다(예: 하루라도 휴가를 내서 여행을 가지 않는다, 주말에도 휴식을 취하지 못한다).
- 극심하고 높은 도덕과 윤리 기준을 고수한다(예: 다른 사람들에게 이와 같이 엄격한 규칙을 따르도록 강요한다).
- 전혀 정든 물건이 아닌데도 불구하고 낡거나 불필요한 물건들을 버리지 못한다.
- 만약 다른 사람들이 자신의 방식대로 일을 따라서 하지 못하면 일이나 과제를 다른 사람들에게 맡기기를 꺼려 한다.
- 인색한 소비 스타일(자신과 다른 사람들에게 검소함)을 갖고 있고, 미래에 혹시 있을 나쁜 일들에 대비해 자신의 경제적 수준보다도 훨씬 낮게 생활을 한다.
- 경직되고 완고하다.

치료

인격장애를 가진 많은 사람은 치료를 받으면 시간이 지나면서 좋아진다. 일부에서는 나이가 들어 가면서 호전되기도 한다. 인격장애를 가진 사람이 사랑하는 이를 잃거나 실직을 했을 때처럼 스트레스 상황에 놓이게 될 때 한동안 증상이 악화될 수 있다. 특정 유형의 인격장애를 가진 사람들은 스스로 치료를 받으려고 하지 않는 경향이 있는데, 도움을 받기로 결심을 한다면 대개 도움을 받을 수 있다. 이러한 장애의 치료는 대부분이 정신치료의 형태이다. 보통 개인치료와 집단치료가 있다. 많은 유형의 정신치료가 상당한 장애를 유발하거나 위험한 행동을 할 수도 있는 경계성 인격장애를 가진 사람들에게 효과적이다.

인격장애 치료에 흔히 쓰일 수 있는 약물치료는 없다. 그러나 약물치료는 우울한 기분이나 불안과 같이 일부 증상을 치료하는 데 도움이 될 수 있다. 약물치료는 경계성 인격장애를 가진 사람들에게서 흔히 보이는 충동적인 행동을 조절하는 데 도움이 된다. 인격장애 증상에 도움이 되는 약물의 종류는 다음과 같다.

- 항우울제는 우울한 기분이나 무력감, 죄책감, 무가치감과 같은 느낌에 도움이 된다.
- 기분조절제는 극단적인 기분, 들뜨거나 가라앉는 기분 변화를 줄이는 데 도움이 된다.

인격장애를 가진 사람들과 함께 지내기 위한 조언들

- 인격장애를 가진 사람들의 행동이 아무리 짜증 나고 다루기 어렵더라도 존중과 친절로서 대우받아야 한다.
- 인격장애를 가진 사람들이 다른 사람들의 관점을 이해하거나 받아들이는 것은 어려운 일이다. 기질적으로 흔히 인격장애를 가진 사람들은 오로지 자신에게만 강렬하고 집중적으로 관심이 쏠려 있다.
- 또한 인격장애를 가진 사람들은 여러 훌륭한 특성을 가지고 있고, 성공적인 경력 혹은 다른 업적들을 이루기도 한다.
- 그 사람의 행동과 그것이 관계에 미치는 영향에 대해서 솔직해야 한다.
- 위험한 행동은 한계를 정하고 반복적인 남용을 피하기 위한 조치를 취한다.
- 인격장애의 기저 원인은 복합적이다.
- 배려 깊은 정신건강관리 제공자는 당신 자신에 대해서나 당신의 선택, 그리고 인격장애를 가진 사람에 대해서 더 잘 이해할 수 있도록 도와준다.

출처: Yudofsky SC, Fatal Flaws, Navigating Destructive Relationships With People With Disorders of Personality and Character. Washington, D.C., American Psychiatric Publishing, 2005에서 인용함.

- 항정신병제는 조현형 인격장애에서 보이는 이상한 사고나 불신을 호전시키는 데 사용될 수 있다. 이들 약물은 경계성 인격장애에서 기분을 안정화시키고 충동적인 행동을 줄일 수 있다.

요점 정리

- **인격**이란 사람들이 어떻게 행동하는지, 어떻게 생각하고 관점은 어떠한지, 다른 사람들과 어떻게 어울리는지에 대한 것을 말한다. 모든 사람이 **인격적 특성**을 가지고 있어 이것이 그들을 다른 사람과는 다르고 독특하게 만든다. 이러한 특성들이 자신이 속한 세상과 타인들, 자신에 대해 어떻게 생각하는지 그리고 관계 맺는지에 대해 지속되는 패턴이다. 인격적 특성은 때때로 관계나 또 다른 상황에서 어려움을 유발할 수 있다.
- **인격장애**는 인격적 특성 때문에 생겨나는 문제보다 더 깊고 심각한 문제를 반영한다. 이 장애는 매일의 삶에서 누군가 생각하고, 느끼고, 살아 나가고, 일하고, 타인을 받아들이고 사랑하는 것에 큰 손상을 가져온다. 이러한 장애를 가진 많은 사람은 자신이 정상적이지 않은 위험한 방식으로 생각하고, 행동하고 있다는 것을 깨닫지 못한다.
- 인격장애를 가진 많은 사람은 시간이 지나면 나이가 들어 가면서 좋아진다. 특정 유형의 인격장애를 가진 사람들은 웬만해서는 스스로 치료를 받으려 하지 않는다. 치료를 받아야겠다는 확신이 들 때 대개 도움이 될 수 있다.
- 이러한 장애의 치료는 대부분 정신치료의 형태이다. 보통 개인치료와 집단치료가 있다. 어떤 인격장애이든 중추적인 역할을 하거나 단독으로 시행하는 약물치료는 공인된 것이 없다. 그러나 약물은 인격장애를 가진 사람들이, 예를 들어, 우울하거나 불안한 기분, 의심증, 감정 기복, 충동적으로 행동하기 쉬운 증상들을 가지고 있을 때처럼 일부 증상들을 치료하는 데 도움이 된다.
- 정신건강관리 제공자들은 인격장애를 가진 사람과 자주 만나거나 가깝게 지내면서 도울 수가 있다. 치료는 이들 자신과 다른 사람들을 더 잘 알게 돕고, 올바른 방식으로 대처하는 것을 발견하도록 돕는다.

- … 관음장애(Voyeuristic Disorder)
- … 노출장애(Exhibitionistic Disorder)
- … 마찰도착장애(Frotteuristic Disorder)
- … 성적피학장애(Sexual Masochism Disorder)
- … 성적가학장애(Sexual Sadism Disorder)
- … 소아성애장애(Pedophilic Disorder)
- … 물품음란장애(Fetishistic Disorder)
- … 복장도착장애(Transvestic Disorder)

제19장 변태성욕장애

변태성욕이란 성적으로 정상을 넘어서는 성적 호기심 혹은 기호를 말한다. 변태성욕자는 실제의 성교를 하지 않으려는 경향이 있고, 자신이나 타인에게 피해를 입히거나 고통을 주려고 하지 않는다. 여러 유형의 변태성욕이 존재하는데, 한 사람이 한 가지 유형 이상의 변태성욕을 가질 수 있다. 변태성욕을 가졌다는 것 자체가 변태성욕장애로 되는 것은 아니다.

이와 대조적으로, 변태성욕장애는 일이나 사회적 혹은 다른 기능적 측면에서 손상을 가져오는 고통을 유발하거나, 자신이나 타인에게 피해를 주거나, 피해의 위험을 유발하는 변태성욕을 의미한다. 이러한 장애는 종종 반복적이고, 강렬한 성적 공상과 충동이 있는데, 이것이 현실 생활에서 일어난다. 몇몇 변태성욕장애는 그 행동에 대해 동의가 되지 않은 사람에게 피해를 끼치는 위험이 있기 때문에 범죄 행위이다. 피해에는 신체적 통증과 정신적 고뇌, 괴로움, 고통 등이 포함된다. 이러한 장애를 가진 사람들은 수많은 시간과 에너지를 자신의 성적 애호를 만족시키는 데 허비하고, 이로 인해 직업과 결혼, 다른 삶의 여러 측면에서 문제를 일으키기도 한다.

이 장애들은 남성에서 더 흔하고 여성에서는 드물게 나타나는 경향이 있다. 발병률은 밝혀지지 않았다. 변태성욕장애를 가진 사람들은 이 장애와 관련된 관심이나 행동이 있다는 것을 부인하기도 한다. 이 장애는 10대 혹은 20대에 시작되는 경향이 있고 종종 평생 지속될 수 있다.

이번 장에서는 DSM-5-TR에 있는 여덟 가지 변태성욕장애가 기술될 것이다.

- 관음장애(동의 없이 다른 사람들의 사적인 행위를 보는 것)
- 노출장애(동의하지 않은 누군가에게 자신의 성기를 노출시킴)
- 마찰도착장애(동의하지 않은 누군가를 만지거나 그 사람에게 대고 비빔)
- 성적피학장애(성적 흥분을 위해 스스로 고통이나 모욕을 추구함)
- 성적가학장애(다른 사람의 동의 없이 스스로 성적 흥분을 위해 다른 사람에게 가해를 하거나 모욕을 줌)
- 소아성애장애(아동에 대한 성적 흥분 때문에 강제로 아동에게 성적 행위를 하도록 함)
- 물품음란장애(성적 흥분을 위해 비생물 물체를 사용하거나 신체의 성기가 아닌 부위에 심하게 특별히 집중함)
- 복장도착장애(성적 흥분을 위해 반대 성별의 옷을 입음)

관음장애

관음장애(voyeuristic disorder)를 가진 사람들은 다른 사람들이 벌거벗고 있거나, 옷을 벗거나, 성행위를 하고 있는 것을 훔쳐보는 것에 의해 성적으로 흥분된다.

관음장애란

- 최소한 6개월 동안 벌거벗고 있거나, 옷을 벗거나, 성행위 중에 있어 눈치 채지 못하고 있는 사람을 보는 것을 통해 반복적이고 강렬한 성적 흥분(공상, 성적 충동 혹은 행동으로 나타남)이 있다.
- 보는 것에 동의하지 않은 사람에 대해 성적 충동에 따라 행동하거나, 성적 충동 혹은 공상으로 인해 많은 고통이 유발되거나, 사회적, 업무적 혹은 다른 기능적 측면에서 손상을 가져온다.
- 흥분되거나 충동에 따라 행동하는 사람은 최소한 18세 이상이다.

노출장애

노출장애(exhibitionistic disorder)를 가진 사람들은 자신의 성기를 그러한 행동에 대해 동의하지 않은 낯선 사람들(아동 혹은 성인)에게 노출시킨다. 이것은 종종 '노출증'으로 불리기도 한다.

노출장애란

- 최소한 6개월 동안 자신의 성기를 눈치 채지 못한(알지 못하는) 사람에게 노출시키는 것을 통해 반복적이고 강렬한 성적 흥분(공상, 성적 충동 혹은 행동으로 나타남)이 있다.
- 다른 사람의 동의 없이 성적 충동에 따라 행동하거나, 성적 충동 혹은 공상으로 인해 많은 고통이 유발되거나, 사회적 · 업무적 혹은 다른 중요한 기능적 측면에 손상을 가져온다.

마찰도착장애

마찰도착장애(frotteuristic disorder)를 가진 사람들은 동의하지 않은 다른 사람들을 만지거나 그 사람에게 대고 비빈다. 보통 이러한 행위는 혼잡한 인도나 지하철과 같이 사람이 많은 장소에서 일어난다. 누군가의 성기나 가슴을 만지는 것을 동반할 수도 있고 아닐 수도 있다.

마찰도착장애란

- 최소한 6개월 동안 동의하지 않은 사람을 만지거나 그 사람에게 대고 비비는 것으로부터 반복적이고 강렬한 성적 흥분(공상, 성적 충동 혹은 행동으로 나타남)이 있다.
- 다른 사람의 동의 없이 성적 충동에 따라 행동하거나, 성적 충동 혹은 공상으로 인해 많은 고통이 유발되거나, 사회적 · 업무적 혹은 다른 기능적 측면에 손상을 가져온다.

성적피학장애

성적피학장애(sexual masochism disorder)는 두들겨 맞거나, 묶이거나, 수치심을 당하거나, 고통이 될 만한 다른 것들을 경험할 때 성적으로 흥분한다. 또한 이 장애를 가진 사람들은 스스로 숨 막히게 하거나 날카로운 물체로 찔러서 자신에게 통증을 가하기도 한다. 파트너와 성행위를 하는 동안 묶이거나(끈으로), 손바닥으로 맞거나, 채찍질을 당하기도 한다. 피학증의 한 위험한 형태는 목 주변을 끈으로 묶거나 얼굴을 비닐봉지로 덮어 버려 산소 공급을 차단하는 것이다. 이러한 행위로 인해 사고사의 위험이 있다.

성적피학장애란

- 최소한 6개월 동안 수치를 당하거나, 두들겨 맞거나, (끈으로) 묶이거나, 다른 방식으로 고통을 받는 것을 통해 반복적이고 강렬한 성적 흥분(공상, 성적 충동 혹은 행동으로 나타남)이 있다.
- 성적 충동 혹은 공상으로 인해 많은 고통이 유발되거나 사회적, 업무적 혹은 다른 기능적 측면에서 손상을 가져온다.

성적가학장애

성적가학장애(sexual sadism disorder)를 가진 사람들은 또 다른 사람에게 동의 없이 통증을 유발하거나, 고통을 주거나, 수치심을 느끼게 하는 것을 통해 성적으로 흥분한다.

성적가학장애란

- 최소한 6개월 동안 또 다른 사람에게 신체적 혹은 정신적 고통을 주는 것을 통해 반복적이고 강렬한 성적 흥분(공상, 충동 혹은 행동으로 나타남)이 있다.
- 다른 사람의 동의 없이 성적 충동에 따라 행동하거나, 성적 충동 혹은 공상으로 인해 많은 고통이 유발되거나, 사회적, 업무적 혹은 다른 기능적 측면에서 손상을 가져온다.

다른 사람의 고통, 신체적 위해, 위해 위험성, 정신적 고통이 진단에 포함된다. 만약 성적 가학 충동이나 공상이 행동으로 이어지지 않는 경우, 직업이나 사회적 기능에 손상과 고통을 유발한다면 진단 기준에 부합되는 것이다.

소아성애장애

소아성애장애(pedophilic disorder)를 가진 사람들은 사춘기가 시작되지 않은 아동에 대해 강한 성적 관심이나 성적 기호를 가지고 있고, 이러한 충동들을 행동으로 옮긴다. 어린 아이들(일반적으로 13세 이하)이 등장하는 포르노물을 이용하는 것이 이 장애의 강력한 징후인데, 이는 성적 관심을 반영하기 때문이다. 그러나 이러한 관심이나 충동을 행동으로 옮기고, 아이와 성적 행위를 하는 것은 범죄 행위가 된다.

소아성애장애란

- 최소한 6개월 동안 아이와의 성적 행위와 관련된 반복적이고, 강렬한 성적으로 흥분시키는 공상, 성적 충동 혹은 행동이 존재한다.
- 이러한 성적 충동에 따라 행동하거나, 성적 충동 혹은 공상이 큰 고통을 유발하거나 관계 문제를 발생시킨다.
- 이 장애는 최소한 16세 이상에서 발생하고, 그 행위와 연관된 아이 혹은 아이들보다 최소한 다섯 살이 더 많다.

물품음란장애

물품음란장애(fetishistic disorder)를 가진 사람들은 여성의 속옷, 고무재질 용품, 남성용 혹은 여성용 신발과 같은 물건에 성적으로 흥분을 느낀다. 물품음란(성적 고착)은 발이나 발가락, 머리카락과 같은 신체 부위를 포함할 수도 있다. 보통 이러한 물건들과 접촉하는 것(예를 들어, 쥐거나 맛을 보거나 비벼 댐)을 통해 강렬한 흥분을 느껴 결국 자위를 하게 된다. 이 장애를 가진 일부 사람들은 원하는 사물들을 많이 수집하기도 한다.

물품음란장애란

- 최소한 6개월 동안 생물이 아닌 물건을 사용하거나 성기가 아닌 신체 부위에 심하게 특별히 집중하는 것을 통해 반복적이고 강렬한 성적 흥분(공상, 성적 충동 혹은 행동으로 나타남)이 있다.
- 공상, 성적 충동 혹은 행동으로 인해 많은 고통이 유발되거나 사회적, 업무적 혹은 다른 기능적 측면에서 손상을 가져온다.
- 물품음란관련 물건들은 복장 도착에 사용되는 의류나 성기 자극을 위해 고안된 장치(예: 바이브레이터)에 국한되지 않는다.

레오나르드 이야기

레오나르드는 65세 대기업 판매원이다. 여성의 속옷에 대한 성적 호기심 때문에 아내가 그와 헤어지겠다고 위협한 이후 정신과적 평가를 위해 방문하였다. 낯선 사람과 자신의 문제를 논의하는 것이 부끄러웠지만, 그는 사무적인 말투로 자신의 성적인 관심에 대해 기술하였다. 이러한 관심은 십수 년 전 시작되었지만 최근에서야 행동으로 옮기기 시작했다.

그의 아내가 심한 관절염과 우울증 의심 증상을 앓으면서 그녀의 전반적인 활동력과 성에 대한 관심이 줄어들자 레오나르드의 습관이 시작되었다. 그의 '물품음란증'은 반복적이고 어찌 보면 따분한 사업 출장 중 활력을 불어넣는 요소였다. 그는 일주일에 두 번 정도는 수년에 걸쳐 수집해 왔던 브래지어와 팬티를 사용해서 자위를 했다. 그는 집에서 자위를 했지만 아내가 집에 없을 때까지 기다렸다. 그는 아내와의 성관계는 '한 달에 한두 번' 정도로 줄었지만 서로 만족했다고 말했다.

그는 평가받으러 오기 6주 전에 자위하는 것을 아내에게 들켰다. 브래지어와 팬티를 입고 있는 남편을 보자, 그녀는 '미쳐 버렸다'. 그녀는 '그를 차단'하고 그에게 거의 말을 하지 않았다. 그들이 말다툼을 했을 때, 그녀는 그를 '변태'라고 불렀고 그가 '도움을 받지 않는 한' 이혼을 고려하고 있다는 것을 분명히 했다.

레오나르드는 30여 년 전 결혼해서 장성한 자녀 둘이 있다. 그는 '이혼해서 재산을 분배하든지 아니면 집 주변에 앉아서 하루 종일 변태 소리를 듣든지' 둘 중 하나를 선택할 일만 없었다면 그해에 편안하게 은퇴하려고 계획했었다. 그는 속옷 한 뭉텅이를 버리는 것을 보여 주며 아내를 안심시키는 것처럼 보였지만, 그는 자신이 '가장 좋아하는 것'은 남겨 두었고 '언제든 더 살 수가 있었다'. 그는 결혼 생활을 끝내고 싶지 않았고, 자신의 물품음란증도 해로울 것이 없다고 여겼다. "나는 바람을 피운 것도 아니고 나쁜 짓을 한 것도 아니다."라고 그는 말했다. "그렇게 하는 것이 나를 흥분시켰을 뿐이고, 내 아내는 분명히 일주일에 여러 차례 성관계를 갖는 것을 원하지 않는다."라고 말했다.

레오나르드는 여성 속옷이 없어도 발기가 잘 되고 극치감도 느낄 수가 있다면서 자신의 성기능에 아무런 문제가 없다며 부인했다. 그는 10대 시절에 여성의 속옷을 만질 때 흥분됐고, 종종 그러한 경험을 하며 자위했다고 떠올렸다.

레오나르드는 물품음란장애로 진단받았다. 여성의 속옷을 입는 것으로 성적 흥분을 느끼는 그의 오래된 병력은 그가 여성 속옷을 입는 것을 아내에게 들키기 전까지는 문제가 되지 않았다. 그때부터 레오나르드는 고통을 느끼기 시작했다. 만약 아내가 그의 물품음란증을 인정하거나 받아들여서 그의 고통이 수그러든다면 아마도 그는 더 이상 이 장애를 갖지 않을 것이다.

레오나르드는 성장애 전문가에게 의뢰되었다. 치료에서 레오나르드는 물품음란증이 아무에게도 해를 끼치지는 않지만, 아내에게는 관심이 없어졌다고 느끼게 해서 고통을 준다는 것을 깨달았다. 레오나르드는 아내와 충분히 많은 대화를 하고, 서로의 성적 욕구를 충족시켜 주는 데 집중하도록 권유받았다. 레오나르드는 여전히 여성의 속옷으로 흥분이 됐지만, 이러한 공상을 아내와의 성적 관계의 일부분으로 만드는 것을 배우게 됐다.

복장도착장애

복장도착장애(transvestic disorder)를 가진 사람들은 이성의 옷을 입는 것(옷 바꿔 입기)을 통해 성적으로 흥분한다. 종종 한두 가지의 여성 옷(예: 속옷)만 입는 남자가 있고, 혹은 가발과 화장을 하고서 여성 속옷과 겉옷을 다 입는 경우도 있다. 복장도착장애는 아동기 혹은 10대 초반에 시작되는 경향이 있다.

복장도착장애란

- 최소한 6개월 동안 옷을 바꿔 입는 것을 통해 반복적이고 강렬한 성적 흥분을 느낀다. 이는 공상, 성적 충동 혹은 행동으로 나타난다.
- 공상, 성적 충동 혹은 행동으로 인해 많은 고통이 유발되거나 사회적, 업무적 혹은 다른 기능적 측면에서 손상을 가져온다.

치료

이러한 장애를 가진 사람들은 그들의 일상적인 기능을 향상시키는 데 도움이 되는 치료를 받을 수 있다. 변태성욕장애는 대부분 정신치료를 통해 그 사람이 자신의 변태성욕적인 생각과 행동을 인식하고 이것들을 통제할 수 있는 힘을 되찾을 수 있도록 도와주는 치료를 한다. 여기에는 인지행동치료(CBT)가 있다. CBT는 그 사람이 자신의 관심사와 행동에 대해 통제하는 능력을 얻고 올바른 방식으로 목표를 성취할 수 있도록 돕는다. 일부 변태성욕장애에서, 정신치료는 다른 파트너에게 초점을 맞추고 파트너의 성적 욕구를 충족시키는 것을 도울 수 있다. 변태성욕이 여전히 남아 있을 수 있지만, 어떤 경우에는 이것이 성적 관계의 건강한 부분으로 사용되기도 한다. 보통 이완 훈련은 변태성욕장애로 인해 유발되는 불안과 스트레스를 낮추는 데 도움이 되는 치료의 한 부분이다. 재발 방지 기법은 불건전하거나 유해하고 부적절한 성적 행동의 악순환으로 돌아가는 것을 막는 데 도움이 된다. 또한 이러한 기법은 식이, 수면, 사회적 기능에 생기는 표적 문제들을 도울 수도 있다.

변태성욕장애를 치료하는 데 인정된 약물치료는 없지만, 이러한 장애는 보통 우울증이나 불안과 연결되어 있으므로 치료로 도움을 받을 수 있다. 이러한 증상을 치료하는 데에는 선택적 세로토닌 재흡수 억제제(SSRIs) 중 하나가 포함될 수 있다. 우울장애 혹은 불안장애는 변태성욕장애를 악화시키는 데 기여하기 때문에 이러한 장애를 치료하는 것은 이들이 자신의 욕망과 행동에 대해 다시금 통제할 수 있도록 돕는 첫 단계로써 중요하다. 반면, SSRIs는 변태성욕장애를 악화시키는 공상과 충동을 줄이는 데 도움이 된다. 어떤 경우 성적 행동을 통제하지 못하고 소아성애장애와 같이 다른 사람들에게 해를 줄 수 있는 남자에게 테스토스테론(호르몬) 수치를 낮추는 약물치료를 하기도 한다.

요점 정리

- **변태성욕**은 일반적인 성적 기준을 벗어난 성적 관심 혹은 기호를 말한다. 변태성욕은 실제 성관계를 갖지 않는 경향이 있고 자신이나 타인에게 위해나 고통을 유발하지 않는다. 많은 유형의 변태성욕이 존재하고, 한 사람에게 한 가지 이상의 변태성욕이 있을 수 있다. 변태성욕을 가지고 있다는 것 자체가 변태성욕장애로 이어지는 것은 아니다.
- **변태성욕장애**는 업무적 · 사회적 · 다른 기능적 측면에서 손상을 가져오는 고통을 유발하거나, 자신 혹은 타인에게 해를 끼치거나 해를 끼칠 위험이 있는 변태성욕을 포함한다. 이러한 장애는 종종 그 사람이 현실에서까지 행동으로 옮기게 되는 반복적이고, 강렬한 성적 공상과 충동을 포함한다. 몇몇 변태성욕장애는 그 행동에 대해 동의하지 않은 사람에게 해를 끼칠 위험이 있기 때문에 범죄 행위이다. 이러한 피해에는 신체적 통증과 정신적 고뇌, 괴로움, 고통이 포함된다.
- 변태성욕장애를 가진 사람들은 그들의 일상 기능을 향상시키는 데 도움이 되는 치료를 받을 수 있다. 변태성욕장애는 그 사람이 자신의 생각과 행동을 인식하고 이것들을 통제하는 능력을 되찾을 수 있도록 돕는 정신치료로 대부분 치료한다. 여기에는 보통 인지행동치료가 포함된다.
- 몇몇 변태성욕장애에서 정신치료는 파트너에게 집중하고, 파트너의 성적 욕구를 충족시키는 데 도움을 준다. 변태성욕은 여전히 남아 있을 수 있지만, 일부 경우에 성적 관계의 건전한 일부분으로 사용되기도 한다.
- 변태성욕장애의 약물치료제로 공인된 것은 없지만, 이러한 장애는 종종 치료로 나아질 수 있는 우울증이나 불안과 연관되어 있다. **우울장애** 혹은 **불안장애**가 변태성욕장애를 악화시키는 데 기여하기 때문에, 이러한 장애를 치료하는 것은 그 사람이 자신의 욕구와 행동을 다시금 통제할 수 있게 하는 데 중요한 첫 단계이다.

- 누가 도움을 줄 수 있나요
- 다음에는 어떻게 되나요
  - 면담
  - 진단
  - 치료
- 치료의 형태
  - 정신치료(Psychotherapy)
  - 정신과적 약물(Psychiatric Medications)
  - 신경조절 기법(Neuromodulation Techniques)
- 더욱 건강한 삶을 유지하기
  - 자신의 신체를 돌보기
  - 자신의 마음과 감정을 돌보기
  - 타인을 돌보기

제20장 치료요점

정신질환은 또 다른 의학적 장애와 마찬가지로 성공적으로 치료될 수 있다. 치료는 고통스러운 증상을 호전시키고, 더 나은 대처 기술을 제공하며, 희망을 준다. 이 책에 소개된 모든 정신장애는 이번 장에서 기술되는 방법들 중 한 가지를 사용하여 치료될 수 있다.

언제 도움을 구해야 할지 어떻게 알 수 있을까? 유용한 접근 방식은 문제가 얼마나 많은 고통을 주고 있는지, 그리고 얼마나 오랫동안 그래 왔는지를 생각하는 것이다. 비밀스러운 물질 남용 습관이나 아동기 트라우마, 반복적인 공포, 염려와 같이 이 문제들을 인정하거나 사람들에게 이야기하는 것은 힘든 것일 수 있다. 이러한 문제들이 큰 고통을 유발하거나 업무, 사회적 관계 혹은 다른 중요한 삶의 측면들을 망가뜨릴 때 도움을 구하는 것이 현명하다(다음의 '흔한 위험 징후들'을 참고하시오). 일상생활에서 일어나는 평범한 문제들과 정신장애 사이의 차이점은 이러한 것들이 얼마나 심하고, 얼마나 오랫동안 지속되는지에 있다. 치료를 받으러 오는 시기가 빠르면 빠를수록 증상은 더 속히 개선되고 회복이 빨라진다.

흔한 위험 징후들

당신이나 당신이 알고 있는 누군가가 정신건강 문제를 안고 살아가는지 궁금증이 있는가? 다음에서 기술되는 느낌이나 행동들이 한 가지 혹은 그 이상 있다면 이는 문제가 있다는 조기 위험 징후일 수 있다.

- 먹고 자는 것이 너무 많거나 적다.
- 사람들을 만나려 하지 않거나 일상적인 활동에서 멀어진다.
- 에너지가 떨어지거나 없다.
- 무감각한 느낌이 들거나 아무것도 상관없는 것처럼 느껴진다.
- 설명할 수 없이 쑤시고 아프다.
- 속수무책 혹은 절망감을 느낀다.
- 평소보다 흡연, 음주, 약물 사용이 많아진다.
- 평소와 달리 혼란스럽거나, 잘 잊어버리거나, 불안하거나, 화가 나거나, 당황하거나, 걱정이 많아지거나, 겁이 난다.
- 가족, 친구들과 다툰다.
- 관계에 문제가 생길 정도로 감정 기복이 심하다.
- 머릿속에서 떨쳐 버릴 수 없는 생각과 기억들이 지속된다.
- 실제가 아닌 목소리를 듣거나 사실이 아닌 것을 믿는다.
- 자신이나 타인에게 해를 끼치려는 생각을 한다.
- 아이들을 돌보거나 직장 혹은 학교에 가는 것과 같은 일상적인 일들을 하기 어려워진다.

출처: U.S. Department of Health and Human Service: "What is Mental Health?" 에서 인용함. 다음에서 확인할 수 있음: www.MentalHealth.gov

누가 도움을 줄 수 있나요

도움을 줄 수 있는 여러 유형의 정신건강관리 제공자가 있다.

- 응급 상황: 미국에서 누구든 자살 생각이 있거나 걱정이 되는 사람이 있다면 988로 전화를 하거나 문자를 보낼 수 있다. 이 전화는 어떤 정신건강 위기 상황이든지 일주일 내내 24시간 동안 통화가 가능하다.

• 정신과 의사는 의과대학을 졸업하고 4년간 정신과 전공의 과정을 마친 의사를 말한다. 전공의 프로그램에는 신경학(인간 뇌에 대한 학문), 정신약물학(약물이 신체와 뇌에 어떻게 작용하는지에 대한 학문), 정신치료('면담치료'), 입원 병동과 외래 병동에서의 환자 치료에 관한 심도 깊은 훈련 과정이 있다. 정신과 의사는 환자들에게 약물을 처방할 수 있고 정신치료를 시행할 수 있다. 만약 환자가 원한다면, 정신과 의사는 정신치료를 위해 심리학자, 공인된 임상 사회사업가, 부부 및 가족치료사에게 의뢰할 수도 있다. 또한 정신과 의사는 필요하다면 치료를 목적으로 환자를 입원시킬 수 있고 전기경련치료(ElectroConvulsive Therapy: ECT, 이번 장에 있는 '치료 형태'에서 설명함)를 시행할 수 있다. 정신과 의사는 M.D. 혹은 D.O. 학위를 갖고 있다.

• 심리학자는 대학원 과정을 마치고, 여러 형태의 정신치료와 심리 검사에 관한 임상 훈련, 인턴 과정, 박사 후 임상 과정(내담자 관리)을 수료한다. 이들은 약물을 처방하거나 환자를 병원에 입원시킬 수 없다. 국가에서는 심리학자들이 내담자를 치료하기 위해서 자격증을 취득하도록 요구하고 있다. 학위는 박사 혹은 심리학 박사가 된다. 일부는 아동이나 가족치료를 전문으로 한다.

• 공인된 임상 사회사업가는 일반적인 사회사업 분야뿐만 아니라 정신건강 문제를 가진 사람들을 도울 수 있도록 전공 훈련을 갖춘 2년간의 석사 대학원 과정을 수료한다. 일부 사회사업가는 박사 학위도 갖고 있다. 임상에서 일하기 위해서는 정부의 자격증을 필수로 갖추고 있어야 한다. 약자로 L.C.S.W.(Licensed clinical social workers)이다.

• 부부 및 가족치료사는 모든 경우는 아니지만, 심리학이나 유사 학문 분야에서 석사 혹은 박사 학위를 갖춘 자격증 소지자이다. 임상에서 일하기 위해서 이들은 최소한 2년간 부부 및 가족치료에 초점을 맞춘 임상 훈련 지도 감독을 받으며 박사 후 과정을 거쳐야 한다. 또한 이들은 국가시험도 통과해야만 한다. 약자로 L.M.F.T.(Licensed marriage and family therapists)이다.

• 정신보건 간호사는 간호 학위를 받고 국가시험을 통과해야 한다. 보통 특수한 면허나 자격증을 필요로 하지는 않지만, 정신건강관리와 관련된 전공 훈련과 경험을 갖고 있다. 약자로 R.N.(Registered nurses)이다.

• 임상 간호사와 의료보조자는 의사의 전반적인 감독하에 환자를 치료하고 약물을 처방한다. 임상 간호사는 약자로 A.P.R.N 혹은 A.R.N.P(Advanced practice registered nurses 혹은 Advanced registered nurse practitioners)이고 전공에 따라 약자는 달라진

다. 의사보조인력은 약자로 P.A.(Physician assistants)이다.

정신건강관리 제공자를 찾기 위해서 당신의 주치의, 당신이 알고 있는 다른 정신건강관리 제공자, 정신건강관리 제공자에 대해 알고 있는 친구들에게 물어볼 수 있다. 부록 B '유용한 자원들'에 소개된 기관들 가운데 지원 단체 중 일부가 제안해 줄 수도 있다. 만약 건강보험이 있다면 당신은 당신의 보험에서 지원해 줄 수 있는 정신건강관리 제공자 목록을 요청할 수 있다.

또한 사람들은 일차 의료기관 의사나 의료보조자에게서 건강 문제가 있을 때 도움을 구할 수도 있다. 이러한 건강 문제들(예: 수면 문제)은 정신장애와 연관되어 있을 수 있다. 일차 의료기관 의사들과 의료보조자들은 정신건강관리 문제에 대한 약물을 처방하거나 정신건강관리 제공자와 팀을 이루어 치료를 제공할 수 있고, 자신의 환자들을 정신건강관리 제공자에게 의뢰할 수도 있다.

다음에는 어떻게 되나요

정신건강관리 제공자와 처음으로 연락을 취하는 보통의 방법은 전화로 예약을 잡는 것이다. 일부 정신건강관리 제공자는 방문 전에 약간의 기본 정보를 요구하기도 한다. 미군에서 복무했던 사람들 중 정신건강관리를 찾는 사람들은 U.S Department of Veterans Affairs(VA)를 통해 알아볼 수 있다.

면담

첫 방문은 정신건강관리 제공자와의 평가('면담')로 시작한다. 이들은 당신과 대화를 통해서 당신에 대한 것들과 당신이 가지고 있는 문제에 대해 알게 된다. 정신건강관리 제공자는 질문을 통해 당신의 문제에 관해 이야기할 수 있도록 요구할 것이다. 의사가 환자에게 그들의 건강 문제에 관해 묻는 것처럼 정신건강관리 제공자는 같은 방식으로 접근하게 된다. 이러한 정보는 정신건강관리 제공자가 당신에게 적합한 치료 계획을 세우는 데 도움이 된다. 첫 번째 방문은 45~90분 정도 소요가 된다. 첫 방문 동안 듣게 되는 공통된 질문들 중 일부는 다음과 같다.

- "당신은 오늘 무엇 때문에 여기에 오게 되었나요?"(환자가 겪고 있거나 변화가 필요한 문제에 대해서 이야기할 준비하기)
- "당신은 어떤 기분으로 지내고 있었나요?"
- "무엇이 당신에게 문제를 일으켰다고 생각하나요?"
- "어떤 증상들이 당신을 괴롭히나요?"
- "이런 것들이 어떤 문제를 일으켰나요?"

당신의 문제와 증상들을 바탕으로 정신건강관리 제공자는 다음 사항들에 대해서도 질문을 할 것이다. 가족력, 직업력, 학력, 여가 활동 혹은 취미, 관계, 가치관, 문화적 배경, 의학적 과거력, 정신과적 과거력(만약 있다면, 다른 정신건강관리 제공자를 과거에 만난 적이 있었는지), 발달 과거력, 성관련 과거력이 그것이다.

정신건강관리 제공자는 더 많은 정보(예: 의무 기록)를 얻기 위해 당신의 동의를 구할 수 있고, 심리 검사 혹은 혈액 검사를 제안할 수 있다. 당신은 정신장애 치료를 위한 약물 처방이 필요하거나, 아니면 정신과적 증상을 유발할 만한 의학적 장애를 배제해야 할 필요가 있을 때 당신의 주치의에게 신체 검진을 받도록 요청받을 수 있다. 어떤 경우에 진단이나 초기 평가는 한두 번의 추가적인 방문을 필요로 할 것이고, 가끔씩 정신건강관리 제공자가 배우자나 가족과 면담이 필요하다고 동의를 구할 것이다.

진단

정신건강관리 제공자는 DSM-5-TR 지침(DSM은 치료 지침을 제공하지 않고, 진단에 대한 지침만 제공한다.)에 기초하여 문제를 진단할 것이다. 이후 정신건강관리 전문가는 치료 계획을 구성할 수 있다. 정신건강관리 전문가와 치료를 받고자 하는 사람이 이러한 결정을 내린다.

공황장애나 광장공포증과 같이 한 가지 이상의 장애가 함께 진단되기도 한다. 정신장애를 가진 많은 사람이 종종 물질 사용장애를 동반한다. 사람들은 알코올이나 남용 약물에 의지하여 그들이 느끼는 증상이나 정서적 고통을 줄이려고 한다. 어떤 경우에는 알코올이나 남용되는 약물이 정신장애의 원인이 되고, 증상을 악화시키며, 증상 호전과 나아지려는 노력을 방해하게 되며, 병을 치료하기 위해 복용하는 약물들의 효과를 저해할 수 있다.

치료

정신장애의 치료는 다양한 설정에서 행해진다. 가장 흔한 곳은 외래 진료실, 즉 정신건강관리 제공자의 사무실이나 의원이다.

자신이나 타인을 해할 위험성이 있는 위급한 사람들이나 심각한 장애를 겪고 있는 사람들은 입원이 필요할 수 있다. 심각한 증상을 가진 대부분의 사람들이 도움 받기를 원하지만, 가끔 입원치료를 거절하기도 해서 의사가 비자발적으로(그들의 의지에 반하여) 입원시키기 위하여 법원 명령을 요청하기도 한다. 법원 명령에 따른 비자발적 입원은 미국 내 주법에 따라 입원 기간이 달라지는데, 이러한 법은 주마다 매우 다양하다. 보통 그 사람이 입원 치료가 더 필요한 지는 위원회가 열려서 결정된다(이 과정은 주마다 다를 수 있다). 만약 여전히 심각한 상태에 있거나 자해나 타해의 위험이 있다면, 더 오랜 기간의 관리를 위해 비자발적 입원이 유지될 수 있다.

입원 치료 이후, 환자들은 보통 지속적인 관리를 위해 외래 진료로 돌아가지만, 때때로 정신과 입원 병동과 연계가 되어 있는 낮병원 서비스로 의뢰된다. 이 프로그램은 집단치료뿐만 아니라 정신과 의사와 다른 정신건강관리 제공자와의 일대일 기반 주간치료를 제공한다. 이러한 유형의 관리는 환자가 정신과 외래 의원으로 의뢰될 만큼 충분히 호전될 때까지 지속한다. 이는 보통 2~4주 정도 걸린다.

치료를 받지 않는다면 정신장애는 자살의 위험을 증가시킬 수 있다. 이러한 이유로 이러한 생각과 느낌을 가진 사람들, 가족 구성원, 사랑하는 이들은 반드시 자살위험과 경고 징후에 대해 배워야 한다. 자살에 대한 생각과 느낌은 무시되어서는 안 된다. 다음의 조언들이 도움이 될 수 있다(다음의 '자살에 관해 알아 두어야 할 조언들'을 참고하시오).

자살에 관해 알아 두어야 할 조언들

- **자살에 대한 어떠한 위협이나 자살 생각을 실행에 옮기려는 욕구에 대해서는 철저하게 주의를 하고 있어야 한다. 도움을 구하라.**
- 정신건강관리 제공자와 연락을 유지한다. 만약 당신이 자살에 대한 위험이 증가된다고 의심이 들거든 정신건강관리 제공자를 접촉한다.
- 정신건강관리 제공자와 자주 정기적으로 만나면 자살 위험이 어느 정도에 이르고 있는지를 추적할 수 있다.

- 자살에 대한 느낌이나 자살 충동을 일으키는 것이 무엇인지 찾는다(예: 실직, 거절이나 버림받는 것에 대한 두려움). 이렇게 하면 스트레스를 더 잘 이겨 내는 방법을 알고, 자살에 대한 느낌이 줄어들거나 없어질 수 있도록 피해야 할 것이 무엇인지 알 수 있다.
- **우울장애, 양극성장애, 물질 사용장애**와 같은 정신장애에 대한 약물 및 치료는 자살을 예방하는 데 도움이 된다.
- **안전 계획**을 미리 준비한다. 안전 계획은 문제가 생기기 전에 자살에 대한 위험 징후를 미리 알고 다룰 수 있도록 도와준다. 안전 계획은 자살에 대한 생각과 느낌이 실제 행동으로 옮겨지는 것을 막아 준다. 거기에는 사랑하는 사람 혹은 정신건강관리 제공자와 연락을 취하는 것도 포함할 수 있다.
- 총기류나 약물, 독극물 등을 잠가 두는 것과 같이 생명을 앗아 갈 수 있는 치명적인 것들에 접근을 제한하고, 자살 생각을 가진 사람이 열쇠에 접근하지 못하도록 한다.
- 만약 당신이나 당신이 알고 있는 누군가가 위험에 처해 있다면 지역 내 병원 응급실에 급히 도움을 구하여 의사와 정신건강관리 제공자가 빨리 관리를 제공할 수 있도록 한다.
- 미국에서는 자살 생각이 있거나 그러한 사람을 돌보고 있는 사람이라면 누구든 988로 전화 혹은 문자를 보낼 수 있다. 이 전화는 어떠한 정신건강 위기 상황에 대비해 일주일 내내 24시간 연결될 수 있다.

회복 중심 관리

정신질환의 회복은 사람들이 자신의 건강과 안녕을 증진시키고 삶을 영위해 나가는 힘을 다시 얻게 되는 변화의 과정이다. 목표는 정신건강 증상이 있다 하더라도 온전한 삶을 살아가는 것이다. 회복 중심 관리는 스스로 관리할 수 있는 것들, 자신의 강점과 능력, 흥미, 희망을 유지하는 방식에 초점을 맞춘다. 회복 중심 관리는 치료의 한 종류가 아니라 약물 치료와 정신 치료를 포함한 어떤 종류의 치료에도 적용될 수 있는 관리에 대한 접근 방식을 말한다. 치료 이후 지지 그룹 안에서 적용될 수도 있다. 이러한 종류의 관리는 진단이 아닌 사람에게 초점을 맞추지만 그 사람이 갖고 있는 증상을 고려한다. 치료의 어느 시점에 이러한 접근법에 대해 정신건강관리 제공자와 이야기를 나눔으로써 도움과 안내를 받을 수 있다. 회복 초점 관리는 물질 사용장애, 조현병, 기타 정신병적 장애, 외상 유래 장애 등 어떤 종류의 정신질환이든 사람들에게 도움을 줄 수 있다.

치료의 형태

정신 장애에 대한 많은 치료 방법이 있다(〈표 20-1〉 참조). 치료는 사람들이 증상을 다루고 온전한 삶으로 이어질 수 있도록 돕는 것을 목표로 한다. 주된 유형의 치료 방법에는 약물치료와 정신치료가 있다. 약물치료와 정신치료는 단독으로 혹은 함께 행해진다. 흔히 약물치료와 정신치료를 병행할 때 강력한 효과를 볼 수 있다. 또한 정신치료를 통해 사랑하는 이들도 정신장애를 가진 사람을 더 잘 간병하고, 장애로 인한 후유증을 어떻게 대처해 내야 하는지를 알 수 있게 된다.

많은 장애에서 약물치료는 증상을 완화시켜 준다. 사람들이 정신과적 약물을 통해 증상이 호전되기 시작할 때 그동안 숨겨 왔거나 치료가 시작할 무렵에는 주 원인이 아니었던 다른 문제들(예: 다른 사람들과 어떻게 관계를 형성하는가)이 표면으로 올라오게 된다. 사람들은 그들의 문제에 더해져 있었고 변화가 필요했던 행동들을 보고 여기에 더 초점을 맞출 수도 있다. 정신치료는 사람들이 자신의 문제에 대해서 더 잘 생각하고 대처할 수 있도록 배우는 것을 도울 수 있다. 치료 과정 중 외상을 경험해 왔거나 고통의 시간을 겪어 온 사람들일지라도 살아오는 동안 결코 알 수 없었던 자신 안의 강점을 발견하게 된다. 이들이 회복을 위해 치료를 꾸준히 받을 때, 더 만족스러운 방식으로 살고 행동하는 방법을 배우고, 자기존중감을 재건한다.

약물치료와 정신치료가 효과적이지 못할 때, 어떤 사람들은 신경조절 기법에서 도움을 찾기도 한다. 이러한 기법은 신경을 자극하여 자연적인 반응을 유도한다. 주요우울장애에서와 같이 심한 증상을 가진 장애에서 약물치료가 효과를 보이지 않을 때 전기경련치료(ElectroConvulsive Therapy: ECT)와 경두개자기자극술이 안전하고 효과적인 치료법이다.

정신치료

정신치료('talk therapy', 면담치료)는 정신건강관리 제공자와 도움을 청하는 사람 사이에 생겨나는 독특한 관계의 상황 속에서 오가는 대화에 기초한 상담의 형태를 말한다. 말하고 듣는 과정을 통해 새로운 통찰력을 얻게 되고, 고통을 유발하는 증상이 완화되며, 건강하지 못하거나 부적응적인 행동을 변화시키고, 세상을 다루는 더 효과적인 방식으로 인도할 수 있다.

정신치료에는 다양한 유형이 있어서 어떤 문제에는 특정 치료가 더 효과적이고, 또 어떤 사람에게는 다른 치료가 더 효과적이기도 하다. 오늘날 대부분의 정신건강관리 제공자는 다양한 기술을 훈련받기 때문에 도움을 구하는 사람의 문제, 인격, 필요에 맞추어 적합한 치료를 제공한다. 정신건강관리 제공자는 치료 중이라도 서로 다른 기술을 병합해서 사용하기 때문에 종종 여러 치료 사이에 경계가 모호해지기도 한다.

정신건강관리 제공자와의 대화는 정신건강 치료의 기초가 된다. 그 사람과 정신건강관리 제공자 사이에서 생겨나는 관계를 치료적 동맹이라고 부른다. 이렇게 작동하는 관계는 신뢰하고 협력적인 방식으로 서로 함께 작업할 수 있게끔 해 준다. 정신건강관리 제공자는 그 사람의 정신적 안녕을 목적으로 정신건강 목표를 증진시키기 위해 그 사람과 함께 작업을 한다. 이 목표를 향해 전진하기 위해 해야 할 여러 활동들이 있다. 정신치료에서 정신건강관리 제공자는 그 사람의 욕구에 초점을 맞춘다. 정신건강관리 제공자는 그 사람의 동의가 없이 어떠한 정보라도 누설하지 않도록 윤리적인 의무를 다해야 한다. 만약 그 사람이나 타인에게 위해가 될 가능성이 있다면 예외이다.

표 20-1 정신장애 치료법

정신치료	정신과적 약물
정신역동적 정신치료	항우울제
대인관계 치료	항정신병 약물
지지적 정신치료	진정제, 수면제, 항불안제
인지행동치료	기분조절제
변증법적 행동치료	자극제
행동치료	**신경조절 기법**
부부치료, 가족치료	전기경련치료
집단치료	경두개자기자극술

정신역동적 정신치료

정신역동적 정신치료는 사람들이 자신의 문제에 대한 통찰력을 얻고 변화를 가져올 수 있도록 도와주는 것을 목표로 삼는다. 여기에는 정신건강관리 제공자와 직접 대면하여 치료적 동맹을 구축하고, 그 사람이 말하는 것을 해석하고 명료화하는 것이 포함된다. 흔히 이 치료는 아동기에 시작하여 성인이 되어서까지 지속되고 있는 갈등에 초점을 맞춘다. 충분한 지적 수준을 갖추고 자신의 강렬한 감정 상태에 대해 표현하며, 탐색할 수 있는 통찰력을 가진 사람들 대부분이 효과를 볼 수 있다. 치료는 25회 미만으로 짧을 수도 있고, 아니면 수년 이상 오랜 기간 동안 지속될 수 있다.

대인관계 치료

대인관계 치료는 관계와 사회적 상호작용을 증진시키고 대인관계 기술을 개선시키는 것을 목표로 한다. 이 치료는 안심시키기와 지지, 느낌의 명료화, 대인관계 의사소통 개선과 같은 기법을 사용한다. 주요우울장애나 부부 문제, 관계 구축과 타인과의 상호작용에 문제가 있는 사람들이 대부분 효과를 볼 수 있다. 보통 치료는 12~16회로 구성되어 있지만, 유지치료를 목적으로 더 장기간 지속될 수 있다(문제가 통제된 뒤 재발 방지를 위해 치료를 지속할 수 있다). 이 접근법은 초기에 우울증 치료 연구를 목적으로 사용되었는데, 의식하지 못하고 있는 느낌과 요구를 다루고 대인관계 및 의사소통 기술을 개선시키는 데 도움을 주기 위해 관계에 초점을 맞춘다. 다른 정신역동적 치료들과는 달리 증상의 심리적인 뿌리를 다루는 것이 아니라 현재의 대인관계 문제에 초점을 맞춘다.

지지적 정신치료

지지적 정신치료는 가장 흔한 유형의 정신치료이다. 이는 그 사람이 가장 잘 발휘할 수 있는 기능 수준을 유지하거나 회복하는 것을 추구한다. 여기에는 치료자의 관심, 조언, 안심시키기, 암시, 강화(체계적인 보상 그리고/혹은 처벌을 통해 목표로 하는 반응을 촉진시키는 기법), 대체할 수 있는 행동에 대해 논의, 사회/대인관계 기술을 가르침, 문제해결에 대한 도움 같은 것들을 포함한다. 이 접근법을 통해 높은 스트레스 상황에 있는 사람들, 심각한 의학적 질환을 가진 사람들, 다른 접근법으로 효과를 보지 못하고 있는 정신장애를 가진 사람들이 대부분 이득을 얻을 수 있다. 치료 기간은 문제의 특성에 따라 짧을 수도 있고(한 번의 치료 시간 혹은 수일 또는 수주에 걸친 기간 동안의 몇 차례의 치료 시간) 오랜 기간(수년에 걸쳐)이 될 수도 있다.

어떤 형태의 정신치료나 상담이든지 간에 안심시키기, 공감, 교육을 제공하는 것은 지지적이다. 지지적 정신치료의 목표는 사람들이 자신의 주어진 인격, 생활사, 능력, 질병 상태 하에 평소 혹은 이전에 가장 좋았던 기능 수준으로까지 적응하고 회복하도록 돕는 것이다.

인지행동치료

인지행동치료(Cognitive-Behavior Therapy: CBT)의 목표는 문제행동뿐만 아니라 사고의 왜곡을 확인하고 교정하는 것이다. 믿음과 태도 확인하기, 부정적인 사고 패턴과 해로운 행동을 발견하기, 다른 방식으로 생각하는 것과 반응하는 것을 교육하기, 인지적 시연(그 사람이 마음속에서 과거와는 다르게 어떻게 반응하는지를 검토함), 숙제 수행과 같은 기법들을 사용한다. 인지행동치료는 자신에 대한 부정적인 관점, 경험에 대한 부정적인 이해, 미래에 대한 부정적인 관점을 다룬다. 인지행동치료는 사람들이 삶 속에서 의미 있고 긍정적인 변화를 만들어 내도록 작은 성공을 달성하는 법을 배우도록 돕는다. 주요우울장애와 불안장애, 섭식장애, 물질 사용장애, 외상관련장애를 가진 사람들이 대부분 이득을 얻을 수 있다. 보통 치료 기간은 약 15~25회로 짧다.

변증법적 행동치료

변증법적 행동치료(Dialectical Behavior Therapy: DBT)는 사람들이 자신의 생각과 느낌을 알고 관리할 수 있게 해 주고, 이를 진정시키는 방법을 가르쳐 준다. 사람들이 극단적인 느낌을 통제할 수 있다고 느끼는 것을 배우도록 가르칠 수 있다. 동시에 정신건강관리 제공자는 사람들이 스스로 위험하고 분노나 문제를 유발할 수 있는 행동을 변화시켜야 하는 의무가 있음을 이해하도록 훈련시킨다.

DBT는 치료를 받는 사람과 정신건강관리 제공자 사이에 강력하면서 동등한 관계를 구축한다. 정신건강관리 제공자는, 예를 들어 언제 경계가 무너지는지와 같이 언제 행동이 안전하지 못하고 문제를 일으키는지를 그 사람에게 종종 상기시킨다. 미래에 있을 일들을 더 잘 다루기 위해 필요한 기술을 가르친다. DBT는 일대일치료와 집단치료 모두 가능하다. 일대일치료 시간에는 새로운 기술을 가르쳐 주고, 집단치료 시간에는 이러한 기술들을 연습할 수 있는 기회를 제공한다.

DBT는 경계성 인격장애와 자살 사고를 가진 사람들의 치료에 효과적이다. 또한 이 치료는 심한 우울증, 외상후 스트레스 장애, 섭식장애, 물질 사용장애, 외상성 뇌손상을 가진 사람들에게도 사용된다.

행동치료

행동치료는 스트레스, 두려움, 걱정에 대해서 바람직하지 못한 행동 패턴을 더 바람직한 행동과 대처 방식으로 바꾸는 것을 목표로 한다. 치료는 자신의 행동을 교정하기 원하는 사람들을 돕기 위해 다양한 기법을 사용한다. 습관을 교정하고 싶은 사람들과 불안장애(예: 공포증), 공황발작, 물질 사용장애 혹은 섭식장애를 가진 사람들이 대부분 이득을 볼 수 있다. 보통 치료 시간이 25회 미만으로 짧게 구성된다.

행동치료의 기본적인 방법은 다음과 같다.

- 행동수정 부정적인 습관이나 행동에 초점을 맞춘다.
- 체계적 탈감각 특정한 대상(예: 동물, 엘리베이터)이나 상황(예: 대중 앞에 서기)에서 유발되는 두려움을 줄이거나 통제하는 방법을 가르친다.
- 이완 훈련 개인이 자신의 신체적 · 정신적 상태를 통제할 수 있도록 돕는다.
- 노출 치료 이완요법을 사용하지 않고 불안을 통제하기 위해 두려워하는 사물이나 상황에 점진적으로 직접 노출시킨다. 노출과 반응 예방치료는 강박장애를 가진 사람들에게 도움이 될 수 있다. 이 치료는 두렵거나 불쾌한 사물에 노출되었을 때 하는 강박행동(손 씻기와 같은 반복적인 행위)을 멈출 수 있도록 가르친다.
- 홍수법 사람들에게 가장 두려워하고 있는 것을 노출시키고 두려움이 줄어들 때까지 정신건강관리 제공자의 도움을 받으며 두려운 물체나 환경에 노출된 채로 유지시킨다.
- 자기주장 훈련 사람들에게 자신의 감정과 생각을 솔직하게 그리고 직접적으로 표현할 수 있도록 가르친다.

부부 및 가족치료

부부(couples, marital)치료와 가족치료는 관계를 변화시키고, 의사소통과 상호작용을 향상시키며, 갈등을 해소시킬 수 있는 더 나은 방식들을 가르치는 것을 추구한다. 부부 혹은 가족치료는 상호작용하는 기본적인 방식을 변화시키기를 원하고, 아이 혹은 사춘기 자녀가 정신장애를 가지고 있거나 문제행동을 보이고 있는 부부나 가족이 가장 이득을 얻는다. 치료는 수주 혹은 수개월간 지속될 수 있다. 일대일 정신치료에서 초점은 부부나 가족 안에 있는 사람에게 맞춰진다. 부부 및 가족치료에서는 모든 구성원뿐만 아니라 이들이 관계하거나 서로에게 느끼는 방식이 초점이 된다. 문제의 특성에 따라 정신건강관리 제공자는 일대일치료와 부부 혹은 가족치료를 함께 진행하기를 권하기도 한다.

일부 정신건강관리 제공자는 부부와 가족뿐만 아니라 개인과도 작업을 하지만, 많은 경우에 부부와 가족치료만을 전문으로 한다. 부부나 가족에게 있어서 문제 해결을 위해 언제 도움을 받아야 하는지 알기란 쉽지가 않다. 이들의 걱정들이 사소하거나 별일 아닌 듯 보이기도 하지만, 가끔씩 작은 것들의 기저에 더 큰 문제가 있다는 것을 알려 주는 신호일 수 있다. 각각의 증상들을 다루어 나갈 때 중요한 핵심은 그 문제가 얼마나 심각하게 혹은 얼마나 오랫동안 지속되어 왔었는지 알아내는 것이다.

부부치료는 보통 수주 혹은 수개월간 단기적인 경향이 있다. 흔히 다루는 문제들로는 의사소통의 문제, 성관련 문제, 배우자가 서로의 관계로부터 기대하는 관점의 차이와 같은 것들이다. 치료 목표는 문제를 가능한 한 빨리 찾아서 해결하는 것이다. 치료는 배우자와 함께 변화를 보고 싶어 하는 문제나 영역들을 확인하는 것으로 시작한다. 남편은 그의 아내가 자신이 아이 돌보는 것을 도와주지 않는다고 불평한다고 보고하고, 반면에 아내는 어린 자녀들이 떼쓰는 것 때문에 지친다고 느끼기도 한다. 정신건강관리 제공자는 이들이 바뀌기를 바라는 목표 행동에 초점을 맞추어 작고 특정한 방식으로 이러한 행동들을 수정해 보도록 서로 간에 약속을 하게 한다. 이러한 기법은 이성 부부나 동성의 부부에게 동일하게 적용된다.

가족치료는 치료를 받은 한 명은 환자나 내담자이고, 다른 사람은 적어도 그 가족 중 한 명인 형태를 말한다. 종종 전체 가족이 포함되기도 한다. 정신건강관리 제공자는 여러 가족 구성원을 개별적으로 만나기도 하고, 뿐만 아니라 전체 가족과 만나기도 한다. 한 사람이 생각하는 방식 혹은 특정 문제의 본질이나 내용이 아니라 사람들 사이의 상호작용에 초점을 맞춘다.

일반적으로 두 종류 가족치료가 있다. 행동가족치료는 문제행동을 가족의 관심과 보상의 결과로써, 이로 인해 계속 그러한 행동을 하도록 한다고 본다. 구조적 가족치료는 가족 구성원의 안녕에 대한 영향뿐만 아니라, 가족 기능을 돕기 위해 가족 구조의 가치를 강조한다.

집단치료

집단치료는 다른 사람들과 관계하는 방식을 변화시키고 고통스러운 심리적 증상을 완화시키고자 한다. 이 치료는 정신건강관리 제공자가 여러 명으로 이루어진 환자나 내담자 집단을 동시에 치료하고 모니터링하는 데 도움이 되는 방식을 제공한다.

또한 환자나 내담자들에게 통제되고 지지적인 환경 속에서 다른 사람들과 새롭고 좀 더 건강한 방식으로 상호작용하는 법을 배울 수 있는 사회적 환경(그리고 동료 집단)을 제공한다.

기본적으로 사용하는 기법으로는 지지적 치료, 인지행동치료, 정신역동치료, 대인관계치료, 자기-드러냄과 카타르시스(대화하고 표현하는 것을 통해 느낌을 방출), 통찰과 정보의 공유, 친구와 정신건강관리 제공자로부터 피드백을 받는 것들이 있다. 집단치료를 통해 유사한 정신 혹은 신체 장애(예를 들어, 섭식장애나 외상후 스트레스 장애)를 가진 사람들, 10대 청소년, 입원치료 중인 정신과 환자들, 정신장애를 가진 사람의 가족이 대부분 이득을 얻는다. 집단치료는 단기 혹은 장기시간 틀을 갖고 있다.

집단은 정신과 병원, 지역사회 정신건강센터, 건강관리 기관, 수련병원 진료소, 개인 사무실 같은 장소에서 열린다. 개인 운영을 하는 정신건강관리 제공자들은 비슷한 문제나 필요를 바탕으로 한 집단을 구성하기도 한다. 보통 일주일에 한 번 모이는 정신치료 집단은 광범위한 정신건강 문제를 치료하는 데 핵심적인 요소가 될 수 있다.

정신과적 약물

많은 종류의 정신과적 약물(psychiatric medications)은 이름에 '항(anti)'이 붙으면서 어디에 작용하는지에 따라 명명된다(예를 들어, 항정신병제, 항우울제). 정신과적 약물은 그 사람의 정신질환을 없애거나 치료하는 것이 아니라 증상을 크게 완화시키는 것임을 아는 것이 도움이 된다.

정신과적 약물은 뇌와 다른 신체 부위에 이미 존재하고 있는 신경전달물질이라는 화학 물질을 몸 안에서 더 많게 혹은 더 적게 만드는 것을 통해서 효과를 낸다고 알려져 있다. 이러한 화학 물질(가령, 세로토닌과 도파민)은 신경 내에 저장된다. 이것들은 하루 종일 분비가 되면서 한 신경에서 다른 신경으로 전달이 된다. 시간이 흐르면서 약물은 신경전달물질의 양을 변화시킬 수 있다. 그 결과 정신질환을 가진 사람이 스스로 극복할 수 없었던 행동과 기분, 생각들에 원하는 변화가 생겨나도록 도울 수 있다.

정신과적 약물은 사람의 신체적, 정신적 그리고 감정적 기능, 예를 들어 의식 상태, 주의집중, 운동협응, 에너지, 기분, 판단력, 수면 패턴, 대인관계와 같은 모든 측면에 영향을 미칠 수 있다. 일부 약물들은 단번에 효과가 나타나지만 다른 약물들은 즉각적으로 효과를 보이지는 않는다. 일부는 더 이상 복용을 하지 않은 후에도 효과가 지속적으로 나타난다.

의사는 각 사람의 필요와 증상을 고려하여 적합한 약물을 처방할 것이다. 약물의 종류나 용량은 그 사람에게 가장 좋은 효과를 낼 때까지 필요한 만큼 조정될 수 있다. 이러한 약물을 처방할 때 정신과 의사와 타과 의사들은 반드시 여러 요인을 고려해야 한다(다음의 '의사가 약물을 처방하기 전에 검토하는 것들'을 참고하시오).

의사가 약물을 처방하기 전에 검토하는 것들

- 알레르기 반응: 약물 중 특정 화학물에 대한 알레르기가 있다면 이 약물은 배제될 것이다.
- 생활 습관: 일부 약물은 특정 시간대에 복용을 해야 하거나 상세한 복용 방법이 있다.
- 나이: 나이는 약물이 신체 내에서 어떻게 대사(처리)가 되는지에 영향을 미친다. 노인의 경우 특정 약물이 더 천천히 대사가 될 수 있고, 특정 부작용이 더 잘 나타날 수 있다.
- 가족력: 가족 내 정신장애가 있는지 여부
- 전반적인 의학적 건강 상태와 의학적 문제의 과거력: 일부 질환들은 정신건강 장애를 유발하거나 그와 유사한 증상을 일으킬 수 있다. 만약 최근에 그러한 것이 없었다면 혈액 및 검사실 검사와 함께 전체적인 신체 검진을 해야 하고, 필요하다면 뇌영상 스캔 검사를 할 수도 있다.
- 다른 약물과 보조제 사용: 이들은 특정 처방 약물들과 함께 사용될 때 부작용이나 다른 문제를 유발할 수 있다.
- 약물 문제: 특정 약물들은 관리를 추구하는 사람들에게 이점과 위험이 있다.
  - 대부분의 정신과적 약물이 습관성이 없기는 하나, 일부 약물들은 중독성이 있어서 반드시 조심스럽게 처방되어야 한다.
  - 많은 약물이 경미한 불쾌감(예: 입마름)부터 더 심한 불편감(예: 어지러움이나 변비), 생명에 위협이 될 만한 증상들(예: 경련 혹은 부정맥)까지 다양한 부작용을 유발할 수 있다. 일반적으로 부작용은 약을 처음 복용할 때 가장 잘 발생하여 불편을 끼치고, 대부분은 수주 이내에 줄어들거나 사라진다.
  - 부작용에 대한 환자의 걱정: 특정 부작용으로 인하여 약물이 그 환자에게 부적합하다면 종종 다른 약물이 처방될 수 있다.

약물이 최상의 효과를 내기 위한 조언들

- 약물을 의사의 지시에 따라 복용한다.
- 약물 복용 시 피해야 할 음식, 기타 약물, 보조제가 있는지 물어본다.
- 약물을 음식물과 함께 복용해야 하는지, 아니면 하루 중 특정 시간대에 복용해야 하는지 물어본다.

- 예상되는 부작용에 대해 숙지한다. 어떠한 걱정이든 의사에게 질문하고 대화를 나눈다. 부작용이 나타났을 때 어떻게 대처해야 하는지 물어본다.
- 약물을 매일 꾸준히 복용할 수 있도록 도움이 되는 습관을 만든다.
- **의사와 상의 없이 약물을 바로 중단하거나 용량을 줄이지 않는다.** 만약 일부 약물을 바로 중단하거나 용량을 줄이면 해롭고 불쾌한 증상을 유발할 수 있다. 혹은 정신장애가 악화될 수도 있다.
- 약이 얼마나 효과가 있는지, 아니면 효과가 없는지 주의 깊게 살피고, 시간이 지난 뒤에도 그렇게 한다. 시간이 흐르면 신체는 약물에 적응하고, 증상은 호전되거나 악화될 수 있기 때문에 의사는 그에 맞춰 약물의 용량을 조절하거나 약물을 교체할 필요가 있다.
- 당신이 더 나아졌다고 느끼고 증상이 없는 것 같은 이후에라도, 혹은 당신이 부작용을 꺼리게 될지라도 약물이 당신을 낫게 하고 잘 유지시키는 데 도움을 줄 것이라는 것을 숙지한다. 약물이 효과를 발휘하고 있기 때문에 당신은 나아졌다고 느낄 수 있는 것이다.
- 당신이 약물에 대해 갖게 되는 어떠한 궁금증이든지 아니면 걱정이든지 의사의 조언을 구한다.

정신과적 약물을 복용하는 사람들은 정기적으로 의사를 방문하여 약이 작용하는지, 혹은 해롭거나 불쾌한 부작용이 나타나는 것은 아닌지 확인해야만 한다(앞의 '약물이 최상의 효과를 내기 위한 조언들'을 참고하시오). 증상을 해소하기 위해서는 적절한 약물과 용량이 필요하다. 용량이 조절되거나 다른 약물로 교체가 될 때에는 시간이 필요할 수 있다. 최고의 효과를 얻기 위해서는 약물 교체나 용량 조절을 시도할 수도 있다. 약물은 작용하기까지 오랜 시간이 걸리고, 때때로 수주 혹은 수개월이 지나서야 충분한 효과를 발휘한다.

일부 정신장애에서 인슐린이나 항고혈압제를 매일 복용하는 것처럼 사람들은 여생 동안 매일 약물을 복용해야 할 수도 있다. 이러한 경우를 유지치료라고 한다. 이는 한 사람의 증상이 통제되거나 일상생활에서 더 나은 기능을 발휘할 정도로 호전이 된 상태를 말한다. 긍정적인 효과를 유지하기 위해 의사의 치료하에 약물 복용을 유지해야 한다. 그런 후에는 약물의 효과를 유지하기 위해 꾸준히 복용하고, 정기적으로 의사의 진료를 받아야 한다. 의사는 약물이 여전히 작용하는지, 문제를 일으키는 부작용은 없는지, 그 사람이 잘 지내고 있는지, 장애의 증상이 잘 통제되는지 확인한다. 이는 재발(장애의 해로운 증상과 그것이 일으키는 문제로 되돌아감)을 방지하는 데 도움이 된다.

항우울제

오늘날 대부분의 항우울제는 부작용이 거의 없고 증상을 완화시키는 데 도움을 준다. '항우울제'라는 단어는 이러한 약물이 우울증 이외에도 많은 상태를 치료하는 데 사용되고 있기 때문에 다소 오해의 소지가 있다. 항우울제는 공황장애, 외상후 스트레스 장애, 범불안장애, 사회공포증, 강박장애, 경계성 인격장애, 신경성 폭식증, 주의력결핍 과잉행동장애, 자폐스펙트럼장애, 과민성 장증후군, 금연, 만성 통증, 편두통 치료에 효과적일 수 있다.

항우울제의 유형에는 선택적 세로토닌 재흡수 억제제(SSRIs), 세로토닌–노르에피네프린 재흡수 억제제(SNRIs), 삼환계 항우울제, 사환계 항우울제, 모노아민 산화효소 억제제(MAOIs)가 있다. 약물을 처방받은 사람들의 약 60~70%가 개선된다. 병합 치료는 약물치료와 정신치료를 함께하는 것으로서, 우울증을 치료하고 재발률을 낮추는 데 가장 효과적인 것으로 증명되었다.

의사들은 항우울제를 선택하는 데 많은 요인, 예를 들어 그 사람의 의학적 상태, 조증 혹은 경조증 삽화 과거력, 이전의 우울증 발병, 이전에 항우울제에 대한 반응, 수면 증가나 체중 증가, 불안, 망상이나 환각과 같은 정신병적 증상 여부를 고려한다. 항우울제는 즉각적으로 작용하지 않는다. 이러한 약물이 효과를 보이기까지는 시간이 걸린다. 소수의 사람들이 첫째 주가 지나면 에너지 증가와 같이 약간의 개선이 있기도 하지만, 대부분은 3~4주 동안 두드러진 혜택을 보지 못한다. 일부 약물들은 천천히 용량을 늘리기 때문에 약을 처음 복용하기 시작한 때부터 증상이 완화되기까지 5~6주 정도 소요가 되고, 약물이 완전히 영향을 미치는 데까지 8주 혹은 그 이상 소요된다.

다양한 유형의 항우울제가 여러 부작용을 낳는다. 입마름이나 오심과 같이 가장 흔한 부작용들은 수주가 지나면 가라앉는다. 비록 불편하기는 하나 이들 효과는 긍정적인 의미를 갖는 것이다. 약이 효과를 보이고 체내 약물의 농도가 증가하고 있음을 의미한다. 부작용이 불편하더라도, 도움이 될 때까지 충분한 기간 동안 약물을 복용하고 증상이 개선될 때까지 목표한 대로 지속적으로 용량을 증가시키는 것이 대단히 중요하다.

항정신병제

항정신병제는 망상과 환각 같은 정신병적 증상을 치료하는 데 사용된다. 이 약물들은 크게 두 종류로 나눠진다. 1) 1950년대와 1960년대에 처음 개발된 더 오래된 항정신병제와 2) 1990년대와 그 이후 개발된 더 새로운, 비정형 항정신병제가 있다. 처방되는 대부분의 항정신병제는 이제 비정형 항정신병제가 차지하고 있다.

항정신병제는 조현병과 기타 정신병 치료에 주로 사용되는 약물로, 양극성장애에서 조증과 우울증 증상 치료에도 중요한 부분을 차지해 왔다. 또한 항정신병 약물은 남용되는 약물과 연관된 정신병적 증상과 치매 및 자폐스펙트럼장애에서 동반되는 행동문제, 경계성 인격장애 환자에게서 나타나는 감정기복과 충동성의 치료에도 사용된다.

항정신병 제제는 약물의 안전성과 부작용을 얼마나 잘 견뎌 내는가를 기반으로 선택한다. 일부 부작용은 심하지만 치료될 수 있다. 한 가지 부작용은 정좌불능증이라 불리는데, 이는 하지의 불안정감과 함께 가만히 앉아 있기 어려운 증상이다. 다른 부작용은 더 심각하다. 지연성 운동이상증은 입과 혀(때때로 다른 신체 부위)가 수의 운동을 하지 못하게 되는 것이다. 이 부작용은 비정형 항정신병제에서는 덜 나타난다. 드물지만 심각한 부작용으로 신경이완제 악성증후군이 있다. 이는 신체 강직, 발열, 빈맥, 비정상적 혈압, 빠른 호흡, 혼돈 상태에서 혼수상태까지 정신 상태의 변화를 유발시킨다. 이러한 상태는 의학적 응급 상황이다.

항정신병 약물은 혈압 저하, 어지러움, 고지혈증, 혈당 증가, 고혈압, 체중 증가를 유발할 수 있다. 다른 대부분의 약물처럼 항정신병 제제는 임신 중이거나 모유 수유 중일 때 가능한 한 복용을 피해야 한다. 이것은 아이에게 생길 수 있는 낮은 위험의 선천적 결손증과 어머니에게 생길 수 있는 높은 위험의 정신병 사이에서 균형을 잘 잡아야 하기 때문에 어려운 결정이다. 일부 항우울제의 사용은 기저 상태를 치료하는 데 쓰이는 항정신병 약물의 양을 늘리거나 줄이기도 한다. 흡연은 혈액 내 일부 항정신병 약물의 농도를 감소시킬 수 있기 때문에 약물의 효과를 감소시킨다.

진정제, 수면제, 항불안제

진정제나 항불안 약물은 보통 불안과 불면을 치료하는 데 사용된다. 수면제는 잠을 유도하고 유지시키는 데 사용되는 약물이다.

일부 경우에 항불안제는 공황장애에서 항우울제가 효과를 보이기 전까지 치료제로 사용된다. 벤조디아제핀 계열은 항불안제의 한 종류이다. 이 약물은 근이완과 항경련 효과가 있다(즉, 경련을 통제하는 데 도움이 된다). 이 약물은 습관성(중독성)이 있기 때문에 주의해서 사용할 필요가 있다. 불면증 치료에 인정된 벤조디아제핀 계열은 얼마 되지 않지만, 거의 대부분이 이러한 목적으로 사용된다. 알코올은 그 영향이 이러한 약물들과 함께 증가하기 때문에 절주하거나 금주해야 한다.

모든 벤조디아제핀 계열은 비슷한 효과를 보인다. 약물이 얼마나 오랫동안 혈중 내에 남아 있는지, 얼마나 빨리 작용하는지, 체내에서 어떻게 대사가 되는지, 얼마나 강한 효과를 보이는지에 따라 선택한다. 벤조디아제핀 계열의 주요 부작용으로는 진정, 어지러움, 운전과 같이 기계 조작의 장애가 있다. 때때로 벤조디아제핀은 남용된다. 이러한 경우 환자들이 만약 약을 갑자기 중단하게 되면 약물 금단의 위험이 높을 수 있다. 금단 시에는 오심, 구토, 진전, 경련과 같은 증상들이 나타날 수 있다. 금단의 다른 흔한 증상으로는 혈압 상승, 빈맥, 불안의 악화, 공황발작, 기억력 문제가 있다.

또 다른 항불안제로 부스피론이 있다. 이 약은 알코올이나 벤조디아제핀과는 상호작용을 하지 않고, 수행 능력이나 기계 조작에 영향을 미치지 않으며, 남용의 위험도 없다. 범불안장애의 치료에 처방되지만, 공황장애 치료에는 유용하지 않다. 흔한 부작용으로 오심, 신경과민, 불면, 어지러움이 있다.

수면제는 수면을 돕기 위해 단기간만 처방된다. 이 약물은 낮 동안에 졸음을 줄이기 위한 단기작용 약물이다. 이 약물은 의존의 위험을 줄이기 위해서 단기간 동안만 사용해야 한다. 수면을 유도하는 또 다른 약물로는 라멜테온이 있다. 이는 수면과 각성 주기를 통제하는 호르몬인 멜라토닌에 작용한다.

기분조절제

기분조절제는 양극성장애를 가진 환자에게서 나타나는 들뜨고 가라앉는 기분 기복을 감소시키는 것을 돕는다. 이러한 약물은 양극성장애 치료에 도움이 된다. 기분조절제에는 리튬, 밸프로에이트, 카르바마제핀, 라모트리진, 비정형 항정신병제가 있다. 일부 기분조절제들은 항경련 약물로, 경련 치료에도 쓰인다. 기분조절제마다 부작용, 약물의 상호작용, 체내 대사 방식이 서로 다르다.

- 리튬은 양극성장애를 가진 환자들에게서 조증과 우울증 삽화 모두 급성기일 때, 그리고 예방적 치료에 효과적이다. 또한 반복성 주요 우울증을 가진 환자들의 미래 우울증 삽화를 예방하는 데에도 효과적이다. 리튬은 필요한 범위 내에 혈중 농도가 도달해 있는지 측정하는 유일한 기분조절제이다. 대부분의 약물들처럼 리튬은 낮은 농도에서 시작해서 시간이 지나면서 천천히 증량한다. 이 약은 갑상선기능저하증, 심박수의 변화, 체중 증가, 진전, 혈구 감소, 위장 장애를 유발할 수 있다.
- 밸프로에이트는 양극성장애의 조증과 다른 단계의 삽화 치료에 사용된다. 밸프로에이트의 초기 부작용은 오심, 진정 작용, 수전증이 있다. 의사는 부작용을 줄이기 위

해서 용량을 천천히 증량할 수 있다. 일부 사람들은 훨씬 높은 농도에서 시작해야 할 수도 있다. 밸프로에이트는 간 질환이 있는 사람에게 사용되어서는 안 된다. 또한 밸프로에이트는 혈구 수의 변화, 흉통, 소화불량, 체중 증가, 졸음을 유발할 수도 있다.

- 카르바마제핀과 옥스카르바제핀은 조증의 치료와 예방에 사용된다. 카르바마제핀의 가장 심각한 부작용은 백혈구와 적혈구의 큰 감소(재생불량성 빈혈)와 혈액 응고의 이상이다. 또한 간 기능에 영향을 주고, 발진을 유발하며, 혈액 내 갑상선 호르몬의 수준을 감소시킬 수 있다. 졸음, 어지러움, 보행장애도 유발할 수 있다. 옥스카르바제핀은 혈액이나 간 기능 검사를 필요로 하지 않고 카르바마제핀보다 부작용이 적다.
- 라모트리진은 양극성장애가 있는 사람들에게서 우울증을 예방하는 데 사용된다. 주요 부작용으로는 병원치료를 요하는 심각한 발진이 있다. 발진의 위험을 줄이기 위해서 의사는 라모트리진을 낮은 용량에서 처방하여 수주에 걸쳐 천천히 증량해 나간다.

자극제

자극제는 여자아이들보다 남자아이들에게 더 흔한 주의력결핍 과잉행동장애(ADHD)의 치료에 종종 처방된다. 이 약물은 대부분이 아동치료에 사용되지만 성인에게 사용되기도 한다. 종종 소아과 의사와 일차 의료 의사가 처방을 한다.

미국에서는 자극제가 ADHD를 가진 아동과 성인뿐만 아니라 일부 장애가 없는 경우에도 과도하게 사용되고 있다는 큰 우려가 제기되고 있다. ADHD를 가진 대부분의 아동들은 자극제를 사용하면 수업을 듣거나 숙제를 할 때 개선된 집중력을 보이며 반응한다. 아토목세틴이나 구안파신과 같은 비자극성 약물들도 ADHD 치료를 위해 처방될 수 있다.

자극제의 부작용은 연령 집단에 따라 독특하다. 자극제의 주요 부작용으로는 불면, 과민한 기분, 혈압 상승이 있다. 흥분, 증가된 활동, 말이 많아짐, 과민성과 같은 부작용은 그날의 약 효과가 떨어질 무렵이나 자극제 약물 복용을 갑자기 중단한 후 며칠 동안 보일 수 있다. 증상은 원래 ADHD 증상과 유사할 것이다. 자극제치료를 받는 아이들 중 소수는 정신병적 증상이 발생할 수도 있다.

신경조절 기법

신경조절 기법(Neuromodulation techniques)은 정신과적 치료 중에서 흔한 것은 아니지만, 환자가 다른 치료에 반응이 없을 때 매우 효과적일 수 있다. 신경조절 치료는 전기 혹은 자기 전류를 흘려보내 신경을 안전하게 자극시켜 자연 반응을 유도하는 것이다.

전기경련치료

전기경련치료(ElectroConvulsive Therapy: ECT)(뇌에 조정된 전류를 흘려보내 짧은 경련을 유발하는 것)는 주요우울장애와 조증, 조현병의 일부 사례에서 사용되는 뛰어난 치료법 중 하나이다. ECT로 치료받은 우울증이 있는 사람의 80~85%가 개선된다.

약한 전기적 자극은 우울증이 있는 사람의 뇌에 있는 화학 물질과 수용체에 영향을 미친다. 전류가 두피에 부착한 전극을 통해 흘러가기 전에 마취와 근이완제가 사용되기 때문에 환자들은 어떠한 통증도 느끼지 않고, 근육은 경련이나 떨림이 없다. ECT는 안전하고 신뢰할 만하며 효과적인 치료라는 잘 알려진 이점에도 불구하고, 여전히 많은 일반 대중은 불신감을 갖고 있다. 이러한 태도는 ECT가 고통스럽고 위험하기까지 하다는 구식의 오해에서 비롯되었다.

ECT는 자살 위험이 높은 주요우울장애를 가진 사람들이나 정신병적 증상을 가지고 있는 사람들, 식사나 물을 거부하여 생명에 위협을 줄 정도로 심각한 장애를 가진 사람들에게 최선의 치료 방법이다. 전기경련치료의 도움을 받을 수 있는 경우는 다음과 같다.

- 정신치료와 최소한 두 가지의 항우울제를 시도했는데도 불구하고 개선이 없을 때
- 망상과 같은 정신병적 증상이 있을 때
- 자살이나 타인을 해할 위험이 있기 때문에 빠른 결과를 가져올 치료가 필요할 때
- 항우울제로 치료했는데도 개선이 되지 않았던 이전의 우울증을 갖고 있을 때
- 과거에 ECT를 통해 개선되었을 때

경두개자기자극술

뇌의 경두개자기자극술(Transmcranial Magnetic Stimulation)은 두 가지 혹은 세 가지의 항

우울제를 복용했는데도 불구하고 개선이 없는 우울증을 가진 사람들을 위한 새로운 형태의 치료이다. 이 치료는 뇌의 특정 부위로 보내지는 전기파를 만드는 장치를 이용한다. 전기파는 두피에 위치한 전극을 통해 보내진다. 환자들은 부작용을 거의 보고하지 않는다. ECT와는 달리 경련도 유발되지 않는다.

더욱 건강한 삶을 유지하기

정신건강관리 제공자로부터 도움을 받는 것은 더 건강해지기 위한 훌륭한 시작이다. 치료는 작용할 때까지 시간이 걸리고 한 가지 치료만으로 완치되지 않는다. 더 건강해지는 것은 문제의 특성, 치료의 선택, 정신건강관리 제공자의 기술에 달려 있다. 하지만 무엇보다도 치료를 추구하는 사람의 노고와 사랑하는 이들의 지지가 핵심이다. 더 나아지기 위해서는 용기가 있어야 한다. 날마다 지속적으로 노력하고 포기하지 않아야 한다. 다음은 당신의 건강과 치료의 증진을 위해 할 수 있는 것들을 보여 준다.

당신의 신체를 돌보기

- 운동은 신체뿐만 아니라 마음에도 좋다고 증명되었다. 특히 우울증에 크게 도움이 된다. 또한 불안을 감소시키는 데에도 효과적인 방법이다. 신체 운동은 긴장을 완화시키고 안녕감과 전반적인 건강을 증진시킨다.
- 건강하고 균형이 잘 잡힌 식단은 모든 치료 계획의 일부분이 되어야 한다. 여기에는 녹황색 채소, 야채, 과일, 콩, 지방이 없는 살코기, 생선류, 통곡물이 있다. 식사를 거르거나, 너무 빨리 먹거나, 정크푸드(과량의 당 성분, 패스트푸드)를 너무 많이 먹는 것과 같이 부실한 식이 습관은 사람들을 신체적으로 불편하게 만들고 심리적으로도 건강치 못하게 만든다. 건강하고 균형 잡힌 식이요법은 건강을 증진시키고 기분이 더 나아지도록 돕는다.
- 매일 밤 충분한 수면을 취하는 것이 마음과 신체에 큰 유익이 된다. 밤 동안 7~8시간 자고 잠자리에 드는 시간과 일어나는 시간을 정해 놓는다. 카페인과 담배, 음주를 제한하고 운동은 수면 몇 시간 전에 마무리하고 영상 시청(TV, 컴퓨터, 휴대폰)은 최소한 수면 1시간 전까지만 한다. 호흡 훈련과 명상이 긴장을 풀고 평온한 수면을

취하는 데 도움이 된다.

- 과량의 카페인은 불안이나 공황발작을 유발할 수 있고, 이러한 상태를 더욱 악화시킨다. 알코올은 정신건강 증상을 악화시킬 수 있고 때때로 다른 약물들과 상호작용하여 부정적인 결과를 초래할 수 있다.

당신의 마음과 감정을 돌보기

- 비관적으로 자책하는 것을 피한다. 당신이 자신에 관해 좋아하는 것들과 당신이 잘하는 것들에 초점을 맞춘다.
  - 자신에 대해 긍정적으로 생각하는 것이 어렵다면 당신이 신뢰하고 있는 다른 이들에게 부탁한다.
  - 만약 자책을 하거나 계속해서 최악의 결과에 대해서만 초점을 맞춰 걱정이 많아지면 이를 알아차리고 스스로 멈춘다. 이러한 반복적인 생각들은 좋을 것 없이 기분을 악화시킬 뿐이다. 또한 모든 진실을 가리고 잘못된 생각을 심을 수도 있다.
- 더 긍정적인 관점을 만든다. 그러한 좌절이나 실패를 자신 스스로나 자신의 인생 전체가 그렇다고 판단하지 않고 한정적이고 일시적인 사건으로 보도록 하자.
  - 변화하기 위한 핵심은 당신의 뇌를 홍수로 범람하게 할 수 있는 부정적인 자동사고들을 없애는 것이다.
  - 이러한 생각들을 긍정적인 사실로 대치한다.
  - 당신 자신이 얼마나 중요한지를 일깨우기 위해 당신의 장점과 당신의 인생에서 당신이 가치 있게 여기는 것들에 대해 목록을 간직한다.
- 유머는 종종 우리 자신이나 다른 사람들에게 고통을 주지 않으면서 우리가 두려움과 부정적인 느낌을 표현할 수 있게 해 준다. 또한 신체적 안녕의 증진을 생산하기도 한다. 보통 우리는 다른 사람들과 함께 웃을 수 있기 때문에 유머는 지지적인 관계를 만들어 나가는 데 도움이 된다.

다른 이들을 돌보기

- 지지를 주고받기 위해서 우정을 쌓아 간다. 관계에서 사람들은 어떤 문제들에 대해서는 더 넓게 볼 수 있다는 것을 알게 될 것이다. 따라서 다른 사람들과 어울리는 것

이 중요하다.

- 즐거운 일을 하는 것은 자기존중감을 증진시키고 신체적 그리고 정신적 스트레스를 완화시키기도 한다. 당신이 즐기거나 당신의 취미와 연관이 되어서 다른 사람들을 도울 수 있는 방법들을 찾는다.
- 친구들이나 친구-지지 집단들은 공감을 제공하고, 의욕을 되찾게 하며, 비슷한 인생 문제를 다루는 사람들을 위해 새로운 사회적 세계를 만들 수 있도록 해 준다. 비슷한 문제를 가진 사람들과 대화하는 것은 정신장애를 가진 사람들에게 매우 유용하다. 병원, 지역 건강 센터, 지역 내 정신건강 기관들이 지지 집단을 보조하고 있다. 함께 참여하는 것을 통해 사람들은 비슷한 문제를 가진 다른 사람들과 유대감을 발전시킬 수 있다.

요점 정리

- 정신건강 문제들이 직장이나 가까운 관계, 다른 삶의 중요한 영역에서 계속 문제를 일으킬 때 도움을 구해야 한다. 너무 많이 먹거나 너무 적게 먹거나, 아니면 너무 많이 자거나 너무 적게 자거나, 사람들과 일상생활에서 멀어지거나, 에너지가 적거나 없어지거나, 당신 자신이나 다른 사람들을 해할 생각을 하는 것과 같이 정신질환에 대한 흔한 위험 징후들을 알아야 한다.
- 도움받을 수 있는 다양한 유형의 공인된 정신건강관리 제공자가 있다. 여기에는 정신과 의사, 심리학자, 공인된 임상 사회사업가, 부부 및 가족치료사, 정신보건 간호사가 해당한다. 또한 이러한 정신건강관리 제공자들은 일차 의사, 임상 간호사, 약을 처방할 수 있는 의료보조자와 함께 작업할 수도 있다. 지지 집단은 도움을 제공하고 대처를 개선시킨다(부록 B '유용한 자원들'을 참고하시오).
- 거의 모든 정신과적 장애에 대해서 많은 치료가 유용하다. 정신치료, 약물치료, 혹은 두 치료를 조합하여 사용할 수 있다. 전기경련치료(ECT)와 같은 신경중재 기법은 특정 정신장애들에 대해 다른 치료들이 작용하지 않을 때, 현대적이고 효과가 입증된 안전한 치료가 될 수 있다.
- 치료는 건강과 삶의 질을 향상시킨다. 치료받지 않은 채로 남겨지면 보통 정신장애는 악화되고, 더 많은 문제와 고통을 낳게 된다. 정신건강 증상들을 완화시키기 위한 남용되는 약물이나 너무 과한 알코올 섭취는 정신장애를 악화시키고 다른 문제에서 위험을 증가시킨다.
- 당신은 운동을 하고 건강한 식단을 유지하며, 매일 밤 잘 자고, 너무 많은 카페인이나 알코올 섭취를 피하고, 긍정적인 사실에 집중하면서 자주 웃고, 우정을 키우고, 다른 사람들을 돕는 것을 통해서 당신의 정신건강을 향상시키고 유지할 수 있다.

용어사전

여기서 소개하는 용어들은 정신건강장애와 정신건강관리에 관한 당신의 지식을 쌓는 데 도움이 될 것이다. 이 가운데 많은 용어가 이 책에 정의되었다. 이 용어들은 종종 정신건강관리 제공자들이 사용한다.

감정정화 느낌을 말하고 표현하는 것을 통한 감정의 방출

강박사고 반복적이고, 지속적이며, 무의미한 발상, 사고, 충동 혹은 심상

강박행동 합리적인 목적을 이루기 위한 것이 아닌 반복적인 행동(손 씻기 등)이나 반복적인 정신과정(숫자 세기 등)

강제입원 정신질환이 있는 사람을 정신과 치료 프로그램에 입원시키는 법적 절차

강화 보상체계 그리고/혹은 처벌을 통해 원하는 반응을 장려하는 것을 포함한 행동치료 기법

경조증 다행감과 조증 사이에 위치한 비정상적인 기분 상태로, 비현실적인 낙천주의, 빠른 말과 행동, 수면욕구 감소가 특징적임

계약 한 사람과 치료자가 특정한 일련의 행위에 대하여 맺는 명시적인 동의

공동의존 지속적으로 파괴적인 습관을 '하도록' 하는 중독적인 행동을 가진 사람들의 배우자, 동반자, 부모, 친구가 갖는 감정적 그리고 심리적인 행동패턴

공포증 특정한 사물이나 상황에 대한 두려움. 공포증은 동물, 곤충, 혈액, 비행기 타기, 높은 곳, 터널, 엘리베이터에 대한 두려움과 같이 구체적인 대상일 수 있음

공황발작 죽음이 임박했다는 감정으로 강렬한 경험, 죽음이나 '미칠 것 같은' 혹은 자제력을 잃어버릴 것에 대한 공포가 심계항진, 어지러움, 전율, 오심 또는 호흡 곤란과 같은 두드러진 신체증상과 함께 갑작스럽고 이유 없이 나타남

과수면 장시간의 수면 혹은 과도한 낮 시간의 졸음

과잉행동 목적이 분명하든 목적이 없든 나타나는 과도한 신체적 활동

광장공포증 광장이나, 탈출이 어려울 것 같은 장소나 상황에 놓이는 것에 대한 두려움

금단 중독성 물질의 사용이 중단되거나 줄어들면서 단기간 이내에 발생하는 증상과 징후. 여기에는 발한, 빈맥, 수부진전, 오심 혹은 구토, 초조, 불안, 환각이 포함됨

기능부전적 가족 부모 사이 혹은 부모와 자녀 사이에 부정적이고 파괴적인 패턴의 행동들이 특징적인 가족

기억상실 영구적 혹은 일시적인 기억의 소실

긴장증 움직임이 없는 상태로, 어떤 유형의 정신병에서 보이는 근육 경직이나 강직이 특징적임

내성 원하는 효과를 내기 위해 물질의 양을 늘릴 필요가 두드러진 물질 의존의 특성

놀이치료 아동의 치료에 있는 기법인데, 아동의 놀이는 환자와 치료자 사이에 표현과 의사소통의 매개체

뇌진탕장애 두부 외상과 의식 소실 이후에 발생하는 신체적 증상과 인지의 변화

다행감 신체적 · 감정적 안녕에 대한 과장된 느낌

단기 정신치료 치료횟수와 특정 대상이나 목표를 정해 놓게 하는 형태의 정신 치료

대인관계 정신치료 본래 우울증 치료를 목적으로 개발된 것으로, 사람들이 자신의 대인관계와 의사소통 기술을 향상시킬 수 있도록 돕기 위해 관계 문제에 초점을 맞추는 형태의 단기 정신치료

대처 기전 스트레스를 다루는 방식

동반질환 한 사람에게서 두 가지 이상의 질환이 공존

동성애 동성의 사람들에게 성적인 매력에 끌리고 관계를 맺음

마술적 사고 무언가에 대한 생각이 현실로 일어날 수 있다는 확신

만성 오랜 기간 동안 지속적이거나 자주 반복되는 것

망상 그와 반대되는 분명한 증거가 있음에도 불구하고 갖게 되는 자신 혹은 세상에 관한 잘못된 믿음

명상 이완시키고, 집중력을 개선시키며, 그 사람의 내적 자기에 귀를 기울이기 위해 호흡과 다른 기법들을 사용하는 다양한 접근법

모방화 행동치료에서 사용되는 기법으로서 치료자가 목표로 하는 행동을 수행한 뒤 환자가 모방하도록 함

목회상담 신앙 모임 중 감정적 문제를 가진 사람을 돕기 위해 성직자 신분인 사람이 심리학적 원칙을 적용함

무감동증 무관심 혹은 느낌, 감정 또는 흥미의 결여

무동증 운동 능력이 감소된 상태

무의욕증 의지, 주도권, 동기의 결여

무쾌감증 이전에 즐겨 하던 활동에 대한 흥미의 상실

반사회적 행동 다른 사람의 권리, 인권, 재산, 사회적 규범을 무시하고 행하는 행위

반응 자극에 의해 유도된 행동이나 활동

방어기제 중요한 상실이나 외상과 같이 어려운 상황이나 문제에 사람이 대처 할 수 있도록 무의식적으로 작동하는 여러 정신과정

벤조디아제핀 항불안제 혹은 진정제로 사용되는 약물군

병인 질병의 특정 원인

부부치료 두 사람 사이의 근본적인 관계를 와해시키거나 위협하는 문제들을 호전시키고 풀어내기 위한 목적의 치료

부분입원 낮이나 밤 동안 혹은 주말에만 병원 보호가 필요한 사람들을 위한 정신과적 치료 프로그램

부작용 약물의 주된 목적과 함께 동반되는 약물 반응

부정 사람으로 하여금 행동, 사고, 욕구, 느낌, 욕망이 있다는 것을 부정할 수 있게 해 주는 방어기제

불면증 잠이 들거나 잠든 상태를 유지하는 데 어려움이 있는 수면-각성장애

불안 예상되거나 상상하는 위험에 대한 두려움 혹은 불편감

불안정 감정에 적용되는 의미로, 빠르게 변화함(불안정함)

비현실증 주변 환경으로부터 동떨어져 있다는 느낌으로, 사물이나 다른 사람들 혹은 시간에 대한 관점을 왜곡되게 함

사회공포증 다른 사람이 뚫어지게 보는 것의 대상이 되어 조롱을 당하거나 당황스러울 수 있는 상황에 놓이는 것에 대한 지속적인 두려움

사회복귀시설 병원 입원치료는 필요하지 않지만 아직 스스로 일상생활로 돌아갈 준비는 되어 있지 않은 사람들을 위한 특수한 거주 시설. 보통 자격을 갖춘 전문가의 감독하에 운영됨

상담 정신건강 전문가일 수도 있고 아닐 수도 있는 한 사람이 다른 사람에게 안내하거나 조언해 주는 것에 대한 상호작용을 의미하는 일반적인 용어

성적 지향 이성, 동성 혹은 두 성 모두 인지에 대해 한 사람이 갖게 되는 성적 매력의 초점

성전환자 심리적인 성별 주체성이 자신의 생물학적 성과 반대인 사람

수면다원검사 수면관련장애를 진단하기 위해 뇌파, 안구운동, 근력, 호흡, 맥박 수, 성기의 발기(팽창)를 밤새 기록함

수면제 이완이나 수면을 유도하는 데 사용하는 약물

스트레스 가해지는 어떠한 요구에 대한 신체의 비특이적 반응

스트레스 요인 신체가 스트레스 반응을 경험하게 만드는 특이적 혹은 비특이적 약제, 사건 혹은 상황

시각화 지시되거나 유도된 심상기법에서 사용하는 스트레스 관리법

시설수용 병원이나 요양시설, 거주센터, 기타 복지시설에 장기간 수용하는 것

신체적 의존 약물에 대한 생물학적인 애착 그리고 약물에 대한 욕구를 의미하고, 만약 그 약물이 중단될 때 나타나는 내성과 금단 증상이 특징적임

신체적 치료 정신의학에서 정신장애에 대한 생물학적 치료. 예를 들면, 전기경련치료와 정신약물학적 치료

실어증 보통 뇌의 질병이나 외상으로 인해 단어를 사용하거나 이해하는 능력이 손상되는 것

안구진탕 비정상적인 안구운동

약물 상호작용 두 가지 이상의 약물을 동시에 복용했을 때 신체가 약물에 대해 반응하는 방식의 변화

억제 특정 생각이나 충동에 대한 의식적 금지

예후 질환의 결과에 대한 예측

외래환자 시설에 입원하지 않고 병원이나 다른 건강시설에서 치료나 보호를 받고 있는 사람

욕동 기본적인 본능 혹은 욕구

우울증 슬픔, 실망, 절망의 느낌을 기술하는 용어. 한 사람의 일생에서 정상적이고 일시적인 반응일 수 있고, 다양한 신체적 그리고 정신적 상태에서 나타나 는 증상이거나 그 자체가 정신장애일 수 있음

위기개입 자살이나 폭력의 위협, 그와 유사한 위급한 것들을 다루는 응급행위

유지치료 정신장애의 재발이나 반복을 예방하기 위해 정신치료, 약물치료 혹은 두 치료 모두를 지속하는 것

의례 반복적인 행위. 보통 불안을 완화시키는 데 사용되는 일상생활 중의 왜곡된 습관

의식 우리가 인식하는 정신 기능의 측면

이상운동증 움직임의 장애

이인증 마치 외부에서 자신의 몸을 관찰하고 있는 것처럼 자기로부터 동떨어져 있다는 강한 감각

이중 진단 한 사람에게 진단을 내리는 시기에 정신과적 장애와 물질 사용장애가 동시에 발병함

인격 한 사람이 생각하고 느끼고 행동하는 특징적인 방식

인생주기별 문제　한 사람의 인생에서 특정한 발달기간에 적응, 발생하는 것이 어려움

인지　감정적 처리 과정과는 대조적인 사고, 이해, 지각, 판단, 기억, 추론과 같은 정신적 처리 과정과 연관된 것

인지행동치료　사고와 행동의 상관관계를 기반으로 하여 사람이 특정 상태나 증상을 인식하고 수정할 수 있도록 하는 것을 목표로 한 단기 형태의 정신치료

자기애　자신의 능력이나 중요성을 과대평가하는 경향

자기존중감　자기가치의 감각. 자신을 한 사람으로서 가치 있게 여기는 것

자기주장　필요와 느낌, 권리를 공개적이고 직접적으로 표현하는 능력

자기주장 훈련　사람들에게 솔직하고 직접적으로 느낌과 생각을 표현할 수 있도록 가르치는 형태의 행동치료

자조집단　개인 그리고 집단의 지지를 통해 서로가 함께 도우려는 공통된 문제를 가진 사람들의 모임

점진적 이완　체계적 순서에 맞춰 신체의 특정 부위에서 근육을 수축하고 이완하는 것을 통해 근육의 긴장을 감소시키는 방법

정동　감정, 느낌 혹은 기분의 외부적인 표현

정신건강　누군가 일을 하고, 사랑을 하며, 다른 사람들과 효과적으로 관계를 맺고, 갈등을 해소할 수 있는 심리적 · 감정적 안녕 상태

정신건강의학과　정신장애의 병인(원인), 진단, 예방, 치료를 다루는 의과학

정신병　한 사람이 현실을 지각하고 다른 사람들과 소통하며 관계를 맺는 능력의 전반적인 손상

정신병리　정신장애의 발병과 특성에 관한 학문

정신 상태 검사　심리적 그리고 행동적 기능을 평가하는 과정

정신신체　신체적 증상이나 상태에 정신적 혹은 감정적 요소가 있다는 것을 가리키는 데 자주 사용되는 용어

정신역동　인간행동과 그것의 동기에 대한 지식과 이론

정신역동적 정신치료　그 사람의 행동을 주도적으로 형성하는 데 있어서 초기 경험과 무의식적인 영향의 역할을 고려하여 그 사람을 이해하는 것을 기반으로 한 치료

정신운동　신체적 그리고 정신적 활동이 조합된 것을 가리키는 용어

정신운동 지체　신체적 그리고 감정적 반응이 느림

정신운동 초조　내적 긴장감과 연관된 과도한 운동 활동

정신장애　상당한 고통, 장애, 와해된 기능 혹은 자신이나 타인에게 위해나 고통을 가할 위험

이 증가될 수 있는 행동적 또는 심리적 상태나 증후군

정신활성 뇌에 작용하여 느낌이나 감정을 변화시키는 약물과 불법 약물들을 기술하는 데 흔히 사용되는 용어

정온제 불안과 초조를 감소시키는 약물

정좌불능증 통제할 수 없는 운동성 좌불안석. 흔히 특정 약물의 부작용으로 나타남

조증 양극성장애에서 발생하는 기분장애로서 과도한 기분 고양, 과장된 자기존중감, 과잉행동, 초조, 빠르고 반복적인 혼란스러운 사고와 말이 특징적임

주의산만 주의를 유지할 수 없거나 초점이 한 활동이나 주제에서 다른 것으로 옮겨 가는 경향

중독(addiction) 부정적인 결과를 초래하는데도 불구하고 강박행동, 통제력 상실, 행동이나 활동의 지속적인 반복을 특징으로 하는 행동패턴

중독(intoxication) 화학 물질의 과용량으로 인한 급성 신체적 영향

증후군 특정한 원인이 있다는 것을 시사하며, 함께 나타나는 일련의 징후와 증상들

지남력 시간, 장소, 사람과 관련한 자기의 인식

지남력상실 그 사람과 관련된 장소, 시간, 다른 사람에 대한 인식의 소실

지연성 운동장애 항정신병 약물의 장기간 사용과 더불어 발생하는 혀나 턱, 사지의 불수의적 운동 등이 나타나는 약물로 인한 운동장애

지지적 정신치료 단기간 혹은 장기간에 걸친 치료로, 한 사람이 현재 직면하고 있는 특정 위기나 어려움을 대처해 나가는 것을 돕기 위해 치료자–환자 관계를 이용하는 유형의 치료

진전 신체나 신체 일부분이 떨리거나 진동함

진정제 안정시키거나 수면을 일으키는 약제에 사용되는 일반적인 용어

진통제 의식의 소실을 유발하지 않고 통증을 완화시키는 약물

집단 정신치료 치료자가 집단상황에서 사용하는 정신치료적 기법

착각 실제로 일어나는 것에 대한 잘못된 지각

초조 가만히 앉아 있기 어렵고, 손가락으로 만지작거리거나, 왔다 갔다 하거나, 손을 꽉 쥐고 있는 것과 같이 흔히 긴장과 관련된 과도한 신체적 활동

최면 누군가를 암시에 걸리기 쉽게 하고 지시를 받아들이게 하는 강렬한 집중 상태. 원하지 않는 습관(예: 흡연, 과식)을 깨뜨리거나 통증을 경감시키는 데 치료적으로 유용함

충동 긴장을 줄이거나 즐거움을 느끼기 위해 특정한 방식으로 행동하고자 하는 갑작스런 욕구

친밀감 서로 간의 가장 깊은 느낌을 언어적 · 비언어적인 방식으로 공유하려는 욕구와 능력이 특징인 두 사람 사이의 가까운 상태

탈진 지속적인 감정적 압력으로 인해 신체적 · 감정적 · 정신적 고갈 상태

투사 받아들일 수 없는 느낌이나 충동이 다른 사람으로부터 기인한다는 방어 기제

틱 불수의적이고, 갑작스러우며, 빠르고, 반복적인 운동성 움직임 혹은 발성

편집증 다른 사람의 행위를 의도적으로 위협적이거나 비하하는 것으로 보는 경향

편집증적 사고 괴롭힘을 당하거나, 피해를 받고 있거나, 억울하게 대우를 받는다는 것에 대한 의심

플래시백 외상성 사건의 재경험

해독 알코올이나 중독성 약물을 신체로부터 제거시키는 과정으로, 보통 약물과 보조 치료를 함께 병행함

해석 치료자가 한 사람으로 하여금 특정한 문제를 이해할 수 있도록 장려하는 과정

행동수정 바람직한 목표로 하는 행동은 보상을 하고, 원치 않는 행동은 처벌을 하여 행동을 교정하거나 증상을 없애는 방법

행동치료 체계적 탈감작, 행동수정, 혐오치료와 같은 수단을 이용하여 행동을 교정하는 것을 목표로 하는 형태의 치료

향정신성 뇌에 특정한 방식으로 작용하여 마음에 영향을 끼치는 약물을 기술하는 데 사용되는 용어

혼미 환경에 대한 반응과 인식의 두드러진 감소

환각 존재하지 않는 소리, 장면, 신체적 감각, 냄새에 대한 지각

환각제 환각과 정신 상태의 변화를 유발할 수 있는 어떤 종류의 약물에라도 적용하는 용어

황홀경 한 사람이 물리적 환경에서 동떨어지게 만드는 극도의 주의집중 상태

회복기 치료 입원치료 이후 새로운 환경에 적응하는 것을 돕고, 재발 방지를 돕기 위한 재활 및 다른 치료들

회상 기억을 의식으로 불러오는 과정

흡입제 흡입하였을 때 정신에 영향을 주는 증기를 만들어 내는 물질

부록 A

DSM-5-TR 장애 전체 목록

여기에 나열된 장애의 순서와 분류는 DSM-5-TR을 따랐다.

신경발달장애 Neurodevelopmental Disorders

⊙ 지적발달장애 Intellectual Developmental Disorder

지적발달장애(지적장애) Intellectual Developmental Disorder(Intellectual Disability)

전반적 발달지연 Global Developmental Delay

명시되지 않는 지적발달장애(지적장애) Unspecified Intellectual Developmental Disorder (Intellectual Disability)

⊙ 의사소통장애 Communication Disorders

언어장애 Language Disorder

말소리장애 Speech Sound Disorder

아동기 발병 유창성장애(말더듬) Childhood-Onset Fluency Disorder(Stuttering)

사회적(실용적) 의사소통장애 Social(Pragmatic) Communication Disorder

명시되지 않는 의사소통장애 Unspecified Communication Disorder

⊙ 자폐스펙트럼장애 Autism Spectrum Disorder

자폐스펙트럼장애 Autism Spectrum Disorder

⊙ 주의력결핍 과잉행동장애 Attention-Deficit/Hyperactivity Disorder

주의력결핍 과잉행동장애 Attention-Deficit/Hyperactivity Disorder

달리 명시된 주의력결핍 과잉행동장애 Other Specified Attention-Deficit/Hyperactivity Disorder

명시되지 않는 주의력결핍 과잉행동장애 Unspecified Attention-Deficit/Hyperactivity Disorder

⊙ 특정학습장애 Specific Learning Disorders

특정학습장애 Specific Learning Disorders

⊙ 운동장애 Motor Disorders

발달성 협응장애 Developmental Coordination Disorder

상동증적 운동장애 Stereotypic Movement Disorder

⊙ 틱장애 Tic Disorders

뚜렛장애 Tourette's Disorder

지속성(만성) 운동 또는 음성 틱장애 Persistent(Chronic) Motor or Vocal Tic Disorder

잠정적 틱장애 Provisional Tic Disorder

달리 명시된 틱장애 Other Specified Tic Disorder

명시되지 않는 틱장애 Unspecified Tic Disorder

⊙ 기타 신경발달장애 Other Neurodevelopmental Disorders

달리 명시된 신경발달장애 Other Specified Neurodevelopmental Disorder

명시되지 않는 신경발달장애 Unspecified Neurodevelopmental Disorder

조현병 스펙트럼 및 기타 정신병적 장애 Schizophrenia Spectrum and Other Psychotic Disorders

조현형(인격) 장애 Schizotypal(Personality) Disorder

망상장애 Delusional Disorder

단기 정신병적 장애 Brief Psychotic Disorder

조현양상장애 Schizophreniform Disorder

조현병 Schizophrenia

조현정동장애 Schizoaffective Disorder

물질/약물치료로 유발된 정신병적 장애 Substance/Medication-Induced Psychotic Disorder

또 다른 의학적 상태로 인한 정신병적 장애 Psychotic Disorder Due to Another Medical Condition

⊙ 긴장증 Catatonia

또 다른 정신질환과 연관된 긴장증 Catatonia Associated With Another Mental Disorder

또 다른 의학적 상태로 인한 긴장성 장애 Catatonic Disorder Due to Another Medical Condition

명시되지 않는 긴장증 Unspecified Catatonia

달리 명시된 조현병 스펙트럼 및 기타 정신병적 장애 Other Specified Schizophrenia Spectrum and Other Psychotic Disorder

명시되지 않는 조현병 스펙트럼 및 기타 정신병적 장애 Unspecified Schizophrenia Spectrum and Other Psychotic Disorder

양극성 및 관련장애 Bipolar and Related Disorders

제I형 양극성장애 Bipolar I Disorder

제II형 양극성장애 Bipolar II Disorder

순환성장애 Cyclothymic Disorder

물질/약물치료로 유발된 양극성 및 관련장애 Substance/Medication-Induced Bipolar and Related Disorder

또 다른 의학적 상태로 인한 양극성 및 관련장애 Bipolar and Related Disorder Due to Another Medical Condition

달리 명시된 양극성 및 관련장애 Other Specified Bipolar and Related Disorder

명시되지 않는 양극성 및 관련장애 Unspecified Bipolar and Related Disorder

명시되지 않는 기분장애 Unspecified Mood Disorder

우울장애 Depressive Disorders

파괴적 기분조절부전장애 Disruptive Mood Dysregulation Disorder

주요우울장애, 단일 및 재발성 삽화 Major Depressive Disorder, Single and Recurrent Episodes

지속성 우울장애(기분저하증) Persistent Depressive Disorder(Dysthymia)

월경전불쾌감장애 Premenstrual Dysphoric Disorder

물질/약물치료로 유발된 우울장애 Substance/Medication-Induced Depressive Disorder

또 다른 의학적 상태로 인한 우울장애 Depressive Disorder Due to Another Medical Condition

달리 명시된 우울장애 Other Specified Depressive Disorder

명시되지 않는 우울장애 Unspecified Depressive Disorder

불안장애 Anxiety Disorders

분리불안장애 Separation Anxiety Disorder

선택적 함구증 Selective Mutism

특정공포증 Specific Phobia

사회불안장애(사회공포증) Social Anxiety Disorder(Social Phobia)

공황장애 Panic Disorder

공황발작 Panic Attack

광장공포증 Agoraphobia

범불안장애 Generalized Anxiety Disorder

물질/약물치료로 유발된 불안장애 Substance/Medication-Induced Anxiety Disorder

또 다른 의학적 상태로 인한 불안장애 Anxiety Disorder Due to Another Medical Condition

달리 명시된 불안장애 Other Specified Anxiety Disorder

명시되지 않는 불안장애 Unspecified Anxiety Disorder

강박 및 관련장애 Obsessive-Compulsive and Related Disorders

강박장애 Obsessive-Compulsive Disorder

신체이형장애 Body Dysmorphic Disorder

수집장애 Hoarding Disorder

발모광(털뽑기장애) Trichotillomania(Hair-Pulling Disorder)

피부뜯기장애 Excoriation(Skin-Picking) Disorder

물질/약물치료로 유발된 강박 및 관련장애 Substance/Medication-Induced Obsessive-Compulsive and Related Disorder

또 다른 의학적 상태로 인한 강박 및 관련장애 Obsessive-Compulsive and Related Disorder Due to Another Medical Condition

달리 명시된 강박 및 관련장애 Other Specified Obsessive-Compulsive and Related Disorder

명시되지 않는 강박 및 관련장애 Unspecified Obsessive-Compulsive and Related Disorder

외상 및 스트레스 관련장애 Trauma-and Stressor-Related Disorders

반응성 애착장애 Reactive Attachment Disorder

탈억제성 사회적 유대감 장애 Disinhibited Social Engagement Disorder

외상후 스트레스 장애 Posttraumatic Stress Disorder

급성 스트레스 장애 Acute Stress Disorder

적응장애 Adjustment Disorders

지속적 비탄장애 Prolonged Grief Disorder

달리 명시된 외상 및 스트레스 관련장애 Other Specified Trauma-and Stressor-Related Disorder

명시되지 않는 외상 및 스트레스 관련장애 Unspecified Trauma-and Stressor-Related Disorder

해리장애 Dissociative Disorders

해리성 주체성장애 Dissociative Identity Disorder

해리성 기억상실 Dissociative Amnesia

이인증/비현실감 장애 Depersonalization/Derealization Disorder

달리 명시된 해리장애 Other Specified Dissociative Disorder

명시되지 않는 해리장애 Unspecified Dissociative Disorder

신체증상 및 관련장애 Somatic Symptom and Related Disorders

신체증상장애 Somatic Symptom Disorder

질환불안장애 Illness Anxiety Disorder

기능성 신경학적 증상장애 Functional Neurological Symptom Disorder(Conversion Disorder)

다른 의학적 상태에 영향을 주는 심리적 요인 Psychological Factors Affecting Other Medical Conditions

인위성장애 Factitious Disorder

달리 명시된 신체증상 및 관련장애 Other Specified Somatic Symptom and Related Disorder

명시되지 않는 신체증상 및 관련장애 Unspecified Somatic Symptom and Related Disorder

급식 및 섭식장애 Feeding and Eating Disorders

이식증 Pica

되새김장애 Rumination Disorder

회피적/제한적 음식섭취장애 Avoidant/Restrictive Food Intake Disorder

신경성 식욕부진증 Anorexia Nervosa

신경성 폭식증 Bulimia Nervosa

폭식장애 Binge-Eating Disorder

달리 명시된 급식 또는 섭식장애 Other Specified Feeding or Eating Disorder

명시되지 않는 급식 또는 섭식장애 Unspecified Feeding or Eating Disorder

배설장애 Elimination Disorders

유뇨증 Enuresis

유분증 Encopresis

달리 명시된 배설장애 Other Specified Elimination Disorder

명시되지 않는 배설장애 Unspecified Elimination Disorder

수면-각성장애 Sleep-Wake Disorders

불면장애 Insomnia Disorder

과다수면장애 Hypersomnolence Disorder

기면증 Narcolepsy

⊙ **호흡관련 수면장애** Breathing-Related Sleep Disorders

폐쇄성 수면 무호흡 저호흡 Obstructive Sleep Apnea Hypopnea

중추성 수면 무호흡증 Central Sleep Apnea

수면-관련 호흡저하 Sleep-Related Hypoventilation

일주기 리듬 수면-각성장애 Circadian Rhythm Sleep-Wake Disorders

⊙ **사건수면** Parasomnias

NREM 수면 각성장애 Non-Rapid Eye Movement Sleep Arousal Disorders

악몽장애 Nightmare Disorder

REM 수면 행동장애 Rapid Eye Movement Sleep Behavior Disorder

하지불안 증후군 Restless Legs Syndrome

물질/약물치료로 유발된 수면장애 Substance/Medication-Induced Sleep Disorder

달리 명시된 불면장애 Other Specified Insomnia Disorder

명시되지 않는 불면장애 Unspecified Insomnia Disorder

달리 명시된 과다수면장애 Other Specified Hypersomnolence Disorder

명시되지 않는 과다수면장애 Unspecified Hypersomnolence Disorder

달리 명시된 수면-각성장애 Other Specified Sleep-Wake Disorder

명시되지 않는 수면-각성장애 Unspecified Sleep-Wake Disorder

성기능부전 Sexual Dysfunctions

사정지연 Delayed Ejaculation

발기장애 Erectile Disorder

여성극치감장애 Female Orgasmic Disorder

여성 성적 관심/흥분장애 Female Sexual Interest/Arousal Disorder

성기-골반통증/삽입장애 Genito-Pelvic Pain/Penetration Disorder

남성성욕감퇴장애 Male Hypoactive Sexual Desire Disorder

조기(이른)사정 Premature(Early) Ejaculation

물질/약물치료로 유발된 성기능부전 Substance/Medication-Induced Sexual Dysfunction

달리 명시된 성기능부전 Other Specified Sexual Dysfunction

명시되지 않는 성기능부전 Unspecified Sexual Dysfunction

성별 불쾌감 Gender Dysphoria

성별 불쾌감 Gender Dysphoria

달리 명시된 성별 불쾌감 Other Specified Gender Dysphoria

명시되지 않는 성별 불쾌감 Unspecified Gender Dysphoria

파괴적, 충동조절 및 품행장애 Disruptive, Impulse-Control, and Conduct Disorders

적대적 반항장애 Oppositional Defiant Disorder

간헐적 폭발장애 Intermittent Explosive Disorder

품행장애 Conduct Disorder

반사회적 인격장애 Antisocial Personality Disorder

방화광 Pyromania

도벽광 Kleptomania

달리 명시된 파괴적, 충동조절 및 품행장애 Other Specified Disruptive, Impulse-Control, and Conduct Disorder

명시되지 않는 파괴적, 충동조절 및 품행장애 Unspecified Disruptive, Impulse-Control, and Conduct Disorder

물질관련 및 중독장애 Substance-Related and Addictive Disorders

⊙ 물질관련장애 Substance-Related Disorders

알코올관련장애 Alcohol-Related Disorders

알코올사용장애 Alcohol Use Disorder

알코올 중독 Alcohol Intoxication

알코올 금단 Alcohol Withdrawal

알코올로 유발된 정신장애 Alcohol-Induced Mental Disorders

명시되지 않는 알코올관련장애 Unspecified Alcohol-Related Disorder

카페인관련장애 Caffeine-Related Disorders

카페인 중독 Caffeine Intoxication

카페인 금단 Caffeine Withdrawal

카페인으로 유발된 정신장애 Caffeine-Induced Mental Disorders

명시되지 않는 카페인관련장애 Unspecified Caffeine-Related Disorder

대마관련장애 Cannabis-Related Disorders

대마사용장애 Cannabis Use Disorder

대마 중독 Cannabis Intoxication

대마 금단 Cannabis Withdrawal

대마로 유발된 정신장애 Cannabis-Induced Mental Disorders

명시되지 않는 대마관련장애 Unspecified Cannabis-Related Disorder

환각제관련장애 Hallucinogen-Related Disorders

펜시클리딘사용장애 Phencyclidine Use Disorder

기타 환각제사용장애 Other Hallucinogen Use Disorder

펜시클리딘 중독 Phencyclidine Intoxication

기타 환각제 중독 Other Hallucinogen Intoxication

환각제 지속성 지각장애 Hallucinogen Persisting Perception Disorder

펜시클리딘으로 유발된 정신장애 Phencyclidine-Induced Mental Disorders

환각제로로 유발된 정신장애 Hallucinogen-Induced Mental Disorders

명시되지 않는 펜시클리딘관련장애 Unspecified Phencyclidine-Related Disorder

명시되지 않는 환각제관련장애 Unspecified Hallucinogen-Related Disorder

흡입제관련장애 Inhalant-Related Disorders

흡입제사용장애 Inhalant Use Disorder

흡입제 중독 Inhalant Intoxication

흡입제로 유발된 정신장애 Inhalant-Induced Mental Disorders

명시되지 않는 흡입제관련장애 Unspecified Inhalant-Related Disorder

아편계관련장애 Opioid-Related Disorders

아편계사용장애 Opioid Use Disorder

아편계 중독 Opioid Intoxication

아편계 금단 Opioid Withdrawal

아편계로 유발된 장애 Other Opioid-Induced Disorders

아편계로 유발된 정신장애 Opioid-Induced Mental Disorders

명시되지 않는 아편계관련장애 Unspecified Opioid-Related Disorder

진정제, 수면제 또는 항불안제 관련장애 Sedative-, Hypnotic-, or Anxiolytic-Related Disorders

진정제, 수면제 또는 항불안제 사용장애 Sedative, Hypnotic, or Anxiolytic Use Disorder

진정제, 수면제 또는 항불안제 중독 Sedative, Hypnotic, or Anxiolytic Intoxication

진정제, 수면제 또는 항불안제 금단 Sedative, Hypnotic, or Anxiolytic Withdrawal

진정제, 수면제 또는 항불안제로 유발된 정신장애 Sedative-, Hypnotic-, or Anxiolytic-Induced Mental Disorders

명시되지 않는 진정제, 수면제 또는 항불안제 관련장애 Unspecified Sedative-, Hypnotic-, or Anxiolytic-Related Disorder

자극제관련장애 Stimulant-Related Disorders

자극제사용장애 Stimulant Use Disorder

자극제 중독 Stimulant Intoxication

자극제 금단 Stimulant Withdrawal

자극제로 유발된 정신장애 Stimulant-Induced Mental Disorders

명시되지 않는 자극제관련장애 Unspecified Stimulant-Related Disorder

담배관련장애 Tobacco-Related Disorders

담배사용장애 Tobacco Use Disorder

담배 금단 Tobacco Withdrawal

담배로 유발된 정신장애 Tobacco-Induced Mental Disorders

명시되지 않는 담배관련장애 Unspecified Tobacco-Related Disorder

기타(또는 미상의) 물질관련장애 Other(or Unknown) Substance-Related Disorders

기타(또는 미상의) 물질 사용장애 Other(or Unknown) Substance Use Disorder

기타(또는 미상의) 물질 중독 Other(or Unknown) Substance Intoxication

기타(또는 미상의) 물질 금단 Other(or Unknown) Substance Withdrawal

기타(또는 미상의) 물질로 유발된 정신장애 Other(or Unknown) Substance-Induced Mental Disorders

달리 명시되지 않는 기타(또는 미상의) 물질관련장애 Unspecified Other(or Unknown) Substance-Related Disorder

⊙ 비물질관련장애 Non-Substance-Related Disorders

도박장애 Gambling Disorder

신경인지장애 Neurocognitive Disorders

섬망 Delirium

달리 명시된 섬망 Other Specified Delirium

명시되지 않는 섬망 Unspecified Delirium

⊙ 주요 및 경도 신경인지장애 Major and Mild Neurocognitive Disorders

알츠하이머병으로 인한 주요 또는 경도 신경인지장애 Major or Mild Neurocognitive Disorder Due to Alzheimer's Disease

전두측두엽 주요 또는 경도 신경인지장애 Major or Mild Frontotemporal Neurocognitive Disorder

루이소체 주요 또는 경도 신경인지장애 Major or Mild Neurocognitive Disorder With Lewy Bodies

혈관성 주요 또는 경도 신경인지장애 Major or Mild Vascular Neurocognitive Disorder
외상성 뇌손상으로 인한 주요 또는 경도 신경인지장애 Major or Mild Neurocognitive Disorder Due to Traumatic Brain Injury
물질/약물치료로 유발된 주요 또는 경도 신경인지장애 Substance/Medication-Induced Major or Mild Neurocognitive Disorder
HIV 감염으로 인한 주요 또는 경도 신경인지장애 Major or Mild Neurocognitive Disorder Due to HIV Infection
프라이온병으로 인한 주요 또는 경도 신경인지장애 Major or Mild Neurocognitive Disorder Due to Prion Disease
파킨슨병으로 인한 주요 또는 경도 신경인지장애 Major or Mild Neurocognitive Disorder Due to Parkinson's Disease
헌팅턴병으로 인한 주요 또는 경도 신경인지장애 Major or Mild Neurocognitive Disorder Due to Huntington's Disease
또 다른 의학적 상태로 인한 주요 또는 경도 신경인지장애 Major or Mild Neurocognitive Disorder Due to Another Medical Condition
다중 병인으로 인한 주요 또는 경도 신경인지장애 Major or Mild Neurocognitive Disorder Due to Multiple Etiologies
알려지지 않은 병인으로 인한 주요 또는 경도 신경인지장애 Major or Mild Neurocognitive Disorder Due to Unknown Etiologies
명시되지 않는 신경인지장애 Unspecified Neurocognitive Disorder

인격장애 Personality Disorders

⊙ 군집A 인격장애 Cluster A Personality Disorders

편집성 인격장애 Paranoid Personality Disorder
조현성 인격장애 Schizoid Personality Disorder
조현형 인격장애 Schizotypal Personality Disorder

⊙ 군집B 인격장애 Cluster B Personality Disorders

반사회적 인격장애 Antisocial Personality Disorder
경계성 인격장애 Borderline Personality Disorder
연극성 인격장애 Histrionic Personality Disorder

자기애성 인격장애 Narcissistic Personality Disorder

⊙ 군집C 인격장애 Cluster C Personality Disorders

회피성 인격장애 Avoidant Personality Disorder

의존성 인격장애 Dependent Personality Disorder

강박성 인격장애 Obsessive-Compulsive Personality Disorder

⊙ 기타 인격장애 Other Personality Disorders

또 다른 의학적 상태로 인한 인격 변화 Personality Change Due to Another Medical Condition

달리 명시된 인격장애 Other Specified Personality Disorder

명시되지 않는 인격장애 Unspecified Personality Disorder

변태성욕장애 Paraphilic Disorders

관음장애 Voyeuristic Disorder

노출장애 Exhibitionistic Disorder

마찰도착장애 Frotteuristic Disorder

성적피학장애 Sexual Masochism Disorder

성적가학장애 Sexual Sadism Disorder

소아성애장애 Pedophilic Disorder

물품음란장애 Fetishistic Disorder

복장도착장애 Transvestic Disorder

달리 명시된 변태성욕장애 Other Specified Paraphilic Disorder

명시되지 않는 변태성욕장애 Unspecified Paraphilic Disorder

기타 정신질환 Other Mental Disorders

또 다른 의학적 상태로 인한 달리 명시된 정신질환 Other Specified Mental Disorder Due to Another Medical Condition

또 다른 의학적 상태로 인한 명시되지 않는 정신질환 Unspecified Mental Disorder Due to Another Medical Condition

달리 명시된 정신질환 Other Specified Mental Disorder

명시되지 않는 정신질환 Unspecified Mental Disorder

부록 B

유용한 자원들

일반 정신건강

American Academy of Child and Adolescent Psychiatry
www.aacap.org

American Psychiatric Association
www.psychiatry.org

American Psychiatric Foundation
www.apaf.org

American Psychological Association
www.apa.org

Brain & Behavior Research Foundation
www.bbrfoundation.org

Centers for Disease Control and Prevention
www.cdc.gov

Center for Workplace Mental Health
www.workplacementalhealth.org

MedlinePlus
www.nlm.nih.gov/medlineplus

Mental Health America
www.mentalhealthamerica.net

National Alliance on Mental Illness(NAMI)
www.nami.org

National Federation of Families for Children's Mental Health
www.ffcmh.org

National Institute of Mental Health(National Institutes of Health)
www.nimh.nih.gov

중독장애

Above the Influence
www.abovetheinfluence.com

Alcoholics Anonymous(AA)
www.aa.org

Gamblers Anonymous
www.gamblersanonymous.org

Narcotics Anonymous
www.na.org

National Council on Problem Gambling
www.ncpgambling.org

National Institute on Alcohol Abuse and Alcoholism-Rethinking Drinking
www.rethinkingdrinking.niaaa.nih.gov

National Institute on Drug Abuse-Parents and Educators
www.nida.nih.gov/research-topics/parents-educators

Partnership to End Addiction
www.drugfree.org

Substance Abuse and Mental Health Services Administration
www.samhsa.gov

불안장애, 양극성장애 및 우울장애

Anxiety and Depression Association of America
www.adaa.org

Depression and Bipolar Support Alliance
www.dbsalliance.org

Families for Depression Awareness
www.familyaware.org

International Bipolar Foundation
www.ibpf.org

Juvenile Bipolar Research Foundation
www.bpchildresearch.org

주의력결핍 과잉행동장애(ADHD)

Attention Deficit Disorder Association
www.add.org

Children and Adults With Attention-Deficit/Hyperactivity Disorder
www.chadd.org

자폐스펙트럼

Academic Autistic Spectrum Partnership in Research and Education(AASPIRE)
www.aaspire.org

Autism National Committee
www.autcom.org

Autism Science Foundation
www.autismsciencefoundation.org/

Autism Society
www.autismsociety.org

Autistic Self Advocacy Network

www.autisticadvocacy.org

치매 및 다른 기억력 문제

Alzheimer's Association

www.alz.org

Alzheimer's Foundation of America

www.alzfdn.org

National Institute on Aging(NIA): Alzheimer's Disease Education and Referral Center

www.nia.nih.gov/health/alzheimers

성 발달 장애/차이

Accord Alliance

www.accordalliance.org

파괴적, 품행장애

Child Mind Institute-Behavior problems

www.childmind.org/topics/behavior-problems

해리장애

International Society for the Study of Trauma and Dissociation

www.isst-d.org

Sidran Institute

www.sidran.org

섭식장애

ANAD(National Association of Anorexia Nervosa and Associated Disorders)

www.anad.org

NEDA(National Eating Disorders Association)

www.nationaleatingdisorders.org

배설장애

American Academy of Child and Adolescent Psychiatry: Facts for Families

www.aacap.org/cs/root/facts_for_families/bedwetting

FamilyDoctor.org: Stool Soiling and Constipation in Children

www.familydoctor.org/stool-soiling-and-constipation-in-children

민족 및 인종 다양성 공동체 일반 자료

Mental Health America-Racism and Mental Health

www.mhanational.org/racism-and-mental-health

U.S. Department of Health and Human Services-Office of Minority Health

www.minorityhealth.hhs.gov/default.aspx

아시아계 미국인, 하와이 원주민, 태평양 제도 공동체

Asian Mental Health Collective

www.asianmhc.org

The National Asian American Pacific Islander Mental Health Association
www.naapimha.org

흑인 공동체

Black Emotional and Mental Health Collective
www.beam.community

The Boris Lawrence Henson Foundation
www.borishensonfoundation.org

Therapy for Black Girls
www.therapyforblackgirls.com

Therapy for Black Men
www.therapyforblackmen.org

히스패닉 공동체

La Vida es Preciosa/Life Is Precious
www.comunilifelip.org

SanaMente/Each Mind Matters
www.sanamente.org(en espanol)
www.takeaction4mh.com

지적장애

(지적발달장애)

American Association on Intellectual and Developmental Disabilities
www.aaidd.org

The Arc
www.thearc.org

National Association for the Dually Diagnosed
www.thenadd.org

학습장애

Learning Disabilities ADisabled American Veterans
www.dav.orgssociation of America
www.ldaamerica.org

National Center for Learning Disabilities
www.ncld.org

Understood: For Learning and Attention Issues
www.understood.org

LGBTQ+ 정신건강

Mental Health America
www.screening.mhanational.org/content/how-to-i-find-lgbtq-friendly-therapy

National Center for Transgender Equality
www.transequality.org

National Queer and Trans Therapists of Color Network
www.nqttcn.com/en

Parents, Families, and Friends of Lesbians

and Gays
www.pflag.org

SAGE Advocacy & Services for LGBTQ+ Elders
www.sageusa.org

Trans Lifeline
www.translifeline.org

The Trevor Project
www.thetrevorproject.org

군인 정신건강과 지원

DoD Safe Helpline
www.safehelpline.org
877-995-5247

Iraq and Afghanistan Veterans of America
www.iava.org

U.S. Department of Veterans Affairs-National Center for PTSD

Vietnam Veterans of America
http://vva.org

Wounded Warrior Project
www.woundedwarriorproject.org

강박장애 및 관련장애

International OCD Foundation
www.ocfoundation.org

The TLC Foundation for Body-Focused Repetitive Behaviors
www.bfrb.org

인격장애

Borderline Personality Disorder Resource Center-New York-Presbyterian
www.nyp.org/bpdresourcecenter

National Education Alliance for Borderline Personality Disorder
www.borderlinepersonalitydisorder.com

Treatment and Research Advancements: National Association for Personality Disorder
www.tara4bpd.org

지속성 비탄장애

Center for Prolonged Grief
www.prolongedgrief.columbia.edu/for-the-public

Center for Research on End-of-Life Care-Grief Resources
www.endoflife.weill.cornell.edu/grief-resources

조현병 및 기타 정신병적 장애

schizophrenia and Psychosis Action Alliance
www.sczaction.org

성폭력 및 다른 폭력

Centers for Disease Control and Prevention
www.cdc.gov/violenceprevention

love is respect.
www.loveisrespect.org

National Domestic Violence Hotline
www.thehotline.org

RAINN(Rape, Abuse & Incest National Network)
www.rainn.org
National Sexual Assault Hotline: 1-800-656-HOPE(4673)

수면-각성장애

American Academy of Sleep Medicine-Sleep Education
www.sleepeducation.org

National Heart, Lung, and Blood Institute
www.nhlbi.nih.gov

National Sleep Foundation
http://sleepfoundation.org

자살 인식 및 예방

988 Suicide & Crisis LIfeline
www.988lifeline.org

Active Minds
www.activeminds.org

American Association of Suicidology
www.suicidology.org

American Foundation for Suicide Prevention
www.afsp.org

American Indian and Alaska Native National Suicide Prevention Strategic Plan
www.ihs.gov/suicideprevention

The Jed Foundation
http://jedfoundation.org

Suicide Awareness Voices of Education
www.save.org

뚜렛장애

National Tourette Syndrome Association
www.tourette.org

트라우마 회복

Give an Hour
www.giveanhour.org

여성 정신건강

Center for Women's Mental Health-Reproductive Psychiatry Resource and Information Center
www.womenmentalhealth.org

Moms' Mental Health Matters-National Child & Meternal Health Education Program
www.nichd.nih.gov/ncmhep/initiatives/moms-mental-health-matters/moms

Postpartum Support International
www.postpartum.net

국제정신건강기구

이 기구들은 미국 이외 지역을 기반으로 하고 있고 정신건강 복지, 지지 서비스, 권익보호 증진을 목표로 한다.

ABRATA
(Associação Brasileira de Familiares, Amigos e Portadores de Transtornos Afetivos; Brazilian Association of Family, Friends, and Patients With Affective Disorders)
www.abrata.org.br

Global Alliance of Mental Illness Advocacy Networks(GAMIAN)-Europe
www.gamian.eu

World Health Organization (WHO)
www.who.int

호주와 뉴질랜드

The Australian Association for Infant Mental Health
www.aaimhi.org.au

Australian Psychological Society
www.psychology.org.au,

Beyond Blue
www.beyondblue.org.au

Black Dog Institute
www.blackdoginstitute.org.au

Headspace-National Youth Mental Health Foundation
http://www.headspace.org.au

Mental Health Foundation of New Zealand
www.mentalhealth.org.nz

New Zealand Psychological Society
www.psychology.org.nz

The Royal Australian and New Zealand College of Psychiatrists
www.ranzcp.org

영국

Carers UK
www.carersuk.org

Centre for Mental Health
www.centreformentalhealth.org.uk

Mental Health Foundation
www.mentalhealth.org.uk

MIND(for Better Mental Health)-United

Kingdom

www.mind.org.uk

SANE

www.sane.org.uk

Together

www.together-uk.org

Young Minds

www.youngminds.org.uk

Time to Change

www.time-to-change.org.uk

찾아보기

ADHD 47
BMI 194
HIV 감염으로 인한 신경인지 장애 318
marital 364
NREM 수면 각성장애 227
PTSD에 대처하기 156
REM 수면 행동장애 230

ㄱ

가족치료 364
간병인을 위한 조언 306
간헐적 폭발장애 265
강박사고 131
강박성 인격장애 339
강박장애 94, 124, 132
강박행동 131
건강염려증 185
건강한 체중 192
경계성 인격장애 325
경도 신경인지장애 299
경두개자기자극술 373
경조증 삽화 80, 84
경험한 젠더 253
공포 112
공황발작 112
공황장애 94, 112
과다수면장애 231
과잉행동/충동 우세형 41
관음장애 344
광장공포증 115
국소적 기억상실 175
군집에 따른 인격장애 325
금단 282
급성 스트레스 장애 159
급속안구운동 214
기능성 신경학적 증상장애 184
기능적 가족치료 269
기면증 219
기분안정제 82
기분조절제 371
긴장증 73

ㄴ

남성성욕감퇴장애 249

납굴증 73
내성 281
노출 및 반응 방지 기법 136
노출장애 345
뇌 기능(신경인지 영역)과 증상 299
뇌혈관 질병 316

ㄷ

다니엘 이야기 사례 240
다중인격장애 174
단기 정신병적 장애 72
대인관계 정신치료 98
대인관계 치료 362
대처방안 39, 44, 108
도박장애 288
도벽광 273
동물 수집 141
되새김장애 201
뚜렛장애 55

ㄹ

래니 이야기 사례 141
레오나르드 이야기 사례 348
로라 이야기 사례 114
로저 이야기 사례 305
루이소체 신경인지장애 314
리암 이야기 사례 330

ㅁ

마리아 이야기 사례 327
마리와 로버트 이야기 사례 162
마일스 이야기 사례 63
마찰도착장애 345
말더듬 51
말소리장애 50
망상 59, 70
망상장애 70
면담 356
면담치료 360
모노아민 산화효소 억제제 369
물질 금단 284
물질 사용장애 78, 94, 121, 123, 280
물질 중독 284
물질/약물치료로 유발된 성기능 부전 239
물질/약물치료로 유발된 정신 장애 287
물품음란장애 347

ㅂ

반사회성 인격장애 269
반사회적 인격장애 328
반응성 애착장애 169
발기장애 241
발달성 협응장애 53
방광 조절 훈련 207
방화광 272
범불안장애 118, 124, 140
벤조디아제핀 370

벨과 패드 방법 207
변증법적 행동치료 363
변태성욕 343
병식 결여 132
병식 부족 66, 132
병적 도벽 273
병적인 수집 139
보상계 277
복장도착장애 349
복합형 41
부모 관리 훈련 264, 269
부부 및 가족치료사 355
부부 364
부여받은 젠더 253
분리불안 124
분리불안장애 124
불면장애 215
불안 112
불안장애 47, 78, 111, 116, 121, 123, 124, 183
비급속안구운동 214
비자발적 입원 358
비정형 항정신병 약물 66
비정형 항정신병제 369
비현실감 177

ㅅ

사건수면 226
사정지연 246
사환계 항우울제 369
사회불안장애 122, 140
사회적(실용적) 의사소통장애 51
삼환계 항우울제 369
상동증적 운동장애 54
샘 이야기 사례 267
선택적 기억상실 176
선택적 세로토닌 재흡수 억제제 369
섬망 298, 300
성 반응 단계 238
성기-골반통증/삽입장애 247
성기능 건강 249
성적가학장애 346
성적피학장애 346
세로토닌-노르에피네프린 재흡수 억제제 369
소아성애장애 347
쇼나 이야기 사례 167
수면 마비 219
수면 발작 219
수면 위생 233
수면관련 호흡저하 225
수면다원검사 214
수면제 370
수집장애 139
순환성장애 88
스탠 이야기 사례 283
스트레스 147
습관성(중독성) 370

신경발달장애 31
신경성 식욕부진증 94, 192
신경성 폭식증 94, 195
신경이완제 악성증후군 370
신경인지장애 298
신체이형장애 136
신체증상장애 182
신체화 장애 182
심리학자 355
싸움-도망 반응 112

ㅇ

아담 이야기 사례 37
아동의 외상후 스트레스 장애 151
악몽장애 229
안구운동 민감소실 및 재처리 요법 156
알렌 이야기 사례 134
알츠하이머병으로 인한 신경인지장애 302
알코올 중독자 협회 293
알코올사용장애 116
애도 96
앤소니 이야기 사례 81
약물치료 82, 127
약물치료에 대한 조언 66
양극성장애 47, 77, 124
언어장애 50
여성 성적 관심/흥분장애 248
연극성 인격장애 335
올리비아 이야기 사례 308
와해되거나 비정상적인 운동 행동 60
와해된 사고와 언어 60
외상성 뇌손상으로 인한 신경인지장애 307
외상후 스트레스 장애 116, 124, 148
외현화장애 263
우울장애 47, 93, 116, 121, 124, 183
우울증 삽화 78
운동장애 53
워렌 이야기 사례 217
월경전불쾌감장애 85, 104
월경전증후군 85, 104
유뇨증 206
유분증 208
유지치료 99
음성 증상 61
응급 상황 354
의미-중심 치료 168
의사소통장애 50
의존성 인격장애 338
이식증 200
이인증 177
이인증/비현실감 장애 177
인격 323
인격장애 124

인격장애의 양상 324
인격적 특성 323
인위성장애 186
인지처리치료 156
인지행동치료 67, 127, 363
일주기 리듬 수면-각성장애 232
임상 간호사 355
임상 사회사업가 355

ㅈ

자극제 372
자기애성 인격장애 336
자레드 이야기 사례 154
자살 358
자살 위험도 78
자조 그룹 293
자폐스펙트럼장애 32, 34, 47
자폐스펙트럼장애의 지지가 필요한 수준 35
재발 99
재활 프로그램 67
적대적 반항장애 40, 264
적응 기능 48
적응장애 163
전기경련치료 83, 373
전두측두엽 신경인지장애 312
전반적 해리성 기억상실 176
정상 노화 현상 303
정상 수면 단계 214
정신과 의사 355
정신보건 간호사 355
정신역동적 정신치료 361
정신적 외상 사건 147
정신치료 178, 360
정좌불능증 370
정형 항정신병 약물 66
제I형 양극성장애 78
제II형 양극성장애 84
젠더 253
조기(이른)사정 243
조울증 78
조이 이야기 사례 126
조증 삽화 78, 79
조현병 61
조현성 인격장애 335
조현양상장애 72
조현정동장애 68
조현형 인격장애 332
주요 보조 치료 66
주요 신경인지장애 298
주요우울 삽화 80
주요우울장애 94, 140
주의력결핍 과잉행동장애 39, 78
주의력결핍 우세형 41
중추성 수면 무호흡증 224
지속성 기억상실 176
지속성 우울장애 101
지속적 노출치료 156
지속적 비탄장애 165

지적장애 45, 47
지적장애의 심각도 수준 45
지지적 정신치료 98, 362
진정제 370
질환불안장애 185
집단치료 365

ㅊ

찰리 이야기 사례 43
체계화된 기억상실 176
체인 스토크스(Cheyne-Stokes) 호흡 224
첼시 이야기 사례 86
충동조절장애 47
치료적 동맹 361
치매 297

ㅋ

카를로스 이야기 사례 222
케겔 운동법 207
크리스틴 이야기 사례 256
키이스 이야기 사례 282

ㅌ

탈력발작 219
탈억제성 사회적 유대감 장애 170
털뽑기장애 143
토마스 이야기 사례 270
트리시 이야기 사례 97
특정공포증 120, 124
특정학습장애 40, 52
틱장애 55

ㅍ

파괴적 기분조절부전장애 40, 106
파킨슨병으로 인한 신경인지 장애 311
편집성 인격장애 334
폐쇄성 수면 무호흡 저호흡 221
폭식장애 197
품행장애 268
프라이온병으로 인한 신경인지 장애 319
피부뜯기장애 144

ㅎ

하지불안 증후군 233
항불안 약물 370
항우울제 98, 369
항정신병 약물 65
항정신병제 369
해리 증상 151, 159
해리성 기억상실 175
해리성 주체성장애 174
해리장애 173
행동치료 363
헌팅턴병으로 인한 신경인지 장애 319

헤서 이야기 사례 102
헬레나 이야기 사례 194
혈관성 신경인지장애 316
환각 60
회복 중심 관리 359
회피성 인격장애 337
회피적/제한적 음식섭취장애 202
후향적 기억 손실 176

역자 소개

박용천(Yong Cheon Park)

한양대학교 의과대학 졸업

정신과, 신경과 전문의

한양대학교 의과대학 박사

한양대학교 구리병원 정신건강의학과 과장 역임

한양대학교 의과대학 정신건강의학과 주임교수 역임

한양대학교 의과대학 부학장 역임

한양대학교 대학평의원회 의장, 교수평의원회 의장 역임

한양대학교 의과대학 정년퇴임(2021)

미국 Cleveland Psychoanalytic Center에서 Psychoanalytic Psychotherapy Program (2002～2003) 수료

한국 EMDR협회 회장

한국정신치료학회 부회장

대한신경정신의학회 이사장(2020～2021)

미국정신의학회(APA: American Psychiatric Association)-International Distinguished Fellow

환태평양정신의학회(PRCP: Pacific Rim College of Psychiatrists) President(2023～2025)

세계정신의학회(WPA: World Psychiatric Association) Zona 17 Representative(2020～2026)

현) 한양대학교 의과대학 정신건강의학과 명예교수 및 박용천 정신건강의학과의원 원장

오대영(Daeyoung Oh)

한양대학교 의과대학 졸업

정신과 전문의

한국과학기술원(KAIST) 박사

대한신경정신의학회 정회원

차의과학대학 분당차병원 정신건강의학과 조교수 역임

현) 시울정신건강의학과의원 원장

〈표지 이미지 제공〉

신혜연

이화여자대학교 조형예술대학 조형예술학과 박사과정 수료

DSM-5-TR
정신장애 쉽게 이해하기(개정판)

Understanding Mental Disorders Your Guide to DSM-5-TR™

2026년 1월 10일 1판 1쇄 인쇄
2026년 1월 20일 1판 1쇄 발행

지은이 • The American Psychiatric Association
옮긴이 • 박용천 · 오대영
펴낸이 • 김진환
펴낸곳 • (주)학지사
04031 서울특별시 마포구 양화로 15길 20 마인드월드빌딩
대표전화 • 02-330-5114 팩스 • 02-324-2345
등록번호 • 제313-2006-000265호

홈페이지 • http://www.hakjisa.co.kr
인스타그램 • https://www.instagram.com/hakjisabook

ISBN 978-89-997-3590-5 93510

정가 25,000원

역자와의 협약으로 인지는 생략합니다.
파본은 구입처에서 교환해 드립니다.